Albert HAMON
*Agrégé de Lettres classiques*

# ANALYSE GRAMMATICALE ET LOGIQUE

## GUIDE PRATIQUE

HACHETTE
*Éducation*

**Du même auteur**

***Grammaire pratique*** (Guides pour tous - Hachette)

***Guide de Grammaire*** (Guides pratiques - Hachette)

***Les Mots du français*** (Faire le point / Références - Hachette)

ISBN 2-01-021271-1

# PRÉFACE

*L'ouvrage que voici peut servir de complément, d'illustration à notre* Guide de Grammaire *précédemment paru dans la même collection. On a trop souvent méprisé la grammaire ; on a trop souvent raillé l'analyse, avec ses exercices jugés trop scolaires, trop mécaniques. C'est oublier que la grammaire et l'analyse, bien menées, nous aident à mieux connaître notre langue, à mieux maîtriser notre langue parlée, à mieux sentir et apprécier la langue écrite, celle des bons écrivains, à attiser notre appétit pour « ce vice impuni, la lecture », comme dit si joliment Valery Larbaud.*

*Notre plan est tout simple :*
- *une première partie consacrée à l'****analyse grammaticale,*** *à la « nature » et à la « fonction » des neuf espèces de mots ;*
- *une deuxième partie axée sur l'****analyse logique,*** *sur la « nature » et la « fonction » des diverses propositions ;*
- *un* ***Mémento,*** *avec quelques tableaux, en guise d'aide-mémoire.*

*Chaque rubrique est éclairée par de nombreux exemples, tirés d'auteurs, connus ou moins connus, classiques ou modernes ; ou empruntés aux proverbes – sagesse des nations. Même les slogans-chocs de la publicité d'aujourd'hui font l'objet d'exercices, en fin d'ouvrage. Et nous proposons à la méditation du lecteur plus gourmand quelques textes, quelques extraits plus étoffés.*

*Et, puisque cette collection s'adresse surtout aux « travailleurs » individuels et solitaires, nous donnons, en fin d'ouvrage aussi, la réponse à tous les problèmes proposés à leur réflexion.*

*Analyses grammaticale et logique, intimement liées, sont indissociables, de même que l'analyse est inséparable de son antonyme la synthèse. Du mot on passe au groupe de mots, du groupe de mots à la proposition, de la proposition à la phrase... et de la phrase à l'idée, à la pensée.*

*Savoir analyser, c'est, finalement, savoir, comme un certain Hercule Poirot, « faire fonctionner ses petites cellules grises ».*

*A. HAMON.*

N.B. *Le tableau des signes et abréviations utilisés se trouve p. 194.*

# PRÉLIMINAIRES

***Sur le mot « analyse »***

***L'analyse grammaticale***

***L'analyse logique***

# *Sur le mot « analyse »*

Le mot *analyse* est étymologiquement intéressant. Il vient d'un mot grec formé de deux éléments :

- une préposition-préfixe *ana,* aux valeurs multiples, dont celle de *de part en part, d'un bout à l'autre ;*
- une racine *lu- (ly-),* qui signifie *délier, détacher.*

L'analyse, c'est donc *l'action de détacher, de séparer d'un bout à l'autre, entièrement ;* c'est la décomposition d'un tout en ses parties, en ses éléments constitutifs.

C'est ainsi qu'on peut parler, dans le domaine scientifique ou médical, de l'analyse de l'eau, de l'air, du sang, de l'urine...

Dans le domaine grammatical, l'analyse consiste à séparer, à détacher :

- les mots dans la proposition : c'est le domaine de l'analyse dite *grammaticale ;*
- les propositions dans la phrase : c'est le domaine de l'analyse dite *logique.*

**Remarque**

Un rapprochement (étymologique) s'impose entre *analyse* et... *anatomie.*

Les deux mots ont le même préfixe : *ana*, avec le même sens : *d'un bout à l'autre ;* et la racine *tom-* (cf. *tome, atome, tmèse...*) qui signifie *couper* est donc bien proche, sémantiquement, de *détacher,* de *séparer.*

Le sens premier d'*anatomie, c'est bien le fait de découper de part en part, la dissection.*

Si le médecin, *a fortiori* le chirurgien (= le travailleur manuel !), se doit de savoir *découper* le corps humain pour mieux le comprendre (comme un bon mécanicien doit savoir *démonter* un moteur pour le faire tourner plus rond), le grammairien (et aussi Monsieur Tout-le-Monde, souvent grammairien sans le savoir, comme ce cher M. Jourdain) doit être capable de *décortiquer* sa langue pour mieux la dominer, et passer élégamment de l'analyse à la synthèse.

**N.B.** Comme *analyse* et *anatomie* sont proches parentes, *synthèse* et *syntaxe* sont sœurs jumelles : le préfixe (grec) *syn-* veut dire *avec, ensemble ;*

- *la **syn-thèse*** est *le fait de poser, de placer ensemble,* et
- la ***syn-taxe*** est *le fait de ranger ensemble :* la syntaxe étudie *l'ordre des mots et des propositions.*

# L'analyse grammaticale

L'analyse grammaticale consiste essentiellement à maîtriser la **nature** et la **fonction** des **mots** (dans la proposition).

## A – NATURE DES MOTS

Il convient, avant tout, de distinguer la « nature » des mots.
Rappelons que le français possède **9 espèces de mots :**
- 5 mots **variables :** le nom, l'article, l'adjectif, le pronom et le verbe ;
- 4 mots **invariables :** l'adverbe, la préposition, la conjonction et l'interjection.

### 1. Les 5 mots variables

- Le **nom** (nom commun ou nom propre ; simple ou composé).
- L'**article** (défini, indéfini, partitif).
- L'**adjectif :**
  *a)* **pronominal** (possessif, démonstratif, indéfini, interrogatif, relatif) ;
  *b)* **numéral** (cardinal, ordinal) ;
  *c)* **qualificatif.**
- Le **pronom** (personnel, possessif, démonstratif, indéfini, interrogatif, relatif) ;
- le **verbe,** le plus variable des mots variables, avec sa très riche **conjugaison ;** c'est le mot-roi, omnipotent (même quand il est omis, sous-entendu !...).

**N.B.** L'article et l'adjectif sont des **compagnons** du nom ; le pronom, comme son nom l'indique, un **remplaçant** du nom.

### 2. Les 4 mots invariables

- L'**adverbe :**
*a)* de **circonstance** (manière, quantité, lieu, temps) ;
*b)* d'**opinion** (affirmation, négation, doute, interrogation).
- La **préposition** (d'aspect modeste, au rôle très important).
- La **conjonction :**
  *a)* de **coordination ;**
  *b)* de **subordination.**
- L'**interjection.**

# B – FONCTION DES MOTS

## 1. Les 5 mots variables

• Le mot le plus riche, le mot-roi, c'est le **verbe,** avec toutes ses finesses, ses subtilités (ses 3 **groupes,** ses 3 **voix,** ses 7 **modes,** ses nombreux **temps,** ses **personnes** et ses **nombres;** voir p. 84 et Mémento pp. 168-177; voir aussi notre *Guide de grammaire,* passim); tout gravite autour de lui.
• Après le verbe, le **nom** est le plus important des mots de la proposition, de la phrase, avec ses **fonctions** variées et parfois subtiles.
• Parmi les **compagnons du nom** (articles, adjectifs), le plus intéressant, le plus riche, est l'**adjectif qualificatif,** avec ses 3 **degrés** (positif, comparatif, superlatif) et ses 4 **fonctions** (épithète, attribut du sujet, attribut de l'objet, apposé).
• Quant au **pronom,** il a, bien entendu, toutes les fonctions possibles du nom, dont il est le **remplaçant** privilégié.

## 2. Les 4 mots invariables

• L'**adverbe** et la **préposition** jouent leur rôle dans la **proposition.**
• La **conjonction** (de **coordination** ou de **subordination**) joue le sien dans la **proposition** ou dans la **phrase.**
• L'**interjection,** quant à elle, n'a pas de rôle grammatical, donc pas de fonction; elle ne s'analyse guère; mais, riche de nuances variées, elle donne du **relief,** de la **vie,** à la proposition, à la phrase, au style...

**Remarque**
**Attention!** La langue étant très souple, bien des mots peuvent, par glissement, **changer de catégorie grammaticale,** donc de nature et de fonction; citons, par exemple :

> ***Tiens!*** (verbe à l'impératif, employé comme interjection).
> *Parlons* ***bas*** (adjectif qualificatif, employé comme adverbe).
> *Une fille* ***bien*** (adverbe, employé comme adjectif qualificatif).
> *C'est un* ***devoir*** (verbe à l'infinitif, employé comme nom)...

Chemin faisant, nous signalerons, dans l'analyse, ces curiosités; voir ci-après entre autres, tout ce qui peut s'employer comme **nom commun** (p. 16). Pour d'autres détails, consulter notre *Guide de Grammaire* (p. 33, § 44), ou notre *Grammaire pratique* (pp. 43-45), ou encore *Les Mots du français* (pp. 332-337).

# *L'analyse logique*

L'analyse logique consiste essentiellement à maîtriser la **nature** et la **fonction** des **propositions** (dans la phrase).

## A – NATURE DES PROPOSITIONS

Brève ou longue, la phrase contient une ou plusieurs propositions. On distingue 3 sortes de propositions : les **indépendantes,** les **principales,** les **subordonnées.**

**N.B.** Pour les propositions indépendantes (ou principales) dites **intercalées** ou **incises,** voir p. 107.

• La proposition **indépendante,** comme son nom l'indique, ne dépend de rien, et rien ne dépend d'elle ; elle se suffit à elle-même :

> *Il fait beau ce matin. – Suzanne aime les films d'épouvante.*

• La proposition **principale** est comme une indépendante enrichie ; elle ne dépend de rien, mais elle **commande** une ou plusieurs propositions :

> ***Je veux*** */ (que tu sois sincère), (que tu ne me caches rien).*

• La proposition **subordonnée,** comme son nom l'indique, **dépend** d'une autre proposition (généralement une principale), sans laquelle elle ne peut exister :

> ***Si tu viens nous voir,*** *(nous serons heureux).*

### Nature des subordonnées

**1)** La proposition **subordonnée** est, généralement, introduite par un **mot** (ou une **locution**) de subordination ; ce subordonnant peut être :

**a)** un **pronom** (plus rarement un adjectif) **relatif,** et la proposition est dite **subordonnée relative :**

> *Le maître aime les élèves /* ***qui*** *écoutent, /* ***qui*** *réfléchissent.*
> *On a arrêté un suspect,* ***lequel*** *suspect est en garde à vue.*

**b)** une **conjonction** (ou **locution conjonctive**) **de subordination,** et la proposition est dite **subordonnée conjonctive.**

Il y a 8 sortes de subordonnées conjonctives :

• Une subordonnée dite **complétive,** introduite par la **conjonction de subordination *que,*** et souvent appelée, elliptiquement, « complétive par *que* » :

> *Je veux* (quoi ?) / ***que tu m'écoutes bien.***

• Et 7 subordonnées dites **circonstancielles,** introduites par diverses **conjonctions** ou **locutions conjonctives** de subordination, et qui expriment une idée de **temps,** de **cause,** de **conséquence,** de **but,** de **concession,** de **condition,** de **comparaison :**

> *Je suis heureux /* ***quand*** *il fait beau* (temps).
> *Je suis tout triste /* ***parce qu'****il pleut* (cause).
> *Il pleut* ***si*** *fort /* ***que*** *je reste chez moi* (conséquence).
> *Je fais des vœux /* ***pour qu'****il fasse beau demain* (but).
> *Je sortirai tantôt /* ***bien qu'****il pleuve beaucoup* (concession).
> *Nous sortirons en mer /* ***si*** *le temps le permet* (condition).
> *Il fait un beau temps sec /* ***comme*** *je l'aime* (comparaison).

**2)** Mais attention ! Il existe aussi des **subordonnées ... sans subordonnant,** qui ne sont donc ni relatives ni conjonctives, partant plus difficiles à cerner ; ce sont les propositions suivantes :

**a)** La **complétive** dite **infinitive :**

> *J'entends* (quoi ?) / *les sirènes mugir (= mugir les sirènes).*

**b)** La **complétive** dite **interrogative :**

> *Dis-moi* (quoi ?) / *quel temps il fait* (cf. *Quel temps fait-il ?*).

**c)** La **participiale, à valeur circonstancielle :**

> *Il rentre au logis, / son travail achevé* (temps).

**N.B.** Ne pas oublier qu'on rencontre souvent des propositions incomplètes, ou **elliptiques** (indépendantes, principales ou subordonnées) :

> *Rien de neuf. – Rien de charmant / comme ce petit village.*

# B – FONCTION DES SUBORDONNÉES

• Les *relatives,* qui s'accrochent à un **antécédent,** généralement un nom, sont dites (traditionnellement) **compléments de l'antécédent ;** en réalité, leur fonction est plus subtile (voir p. 112).

• Les *complétives,* les *circonstancielles* et les *participiales* sont essentiellement **compléments d'un verbe** (principal ou non) :
– les 3 complétives (par *que,* infinitive, interrogative) jouant un rôle de complément d'objet (de c.o.d.) ;

– les circonstancielles et les participiales jouant un rôle de complément circonstanciel (de temps, de cause...).

**N.B.** Ne pas oublier les 3 équivalents de subordonnées (infinitif prépositionnel, participe apposé, et gérondif) ; voir p. 158.

**Remarque**
Nous constaterons vite que les deux domaines (grammatical et logique) sont inséparables, indissociables, et que l'analyse, loin d'être mécanique, fait appel au sens, donc à la compréhension, à l'intelligence du texte proposé.
C'est ainsi que :
- une *proposition* (par exemple « relative ») peut jouer le rôle d'un simple mot (et donc relever de l'analyse grammaticale) :

  *Qui a bu (= le buveur, l'ivrogne ;* sujet*) boira ;*

- un *mot* (par exemple un « gérondif ») peut jouer le rôle d'une proposition (et donc relever de l'analyse logique) :

  *Il ronfle en dormant* (= *pendant qu'il dort ;* sub. circ. de temps).

# EXERCICES D'APPROCHE

*Voici, en guise de mise en condition, quelques exercices d'entraînement portant sur de brefs extraits d'auteurs.*

**1.** *Dans les extraits suivants, relevez les mots « variables » en gras et dites leur nature (nom, article, adjectif, pronom, verbe).*
1. Le vieux **lion** était aussi **sain** d'esprit que de **corps** et **gouvernait** les animaux avec beaucoup de sagesse et d'**autorité** (Vildrac).
2. Les **yeux,** que Giuseppe avait fort **beaux** et que de très longs cils **veloutaient,** étaient animés d'un feu passionné (Giono).
3. La déception **des** deux amis **fut** grande : **chacun,** outre **la sienne,** ressentait **celle** de l'autre (Flaubert).
4. Je ne **voudrais** rien dire là-dessus qui ne **fût** absolument **vrai** (Guilloux).
5. Mme Loiseau **passa** une nuit **meilleure** qu'elle n'aurait cru (Carême).

**2.** *Même exercice.*
1. Dans l'étable de **leurs** parents, il y avait deux **bœufs** de la même taille et du même âge, **l'un** tacheté de roux, l'autre **blanc** et sans tache. Les bœufs sont comme **les** souliers, ils vont presque toujours par deux. C'est pourquoi l'on dit « une paire de bœufs » (Aymé).
2. Aimez-vous **les** moineaux ? Je ne dis pas : **aimez-**vous le moineau ? Je n'ai garde d'oublier que le singulier évoque parfois la **gourmandise** et le pluriel une manière d'amitié. Rémy de Gourmont l'a fort heureusement noté, **qui** déclarait qu'aimer les pigeons n'était pas du tout la **même** chose qu'aimer le pigeon (Derème).

**3.** *Dans les extraits suivants, relevez les mots invariables en gras et dites leur nature (adverbe, préposition, conjonction : de coordination ou de subordination, interjection).*

1. **Maintenant,** d'Arrast était **tout à fait** réveillé (Camus).
2. **Eh bien!** mes enfants. **Voyons!** Combien a-t-elle de dents, la tortue (Gide)?
3. **Et** il devint **soudain** très rouge, enfonça **rageusement** son béret **sur** sa tête, courut **vers** le chemin et partit **à** grands pas vers la ville (Genevoix).
4. Mon pauvre gendre, je crois **que** vous n'êtes pas **bien.** Vous ne mangez pas **aussi** bien qu'à l'ordinaire, vous ne riez plus, vous causez de **moins** en moins (Sand).
5. Il tua une vipère **sous prétexte qu'**elle était venimeuse et une couleuvre **parce qu'**elle ne l'était pas (Supervielle).

**4.** *Même exercice.*

1. Il avait **déjà** mis – **pour** l'admiration de ses collègues – une veste de chasse toute neuve, **plus** simple que celle de l'oncle Jules, **car** elle avait moins de poches, mais plus belle, **parce qu'**elle était d'un gris bleuté (Pagnol).
2. **Contrairement** au sort commun, qui est d'avoir **plus** de bonté **que** de beauté, ou de beauté que de bonté, la comtesse des Clarides était **aussi** bonne que belle, et elle était si belle que, **pour** avoir vu seulement son portrait, des princes la demandaient **en** mariage (France).
3. Je viens de courir **très fort. Alors** je me repose (Vildrac).
4. **Oh! là! là!** gémissait l'un, je me suis égratigné le genou (Aveline).

**5.** *Dans les extraits suivants, relevez toutes les propositions, et dites si elles sont indépendantes, principales ou subordonnées (précisez, le cas échéant, si elles sont elliptiques).*

1. Bien fin qui pourrait l'attraper (proverbe).
2. À qui donner le prix? Au cœur, si l'on m'en croit (La Fontaine).
3. La fée Udine sortit du fond du fleuve où elle était en pénitence depuis neuf cents ans. «Le beau clair de lune, dit-elle, et qu'il fait bon respirer! J'en étais vraiment privée.» (Aymé)
4. Un poète s'assit un jour à une table pour écrire un conte. Aucune idée ne lui venait, mais il était joyeux, parce que le soleil éclairait un géranium sur la croisée, et qu'au milieu de la croisée, ouverte et bleue, une mouche volait (Jammes).

**6.** *Dans les extraits suivants, relevez toutes les propositions subordonnées, et dites si elles sont relatives, complétives, circonstancielles ou participiales.*

1. Mon cigare allumé, je choisis le meilleur de ceux qui me restaient, et je lui demandai s'il fumait (Mérimée).
2. Et tout cela ne voulait pas dire que M. Legrandin ne fût pas sincère quand il tonnait contre les snobs (Proust).
3. Ces deux jours avaient tellement fatigué Emmeline, qu'elle était d'une pâleur effrayante (Musset).
4. Si tu es bien sage et que tu ne cries pas, je t'achèterai un crayon rouge et bleu (Ch.-L. Philippe).
5. La maison de Michel, bien que pauvre et bizarre, est charmante (Gide).
6. C'est le meilleur tireur que je connaisse (Moinot).

**7.** *Et voici deux extraits plus étoffés, sans questionnaire ; à chaque lecteur de se poser les problèmes, les questions qu'il veut.*

A. Ce cher cahier de brouillon

Voyons un peu ce cahier de brouillon.
C'est le plus gros, le plus confidentiel, le plus affectueusement mal tenu. Bien sûr, il n'a pas pour officielle et unique mission d'être mal tenu, mais, en fait, le plus sage écolier éprouve une joie saine et réparatrice à malmener son cahier de brouillon, tout au moins à y écrire d'une main sans scrupule. En fin d'année, ce cahier fera volontiers figure de loque sublime, de témoin glorieux et perclus des campagnes scolaires. L'ennui est qu'il faut l'acheter neuf et qu'il ne révélera qu'à la longue son caractère brouillon. On admet très bien l'état neuf pour le cahier de textes par exemple, et l'élève le plus dissipé, le plus gâcheur, sera tout naturellement intimidé par les feuillets virginaux qu'il abordera d'une plume respectueuse, au moins pendant les premières pages. Mais la première page d'un cahier de brouillon, c'est une autre épreuve ; il faut vaincre cette fausse candeur d'un papier blanc qui ne rêve en réalité que noirceurs innommables et pires outrages.

Jacques Perret, *Le Machin,* Gallimard.

B. Un maître passionné d'automobile

Son enseignement en était tout imprégné. Dictées sur des textes tirés des revues du pneu et de la chronique des accidents ; problèmes sur les distances, la vitesse, la consommation, l'usure, l'amortissement, l'assurance, les procès-verbaux, les pannes, les blessures et les frais de clinique ; leçons d'histoire déplorant l'absence, à Waterloo, des taxis qu'on ne songea à utiliser que sur la Marne ; leçons de grammaire où l'on apprenait que le verbe est le moteur de la proposition, le complément une remorque, les interjections des coups de klaxon, et que l'adjectif calamine la phrase.

Léonce Bourliaguet, *La Villa des Grillons,* Hachette.

**8.** *Voici, enfin, toujours sans questionnaire, un texte complet, à lire, à méditer, à savourer, grammaticalement et littérairement :*

L'homme fort

On ne voulait pas le croire, mais on le vit bien qu'il était fort, à la manière calme dont il quitta le banc pour aller, le pas sonore et la tête haute, vers la pile de bois.

Il prit une bûche longue et ronde, non la plus légère, mais la plus lourde qu'il pût trouver. Elle avait encore des nœuds, de la mousse et des ergots comme un vieux coq.

D'abord il la brandit et s'écria :

« Regardez, elle est plus dure qu'une barre de fer, et pourtant, moi qui vous parle, je vais la casser en deux sur ma cuisse, ainsi qu'une allumette. »

À ces mots, les hommes et les femmes se dressèrent comme dans une église. Il y avait présents Barget, le nouveau marié, Perraud, presque sourd, et Ramier qu'on ne fait pas mentir ; Papou s'y trouvait, je m'en souviens, Castel aussi, il peut le dire : tous gens renommés, qui racontaient d'ordinaire, aux veillées, leurs tours de force, et se frappaient d'étonnement l'un après l'autre.

Ce soir-là, ils ne riaient plus, je vous assure. Ils admiraient déjà l'homme fort, immobiles et muets. On entendait ronfler derrière eux un enfant couché.

Quand il les sentit dominés, bien à lui, il se campa d'aplomb, ploya le genou et leva la bûche de bois avec lenteur.

Un moment il la tint suspendue au bout de ses bras raidis, – les yeux éclataient, les bouches s'ouvraient douloureuses –, puis il l'abattit, han ! et, d'un seul coup, se cassa la jambe.

Jules Renard, *Le Vigneron dans sa vigne*, Gallimard.

# ANALYSE GRAMMATICALE
## Nature et fonction des mots

*Le nom*

*Autour du nom*

*Le pronom*

*Le verbe*

*L'adverbe*

*La préposition*

*La conjonction*

*L'interjection*

# *Le nom (ou substantif)*

## A – PRÉSENTATION DU NOM

Le nom (ou substantif) peut être un **nom commun** ou un **nom propre :** il est du **masculin** ou du **féminin,** du **singulier** ou du **pluriel :**

> *garçon, Paul; fille, Louise; garçons, filles.*

Il se présente sous l'aspect d'un **mot simple** (unique), d'un **mot composé** (double), ou d'un **groupe de mots :**

> *chou, chou-fleur; eau, eau-de-vie; pomme, pomme de terre; Jean, Jean-Paul; Marie, Marie-Louise.*

**N.B. a)** Le nom peut être de sens **concret** ou de sens **abstrait :**

> *berger, chien, pâture; ardeur, paresse, loyauté.*

**b)** Un même nom peut avoir le **sens propre** (ou premier) et un ou plusieurs **sens figurés** (ou dérivés), sans parler du **sens étymologique** (pour le détail, voir notre ouvrage sur ***Les Mots du français,*** *passim*);

**c)** Pour les détails orthographiques concernant le **genre** et le **nombre** des noms, voir notre ***Guide de grammaire,*** ou notre ***Grammaire pratique.***

### Qu'est-ce qu'un nom commun ?

Langue très souple, le français peut transformer en nom commun toute sorte de mots ou de groupes de mots (nom propre, adjectif qualificatif, adjectif numéral, pronom, verbe, mot invariable, groupe de mots de formation diverse, mot-phrase, création enfantine, onomatopée, mot tronqué, sigle). Il suffit de les précéder d'un simple article :

> *un hercule, un cerbère; un sandwich, un brie, un bordeaux;*
> *le beau, le vrai; la gauche, la droite; les bons, les sots;*
> *avoir un vingt en calcul; voyager en première, en seconde;*
> *le moi est haïssable; aimer les siens; le tout, un rien;*
> *un tiens et deux tu l'auras; le boire, le manger, les vivres, les devoirs; un étudiant, une jetée;*
> *le pour, le contre; des si, des mais; un ouf, des hourras;*
> *un rond-de-cuir; les hors-la-loi; le quant-à-soi; un pas-grand-chose; des va-nu-pieds; le jusqu'au-boutisme;*
> *le qu'en-dira-t-on; un sauve-qui-peut; des m'as-tu-vu; un je-ne-sais-quoi; le sot-l'y-laisse; le je-m'en-fichisme;*
> *le papa, la nounou, le tonton; un dodo, un dada, un toutou;*
> *un tic-tac, un glouglou, le ronron, un cocorico;*
> *une auto(mobile), la télé(vision); le (ca)pitaine, (Ni)Colas;*
> *la S.N.C.F.; les U.S.A.; l'O.N.U.; un S.O.S.; les C.R.S.*

## Du nom au groupe du nom

Le nom (nom commun ou nom propre) se présente :

- rarement seul, comme dans l'**apostrophe,** l'**ordre,** l'**exclamation :**

  *Jean! - Marie! - Médor! - Garçon! - Madame! - Monsieur! - Paix! - Silence! - Repos! - Malheur! - Catastrophe!*

- le plus souvent accompagné d'un ou plusieurs mots, qui forment avec lui un **groupe du nom,** plus ou moins étoffé :

  chien : *un chien; un chien-loup; le chien-loup de mes voisins; le chien-loup inquiétant de mes voisins et néanmoins amis.*

## Les compagnons du nom

Parmi les « compagnons du nom », on distingue :
**a)** Les mots qui l'« introduisent », qu'on appelle ses **déterminants,** et qui sont :

- l'**article** (défini, indéfini, partitif) :

  ***la*** *chatte,* ***un*** *chaton,* ***du*** *lait.*

- l'**adjectif « pronominal »** (possessif, démonstratif, indéfini, interrogatif ou exclamatif, relatif) :

  ***mon*** *chat;* ***ce*** *chat;* ***chaque*** *chat;* ***quel*** *chat?;* ***quel*** *chat!;* ***lequel*** *chat (= et ce chat).*

- l'**adjectif numéral cardinal :**

  ***un*** *chat,* ***deux (trois, quatre, dix, cent...)*** *chats.*

**N.B.** Ces déterminants, au lieu de se remplacer, peuvent s'associer :

  ***un mien*** *chaton;* ***les (mes, ces) trois*** *chatons.*

**b)** Les mots qui le « complètent », moins immédiatement nécessaires, et qui sont :

- l'**épithète** (adjectif qualificatif, adjectif numéral ordinal) qui s'allie aux déterminants et qui enrichit le groupe du nom :

  *Un (ton, ce)* ***joli*** *chat - Le (leur, quel!)* ***joli*** *chat* ***siamois*** *- Le (mon, ce)* ***quatrième*** *(joli) chat (siamois).*

- l'**apposition** (adjectif qualificatif ou son groupe, adjectif numéral ordinal ou son groupe, nom ou groupe du nom) :

  *Le (ce, tout) chien,* ***fidèle*** *(à ses maîtres).*
  *Ce chaton,* ***cinquième*** *(de la portée).*
  *Le lion,* ***roi des animaux*** *- Le loup,* ***terreur des troupeaux.***

- le **complément du nom** (nom ou groupe du nom) :

  *Un chien* ***de garde*** *- un chien* ***de grande race.***
  *Un chat* ***aux grands yeux verts mystérieux.***

**Remarque**
Le groupe du nom, quelles que soient sa longueur et sa richesse, est normalement situé dans **une seule et même proposition :**

*Le beau chat noir aux grands yeux d'or de mon meilleur ami;*

mais il peut déborder sur une proposition **subordonnée,** relative (voir p. 112) ou complétive (voir p. 116) :

*Un souriceau tout jeune* ***et qui n'avait rien vu*** (= *et naïf* [La Fontaine]).
*Il garde l'espoir* ***que son fils reviendra*** (= *du retour de son fils*).

## Les équivalents du nom

Le nom (ou le groupe du nom) a de nombreux équivalents possibles :

**a)** Tout **mot ou groupe de mots** qui, précédé de l'**article,** devient un nom (voir ci-dessus, « Qu'est-ce qu'un nom commun ? », p. 16) :

*un hercule, le vrai, un tout, le dîner, un blessé, le pour et le contre, le qu'en-dira-t-on, la télé, la R.A.T.P.*

**b)** Le **pronom** ou son groupe :

***Il*** *(= cet homme) aime* ***les siens*** *(= les membres de sa famille).*
*Mon fils et* ***celui de mon voisin*** *(= le fils de mon voisin).*
***Qui*** *(= quelle personne)* ***le*** *(= cette chose) sait ?*

**c)** L'**adjectif numéral** ou son groupe :

***Trois (de mes meilleurs amis)*** *sont partis hier ;* ***le troisième (d'entre eux)*** reviendra bientôt.

**d)** Le **superlatif de l'adjectif** ou son groupe :

*Que* ***le plus coupable*** *périsse* (La Fontaine).
*J'ai éprouvé hier* ***la plus grande de toutes mes joies.***

**e)** L'**adverbe de circonstance** (manière, quantité, lieu, temps) :

***stupidement*** *(= de façon stupide);* ***peu*** *(= en petite quantité);* ***ailleurs*** *(= en un autre lieu);* ***hier*** *(= dans un passé récent).*

**f)** Le **groupe de l'adverbe de quantité :**

***Beaucoup d'élèves*** *(= de nombreux élèves).*
***Trop de vent*** *(= un vent excessif, un vent trop fort).*

**g)** L'**infinitif-nom :**

***Mentir*** *est honteux (= le mensonge est honteux).*
*Elle aime beaucoup* ***lire*** *(= elle aime beaucoup la lecture).*

**h)** Le **gérondif :**

*Il ronfle* ***en dormant*** *(= pendant son sommeil).*

**i)** Et même une **proposition subordonnée** (relative ou complétive) :

> ***Qui a bu*** *(= le buveur, l'ivrogne) boira.*
> ***Qu'il revienne bientôt*** *(= son prochain retour) m'étonnerait.*

Ces divers équivalents du nom (ou de son groupe) peuvent :

- soit **remplacer** le nom, ou son groupe :

> *Le vent attaque le chêne robuste ;* ***il le*** *déracine (il = le vent ; le = le chêne robuste) ;*

- soit **accompagner le nom,** en juxtaposition ou en coordination :

> *Ton père,* ***celui de Paul et le mien,*** *sont de très bons amis* (groupe du nom + groupe du pronom démonstratif juxtaposé + pronom possessif coordonné).

**N.B.** Chemin faisant, nous verrons que certains de ces équivalents ont *toutes* les fonctions possibles du nom (ex. : les pronoms), d'autres seulement *une* ou *quelques-unes* (ex. : les adverbes de circonstance).

# B – LES FONCTIONS DU NOM

Les fonctions du nom (ou de son groupe) sont très nombreuses.
On peut les répartir en trois grands groupes.

**a)** Les **fonctions « de base »,** gravitant autour du verbe : sujet, objet, agent, attribution, attribut du sujet, attribut de l'objet.

**b)** Les **fonctions « circonstancielles »,** tributaires aussi du verbe, moins nécessaires au sens, mais qui apportent des nuances variées : lieu, temps, cause, manière, moyen, accompagnement, comparaison, but, propos, point de vue...

**c)** Les **« autres » fonctions,** non tributaires du verbe, mais aussi importantes : les compléments du nom, de l'adjectif numéral, de l'adverbe, de l'adjectif qualificatif, du comparatif, du superlatif ; l'apostrophe ; l'apposition.

**Remarque préliminaire**
Avant d'entrer dans l'étude détaillée de toutes ces fonctions, notons que très souvent un mot ou plusieurs mots peuvent être omis, sous-entendus, le sens restant clair et l'analyse facile :

> *Pierre préfère la musique, Paul la peinture* (*Paul* est sujet du verbe *préfère* sous-entendu ; *la peinture* est complément d'objet de ce même verbe sous-entendu).

On parle alors d'*ellipses,* de *propositions elliptiques :*

> *À père avare, fils prodigue. Tel père, tel fils.*
> *Ô rage ! ô désespoir ! ô vieillesse ennemie !* (Corneille).

# EXERCICES

**9.** *Étudiez les « groupes du nom » des noms en gras ; dites la nature des mots qui les composent.*

1. La plus mauvaise **roue** d'un chariot fait toujours le plus de bruit (proverbe).
2. C'était un grand et gros **homme** d'une soixantaine d'années (H. de Régnier).
3. Le vieux **baron** des Ravots avait été pendant quarante **ans** le **roi** des chasseurs de sa province. Mais, depuis cinq à six **années,** une **paralysie** des jambes le clouait à son fauteuil (Maupassant).
4. D'un **drap** de lit usé au milieu elle tira d'abord trois **blouses** d'été, pure toile de lin, puis un **lot** de petits essuie-verres, essuie-mains, essuie-tout (Colette).

**10.** *Même exercice.*

1. L'**araignée** au ventre blanc, au ventre rond comme une perle, dînait d'une innocente **abeille** (Duhamel).
2. C'était au **bord** d'une rivière. Il y avait dans l'herbe une grosse **pierre** qui se chauffait au soleil et sous la grosse pierre une toute petite **araignée** qui se tenait au frais (Vildrac).
3. Dans les **cabanons** qui bordaient le plateau et qui surplombaient la mer, on entendait des **bruits** d'assiettes et de couverts (Camus).
4. Les **jours** suivants, Ugolin prit l'**habitude** de retourner aux Romarins aux premières **clartés** de l'aube (Pagnol).

**11.** *Dans les extraits suivants, relevez les équivalents du nom ; dites de quels mots ils sont formés.*

1. Qui ne dit mot consent (proverbe).
2. Il faut semer pour récolter (proverbe).
3. Le trop d'expédients peut gâter une affaire (La Fontaine).
4. J'écoute en frémissant chaque bûche qui tombe (Baudelaire).
5. Et qu'est-ce que c'est, ce merle-là ? Un va-nu-pieds, un sans-le-sou, un couche-dehors, un crève-la-faim (Maupassant) ?
6. Pour un oui, pour un non, ils coupaient mes propos de « ha ! ha ! » (Guth).
7. On lui donna le manger, le boire, et un trou dans la paille (Duhamel).

**12.** *Même exercice.*

1. L'amour est un je-ne-sais-quoi, qui vient de je-ne-sais-où et qui finit je-ne-sais-quand (Melle de Scudéry).
2. Je vous demande lequel de vous deux a osé faire parvenir en haut lieu un rapport touchant le service, sans passer par la voie hiérarchique (Cocteau).
3. Et tu crois que je peux faire ça tout seul ? Il faudrait cinq hommes, cinq ans et beaucoup d'argent (Pagnol).
4. Nous sommes séparés par trop de choses (Vialar).

**13.** *Dites la nature des équivalents du nom en gras.*
1. **Un peu de fiel** gâte **beaucoup de miel** (proverbe).
2. Nous faisons cas **du beau,** nous méprisons **l'utile** (La Fontaine).
3. Les voix, les **rires** autour de la maison faisaient un **brouhaha** joyeux (Genevoix).
4. Je ne pourrai pas **vous** raconter mon histoire, monsieur, je vais vous raconter **celle d'un camarade** (Giono).
5. **Que d'amis,** que de parents naissent en une nuit au nouveau ministre (La Bruyère) !
6. Où vas-tu de la sorte et **machinalement** (Hugo) ?

**14.** *Même exercice.*
1. **Elle** savait les endroits **d'où** elle pouvait narguer Mitis et agacer Miraut sans craindre la griffe **du premier** et la dent **du second** (Pergaud).
2. **Cela** m'ennuie de parler de cette histoire. **Tout** y est absurde, mesquin. Je n'aime pas **l'absurde.** Je n'aime pas **le mesquin** (Marceau).
3. Mettons que cette barbe était **une des cinq ou six jolies barbes de Paris,** et n'**en** parlons plus (Allais).
4. Giuseppe salua **les arrivants** avec **beaucoup de gentillesse** (Pagnol).

**15.** *Révisions.*
*Dites la nature des mots en gras.*
1. La princesse Orior naquit **si** belle que le roi son père, **craignant** qu'à voir son image elle ne conçût de l'orgueil, ordonna **qu'**elle **fût élevée** dans un palais **sans** miroirs (Beck).
2. Le 11 novembre 1918, **qui** fut le jour de l'armistice, il y eut, dans la seule rue des Nèfles, **deux** hommes qui guérirent, **l'un** d'une mauvaise phlébite, **l'autre** d'une affection cardiaque **qu'**ils traînaient depuis le 3 août 1914. La joie fait de **ces** miracles (Aymé).

**16.** *Révisions.*
*Relevez toutes les propositions subordonnées ; dites leur nature (relative, complétive, circonstancielle, participiale).*
1. J'ai eu de la peine à me lever parce que j'étais fatigué de ma journée d'hier. Pendant que je me rasais, je me suis demandé ce que j'allais faire et j'ai décidé d'aller me baigner (Camus).
2. Amélie n'ayant jamais vu la mer, il eût aimé qu'elle la découvrît sous un grand rayon de soleil (Troyat).
3. Lorsque son fiancé partit pour la guerre, Blanche lui fit cadeau d'une épingle qu'il jura de garder précieusement.
« Vous me la donnez, dit Pierre, sans doute pour que je pense à vous.
– Non, dit-elle, je sais que vous ne m'oublierez jamais. » (Renard)

# 1 – FONCTIONS DE BASE

## A – LE SUJET

Le sujet, dit-on parfois, est « ce dont on parle » ; le reste de la proposition (verbe + attributs ou compléments) est « ce qu'on en dit », et qu'on appelle le **prédicat.** Plus traditionnellement, on dit que le sujet (nom ou équivalent) représente l'être ou la chose qui fait ou qui subit l'action, ou qui se trouve dans l'état exprimé par le verbe (pour les verbes d'action et les verbes d'état, voir p. 32 et p. 84) :

> ***Le chat*** (sujet) *guette une souris.*
> ***Une souris*** (sujet) *est guettée par le chat.*
> ***Le chat*** (sujet) *est un félin (*ou *un félidé).*

**N.B.** Parmi les sept modes du verbe (voir p. 84), seuls l'**impératif** et le **gérondif** n'ont jamais de sujet exprimé :

> *Mange et tais-toi.*
> *Mon père ronfle / en dormant.*

Un seul verbe peut avoir plusieurs sujets (coordonnés ou juxtaposés) ; chacun d'eux est dit **sujet partiel :**

> ***Pierre, Paul*** et ***moi*** *sommes bons amis* (*Pierre :* n. p., m. sg., s. partiel de *sommes ; Paul :* id. ; *moi :* pron. pers. : id.).

Plusieurs verbes peuvent avoir un seul sujet, dit **sujet commun :**

> ***L'attelage*** *suait, soufflait, était rendu* (La Fontaine [*attelage :* n. c., m. sg., s. commun des trois verbes]).

**N.B.** Un sujet peut être à la fois partiel et commun (plusieurs sujets pour plusieurs verbes) :

> ***Pierre, Paul*** et ***moi*** *aimons, écoutons et étudions la musique* (*Pierre :* s. partiel et commun ; *Paul :* id. ; *moi :* id.).

Généralement **devant le verbe** (devant le prédicat), le sujet peut aussi se trouver **derrière ;** il est alors dit **sujet inversé :**

> *Le long d'un clair ruisseau buvait* ***une colombe*** (La Fontaine).
> *Nous reprendrons cette leçon demain, dit* ***le professeur.***
> *Hauts sont* ***les monts*** *et profondes* ***les vallées.***
> *Son vrai prénom est* ***Jean*** *(= Jean est son vrai prénom).*
> *Sont déclarés reçus* ***les candidats suivants.***
> *Soit* ***un triangle A B C.***
> *Survient* ***un bolide effrayant.***

Le sujet inversé est fréquent dans les **subordonnées** (voir la 2e partie) :

> *C'est un trou de verdure / où chante* ***une rivière*** (Rimbaud).
> *J'ai quelquefois entendu / chanter* ***un rossignol.***
> *Quand revint* ***le printemps,*** */ notre malade se sentit mieux.*

Le sujet est parfois souligné par un **pronom,** pronom **d'annonce** ou **de reprise,** selon qu'il *précède* ou *suit* le vrai sujet :

> *Il est savant,* ***ce professeur. Ce professeur,*** *il est savant.*

Il peut aussi être mis en relief par le **gallicisme** *« c'est ... qui » :*

> *C'est* ***ton parrain*** *qui a téléphoné (= Ton parrain a téléphoné).*

**Attention !** Quand le verbe est introduit par un **pronom neutre singulier,** le vrai sujet (sujet **réel,** ou **logique**) est derrière, le pronom n'étant que le sujet **apparent** (ou **grammatical**) :

> *Il tombe* ***de la pluie.*** *Il court* ***des bruits fâcheux.***
> *Il y a* ***du bruit.*** *Il était une fois* ***un roi et une reine.***

**Remarques**

**a)** Le pronom sujet est parfois **omis :**

> *Suffit! Peu importe. Reste à savoir... Soit dit entre nous.*

**b)** Parmi les « équivalents » du nom (voir p. 18), notons que l'**infinitif-nom,** les subordonnées **relative** et **complétive par « que »** peuvent être :
- **sujets** du verbe :

> ***Mentir*** *est honteux.* ***Qui aime bien*** */ châtie bien.*
> ***Qu'il gagne la partie demain*** */ me surprendrait.*

- et même **sujets inversés :**

> *Mon intention est /* ***de partir demain.***
> *Rira bien /* ***qui rira le dernier.***
> *L'essentiel est /* ***que tu gagnes.***

- et même **sujets réels :**

> *Il est honteux* ***de mentir.*** *Il est clair /* ***que tu as menti.***

**N.B. Rappel.** On trouve le sujet en posant, devant le verbe, la question (traditionnelle) *Qui est-ce qui?, Qu'est-ce qui?.*

## MODÈLES D'ANALYSE DE SUJETS

**1)**

> *Pierre et sa grande sœur aiment la musique classique.*

- *Pierre :* n. p., m. sg., **sujet partiel** de *aiment;*
- *sa grande sœur :* gr. du n., f. sg., **sujet partiel** de *aiment.*

**2)**

> *Il était une fois un bûcheron et une bûcheronne qui avaient sept enfants, tous garçons* (Perrault).

- *Il :* pronom personnel, 3ᵉ pers. du neutre sg., **sujet apparent** (ou grammatical) de *était (il était = il y avait);*
- le **sujet réel** (ou logique), englobant une subordonnée relative, va de *un bûcheron* jusqu'à *tous garçons :* vaste **groupe du nom** (ou plutôt de deux noms), où *bûcheron* et *bûcheronne* sont, chacun, **sujet réel** et **partiel** du verbe *était.*

# EXERCICES

**17.** *Relevez les sujets des verbes en gras (noms, groupes du nom, équivalents) ; n'oubliez pas de préciser s'ils sont partiels, communs, inversés, réels ou apparents.*

1. M. Mercier, Louise et son frère **bavardaient** dans un coin. Lecouvreur passait d'un groupe à un autre, **trinquait,** cherchait à inspirer confiance à ses futurs clients et **regardait** autour de lui avec un plaisir attendri (Dabit).
2. Puis **venaient** des maisons d'amis, où nous **était connue** l'orientation de chaque lit, de chaque dormeur (Giraudoux).
3. De la maison **venait** une odeur exquise de thym, de céleri et d'aubergine. On **cuisinait** (Bosco).
4. Hier soir, il **fit** sur Paris un petit orage (Derême).
5. Il y **eut** des viandes nombreuses, des entremets à la glace et même des discours (P. Vialar).

**18.** *Dans les extraits suivants, relevez tous les sujets ; et attention aux ellipses.*

1. Il ne faut jurer de rien (proverbe).
2. Qui vole un œuf vole un bœuf (proverbe).
3. Jamais il ne se sera vu un réveillon pareil (Daudet).
4. Que Tchen s'accrochât à lui ne l'étonnait pas (Malraux).
5. Delphine avait trente-six ans, Julie trente et un (Dabit).
6. Peut-être Odette, soudain effrayée par la ruine imminente, regrettait-elle cette maison de Fontagre (Orieux) ?
7. Il y avait eu des orages et une forte mer toute la nuit (Gerbault).
8. Ses faux cols étaient trop étroits et l'encolure de ses chemises trop large (Giraudoux).
9. Il est très rare qu'une montagne change de place (Saint-Exupéry).
10. Avril passa, puis vint le mois de mai (Martin du Gard).

**19.** *Même exercice.*

1. Samuel Chapdelaine et Maria n'avaient fait que quelques pas dans le chemin lorsqu'un jeune homme les aborda (Hémon).
2. Il était une fois une petite fille de village, la plus jolie qu'on eût pu voir (Perrault).
3. Quelle joie quand les généraux des empereurs sont républicains et ceux des républicains monarchistes, comme Castelnau (Giraudoux) !
4. Il avait été convenu qu'il reviendrait l'après-midi (Ramuz).
5. Il fallait, bien sûr, que le héron tombât malade pour que le bœuf sentît combien il était son ami (Supervielle).
6. En affaires, voyez-vous, chacun pour soi (Balzac).
7. Aux abords de Gardon croissaient des asphodèles (Gide).

**20.** *Dites la fonction exacte des infinitifs en gras.*
1. Trop **gratter** cuit, trop **parler** nuit (proverbe).
2. Il est bon de **parler,** et meilleur de **se taire** (La Fontaine).
3. Mieux vaut **prévenir** que guérir, **prêter** que rendre (Bazin).
4. Ma principale occupation était de **lancer** du pain aux canards (Pagnol).
5. Mieux vaut, je crois, **cesser** ces promenades dans le passé... Mieux vaut **rester** chez soi, dans son quartier (Calet).
6. Le plus difficile était de **trouver** des voitures et des conducteurs (Cocteau).

**21.** *Dans le petit texte suivant, relevez tous les sujets ; faites toutes remarques utiles.*

Le pauvre chemisier

Il était une fois un pauvre chemisier dont les chemises allaient bien, mais les affaires mal (...).
Pourtant, il n'en avait pas toujours été ainsi. Quelques années avant l'Exposition de Paris, en 1900, il possédait un éblouissant magasin sous les galeries du Palais-Royal (...).
Il habitait l'entresol d'une élégante maison sise rue des Bons-Enfants ; il mangeait chaque jour au restaurant Duval de la rue Montesquieu, et s'achetait trois chapeaux hauts de forme par an.
Mais peu à peu, sa clientèle se clairsema, et ses cheveux en firent autant.

V. Larbaud

**22.** *Même exercice.*

L'oncle Jules

Le plus étonnant, c'est qu'il ne s'appelait pas Jules. Son véritable prénom était Thomas (...).
L'oncle Jules était né au milieu des vignes, dans ce Roussillon doré où tant de gens roulent tant de barriques. Il avait laissé le vignoble à ses frères, et il était devenu l'intellectuel de la famille, car il avait fait son droit : mais il était resté Catalan, et sa langue roulait les R comme un ruisseau roule des graviers.

M. Pagnol

**23.** *Révisions.*
*Dites la nature des mots en gras, et relevez toutes les propositions subordonnées en précisant leur nature.*
1. **On** savait qu'**il** ne faisait pas bon s'approcher de Meaulnes **lorsqu'**il travaillait **ainsi** (Alain-Fournier).
2. Je sais **que** j'ai peur, peur à cause de ce mendiant, peur **parce qu'**il n'y a **personne,** et surtout peur parce que je ne comprends pas **pourquoi** j'ai peur (Croisset).
3. Quand la **jeune** femme eut pénétré dans la **salle à manger,** elle vit le chien **qui** léchait **résolument** la vitre du **portrait** de **son** mari (Supervielle).

## B – LE COMPLÉMENT D'OBJET

Le complément d'objet (nom ou équivalent) représente **l'être ou la chose sur lesquels porte l'action** exprimée par le verbe (à la voix active) :

> *Paul aime* (qui ?) ***sa mère.*** – *Louise étudiait* (quoi ?) ***la musique.***

C'est le complément essentiel du verbe **actif** (à n'importe quel **mode**). La tradition distingue l'objet **direct** et l'objet **indirect.**

- Le complément d'objet direct (c.o.d.), construit directement, sans préposition, après un verbe dit **transitif direct** (voir p. 84) :

> *Elle aime* (quoi ?) ***le lecture.*** – *Aimez* (qui ?) ***vos parents.***

- Le complément d'objet indirect (c.o.i.), introduit par une préposition, après un verbe dit **transitif indirect** (voir p. 84) :

> *Tu dois te souvenir* (de quoi ?) ***de nos jeunes années.***
> *On ne saurait penser* (à quoi ?) ***à tout.***

Mais ce qui compte, c'est la notion d'**objet ;** notons les **équivalences :**

> *Je me souviens* ***de ma jeunesse*** = *Je me rappelle* ***ma jeunesse.***
> *Il recourut* ***à une ruse*** = *Il utilisa* ***une ruse.***

**Remarques**

**a)** Le c.o.d. peut être contenu dans le verbe : c'est l'**objet interne :**

> *Je réponds (= je fais une « réponse ») à un ami.*
> *(Cf. parler, écrire, téléphoner, sourire ... à un ami).*

**b)** Le c.o.d., généralement après le verbe, peut le **précéder** (dans l'interrogation, l'exclamation, avec un pronom de reprise, avec le gallicisme *c'est ... que,* dans des proverbes, dans d'anciennes expressions figées :

> ***Quel livre*** *lis-tu ?* - ***Quel beau temps*** *nous avons !* - ***Cet homme,*** *je* ***l'****admire.* – ***Que tu souffres,*** *je* ***le*** *comprends.* – *C'est* ***ce style*** *que j'aime.* – *Qui* ***terre*** *a,* ***guerre*** *a.* – ***Chemin*** *faisant.* – *Sans* ***coup*** *férir.* – ***Grand bien*** *te fasse.* – *(Il gèle) à* ***pierre*** *fendre.*

**N.B.** Il en est de même pour les pronoms c.o.d. :

> *Je* ***la*** *connais.* – *J'ai rencontré la femme /* ***que*** *tu aimes.*

**c)** Comme pour le sujet (et les autres fonctions), on peut avoir des compléments d'objet **partiels** et des compléments d'objet **communs :**

> *Imitez* ***le canard, la grue*** *et* ***la bécasse*** (La Fontaine).
> *Cette femme aime, cultive et pratique* ***la poésie.***

**d) Attention !** Il ne faut pas confondre le c.o.d. et le sujet réel :

> *Il a* ***une maison*** *sur la colline (= il possède ... :* c.o.d.).
> *Il y a* ***une maison*** *sur la colline (= une maison est ... :* sujet réel).

**e)** Parmi les équivalents du nom qui peuvent être c.o.d., ne pas oublier l'infinitif-nom, et les subordonnées relative ou complétive :

> *J'aime* (quoi ?) ***lire*** *(= la lecture).*
> *Aimez* (qui ?) / ***qui vous aime*** *(= vos amis).*
> *Je veux* (quoi ?) / ***qu'on soit sincère*** *(= de la sincérité).*

# EXERCICES

**24.** *Relevez les compléments d'objet des verbes en gras (noms, groupes du nom, équivalents) ; n'oubliez pas de préciser s'ils sont partiels ou communs, s'ils précèdent le verbe, ou si le verbe est omis.*
1. Qui femme **a,** noise a (proverbe).
2. Qui bon maître a, bon loyer **a** (proverbe).
3. Qui son nez **tranche,** sa face **défigure** (proverbe).
4. Ce petit garçon **n'avait jamais vu** la mer (Samivel).
5. Il **avait traversé** les Champs-Élysées, la place et le pont de l'Alma, le boulevard de Grenelle (Supervielle).
6. L'âne **poussa** un grand soupir (...) et la petite poule **rentra** la tête dans son jabot pour **cacher** ses larmes. Alors le chat **secoua** ses poils, **fit** un pas en avant, et **répéta** toute la conversation que l'âne **avait surprise** (Aymé).

**25.** *Même exercice.*
1. Il **découvrait** dans son maître un naturel porté au bien, beaucoup de droiture et de bon sens (Voltaire).
2. On ne peut **avoir** beaucoup de raison et peu d'esprit (Vauvenargues).
3. Vous me **faites** trop d'honneur, répondit M. d'Anquetil (France).
4. Mon champ me **donne** sa chair, et ma vigne son sang (Rolland).
5. Quelle joie je lui **aurais causée** de **comparer** les planètes à des disques, les constellations à des trains, la voie lactée à une voie ferrée ! (Giraudoux).
6. Les femmes le **reconnaissent** aux poils frisés qu'il **a** sur le front (Renard).
7. L'aîné **choisit** la sécurité, le plus jeune l'aventure et mon père la rêverie (Chamson).

**26.** *Révisions.*
*Nature et fonction des mots ou groupes de mots en gras*[1].
1. Il n'est pas beau, mon **cheval.** Il a **trop de nœuds** et de salières, les côtes plates, une queue de rat et des **incisives** d'Anglaise. Mais il **m'**attendrit (Renard).
2. Il se trouve dans certaines villes de province des **maisons** dont la vue inspire une **mélancolie** égale à celle **que** provoquent les cloîtres les plus sombres, les **landes** les plus ternes ou les ruines les plus tristes (Balzac).
3. **Ce chef de bureau quinquagénaire,** ce voisin de palier chauve et boiteux, ce cousin de campagne aux yeux vairons, elle les écarterait encore (Bazin).
4. D'un regard, M. Jourdin s'assura que le **poêle** était allumé. Puis il frappa sa table d'un coup de règle et dit en soulevant ses **lunettes :**
« Je commencerai mon cours lorsque **Messieurs du fond** auront fait silence. »
Il se fit aussitôt un **silence total ;** le professeur remit ses lunettes (Aymé).

1. Dans les exercices de « Révisions », quand on demande la nature et la fonction des « groupes de mots en gras », il n'est évidemment pas question de donner la nature et la fonction de tous les mots qui composent lesdits groupes ; on indique seulement la nature du groupe (groupe du nom, groupe du pronom, groupe de l'adjectif, groupe de l'adverbe) et la fonction du groupe (dans son ensemble).

# C – LE COMPLÉMENT D'AGENT

Le complément d'agent (nom ou équivalent) représente **l'être ou la chose** (personnifiée ou non) **par qui est accomplie l'action** exprimée par le verbe (à la **voix passive) :**

> *Tu seras grondé(e)* ***par ton père.*** *Elle a été mordue* ***par un chien.***
> *Le bateau fut emporté* ***par la tempête.***

Il mérite bien son nom : il agit, il est l'agent de l'action ; il devient en effet **sujet** si on tourne la proposition à la **voix active :**

> *L'oiseau est guetté* ***par le chat = Le chat*** *guette l'oiseau.*
> (sujet + v. passif + c. d'agent = sujet + v. actif + c.o.d.).

Il faut donc éviter de le ranger parmi les compléments circonstanciels.

**Remarques**

**a)** Seuls les verbes **transitifs directs** (+ ***obéir, désobéir, pardonner :*** trois transitifs indirects) peuvent exister au passif, donc avoir un complément d'agent :

> *Il est toujours obéi (désobéi)* ***(par ses élèves).***
> *Avoue, et tu seras pardonné* ***(par tes parents, par nous).***

**N.B. 1)** On peut même parler de complément d'agent (sans verbe passif !) dans :

> *Je l'ai souvent entendu dire* ***par mon grand-père.***
> *Nous vous ferons porter ce livre* ***par notre fils.***

**2)** On le rencontre souvent avec un participe passé passif :

> *Gâté* ***par ses parents,*** *cet enfant est souvent odieux.*

**b)** Le complément d'agent est introduit par ***par*** ou par ***de :***

– ***par,*** pour une action **précise, momentanée :**

> *Notre sommeil fut interrompu* ***par un fracas terrible.***

– ***de,*** plutôt pour un **résultat,** presque un **état,** et **durable :**

> *Il était accablé* ***d'une misère sans nom*** (Kessel).
> *Cette fillette est aimée* ***de tous*** *et* ***de chacun.***

**N.B.** Il est même introduit par ***à*** dans les locutions figées :

> *Mangé* ***aux*** *mites, mangé* ***aux*** *vers* (étoffe, tissu, meuble...) = *Mangé(e)(s) par les mites, par les vers.*

**c) Attention !** Il ne faut pas confondre le complément d'**agent** avec le complément circonstanciel de **cause** (voir p. 38) :

> *Il a été puni par le maître* (agent).
> *Il a été puni par erreur* (cause).

**N.B.** Quand il y a complément d'agent, on peut toujours le transformer en **sujet,** en tournant la phrase à la **voix active :**

> *J'ai été puni(e) par le maître = Le maître m'a puni(e).*

# EXERCICES

**27.** *Relevez tous les compléments d'agent des verbes passifs en gras (noms, groupes du nom, équivalents).*
1. **Sois aimé** par ta mère et **sois béni** par moi (Hugo).
2. Toute la journée, le magasin **était envahi** par des paysans ou par les cochers des châteaux voisins (Alain-Fournier).
3. Notre entretien **fut interrompu** par les clameurs d'un passager (Duhamel).
4. **Guidé** par le fil magique et **suivi** par le tribut promis au Minotaure, le héros pénétra profondément dans le labyrinthe (Supervielle).
5. **Repoussé** par la société, **abandonné** d'Amélie (...), que me restait-il ? (Chateaubriand).
6. On **n'était plus fouetté** par sa mère, ni par son père, on **était fusillé** par l'ennemi, et l'on mourait comme Bara (Vallès).

**28.** *Même exercice.*
1. Je **suis haï,** dit-il ; et de qui ? d'un chacun (La Fontaine).
2. Jadis Priam soumis **fut respecté** d'Achille (Racine).
3. La bible en vos greniers pourrit **mangée** aux vers (Hugo).
4. J'**étais entouré** par les poètes comme le Petit Poucet par les arbres de la forêt (Chamson).
5. Cette ville est bien aérée. Elle **est arrosée** par quatre-vingts fontaines. Elle **est battue** des vents de nord-ouest (Giono).
6. Il **était accablé** d'une misère sans nom (Kessel).
7. De ma grand-mère et de Marie, j'**avais été** à Saint-Jean aussi **aimé** qu'on peut l'être (Supervielle).

**29.** *Révisions.*
*Nature et fonction des mots ou groupes en gras.*
1. **Le pêcheur à la ligne volante** marche d'un pas léger **au bord de l'Yonne** et fait sautiller sur l'eau sa mouche verte. **Les mouches vertes,** il les attrape aux troncs des peupliers polis par **le frottement du bétail** (Renard).
2. Méhoul entra, suivi **de son fils.** Il y avait entre le père et le fils **une ressemblance suprenante,** mais quarante années d'âge (...). **Méhoul** secoua **sa casquette** trempée **par la pluie** et annonça **des jours néfastes** (Aymé).
3. **Les yeux de braise de la directrice** scintillent **de colère** et d'émotion (Colette).
4. Une voiture approchait, conduite **par un vieillard,** escortée **de quatre domestiques** (Cocteau).
5. Le soir, quand le grand-père allumait sa lampe, **l'éclat,** ramené **par l'abat-jour** et comme recueilli **par deux mains paisiblement jointes** ne parvenait pas tout à fait à pénétrer **ce ténébreux domaine** (Guilloux).
6. Amélie tourna les regards vers un kiosque éclairé **par un quinquet** et pavoisé **de journaux** (Troyat).

# D – LE COMPLÉMENT D'ATTRIBUTION

Le complément d'attribution (nom ou équivalent) représente **l'être ou la chose auxquels est destinée l'action** exprimée par le verbe (à la voix active, passive ou pronominale) :

> *J'ai prêté un livre* ***à mon ami Paul.***
> *Un bel os à moelle a été jeté* ***au chien Médor.***
> *Des soins attentifs se donnent* ***à la vigne.***

Il accompagne souvent un complément d'objet (qu'il suit ou qu'il précède) avec des verbes comme : *donner, offrir, attribuer, accorder, prêter, confliger, infliger, imposer ... :*

> *Confier un secret* ***à un ami*** *(Confier* ***à un ami*** *un secret).*
> *Infliger des pertes* ***à l'ennemi*** *(...* ***à l'ennemi*** *des pertes).*

Mais il peut s'employer seul, le c.o.d. étant omis (« objet interne ») :

> *Écrire* ***à un parent.*** *Parler* ***à un voisin.*** *Sourire* ***à un ami.***

**N.B.** Il est fréquent dans des **proverbes** elliptiques :

> ***À tout péché*** *miséricorde.* ***Au pauvre*** *la besace.*

**Remarques**

**a)** Généralement introduit par **à,** il peut l'être par **pour;** on peut alors l'appeler complément de **destination,** ou **d'intérêt :**

> *Marine a acheté des fleurs* ***pour sa maman.*** *Chacun* ***pour soi.***
> *Jean cueille des champignons* ***pour l'omelette de ce soir.***

Avec **être** et **appartenir,** on peut l'appeler complément d'**appartenance :**

> *Cette belle villa est* (appartient) ***à un chirurgien.***
> *À qui est* (appartient) *ce manteau? -* ***A moi.***

**b)** Il ne faut pas le confondre avec le complément d'objet indirect :

> *Consentir* ***à un partage*** (c.o.i.) = *admettre* ***un partage*** (c.o.d.).
> *Consentir* ***un rabais*** (c.o.d.) ***à un bon client*** (attribution).

**c) Attention !** On confond souvent le complément d'**attribution** (*à,* du latin *ad :* mouvement « vers », destination, attribution) avec son **contraire** le complément d'**origine,** de **provenance** (*à,* du latin *ab :* mouvement « à partir de », d'éloignement) qui se rencontre avec des verbes comme : *demander, emprunter, acheter, prendre, voler, ôter, arracher, enlever, confisquer... :*

> *Je prête un livre* ***à Paul*** (attribution).
> *J'emprunte (je confisque ...) un livre* ***à Paul*** (provenance).

**N.B.** Attention à l'équivoque possible dans une phrase comme :

> *J'ai acheté un beau livre rare* ***à Hervé.***

Hervé est-il le destinataire (attribution) ou le vendeur (provenance)?

**d)** Ne pas confondre, évidemment, **attribution** et **attribut** (voir p. 32).

# EXERCICES

**30.** *Relevez tous les compléments d'attribution (noms, groupes du nom, équivalents) ; faites toutes remarques utiles.*

1. À bon chat bon rat (proverbe).
2. À cœur vaillant rien d'impossible (proverbe).
3. Ce qu'on donne aux méchants, toujours on le regrette (La Fontaine).
4. Je porte du grain aux faisans et aux coqs de ma tante, du foin frais et de l'avoine aux chevaux (Orieux).
5. « Joyeux Noël ! Joyeux Noël ! » cria-t-elle au facteur, au marchand de marrons, au porteur de journaux (M. Noël).
6. Nous voudrions de la pluie pour les jardins et les vergers (Colette).
7. Il sourit à toutes les commères. Il jette un mot jovial à tous les passants (Duhamel).
8. « Quelle honte ! J'aimerais mieux mendier », confiait Myco à ses intimes, c'est-à-dire à tout le village (Bazin).

**31.** *Distinguez les compléments d'attribution, d'intérêt, d'appartenance, d'origine (ou de provenance).*

1. Le soleil luit pour tout le monde (proverbe).
2. Tout sur terre appartient aux princes, hors le vent (Hugo).
3. Elle a tout fait pour elle, et n'a rien fait pour nous (Corneille).
4. À qui s'adresse le sauvage ? À la terre, aux animaux, aux poissons, aux arbres, aux herbes, aux racines, aux ruisseaux (Diderot).
5. Dans le courant du mois de juin, Ferdinand écrivit secrètement à son père (Hériat).
6. Un pauvre laboureur avait acheté un pré à un gros bourgeois de la ville (Pourrat).
7. J'avais menti à mes parents, j'avais menti à mon ami (Pagnol).
8. Aux remous, aux courants, à l'eau torpide des étés, à l'eau limoneuse des crues, un seul de ses regards arrache de profitables secrets (Genevoix).

**32.** *Révisions.*
*Nature et fonction des mots ou groupes en gras.*

1. **Aux grands maux** les grands remèdes (proverbe).
2. L'avenir ! l'avenir ! l'avenir est **à moi !**
   Non, l'avenir n'est **à personne !**
   Sire, l'avenir est **à Dieu** (Hugo) !
3. Les questions montrent l'**étendue de l'esprit,** et **les réponses** sa finesse (Joubert).
4. Vous **me** croyez **plus de qualités** que je n'en ai (Marivaux).
5. Il y a **des jours** où l'on n'a pas **de chance,** où il **vous** arrive **toute une série d'accidents et de malheurs plus ou moins graves :** on se brûle en prenant **son café,** on perd son porte-monnaie, on casse un verre, on se dispute avec son meilleur ami (Vildrac).
6. Mon dos était meurtri **par les pierres** qu'on **m'**avait lancées (Dhôtel).

# E – L'ATTRIBUT DU SUJET

L'attribut du sujet (nom ou équivalent) exprime une **qualité** attribuée au sujet (être ou chose) par l'intermédiaire du verbe :

> *Leur chien est* ***un lévrier,*** *le nôtre* (est) ***un épagneul.***

Le verbe qui relie l'attribut au sujet peut être :

• Un *verbe d'état :* état **réel** *(être),* état **apparent** *(sembler, paraître, avoir l'air de, passer pour),* état **qui dure** *(rester, demeurer),* état **qui change** *(devenir, se faire, se rendre, se transformer en ...) :*

> *Paul sera* ***médecin.*** *– Elle est devenue* ***une virtuose,*** *et* ***le*** *restera.*

• Un **verbe intransitif** comme : *naître, vivre, mourir, partir, revenir :*

> *Il est parti* ***soldat,*** *il revient* ***officier,*** *il mourra* ***général.***

• Un **verbe passif** comme : *être nommé, être choisi, être élu, être déclaré,* ou le verbe **pronominal** de sens **passif** *s'appeler* (= *être appelé*) :

> *Notre maire a été élu* ***député ;*** *il s'appelle* ***M. Duval.***

• Un verbe flanqué de ***à, de, pour, comme*** (en emploi **explétif,** atténué) : *passer pour, avoir l'air de, être traité de, être pris à, être considéré comme :*

> *Il passe pour* ***un génie.*** *– Tu serviras* ***d'arbitre.*** *– Je fus pris(e)* ***à témoin.*** *– Ils étaient considérés* ***comme les coupables.***

**N.B.** Pour l'**adjectif qualificatif** attribut du sujet, voir p. 65.

**Remarques**

**a)** L'attribut du sujet peut **précéder** verbe et sujet (dans l'interrogation, l'exclamation, la mise en relief, la complétive sujet inversé) :

> ***Quel homme*** *est-il? –* ***Quel grand garçon*** *tu es devenu! –* ***Amis*** *nous sommes,* ***amis*** *nous* (le) *resterons. –* ***Son vrai prénom*** *est Jean. –* ***Notre espoir*** *est que tu reviennes vite (= que tu reviennes vite est notre espoir).*

**b)** Il se rencontre souvent avec pour sujet le **démonstratif ce, c' :**

> *C'est* ***un ami.*** *- C'était* ***mon maître.*** *– C'est* ***moi (toi, lui, elle).***

**N.B. 1)** Avec *eux, elles,* ou un **nom pluriel,** le verbe se met **au pluriel :**

> *Ce sont* ***eux.*** *– C'étaient* ***elles.*** *– Ce furent* ***des débats sans fin.***

**2)** Ce démonstratif est explétif dans des exemples comme :

> *Vouloir* (sujet), *(c') est* ***pouvoir*** (attribut du sujet).

**c) Attention !** Ne pas le confondre avec le complément d'objet :

> *Mon ami devient* ***un grand peintre*** (attribut du sujet).
> *Mon ami fréquente* ***un grand peintre*** (c.o.d.).

**N.B.** Chacun connaît les **équivoques** et jeux de mots grammaticaux :

> *Je suis* ***un idiot*** (v. *être* + attr. du s.) et *Je suis* ***un idiot*** (v. *suivre* + c.o.d.).
> *Ce charcutier fait très bien* ***l'andouille*** (c.o.d.) et *Cet élève fait très bien* ***l'andouille*** (sens figuré ; attr. du s. ; cf. *faire l'imbécile :* id.).

# EXERCICES

**33.** *Relevez tous les attributs du sujet (noms, groupes du nom, équivalents), faites toutes remarques utiles.*
1. Tous songes sont mensonges (proverbe).
2. Le temps c'est de l'argent (proverbe).
3. Tout ce qui brille n'est pas or (proverbe).
4. Partir c'est mourir un peu (proverbe).
5. Si ce n'est toi, c'est donc ton frère (La Fontaine).
6. Tout vous est aquilon, tout me semble zéphyr (La Fontaine).
7. Qu'un véritable ami est une douce chose (La Fontaine) !
8. Puisque je fais l'huissier, faites le commissaire (Racine).
9. Ah ! ah ! Monsieur est Persan ? C'est une chose bien extraordinaire ! Comment peut-on être Persan (Montesquieu) ?
10. Et il devint marin au long cours, d'abord mousse et pilotin, et enfin capitaine marin (Genevoix).

**34.** *Même exercice ; attention aux attributs « antéposés ».*
1. L'oisiveté est mère de tous les vices (proverbe).
2. La difficulté fut d'attacher le grelot (La Fontaine).
3. Quel dommage ç'aurait été (Molière) !
4. Qui suis-je pour prétendre à lui (Balzac) ?
5. Et l'opinion générale fut qu'il ne viendrait plus (France).
6. Il passait pour un peu sourcier, et aussi sorcier (Ramuz).
7. Mon avis, à moi, est que nous déjeunions et que nous partions (Diderot).
8. Arthur faisait la locomotive ; Françoise, dans une chaise roulante, faisait les voyageurs ; Marcel était chef de train et se transformait, aux stations, en chef de gare (Larbaud).

**35.** *Révisions.*
*Nature et fonction des mots ou groupes en gras.*
1. Les yeux sont **le miroir de l'âme** (proverbe).
2. **Le bonhomme** disait : « Ce sont là **jeux de princes.** » (La Fontaine)
3. Sur les cinq heures, il entendit **la canonnade :** c'étaient **les préliminaires de Waterloo** (Stendhal).
4. Je suis **moi** et je reste **ce que je suis** (Diderot).
5. **L'un** était marchand de biens et l'autre **secrétaire de mairie** (Kessel).
6. Bonne Justine déclara que je ferais **une très bonne lingère** (Audoux).
7. Tandis qu'Avit se disposait à gagner la salle à manger **qu'**un escalier intérieur unissait directement **à son appartement,** il fut rappelé dans la chambre de navigation **par une sonnerie** (Peisson).
8. Alexandre est **son nom,** connu même **des chiens** (Renard).
9. **La plus perdue de toutes les journées** est **celle où l'on n'a pas ri** (Chamfort).

# F – L'ATTRIBUT DE L'OBJET

L'attribut du complément d'objet (nom ou équivalent) exprime une qualité attribuée au complément d'objet direct du verbe (nom ou équivalent) :

> *Nous savons cet homme* ***un chirurgien de renom.***
> *Il a appelé sa petite chatte* ***Pirouette.***
> *Je croyais sa maladie* ***une pleurésie.***

On rencontre l'attribut de l'objet (ou du complément d'objet direct) :
- après des verbes **transitifs directs** comme : *nommer, baptiser, appeler, choisir, élire, déclarer, croire, juger, estimer... :*

> *J'appelle un chat* ***un chat,*** *et Rolet* ***un fripon*** (Boileau).
> *Tu nommais mon pas* ***une danse*** (Colette).

- après des verbes **actifs** flanqués de **à, de, pour, comme** (en emploi explétif, atténué) : *traiter de, prendre pour, tenir pour, prendre à, considérer comme :*

> *Il me traita* ***de voleur.*** – *Nous tenons cela* ***pour une erreur.*** – *On prit Paul* ***à témoin.*** – *Elle considère Jean* ***comme un ami.*** – *Quelques-uns le prirent* ***pour le fou du roi*** (Voltaire).

**N.B.** Pour l'**adjectif qualificatif** attribut de l'objet, voir p. 65.

**Remarques**

**a)** L'attribut de l'objet **précède** ou **suit** le complément d'objet direct :

> *Il a* ***pour prénom*** *Jacques et* ***pour nom*** *Dupont = Il a Jacques* ***pour prénom*** *et Dupont* ***pour nom.***
> *J'ai* ***pour passion*** *la musique = J'ai la musique* ***pour passion.***

**b)** L'attribut de l'objet est proche de l'attribut du sujet :

> *J'appelle cela* ***un crime*** (cf. *Cela est* ***un crime,*** *à mon avis*).

**c)** Ne pas le confondre avec un complément circonstanciel de comparaison (distinguer *comme* en emploi explétif et *comme* en emploi plein) :

> *Je la considère* ***comme une sœur*** (attribut de l'objet)
> *Elle m'aime* ***comme une sœur*** (c. circ. de comparaison).

**d)** Noter **l'équivalence** assez fréquente :

> *On le fit* ***président*** *= On fit de lui* ***un (le) président*** (dans le premier cas, *président* est attr. du c.o.d. ; dans le second cas, il est c.o.d.).

**e)** On rencontre souvent l'attribut de l'objet avec pour c.o.d. un pronom (personnel, démonstratif, indéfini ... et même relatif) :

> *Je sais un paysan /* ***qu'****on appelait* ***Gros Pierre*** (Molière [*Gros Pierre,* attr. du c.o.d. *qu', que*]).
> *L'animal seul, monsieur, /* ***qu'****Aristophane*
> *Appelle* ***Hippocampéléphantocamélos*** (Rostand [*Hippocampéléphantocamélos,* attr. du c.o.d. *qu', que*]).

# EXERCICES

**36.** *Relevez tous les attributs de l'objet (noms, groupes du nom, équivalents) ; faites toutes remarques utiles.*
1. On m'élit roi, mon peuple m'aime (La Fontaine).
2. Clitandre vous demande Henriette pour femme (Molière).
3. Il suffit. Je l'accepte pour gendre (Molière).
4. Il la fera comtesse, et puis dame d'honneur (Hugo).
5. J'emmène seulement ta nièce comme otage (Hugo).
6. Veux-tu me voir faussaire, et félon, et parjure (Hugo) ?
7. Il vous fait gouverneur du prince de Castille (Corneille).
8. Perrin Dandin arrive : ils le prennent pour juge (La Fontaine).
9. Je la considérais comme une créature céleste (Constant).
10. Ma cousine est blonde, elle a nom Ursule (Verlaine).

**37.** *Même exercice.*
1. Ils la traitent en reine et nous comme ennemis (Racine).
2. Venez, pauvres enfants qu'on veut rendre orphelins (Racine).
3. Ils ont son vœu pour loi, pour foi sa renommée (Hugo).
4. Vous pouvez faire Gauvain général ou l'envoyer à l'échafaud (Hugo).
5. Cimourdain rêvait Gauvain grand capitaine (Hugo).
6. J'aurais un potager pour jardin, et pour parc un joli verger (Rousseau).
7. On le nommait le Vieillard, on le nommait aussi le Chanteur (France).
8. Et je traitais Claude d'enfant mal élevée (...). Alors je l'appelais petite imbécile (Colette).
9. Son père avait pour nom Poisson et son parrain pour prénom Jean (Pineau).

**38.** *Révisions.*
*Nature et fonction des mots ou groupes en gras.*
1. Le fils s'appelait **Gribouille,** la mère s'appelait Brigoule et **le père** Bredouille (Sand).
2. **Lui,** il criait **les journaux,** le soir. **Les camelots** l'appelaient **Jacques** et les sergents de ville **le Poulet.** Jacques devait être **son véritable nom,** car il ne répondait guère **aux sergents de ville** (Giraudoux).
3. Le seigneur du château était **un de ces Arabes** qu'on appelle **« voleurs » ;** mais il faisait quelquefois **de bonnes actions** parmi une foule de mauvaises ... Zadig **lui** plut beaucoup (Voltaire).
4. Il y a très longtemps, dans une île d'un pays d'Orient, la coutume voulait que **chaque enfant** eût un petit âne **pour compagnon.** Bim était le plus beau de tous les ânes. Abdallah était **son maître.** Mais Abdallah était pauvre, si pauvre qu'il n'avait jamais pu, comme les autres enfants, acheter **à son âne** le moindre gâteau (Prévert et Lamorisse).

# 2 – FONCTIONS DE CIRCONSTANCE

En plus des fonctions « de base » du nom (sujet, objet, agent, attribution, attribut du sujet et attribut de l'objet), la proposition peut s'étoffer d'un ou plusieurs compléments moins nécessaires, mais qui enrichissent la pensée de leurs nuances ; ce sont les **compléments circonstanciels,** qui précisent, entre autres, où, quand, comment, pourquoi se fait l'action exprimée par le verbe :

> *Le sauveteur disparut* / (où ?) ***dans la foule*** / (quand ?) ***après son exploit*** / (comment ?) ***avec élégance*** / (pourquoi ?) ***par pudeur...***

La gamme en est très variée ; nous nous limiterons aux principaux.

## A – LE COMPLÉMENT DE LIEU

Le complément circonstanciel de lieu (nom ou équivalent) possède quatre nuances, qu'il convient de préciser dans l'analyse.

- Le lieu **où l'on est** (question : *où ?* sans mouvement) :

> *Nous habitons* ***en grande banlieue;*** *nous* ***y*** *goûtons le calme.*

- Le lieu **où l'on va** (question : *où ?* avec mouvement) :

> *Je vais* ***en ville*** *demain ; je passerai* ***chez vous.***

- Le lieu **d'où l'on vient** (question : *d'où ?*) :

> *Nos amis rentrent* ***de Grèce;*** *ils* ***en*** *reviennent enchantés.*

- Le lieu **par où l'on passe** (question : *par où ?*) :

> *Ils sont passés* ***par l'Italie*** et *rentreront* ***par la Suisse.***

**N.B.** Pour l'adverbe de lieu, voir p. 92.

**Remarques**

**a)** Le complément de lieu peut se construire directement, sans préposition :

> *Il habite* ***rue Jean-Jaurès*** (lieu où l'on est).
> *Elle se rendit* ***boulevard Raspail*** (lieu où l'on va).

**b)** Il peut précéder le verbe et se mettre en tête de proposition :

> ***Sur la branche d'un arbre*** *était en sentinelle*
> *Un vieux coq adroit et matois* (La Fontaine).

**c)** Le lieu **où l'on va** peut se confondre avec la **destination,** le **but :**

> *Ils ont pris le train (l'avion)* ***pour Venise.***

Le lieu **d'où l'on vient** peut se confondre avec l'**origine :**

> *Cette femme brillante sort* ***d'un milieu très humble.***

Et le lieu **par où l'on passe,** avec un « moyen » de passage (voie, porte, pont) :

> *Franchir la Seine* ***par le pont Mirabeau.***
> *Sortir de Paris* ***par la porte d'Orléans.***

# EXERCICES

**39.** *Relevez tous les compléments circonstanciels de lieu (noms, groupes du nom, équivalents) ; faites toutes remarques utiles.*
**1.** On ne peut être à la fois au four et au moulin (proverbe).
**2.** En sa peau mourra le renard (proverbe).
**3.** Dans les petits pots, les bons onguents (proverbe).
**4.** Au loin, vers l'entrée du goulet, un grand croiseur s'allongeait sur l'eau (Mac Orlan).
**5.** Gaspard alla manger des frites et des moules dans une petite boutique, puis il revint vers l'Escaut (Dhôtel).
**6.** Un désespoir inconnu montait aussi de ma poitrine à ma gorge et de ma gorge à mes yeux (Chamson).
**7.** Le jour était venu. Devant eux Tombelaine s'était dressée (Vercel).
**8.** Le cochon, sorti de sa bauge, se précipite dans l'herbe (Duhamel).

**40.** *Même exercice.*
**1.** Elle était assise près de moi et je pris sa main dans la mienne (Cadou).
**2.** Rue du Havre, dans le creux d'une porte cochère, une femme grondait son enfant qui pleurait (Guimard).
**3.** Chaque automne, je revenais au château paternel, situé au milieu des forêts, près d'un lac, dans une province reculée (Chateaubriand).
**4.** Gaston se vit assez gêné de lui raconter l'affaire sur le trottoir et sous le crachin (Perret).
**5.** Olivier monta jusqu'à la rue Bachelet pour s'asseoir sur les marches chaudes. Il croisa ses jambes en tailleur et sortit de sa poche cinq osselets jaunis (...). Il commença à jouer dans la poussière (...). Il était assez habile à ce jeu, sachant lancer les osselets et les rattraper sur le dos ou dans le creux de la main selon de multiples figures (Sabatier).

**41.** *Révisions.*
*Nature et fonction des mots ou groupes en gras.*

En Provence

C'est **de là** que je vous écris, ma porte grande ouverte, **au bon soleil.** Un joli **bois** de pins tout étincelant de lumière dégringole **devant moi** jusqu'au bas de la côte. À l'horizon, les Alpilles découpent leurs crêtes fines ... Pas de bruit... (...)
Et maintenant, comment voulez-vous que je le regrette, **votre Paris bruyant et noir ?** Je suis si bien dans mon **moulin !** C'est si bien le coin que je cherchais, un petit coin parfumé et chaud, **à mille lieues** des journaux, des **fiacres,** du brouillard !... Et que de jolies choses **autour de moi !**

Alphonse Daudet, *Lettres de mon moulin.*

## B – LE COMPLÉMENT DE TEMPS

Le complément circonstanciel de temps (nom ou équivalent) possède deux nuances essentielles, qu'il est bon de préciser dans l'analyse.

- La nuance **date** (question : *quand?*) :

> *Ils arriveront* ***dimanche*** *et repartiront* ***avant vous.***

- La nuance **durée** (question : *combien de temps?*) :

> *Elle a gardé le lit* ***pendant de longues semaines.***

**N.B.** Pour l'adverbe de temps, voir p. 92.

**Remarques**

**a)** Le complément de temps peut se construire directement, sans préposition :

> *Il marcha* ***trente jours,*** *il marcha* ***trente nuits*** (Hugo).

**b)** Il peut précéder le verbe et se mettre en tête :

> ***Les nuits de pluie,*** *l'air est fruité* (Cendrars).

**c)** Il peut s'accompagner d'un gallicisme *(voilà, il y a ... que) :*

> *Il y a (voilà)* ***dix ans*** *qu'il est parti* = Il est parti depuis dix ans.

## C – LE COMPLÉMENT DE CAUSE

Le complément circonstanciel de cause (nom ou équivalent) répond aux questions : **pourquoi ? à cause de quoi ?** posées après le verbe.
Il est introduit par les prépositions *de, par, pour,* ou par les locutions prépositives *à cause de, pour cause de, faute de :*

> *Il grelottait* ***de fièvre.*** - Elle a été punie ***par erreur.***
> *Je te félicite* ***pour ton brillant succès.***
> *Couvrez-vous bien* ***à cause du vent, à cause du froid.***
> *La boulangerie est fermée* ***pour cause de décès (de mariage).***
> *L'homme fut relâché* ***faute de preuves.***

**Remarque**

Une même préposition peut introduire des compléments très différents (voir pp. 178-179). Par exemple :

- **Par :**

> *Être puni* ***par son père*** (agent). – *Être puni* ***par erreur*** (cause).
> *Passer* ***par la Suisse*** (lieu, par où l'on passe);

- **Pour :**

> *Partir* ***pour Rome*** (lieu où l'on va). – *S'absenter* ***pour une semaine*** (temps, durée). – *Être arrêté* ***pour excès de vitesse*** (cause).

# EXERCICES

**42.** *Relevez tous les compléments de temps (noms, groupes du nom, équivalents) ; faites toutes remarques utiles.*

1. En avril, n'ôte pas un fil ; en mai, fais ce qu'il te plaît (proverbe).
2. La nuit, tous les chats sont gris (proverbe).
3. Hier vacher, hui chevalier (proverbe).
4. Un matin, au petit déjeuner, Simon dit : « Cet après-midi, à cinq heures, nous nous réunirons ici. » (Vialar)
5. Nous dûmes travailler une partie de la nuit (Gascar).
6. Mais voilà cinquante ans que nous habitons ici (Maupassant).
7. Il y a huit jours que je ne vous ai vu (Molière).
8. À onze heures, l'auto me dépose devant l'hôtel, d'où je ne ressortirai qu'à quatre heures (Croisset).
9. M. de P... fut obligé, pour des affaires pressantes, de s'absenter pendant six semaines (Constant).

**43.** *Relevez tous les compléments de cause (noms, groupes du nom, équivalents) ; faites toutes remarques utiles.*

1. Mais le divin Bacchus titube de tristesse (Fort).
2. Meaulnes avait fermé la fenêtre, tant à cause du froid que par crainte d'être aperçu du dehors (Alain-Fournier).
3. Dans la famille, La Grande était respectée et crainte, non pour sa vieillesse, mais pour sa fortune (Zola).
4. Par peur, par désœuvrement, par besoin de crier, par rancune aussi peut-être d'avoir été séparé de son maître (...), il (Miraut) se mit à aboyer ceux qui passaient (Pergaud).
5. Les yeux de braise de la directrice brillent de colère et d'émotion (Colette).

**44.** *Révisions.*

*Nature et fonction des mots ou groupes de mots en gras.*

1. **Le lendemain,** M. de Chavigné ne **l'**a pas questionné. Charles **lui** a seulement dit qu'il avait été **à Orléans,** et M. de Chavigné a dû comprendre car il n'a reparlé de rien, ni **ce jour-là,** ni **ceux qui ont suivi** (Vialar).
2. **À l'âge de pierre,** vivait **une petite fille** qui s'appelait **Améthyste à cause de ses yeux d'un bleu mauve.** En effet, **en ces temps reculés,** on n'appelait pas **les petites filles** Nicole, **Louisette** ou Jacqueline, ce qui ne veut rien dire du tout : on **les** appelait Liane Verte, **Clair de Lune** ou Goutte de Pluie, d'après leur ressemblance avec la nature (I. G. Schreiber).
3. Il logeait **dans la bergerie** et **y** disparaissait **dès les premières ombres.** Par contre, **été** comme hiver, on l'entendait **qui** sifflait son chien **dans la cour, aux pointes de l'aube** (Bosco).

## D – LE COMPLÉMENT DE MANIÈRE

Le complément circonstantiel de manière (nom ou équivalent) répond aux questions : **comment ? de quelle manière ?,** posées après le verbe.
Il peut se construire :

- soit **à l'aide d'une préposition** *(avec, sans, à, de, par) :*

  *Il marche **avec peine.** – Elle vit **sans espoir.** – Marchez **à pas feutrés.** – J'accepte **de bon cœur.** – Tu as réussi **par raccroc.***

- soit **directement, sans préposition,** le nom accompagné d'un adjectif :

  *Ne parle pas **la bouche pleine.** – Il va **pieds nus** et **torse nu.***

- soit **de façon elliptique,** le nom étant omis :

  *Je mange **à l'italienne.** Il peint **à la Gauguin.***

**N.B.** La manière peut s'exprimer aussi par des **équivalents :** l'adverbe de manière (voir p. 92), l'infinitif-nom (voir p. 88), le gérondif (voir p. 90, N.B. 1) :

*Chanter **faux.** – Agir **sans réfléchir.** – Parler **en bégayant.***

## E – LE COMPLÉMENT DE MOYEN

Le complément circonstanciel de moyen (nom ou équivalent) répond aux questions : **comment ? au moyen de quoi ?,** posées après le verbe.
Il se construit avec les **prépositions** *de, avec, par, en, ou,* et avec la **locution prépositive** *grâce à :*

*Il frappe **du poing.** – Cet appareil marche **à l'électricité.***
*Je voyage **par avion.** – Ils ont payé **en sacs de blé.***
*Nous avons vite gagné le port **grâce à un vent favorable.***

**N.B.** Très proche du complément de manière (qui représente plutôt un mot abstrait), il représente plutôt un mot **concret ;** comparer :

*Il travaille **avec ardeur*** (manière) ; *(...) **avec une pioche*** (moyen).

## F – LE COMPLÉMENT D'ACCOMPAGNEMENT

Le complément circonstanciel d'accompagnement (nom ou équivalent) répond aux questions : **comment ? en compagnie de qui ?,** posées après le verbe. Il se construit à l'aide d'**une seule préposition :** *avec.*

*Elle se promène **avec sa sœur.** – Venez jouer **avec nous.***

**N.B.** Très proche des compléments de manière et de moyen (voir ci-dessus), il s'en distingue parce qu'il désigne des **êtres animés :**

*Je sors **avec de bons amis.** – Il se promène **avec son chien.***

Comparer :

*Je travaille **avec plaisir*** (manière)
*Je travaille **avec un sécateur*** (moyen).
*Je travaille **avec mon voisin*** (accompagnement).

# EXERCICES

**45.** *Relevez et distinguez tous les compléments de manière, de moyen, d'accompagnement (noms, groupes du nom, équivalents).*

1. Il tua des ours à coups de couteau, des taureaux avec la hache, des sangliers avec l'épieu (Flaubert).
2. Il marchait avec beaucoup de dignité, sans un geste inutile (Camus).
3. Barthélémy viendra avec ses enfants et sa femme (Bosco).
4. Des gens debout ou assis se regardent sans plaisir ni curiosité (Supervielle).
5. Et toute la soirée, je pus converser avec mon oiseau (Carême).
6. La lune nous regarde avec son monocle (Renard).
7. Elle me lava au savon de Marseille et me fit honte de jouer avec un polisson, un rôdeur, un vaurien (France).
8. Il s'éloigna à reculons, hochant la tête à petits coups et les yeux fixés sur Pène (Genevoix).

**46.** *Même exercice.*

1. Je vous laisse, et je reste avec mes chenapans,
   Je vis avec les loups, non avec les serpents (Hugo).
2. Ayant vécu sans joie, il vieillit sans remords (Heredia).
3. Il s'éloigna, nez baissé, dos voûté, tête nue, les mains dans les poches de son smoking (Malraux).
4. Il tenait à voir mes bulletins scolaires, et me récompensait (ou me consolait) par des jouets ou des sachets de berlingots (Pagnol).
5. Le soldat obéit en rechignant (Stendhal).
6. Il demeura sans bouger assez longtemps, sans bouger et sans parler (Vercors).
7. C'est un petit bout de femme qui parle haut et sec (Orieux).

**47.** *Révisions.*
*Nature et fonction des mots ou groupes en gras.*

1. **L'air** joue avec la mouche, et l'écume **avec l'aigle** (Hugo).
2. Moitié **par gaminerie,** moitié par gourmandise, Jérôme s'était avancé **jusqu'au plateau** et l'inventoriait **avec une moue amusée** (Martin du Gard).
3. **Du bout de la canne,** je frappe **rêveusement** le sol (Duhamel).
4. Le roi reconduisit l'Amiral **avec lequel** il s'était entretenu longuement **dans son cabinet** (Mérimée).
5. Et **un jour** ils devinrent tout à coup redoutables **grâce au feu** et à la flamme (Aveline).
6. **En compagnie de sa femme de chambre** et de son pékinois, l'infortunée Desdemona est repartie **hier soir** (Croisset).
7. **Les jours** qui suivirent passèrent **avec lenteur** (...). **Dans la caresse magistrale du mois d'août,** la Bourgogne s'étirait **avec des bâillements de bête heureuse** (Saint-Pierre).

# G – LE COMPLÉMENT DE COMPARAISON

Le complément circonstanciel de comparaison (nom ou équivalent) répond aux questions : *comment? comme qui? comme quoi?,* posées après le verbe. Il est surtout introduit par *comme, ainsi que, de même que,* mais aussi par *en, selon, à la façon de :*

> *Il s'est conduit* ***comme (ainsi qu', de même qu') un prince.***
> *Je te parle* ***en ami.*** *– Tu seras jugé* ***selon tes mérites.***
> *Il a vécu* ***à la façon d'un sage (à la façon d'un ermite).***

**Remarques**

**a)** Le complément de comparaison peut s'analyser comme faisant partie d'une **subordonnée comparative elliptique** (voir p. 150) ; *comme, ainsi que, de même que* sont d'ailleurs des conjonctions de **subordination :**

> *Il est bête /* ***comme une oie*** (*oie :* c. c. de comparaison, ou s. d'un verbe sous-entendu = *comme une oie est bête).*
> *Elle aime les bonbons /* ***comme les gâteaux*** (*gâteaux :* c. c. de comparaison, ou c.o.d. d'un verbe sous-entendu = *comme elle aime les gâteaux).*

C'est le contexte qui compte ; noter l'équivoque savoureuse dans :

> *Elle aime les chocolats /* ***comme sa maman*** (le c. c. de comparaison *maman* est-il sujet ou c.o.d. d'un verbe sous-entendu ? = *comme sa maman les aime ?* ou *comme elle aime sa maman ?*).

**b)** Il en est de même pour le **complément du comparatif** (voir p. 50) :

> *Il est* ***aussi bête (plus bête, moins bête) / qu'une oie.***

**c)** La langue familière fourmille de « comparaisons clichées » :

> *Bête* ***comme une oie.*** *– Malin* ***comme un singe.*** *– Pauvre* ***comme Job.*** *– Riche* ***comme Crésus.*** *– Pâle* ***comme un linge.*** *– Blanc* ***comme neige.*** *– Courir* ***comme un zèbre.*** *– Souffler* ***comme un phoque.***

# H – LE COMPLÉMENT DE QUANTITÉ

Le complément circonstanciel de quantité (nom ou équivalent) répond à la question : **combien ?,** posée après le verbe.
Généralement construit directement, c'est-à-dire sans préposition, il exprime diverses nuances, toutes relatives à l'idée de **mesure :**

> *Ce tableau de Van Gogh vaut* ***de très nombreux millions*** (prix).
> *Cet hercule pèse* ***cent vingt-cinq kilos*** (poids).
> *Ce basketteur mesure* ***deux mètres cinq*** (taille).
> *La piste du stade fait* ***quatre cents mètres*** (dimension).
> *La température a chuté* ***de dix degrés*** (différence).
> *Nous avons marché* ***dix kilomètres*** (distance).
> *Cette fillette a déjà* ***douze ans*** (âge).

# EXERCICES

**48.** *Relevez tous les compléments circonstanciels de comparaison (noms, groupes du nom, équivalents) ; faites toutes remarques utiles.*

1. Sa mère est morte en reine et son père en héros (Hugo).
2. Sa lourde natte de cheveux s'immobilise comme un reptile qui digère et s'endort (Renard).
3. Puis une plume écrit, s'arrête, rature, hésitante comme une pensée ou comme une souris (Giraudoux).
4. À ces mots, j'ouvris les yeux comme des portes cochères (Mérimée).
5. Le printemps gonflait l'air comme une belle voile (Carême).
6. À la façon des coureurs cyclistes ou des aviateurs des années 1910, il portait une casquette sens devant derrière (Bory).
7. Ses joues fardées tombent comme des stores (Croisset).
8. Et votre père n'était-il pas marchand aussi bien que le mien (Molière) ?

**49.** *Relevez tous les compléments circonstanciels de quantité ; précisez-en la nuance (prix, poids, taille...).*

1. Yankel mesurait un mètre soixante-cinq et avait vingt-neuf ans (Ikor).
2. Le circuit coûtait dix francs l'an dernier ; il coûte quinze francs à présent ; il coûtera vingt francs l'an prochain (Calet).
3. La Chronique rapporte qu'il mesurait un bon mètre quatre-vingt-douze, pesait cent trois kilos et portait une grande barbe noire, terrible (Samivel).
4. Le roi a quatre-vingt-onze ans, le dauphin soixante et un (Queffélec).
5. Après avoir cheminé deux cents mètres, Lili comprit qu'il s'était évadé (Dutourd).
6. On fit dix mètres, on en fit trente, dans une espèce de torpeur (Bazin).
7. Remettre son bâtiment en état lui coûterait soixante mille francs (Pourrat).

**50.** *Révisions.*
*Nature et fonctions des mots ou groupes en gras.*

1. Têtu **comme une mule,** malin comme un singe, vif comme un lièvre, il n'avait surtout pas **son pareil** pour casser un carreau **à vingt pas,** quel que fût **le mode de projection du caillou :** à la main, **à la fronde à ficelle,** au bâton refendu, à la fronde « à lastique » ; il était **dans les corps à corps** un **adversaire terrible ;** il avait déjà joué **des tours pendables** au curé, **au maître d'école** et au garde-champêtre (Pergaud).
2. J'ai **nom** Elme-Laurent-Jacques Ménétrier. **Mon père,** Léonard Ménétrier, était **rôtisseur** rue Saint-Jacques **à l'enseigne de La Reine Pédauque,** qui, comme on sait, avait les pieds palmés **à la façon des oies** et des canards (France).

## I – LE COMPLÉMENT DE BUT

Le complément circonstanciel de but (nom ou équivalent) répond aux questions : **pour quoi ? en vue de quoi ?,** posées après le verbe.
Il est introduit par : *pour, dans, à, en vue de :*

> *Ils luttent* ***pour la liberté.*** *– J'ai agi* ***dans ton intérêt.***
> *Elle visait* ***à la perfection.*** *– Il travaille* ***en vue d'un succès.***

**Remarque**

Le complément de but est souvent un **infinitif,** introduit par : *pour, afin de, en vue de, pour ne pas, de peur de, dans l'intention de, dans le dessein de* (et, familièrement, par l'expression *histoire de*) :

> *Je lutte* ***pour (afin de) réussir.*** *– Hâte-toi,* ***de peur d'arriver en retard.*** *– Tendons-lui un piège,* ***histoire de rire.***

**N.B.** **1)** Éviter *dans le but de,* jugé incorrect ; dire *dans le dessein de.*
**2)** Après un verbe de **mouvement,** l'infinitif de but se construit directement :

> *Elle est sortie* ***se promener.*** *– Venez demain* ***jouer avec nous.***

## J – AUTRES COMPLÉMENTS CIRCONSTANCIELS

Citons les compléments de :

- **propos** *(de, sur, au sujet de, à propos de) :*

> *Ils parlent* ***de leur avenir.*** *– Réfléchissons* ***sur ce projet.***

**N.B.** Il peut être construit directement, sans préposition.

> *Ils parlèrent longtemps* ***poésie, théâtre, peinture, musique.***

- **point de vue** *(de, en, quant à) :*

> *Il est Canadien* ***de naissance*** *et Français* ***de cœur.***
> *Tu l'emportes sur lui* ***en ardeur (quant à l'ardeur).***

- **origine** ou **provenance** *(de, à) :*

> *Il est né* ***de sang noble.*** *– Elle a hérité* ***d'un oncle richissime.***
> *J'ai emprunté sa voiture* ***à mon ami Jacques.***

**N.B.** Avec *à,* ne pas confondre avec le c. d'attribution (voir p. 30, rem. c) :

> *Passer le ballon* ***à un partenaire*** (attribution).
> *Prendre le ballon (l'enlever, l'ôter)* ***à un adversaire*** (origine).

- **conséquence** *(à, pour) :*

> *Il a gagné* ***à la surprise générale,*** *et* ***pour notre grande joie.***

- **concession** *(avec, sans, malgré, nonobstant, en dépit de) :*

> *Je cours* ***malgré ma blessure.*** *– Il réussit tout* ***sans travail aucun.*** *–* ***Avec tous ses dons,*** *il végète médiocrement.*

- **condition** *(avec, sans, en cas de) :*

> ***Avec plus d'efforts,*** *tu réussirais. – Je m'ennuierais* ***sans la lecture.*** *– Appelez-nous,* ***en cas de besoin.***

# EXERCICES

**51.** *Relevez tous les compléments circonstanciels de but (noms, groupes du nom, équivalents).*
1. Prends un an, si tu veux, pour essuyer tes larmes (Corneille).
2. Mon Dieu ! ne jurez pas, de peur d'être parjure (Molière).
3. Il envoie un devin regarder sur les tours (Hugo).
4. Elle me tendit sa joue pour un baiser d'adieu (Guilloux).
5. On la laissa donc toujours couchée, ne la tirant de ses draps que pour les soins de sa toilette et pour retourner ses matelas (Maupassant).
6. Et puis on nous mènera à Bonifacio, histoire de manger des merles chez le patron Lionetti (Daudet).
7. Afin de ne pas réveiller sa femme et sa fille, il descendit l'escalier ses souliers à la main, souffla sur les braises pour faire chauffer son café, et partit travailler au bord le plus lointain du champ (Pagnol).

**52.** *Dites la nuance des groupes compléments circonstanciels en gras.*
1. **Malgré les immenses arbres penchés sur la maison flottante** et malgré le voisinage de l'eau, une chaleur suffocante emplissait ce lieu (Maupassant).
2. **Sans une grimace qu'il fit en entrant,** jamais je ne l'aurais reconnu (Daudet).
3. Alors je ne lui parlais **ni de serpents boas,** ni de forêts vierges, **ni d'étoiles.** Je me mettais à sa portée. Je lui parlais **de bridge,** de golf, de politique et **de cravates** (Saint-Exupéry).
4. De fait, on lui eût donné **dix-huit ans,** aussi bien **pour la taille** que **pour le visage** (Aymé).
5. Tout le monde se mit à l'arrosage, qui parut donner des résultats immédiats, **à la grande joie de l'assistance** (Pagnol).

**53.** *Révisions.*
*Nature et fonction des mots ou groupes en gras.*
1. Ils passaient les soirs à fumer **leurs pipes** en face l'un de l'autre, en causant **chevaux,** vaches ou **moutons** (Maupassant).
2. **La pièce** fut très mal jouée **quant aux acteurs,** mais bien chantée et bien exécutée **quant à la musique** (Rousseau).
3. **De son lourd manteau** il sortit un sandwich **dans lequel** il mordit à pleine bouche ; le sandwich bâilla, découvrant **une tranche de viande** rouge **comme une langue** (Bory).
4. **Elle** n'avait que **treize ans,** en paraissait **dix-huit,** et s'appelait **Joséphine** (Supervielle).
5. Je dis, seigneur Hacket, que **sans votre maudit Han l'Islandais,** j'aurais été **ici** avant **le premier cri de la chouette** (Hugo).

# 3 – AUTRES FONCTIONS

Outre les fonctions qui gravitent autour du **verbe** (fonctions « de base » et fonctions « de circonstance »), le nom (ou son équivalent) peut avoir d'autres fonctions, très importantes aussi.

## A – LE COMPLÉMENT DU NOM

Le nom (ou son équivalent) complément du nom **précise le sens de ce nom,** auquel il est relié par diverses prépositions :

*Un pot* ***de fer.*** *– Un ver* ***à soie.*** *– Un bijou* ***en or.*** *– Un coiffeur* ***pour dames.*** *– Un voyage* ***par avion.*** *– Une robe* ***avec fronces.***

**N.B.** 1) Ne pas oublier l'**omission** de la préposition dans :

*L'hôtel-****Dieu.*** *– Bourg-****la-Reine.*** *– Le bœuf* ***gros sel.***

2) L'**infinitif,** l'**adverbe de circonstance** et la **subordonnée complétive** peuvent être compléments du nom :

*La joie* ***de vivre;*** *l'envie* ***de rire.*** *– Les gens* ***d'ici;*** *des amis* ***de toujours.*** *– L'espoir* ***qu'il reviendra*** *(= de son retour).*

Comme le complément du verbe, le complément du nom exprime de très nombreuses **nuances,** qu'on ne précise généralement pas dans l'analyse traditionnelle, mais qu'il est bon de sentir, pour en cerner le sens.
Les principales nuances sont la **possession, la matière, la qualité :**

*L'arc* ***de Jean.*** *– Un cadre* ***en or.*** *– Un peintre* ***de talent.***

Parmi les autres nuances, citons celles de :

- **lieu** (voir p. 36), **temps, origine, destination :**

*Un séjour* ***à Rome;*** *un départ* ***pour Rome;*** *un retour* ***de Rome;*** *un passage* ***par Rome.***
*Les vacances* ***de Noël.*** *– Les congés* ***d'été.***
*Un vin* ***d'Alsace.*** *– Un fromage* ***de Hollande.***
*Une robe* ***de bal.*** *– Un verre* ***à vin.*** *– Une tasse* ***à thé.***

- **contenu, quantité** (voir p. 42), **propos, point de vue :**

*Un verre* ***de vin.*** *– Une tasse* ***de thé.*** *– Un bol* ***de lait.***
*Un tableau* ***d'un million*** (prix). *– Un athlète* ***de cent kilos*** (poids), ***de deux mètres*** (taille), ***de vingt ans*** (âge).
*Un livre* ***de grammaire.*** *– Une leçon* ***de géographie.***
*Un champion* ***de tennis.*** *– Un as* ***du volant.***

- **sujet** ou **objet** de l'action contenue dans le nom complété :

*Le travail* ***du graveur*** (sujet). *– Le travail* ***du cuivre*** (objet).

**N.B.** Attention à l'équivoque contenue dans la phrase :

*La crainte* ***de l'ennemi*** *était très forte* (si c'est l'ennemi qui craint : nuance **sujet;** si on le craint; nuance **objet**).

# EXERCICES

**54.** *Relevez tous les compléments de nom (noms, groupes du nom, équivalents).*

1. Le vin des rois, le roi des vins (publicité ... vinicole) !
2. La cigogne au long bec n'en put attraper miette (La Fontaine).
3. Le monarque des dieux leur envoie une grue (La Fontaine).
4. Les pavés de la cour étaient nets comme le dallage d'une église (Flaubert).
5. Il y a des ouvriers en bâtiments, en couleurs, en formes et en phrases ; moi je suis ouvrier en batailles (Vigny).
6. Je suis né dans un pays sans arbres, un pays d'indigence végétale, avec çà et là seulement le poil ras d'une bruyère jamais fleurie ou encore quelques touffes de joncs au bord des mares (Cadou).
7. C'était une jeune fille d'aujourd'hui, c'est-à-dire à peu près un jeune homme d'hier (Morand).

**55.** *Même exercice ; donnez la nuance de ceux qui sont en gras.*

1. Le Rat de ville et le Rat **des champs** (La Fontaine).
2. Le Pot **de terre** et le Pot de fer (La Fontaine).
3. Le pouvoir **des Fables** (La Fontaine).
4. En 1815, M. Charles-François-Bienvenu Myriel était évêque de Digne. C'était un vieillard **d'environ soixante-quinze ans** (Hugo).
5. Il déteste cet homme lourd **aux grosses joues rougeaudes** (Larbaud).
6. L'express **de vingt-deux heures** passa, et toute la vieille maison tressaillit (Mauriac).
7. Julie, Ferdinand, Louis poussèrent des cris **de joie** (Hériat).
8. En Hollande, tout le monde est spécialiste en peintures et **en tulipes** (Camus).
9. Dehors, la pluie entretenait la mare, qui était la seule eau pour les bêtes et **l'arrosage** (Zola).

**56.** *Révisions.*
*Nature et fonction des mots ou groupes en gras.*

1. Les choses **d'ici-bas** ne **me** regardent plus (La Fontaine).
2. **Le Londres** du seizième siècle ne ressemblait point au Londres **d'à présent,** mais était déjà **une ville démesurée** (Hugo).
3. Rien n'égalait chez Olivier la peur **de se montrer ridicule, le soin** de ne dire ni trop ni trop peu, le sens rigoureux **des mesures** (Fromentin).
4. Alors **le fleuriste** prit la pièce **de dix francs** et tendit en échange un billet de cinquante francs **qu'**Ugolin mit **dans sa poche** (Pagnol).
5. Nous nous retirons. Toujours **en file indienne** et moi, le premier, avec ma taille **d'un mètre quatre-vingts,** mon poids de soixante-dix-huit kilos, **mes taches** de rousseur et mon sourire **à l'intention de mes semblables** (Govy).
6. Un orgueil **lui** était venu, une admiration **de soi-même** (Genevoix).

## B – LE COMPLÉMENT DU PRONOM

Le pronom, remplaçant majeur du nom, peut, comme lui, avoir un complément (nom ou équivalent) :

*Chacun* ***de tes amis*** *(chacun* ***d'eux****) sera le bienvenu.*

Des six sortes de pronoms (voir p. 70), seuls trois peuvent avoir un complément : les pronoms **démonstratif, indéfini** et **interrogatif :**

*Ceux* ***de mes amis.*** *– Certains* ***de mes amis.*** *– Lequel* ***de mes amis ?***

**N.B. 1)** Le complément du pronom démonstratif exprime diverses nuances :

*Ma maison et celle* ***de mon ami*** (possession). – *Ceux* ***de la ville,*** *ceux* ***de la campagne*** (lieu). – *Ceux* ***du dimanche*** (temps). – *Ceux* ***d'entre les élèves qui travaillent*** (nuance partitive + relative).

**2)** Le complément des pronoms indéfini et interrogatif a une nette nuance **partitive** (avec *de, d'entre, parmi*) :

*Chacun* ***de mes amis.*** *– Quelques-uns* ***d'entre (parmi) eux.***
*Qui* ***de tes voisins ?*** *– Lequel* ***d'entre (parmi) eux ?***

## C – LE COMPLÉMENT DU NUMÉRAL

Employé seul, comme pronom, l'adjectif numéral, **cardinal** ou **ordinal,** peut s'enrichir d'un complément (nom ou équivalent), avec valeur **partitive :**

*Trois* ***de (d'entre, parmi) nos invités*** *arrivent demain.*
*Ils marient la troisième* ***de leurs filles*** *le mois prochain.*

**N.B.** Le complément de l'adjectif numéral est bien proche du complément du pronom :

*Il a vendu quinze* ***de ses livres rares.***
*Il a vendu quelques-uns* ***de ses livres rares.***

## D – LE COMPLÉMENT DE L'ADVERBE

L'adverbe circonstanciel (de **manière,** et surtout de **quantité**) peut avoir un complément (nom ou équivalent) :

*Il a agi conformément (contrairement)* ***à la loi, aux usages.*** *– Beaucoup* ***d'appelés*** *et peu* ***d'élus.*** *– Trop* ***d'émotions.*** *– Combien* ***de mois ?*** *– Que* ***de monde !*** *– Plus (autant, moins)* ***de courage.***

**N.B. 1)** Le complément de l'adverbe de quantité a une nuance **partitive ;** si l'on remplace *beaucoup* par *bien, de* cède la place à l'**article partitif :**

*Beaucoup* ***de plaisir (de chance)*** *= Bien* ***du plaisir (de la chance).***

**2)** Le groupe de l'adverbe de quantité a toutes les fonctions d'un groupe du nom (sujet, objet, agent...) :

*Beaucoup* ***d'enfants*** *= De nombreux enfants.*

**3)** Noter l'équivalence *beaucoup de = force* + nom pluriel :

*Il a fait force* ***bêtises.*** *– J'ai dévoré* ***force moutons*** (La Fontaine).

# EXERCICES

**57.** *Relevez tous les compléments du pronom et de l'adjectif numéral (noms, groupes du nom, équivalents) ; précisez leur nuance.*
1. Qui d'eux aimait le mieux (La Fontaine) ?
2. L'un d'entre eux est mon fiancé (Hugo).
3. Qui de vous deux, mesdames, est la maîtresse de céans (Lesage) ?
4. Quatre des six enfants de Ferdinand s'échelonnaient sur l'escalier (Hériat).
5. Ceux des hommes qui regardaient Clémence purent voir que son visage se décolorait lentement (Genevoix).
6. Quant au poisson, celui de l'étang et celui de la mer, il ne nous manquait pas (Peisson).
7. Une de ses pantoufles avait glissé sous la table pendant son sommeil (Bernanos).
8. Celles des hirondelles qui préfèrent les moucherons salés voletaient sur la mer (Giraudoux).

**58.** *Relevez tous les compléments de pronom, d'adjectif numéral, et d'adverbe (noms, groupes du nom, équivalents).*
1. La route et la rivière se déroulaient parallèlement à la ligne de chemin de fer (Bory).
2. Lequel de vous trois vous a mis le marché en main (Simenon) ?
3. Il ne connaissait pas le goût du beurre ni des épices. Pas même celui du thé ou du café, contrairement aux hommes des bois (Le Franc).
4. Il cachait sous sa placidité beaucoup d'intelligence, de passion, de vigueur courageuse (Genevoix).
5. Combien as-tu d'argent ? lui dit tout à coup la cantinière (Stendhal).
6. En me révoltant contre elle, j'agirais conformément à son principe et contrairement au mien (France).
7. Au vrai, je ne me tourmentai pas plus pour lui que pour beaucoup d'autres (Vercors).

**59.** *Révisions.*
*Nature et fonction des mots ou groupes en gras.*
1. Le fabricateur souverain
**Nous** créa **besaciers** tous **de même manière,**
Tant ceux **du temps passé** que du temps **d'aujourd'hui ;**
**Il fit pour nos défauts** la poche **de derrière,**
Et celle **de devant** pour les défauts d'autrui (La Fontaine).
2. Ceux **d'entre vous qui ne sont pas de grands vauriens** doivent être **de grands sots** (Diderot).
3. Aucun **d'eux** n'empiéta sur le terrain **des autres** (Balzac).
4. **Les enfants,** nombreux dans le jardin, mêlent **leurs voix** à celles des passereaux, **des pigeons** (Colette).
5. Je sursautai, c'était bien là une **de ses remarques saugrenues** qui **lui** faisaient tant **de tort** (Bazin).
6. Lequel **de ces deux hommes** estimez-**vous** davantage (Musset) ?

# E – LE COMPLÉMENT DE L'ADJECTIF

Quels que soient sa **fonction** (voir pp. 64-66) et son **degré** (voir p. 61), l'adjectif qualificatif peut avoir un **complément** (nom ou équivalent) :

*Prompt* ***à la riposte.*** *– Riche* ***de dons.*** *– Fort* ***en mathématiques.*** *– Dur (plus dur, moins dur, très dur)* ***envers les méchants.***

Comme le complément du nom, il exprime des nuances variées :

- **cause :**

*Fier* ***d'un succès.*** *– Célèbre* ***pour son savoir.***

- **moyen :**

*Plein* ***de lait.*** *– Plein* ***de fleurs.***

- **origine :**

*Natif* ***de Bretagne.*** *– Issu* ***du peuple.***

- **point de vue :**

*Fort* ***en orthographe.*** *– Élégant* ***de forme.***

- **mouvement vers :**

*Bon* ***pour les bêtes.*** *– Gentil* ***envers les faibles.***

- **éloignement :**

*Exempt* ***d'impôts.*** *– Absent* ***du pays.*** *– Libre* ***de tout souci.***

- **objet de l'action :**

*Avide* ***de gloire.*** *– Capable* ***de progrès.***

**N.B. 1)** Un adjectif peut avoir **deux compléments** de nuances différentes :

*Il est capable* ***de progrès*** (objet) ***en calcul*** (point de vue).

**2)** Le **pronom** (ou son groupe), l'**infinitif,** la **subordonnée complétive** peuvent être compléments de l'adjectif qualificatif :

*Ta mère est fière* ***de toi (de chacun de ses enfants).***
*Il est heureux* ***de vivre.*** *– Cette fille est belle* ***à voir.***
*Nous sommes sûrs* ***que tu réussiras*** *(= de ta réussite).*

# E *BIS* – LE COMPLÉMENT DU COMPARATIF

L'adjectif qualificatif au **comparatif** (d'**infériorité,** d'**égalité,** de **supériorité ;** (voir p. 61) s'enrichit souvent d'un complément (nom ou équivalent) introduit par la **conjonction** *que ;* ce complément n'est autre qu'une **subordonnée circonstantielle de comparaison,** complète ou elliptique (voir p. 150) :

*Il est plus courageux /* ***qu'on ne le dit généralement.***
*Il est plus courageux /* ***que son frère*** (nom) ; / ***que moi*** (pronom) ; / ***que chacun de nous*** (groupe du pronom) ; / ***que sage*** (adjectif) ; / ***que jamais*** (adverbe).

**N.B. 1)** Le complément des adjectifs *supérieur, inférieur, antérieur* (véritables comparatifs ; voir p. 61) est introduit par *à* (et non par *que*) :

*Il est supérieure **à son frère,** mais inférieur **à sa sœur.***

**2)** Le complément du comparatif s'allie aux compléments de l'adjectif simple :

*Tu es fort **en calcul;** Tu es plus fort / **que moi** / **en calcul.***
*Il est capable **de progrès en calcul ;** Il est **moins capable de progrès en calcul / que son ami Paul.***

# E *TER* – LE COMPLÉMENT DU SUPERLATIF

L'adjectif qualificatif au **superlatif** (de **supériorité** ou d'**infériorité ;** voir p. 61) s'enrichit souvent d'un complément (nom ou équivalent) :

- **Nom** ou groupe du nom **au pluriel :**

*Paul est le plus (le moins) courageux **de mes cousins.***

**N.B.** Quand il paraît au **singulier,** c'est qu'il y a une **omission :**

*Il est le plus (le moins) doué **de la classe** (= des élèves de la classe). – Elle est la plus (la moins) gentille **de la famille** (= des membres de la famille).*

- **Pronom** ou groupe du pronom :

*Tu es le plus (le moins) petit **de nous (de ceux de notre classe).***

- **Subordonnée relative** avec verbe au **subjonctif :**

*Ce poème est le plus beau / **qui soit (/ que je connaisse ; / que j'aie jamais lu).***

### Remarques

**a)** Le superlatif **absolu** (de supériorité ou d'infériorité) ne peut avoir de complément :

*Paul est **très bavard.** – Perrine est **très peu hardie.***

**b)** Le complément du superlatif **relatif** a une nette valeur **partitive :**

*Il est le plus (le moins) sage **de (d'entre, parmi) nos amis.***

**c)** Le **genre** du superlatif est curieusement influencé par celui de son complément :

*L'oie est **la plus sotte** des bêtes (= la plus sotte bête parmi les bêtes); ... **le plus sot** des animaux (= le plus sot animal d'entre les animaux).*

**d)** Le complément du superlatif s'allie aux compléments de l'adjectif simple ; comparez :

*Tu es fort **en calcul;** Tu es le plus fort / **de nous tous** / **en calcul.** – Il est capable **de progrès en calcul ;** Il est le moins capable / **d'entre les élèves de la classe** / **de progrès en calcul.***

### Remarque générale

De même qu'on peut parler de groupe du nom (voir p. 17), on peut parler de **groupe de l'adjectif qualificatif,** lorsque ledit adjectif (au positif, au comparatif ou au superlatif) est enrichi d'un complément :

*Serge est **fort en calcul ; plus fort que moi en calcul ; très fort en calcul ; le plus fort de nous tous en calcul.***

# EXERCICES

**60.** *Relevez tous les adjectifs qualificatifs; précisez leur degré (positif, comparatif, superlatif; aidez-vous du tableau de la p. 61).*

**1.** Ce bœuf blanc était un bœuf très savant, qui savait lire dans les livres les plus difficiles (Aymé).
**2.** Il était brun, avec un fin visage provençal, des yeux noirs, et de longs cils de fille (Pagnol).
**3.** La nuit était venue, calme et très claire (Gracq).
**4.** Une autre voix lui répond, aussi faible, aussi pure, aussi joyeuse (Duhamel).
**5.** Je dois vous dire avant tout que je suis très ... très ..., enfin, oui, très maladroit, très distrait et aussi très malchanceux (Bernanos).
**6.** Mon amie m'écoute, moins défiante à présent, moins hostile (Colette).
**7.** Un très, très vieux roi avait un fils unique qu'il avait élevé avec le plus grand soin (Soupault).

**61.** *Relevez tous les compléments d'adjectifs qualificatifs au positif (noms, groupes du nom, équivalents).*

**1.** Des bouffées de vent chaud passaient, pleines de senteurs amollissantes (Flaubert).
**2.** Il est content de soi, des siens, de sa petite fortune ; il dit qu'il est heureux (La Bruyère).
**3.** C'était une cour semblable à la cour de mon lycée (Giraudoux).
**4.** Pour la première fois de sa vie, Amélie restait insensible à cette allégresse (...). Elle se croyait définitivement inapte au bonheur (Troyat).
**5.** C'est un méchant et un menteur, indigne qu'on le croie (Mérimée).
**6.** Il était fier de ses muscles ; il était sûr d'arriver (Martin du Gard).
**7.** Ce regard était libre de crainte, de méfiance et aussi de curiosité (Kessel).
**8.** Les poutrelles du plafond étaient vermoulues, les murailles noires de fumée, les carreaux gris de poussière (Flaubert).

**62.** *Relevez tous les compléments d'adjectifs qualificatifs au comparatif (noms, groupes du nom, équivalents) ; faites toutes remarques utiles.*

**1.** Le jour n'est pas plus pur que le fond de mon cœur (Racine).
**2.** Vos yeux bleus sont moins doux que votre âme n'est belle (Musset).
**3.** Il n'y avait pas de garçon plus insouciant qu'Alcide (Dhôtel).
**4.** Houziaux s'asseyait à côté de lui, aussi étranger que possible à sa fièvre (Boylesve).
**5.** Elle se croyait autre, supérieure à toutes les autres femmes, plus évoluée (Cendrars).
**6.** Il n'était ni plus ni moins abominable qu'eux ; il était seulement plus franc (Diderot).
**7.** Ils étaient humiliés de se voir inférieurs à un plus jeune et me prenaient en haine (Vigny).
**8.** Une voix me crie encore qu'il est aussi noble de cœur que de race (Balzac).

**63.** *Relevez tous les compléments d'adjectifs qualificatifs au superlatif (noms, groupes du nom, équivalents) ; faites toutes remarques utiles.*

1. Je vais vous soumettre le cas le plus bizarre et le plus inquiétant que j'aie jamais rencontré (Maupassant).
2. Car si la truite est le plus vorace, c'est aussi le plus méfiant des poissons (Gide).
3. C'était l'endroit le plus vivant de la petite ville (Renan).
4. Il lui dit qu'il tenait cette rencontre pour la plus précieuse qu'il eût faite de sa vie (France).
5. La cuisine était ce lieu chaud, le plus rassurant de tous, où Jeanne Danton nous faisait manger la soupe du soir (Noël).
6. Monsieur Reuillant, l'aubergiste, était le plus redouté parmi les radicaux de l'arrondissement (Giraudoux).

**64.** *Relevez tous les adjectifs qualificatifs ; dites leur degré (positif, comparatif, superlatif) et dites s'ils ont un complément.*

1. L'épouvante est au nid plus forte que jamais (La Fontaine).
2. Un jour, on m'a montré un lingot. Je l'ai trouvé triste et moins joli qu'une brique qui, au moins, eût été rose (Colette).
3. Hautot César, presque aussi haut que son père, mais plus maigre, était un bon garçon de fils, docile, content de tout, plein d'admiration, de respect et de déférence pour les volontés et les opinions de Hautot père (Maupassant).
4. Nicaise est bon. Il est même fou de bonté (Duhamel).
5. Il est aussi savant qu'un autre, mais il passe pour moins hardi (Renard).
6. C'était le grand labeur de sa jeunesse, semblable à tous ceux de son enfance (Chamson).

**65.** *Révisions.*

*Nature et fonction des mots ou groupes en gras.*

1. Alors commencèrent **les plus beaux jours de ma vie.** La maison s'appelait **La Bastide Neuve,** mais elle était neuve depuis bien longtemps. C'était **une ancienne ferme en ruines,** restaurée **trente ans plus tôt** par **un monsieur de la ville,** qui vendait **des toiles de tente,** des serpillières et **des balais** (Pagnol).
2. **À la porte de la caverne, les brebis** qu'il n'avait pu traire **la veille** s'étaient assemblées et traînaient **sur les galets** leurs pis douloureux. Il **les** appela une par une, **par leur nom,** et s'acquitta de son office **de berger.** De grosses larmes salées tombaient **dans le lait crémeux** qui caillait aussitôt, et il fit **ce jour-là** le plus délicieux **de ses fromages** (Giraudoux).

# F – L'APOSTROPHE

Le nom (nom commun ou nom propre), le groupe du nom ou le pronom est mis en apostrophe quand il désigne **un être animé** (personne ou animal) ou **une chose personnifiée, à qui l'on s'adresse, qu'on interpelle,** autrement dit : **qu'on apostrophe :**

> ***Homme libre,*** *toujours tu chériras la mer* (Baudelaire).
> *Mords-les,* ***Fidèle*** (Genevoix). – ***Médor,*** *à la niche !*
> *Sonnez, sonnez toujours,* ***clairons de la pensée*** (Hugo) !

**Remarques**

**a)** Le mot ou groupe mis en apostrophe **ne dépend grammaticalement d'aucun autre mot de la proposition ;** dans son analyse, on dira seulement : « mis en apostrophe » :

> ***Louise,*** *écris une carte à ta marraine.*
> (*Louise :* n. p., f. s., mis en apostrophe).

**b)** Isolée par une ou deux virgules, l'apostrophe **précède, coupe,** ou **suit** la proposition qu'elle accompagne :

> ***Mes chers amis,*** je vous invite à vous approcher du buffet.
> *Je vous invite,* ***mes chers amis,*** *à vous approcher du buffet.*
> *Je vous invite à vous approcher du buffet,* ***mes chers amis.***

**c)** L'apostrophe est parfois précédée de l'**interjection *ô,*** dans le style **solennel** et oratoire, ou dans le style **ironique :**

> ***Ô temps,*** *suspends ton vol* (Lamartine) !
> *Voile-toi la face,* ***ô Muse des comices agricoles*** (Daudet) !

**d)** Le nom commun mis en apostrophe est **généralement sans article :**

> ***Enfants,*** *aimez vos parents. – Respectez vos maîtres,* ***écoliers.***

Mais, dans le style familier, l'article peut reparaître :

> *Hé !* ***l'ami,*** *approchez donc ! – Silence,* ***les gosses !***
> *Passez votre chemin,* ***la fille !***

**e)** Le nom en apostrophe, précédé d'un adjectif possessif à la 1re personne, exprime soit l'**affection,** soit la **déférence :**

> *Je t'aime,* ***ma Suzon.*** *– Mes respects,* ***mon colonel.***

**f)** L'apostrophe peut être un **pronom personnel** de la 2e personne (du singulier ou du pluriel) :

> ***Toi,*** *viens avec nous. –* ***Vous,*** *attendez notre retour.*

# EXERCICES

**66.** *Relevez les mots ou groupes de mots mis en apostrophe ; faites toutes remarques utiles.*

1. Écoute, bûcheron, arrête un peu le bras (Ronsard).
2. N'approche pas, ô Mort ! ô Mort, retire-toi (La Fontaine).
3. Oiseaux, vous chanterez ! vous verdirez, rameaux (Hugo) !
4. Chante au cœur du silence, ô rossignol caché (Fort) !
5. « Monsieur le sous-préfet, sentez-vous comme nous sentons bon ? » (Daudet)
6. Salut, Pont-Neuf ! Salut, vieux franchisseur du plus illustre fleuve et du plus méandreux ! Salut, Pont-Neuf, comment vas-tu (Arnoux) ?
7. Ne sabotez donc pas comme ça, les gamins (Alain-Fournier) !

**67.** *Même exercice.*

1. Ô flots, que vous savez de lugubres histoires (Hugo) !
2. Sois sage, ô ma Douleur, et tiens-toi plus tranquille (Baudelaire).
3. Mais, ô mon cœur, entends le chant des matelots (Mallarmé).
4. Cette fois, adieu Suez, adieu gardes-côtes et gardes-frontières ! Adieu même, ô terrible vent du Nord, toi qui, toujours, étais devant moi pour me barrer la route (Monfreid) !
5. Oh, Annie, rappelle-toi la baie de Collioure, Annie (Arnoux) !
6. « Bonnes vacances, Mado ! Vous allez brunir...
   – Bonnes vacances, Olivier ! Nous nous reverrons fin septembre. » (Sabatier)
7. « Tu n'as rien perdu, Poil de Carotte ?
   – Non, maman. » (Renard)

**68.** *Révisions.*
*Nature et fonction des mots ou groupes en gras.*

1. « Va-t'en, **chétif insecte,** excrément de la terre ! » (La Fontaine)
2. **Ô buffet du vieux temps,** tu sais **bien des histoires** (Rimbaud) !
3. Salut, **bois couronnés d'un reste de verdure !**
   **Feuillages jaunissants** sur les gazons épars !
   Salut, **derniers beaux jours** (Lamartine) !
4. Vous êtes un **sot** en trois lettres, **mon fils** (Molière).
5. **Madame Magloire,** dit **l'évêque,** vous mettrez **un couvert de plus** (Hugo).
6. Oh, **monsieur Patience !** criait **l'enfant** en joignant **les mains,** ne me maudissez pas... Ce n'est pas **moi** (Sand) !
7. **Le Cyclope** roula quelques rochers devant la porte et s'assit.
« Et **toi,** dit-il, qui as la langue agile **comme un pithon pendu par la queue,** quel est **ton nom ?**
– Je m'appelle **Personne »,** répondit **Ulysse.**
**Le Cyclope** s'étendit **sur le foin** et but quelques tonneaux **de vin** où Hydrophonte avait jeté, **par précaution,** un puissant narcotique (Giraudoux).

# G – L'APPOSITION

Le nom (ou son groupe), mis en apposition, précise **la nature** ou **la qualité du nom** auquel est il apposé, ce nom pouvant avoir n'importe quelle fonction dans la proposition :

*Le lion,* ***terreur des forêts,*** rugit (apposition au s. *lion).*
*Chacun redoute le cri du lion,* ***terreur des forêts*** (apposition au c. de n. *lion*).
*Je te redoute, ô lion,* ***terreur des forêts*** (apposition à l'apostr. *lion*).

**Remarques**

**a)** L'apposition est généralement séparée du nom auquel elle est apposée par une **virgule,** ou par **deux points :**

*Pierrot,* ***le chat,*** *et Lili,* ***la tortue,*** *ne se quittent plus* (Colette).
*Tout le monde est sur pied :* ***pigeons, canards, dindons, pintades*** (Daudet [ici, plusieurs appositions partielles]).

Mais elle peut être simplement **juxtaposée,** sans ponctuation aucune :

*Le poète* ***Victor Hugo.*** – *L'orateur* ***Mirabeau.*** – *L'ingénieur* ***Eiffel.***

À bien distinguer du **complément de nom sans préposition :**

*Le lycée* ***Victor Hugo.*** – *Le pont* ***Mirabeau.*** – *La tour* ***Eiffel.***

**b)** L'apposition peut être introduite par une **préposition explétive :**

*La ville* ***de Paris.*** – *L'île* ***de Sein.*** – *Le mois* ***de mai.***

À ne pas confondre avec des compléments du nom :

*Les rues* ***de Paris.*** – *Les marins* ***de Sein.*** – *Les nuits* ***de mai.***

**c)** L'apposition peut être apposée à un **pronom :**

- **personnel :**

*Elle* *avait été mon luxe,* ***cette rivière*** (Vallès).

- **démonstratif :**

***C'****est tellement mystérieux,* ***le pays des larmes*** (Saint-Exupéry).

- **indéfini :**

*Il lisait* ***tout : histoire, philosophie, poètes décadents*** (Rolland).

**d)** L'apposition peut **précéder** le mot auquel elle se rapporte :

***Un souffle, une ombre, un rien, tout*** *lui donnait la fièvre* (La Fontaine [trois appositions partielles au sujet *tout*]).

Il en est de même avec la locution prépositive explétive **quant à :**

*Quant à mon père,* ***il*** *chantait tous les matins* (Pagnol).

**e)** Par **élégance de style,** elle peut être loin du mot auquel elle se rapporte :

***Les flots,*** *le long du bord, glissent,* ***vertes couleuvres*** (Hugo).

# EXERCICES

**69.** *Relevez les mots ou groupes mis en apposition ; faites toutes remarques utiles.*

1. Chacun se réveille à ce son,
Les brebis, le chien, le garçon (La Fontaine).
2. Tout me fait songer : l'air, les prés, les monts, les bois (Hugo).
3. D'innombrables troupeaux paissaient dans les grasses prairies, des bêtes de choix (Cendrars).
4. Les blancs nuages de l'été, grands oiseaux de lumière, planent avec lenteur (Rolland).
5. Histoire, géographie, calcul, grammaire, elle connaît tout (Kessel).
6. Mon père avait une passion : l'achat des vieilleries chez les brocanteurs (Pagnol).
7. Tout en lui décelait la souplesse et la force : les bras noueux, le pied corné, les doigts agiles (Bosco).
8. D'une main, elle chercha le cordon de la sonnette, système antique et hors d'usage (Mauriac).

**70.** *Même exercice.*

1. Figurez-vous que j'attends mon amie, ma meilleure amie, Mlle Tabaraud (Troyat).
2. Quant aux provisions, c'est Jacques qui les faisait (Daudet).
3. Oui, tout était jaune en lui, cela sautait aux yeux : la peau, l'œil, le linge et l'âme (Vialar).
4. Les petites Magavant, Sylvie et moi, nous aimions tous Elia (Orieux).
5. Mina, sa fille, aura l'Ermitage. Quant à Émile, son fils aîné, il l'a envoyé dans l'Est étudier le droit (Cendrars).
6. Les canards et les cygnes du Bois ont l'air d'être des fonctionnaires de la ville de Paris (Maurois).
7. Nous arrivâmes à la ferme ensemble, ma collaboratrice et moi (Queffélec).

**71.** *Révisions.*
*Nature et fonction des mots ou groupes en gras.*

1. **Ma tante,** la marquise Elia de Fontagre, **la mère d'André,** n'était pas à vrai dire **ma tante,** mais ma cousine (Orieux).
2. Le bel été passa, et ce fut tout à coup l'automne, **un automne précoce et grognon,** plein **de pluie.**
Un jour que Claire était allée **dans la forêt** pour y cueillir des champignons, elle fut surprise **par une averse** (...). Lorsque Claire rentra, elle grelottait **de froid** et de fièvre. Le lendemain, une maladie se déclara, **une grosse et maligne maladie** que l'on appelle **une pleurésie** (Genevoix).
3. « Ô toi, **chef de cette bande !** D'où vient que tu m'insultes **en mon propre logis ?**
– Ô Cyclope ! repartit **Ulysse,** que mal à propos tu t'éveilles ! » (Giraudoux)
4. **Quant au mioche,** eh bien ! portez-le **chez moi** (Coppée).

# Autour du nom

Le nom commun, nous l'avons vu (voir p. 17), se présente rarement seul ; il a souvent des **« compagnons » :** articles et adjectifs.
Dans l'analyse de ces compagnons, il convient de distinguer :

- les **déterminants :** articles et adjectifs pronominaux et numéraux, de fonction simple, et pour lesquels on se contente de dire : « se rapporte à » ou « détermine » (tel ou tel nom) ;

- l'**adjectif qualificatif,** plus subtil, avec ses quatre fonctions possibles.

## 1 – LES DÉTERMINANTS

On précise d'abord leur **nature,** leur nuance.

- Pour l'**article : défini, indéfini** ou **partitif ;**

- Pour l'**adjectif pronominal : possessif, démonstratif, indéfini, interrogatif** (ou **exclamatif**) ou **relatif ;**

- Pour l'**adjectif numéral : cardinal** ou **ordinal.**

**N.B.** Pour les détails et les valeurs possibles de ces humbles compagnons, voir notre *Guide de grammaire,* p. 47 à 60.

On précise aussi leur **genre** et leur **nombre :** masculin / féminin ; singulier / pluriel (voir exemples ci-contre).

**Remarques**

**a)** Pour l'**omission de l'article,** voir notre *Guide de grammaire,* p. 50.

**b)** Dans l'analyse de l'**adjectif possessif,** il peut être bon de préciser s'il a le sens **réfléchi** ou le sens **non réfléchi :**

*J'aime mon chat* (réfléchi). – *J'aime son chat* (non réfléchi).

**N.B.** Il peut y avoir équivoque dans une phrase comme :

*Paul aime son chat* (celui de Paul ? **réfléchi ;** ou celui de quelqu'un d'autre ? **non réfléchi**).

**c)** Attention au possessif **tonique** *(mien, tien, sien...),* qui peut être attribut du sujet ou de l'objet :

*Je reste* ***tien (vôtre)*** *à jamais* (attribut du sujet *je*).
*Je ferai* ***mienne*** *ton opinion* (attribut du c.o.d. *ton opinion*).

**d)** Attention à l'**interrogatif** qui peut être **attribut du sujet :**

***Quel*** *est ton nom ? – Dis-moi /* ***quel*** *est ton nom* (attribut du sujet inversé ***ton nom***).

**e)** le numéral **ordinal** peut, comme le qualificatif, avoir **quatre fonctions :**

> ***Deuxième*** (apposé) *en calcul, il est* ***dixième*** (attr. du sujet) *en français. - Je le croyais* ***premier*** (attr. de l'objet *le*) *en calcul.*

**f)** Cardinal ou ordinal, le numéral peut devenir **nom** (ou pronom) :

> ***Trois*** (sujet) *sont absents. – J'ai appelé* ***le deuxième*** (c.o.d.).

# EXERCICES

*Exemples d'analyse de déterminants.*
« **Le** chien dort **chaque** nuit dans **sa** niche. »
*Le :* article défini, m. sg., détermine *chien.*
*Chaque :* adjectif indéfini, f. sg., détermine *nuit.*
*Sa :* adjectif possessif, sens réfléchi, f. sg., détermine *niche.*

**72.** *Analysez les déterminants en gras.*
1. **La** discorde a toujours régné dans **l'**univers (La Fontaine).
2. Si l'on donnait **du** café aux vaches, on trairait du café **au** lait (Giraudoux).
3. Il était de **ces** hommes qui ont **vingt-cinq** ans pendant **cinquante** ans (Giono).
4. **Un** rire irrépressible secoua **quelques** instants l'auditoire (Gide).
5. « **Quel** est **cet** étranger à la barbe blanche ? » demanda l'un d'eux (Aveline).
6. **Auquel** cas, il eût discrètement fermé **son** livre (Romains).
7. **Chaque** accusé fut interrogé pendant **trois** ou quatre minutes (France).

**73.** *Même exercice.*
1. **Cette** leçon vaut bien **un** fromage sans doute (La Fontaine).
2. Au travers d'un **mien** pré **certain** ânon passa (Racine).
3. Oui, je tremble, et je pleure, et je t'aime, et suis **tienne** (Rostand).
4. Comme cela est déclamé ! **Quelle** vérité ! **Quelle** expression ! (Diderot).
5. **Notre** régiment était composé de **trois** bataillons. Le **deuxième** fut chargé de tourner la redoute du côté de la gorge, les deux autres devaient donner l'assaut. J'étais dans le **troisième** bataillon (Mérimée).
6. **Un** lien fraternel unit l'homme à **ses** objets et, entre tous, à ses outils (Guilloux).

**74.** *Révisions.*
*Nature et fonction des mots ou groupes en gras.*
1. Philippe **Deux** était **le Mal** tenant **le glaive** (Hugo).
2. Ça vaut **quatre-vingts francs,** pas un sou de plus, **pas un sou de moins** (Zola).
3. Il y a **quatre,** cinq ans, nous étions encore **onze.** À présent nous sommes **trois** (Pourrat).
4. Il ne voyait plus **la demoiselle bleue ;** il est à croire qu'elle l'avait quitté lorsque le ruisseau s'était jeté dans une rivière, **laquelle** rivière s'était jetée **dans un fleuve, lequel** avait conduit Gribouille **jusqu'à la mer** (Sand).
5. « Vous feriez bien mieux, **Monsieur le raisonneur,** de **me** payer mes **cent** écus et **les intérêts** sans lanterner, je vous en avertis.
– Doutez-vous **de ma probité,** Monsieur ? Vos cent écus ! j'aimerais mieux vous **les** devoir **toute ma vie** que de les nier **un seul instant.** » (Beaumarchais)

# 2 – L'ADJECTIF QUALIFICATIF

## A – PRÉSENTATION

C'est, nous l'avons dit, le plus important des compagnons du nom. Il se présente sous l'aspect d'un mot **simple** ou d'un mot **composé ;** il s'accorde en **genre** (m. ou f.) et en **nombre** (sg. ou pl.) avec le nom auquel il se rapporte :

> *bon, bonne, bons, bonnes ; loyal, loyale, loyaux, loyales ; sourd-muet, sourde-muette, sourds-muets, sourdes-muettes.*

**N.B.** Pour l'accord capricieux de certains adjectifs composés et des adjectifs de couleur, voir notre *Guide de grammaire*, pp. 64-65.

### a) Les divers équivalents de l'adjectif qualificatif

Comme le nom (voir p. 18), l'adjectif qualificatif a de nombreux **équivalents** possibles, qui tantôt le remplacent, tantôt l'accompagnent :

> *Un tissu* ***rouge,*** *un tissu* ***or, rouge et or, rouge sang.***

Peuvent s'employer comme adjectif qualificatif :

**a)** Un **nom commun :**

> *Une robe* ***rose.*** *– Un air* ***bête.*** *– Un élève* ***prodige.***

Cf. certaines expressions de la langue familière :

> *Un effet* ***bœuf.*** *– Une réception* ***monstre.*** *– Un rire* ***canaille.***

**b)** Un **groupe du nom** (avec ou sans préposition) :

> *Un homme* ***de bonne foi*** *(= loyal). – Un chien* ***en laisse*** *(= captif).*
> *Une barbe* ***poivre et sel*** *(= grise). – Un vin* ***pelure d'oignon.***

**c)** Un **participe** (présent ou passé) :

> *Un garçon* ***souriant (gentil et souriant).***
> *Une fillette* ***bouclée (blonde et bouclée).***

**d)** Un **adverbe :**

> *Une fille* ***bien.*** *– Le temps* ***jadis.*** *– Des places* ***debout.***

**e)** Un **superlatif au pluriel** (à valeur partitive) :

> *Un esprit* ***des plus raffinés*** *(= très raffiné, très fin).*

**f)** Un **groupe de l'adverbe de quantité :**

> *Un auteur fécond et* ***de beaucoup d'esprit*** *(= très spirituel).*

**g)** Un **infinitif** précédé de la préposition *à :*

> *Maison* ***à vendre*** *(= disponible à la vente).*

**h)** Une **subordonnée relative :**

*Un souriceau tout jeune et* ***qui n'avait rien vu*** *(= et naïf).*

**i)** Une **subordonnée circonstancielle de comparaison :**

*Un homme (une femme)* ***comme il faut*** *(= convenable).*

## b) Les degrés de signification de l'adjectif qualificatif

L'adjectif qualificatif ou son équivalent possède divers **degrés.**

| Positif | Comparatif | Superlatif |
|---|---|---|
| | – de supériorité :<br>*plus sage* | – de supériorité :<br>• relatif : *le plus sage*<br>• absolu : *très sage* |
| *sage* | – d'égalité :<br>*aussi sage* | |
| | – d'infériorité :<br>*moins sage* | – d'infériorité :<br>• relatif : *le moins sage*<br>• absolu : *très peu sage* |

**Remarques**

**a)** Attention aux comparatifs et superlatifs **irréguliers :**

*meilleur, le meilleur* (bon) ; *moindre, le moindre* (petit) ;
*pire, le pire* (mauvais [N.B. neutre *pis, le pis*]).

**N.B. 1)** Éviter la formule négligée *Meilleurs vœux* (qui n'est qu'un **comparatif**) ; dire *Mes (Nos) meilleurs vœux* (vrai **superlatif** = *Mes [Nos] vœux les meilleurs*) ;

**2)** Bien distinguer comparatifs et superlatifs dans :

*La raison* ***du plus fort*** (superlatif) ; *se sentir* ***plus fort*** (comparatif).
*Mon* ***meilleur*** *ami et ton* ***pire*** *ennemi* (superlatifs).
*Je n'ai pas de* ***meilleur*** *ami, ni toi de* ***pire*** *ennemi* (comparatifs).

**b)** Les adjectifs **simples :** *majeur, mineur, supérieur, inférieur...* sont, étymologiquement, des **comparatifs de supériorité :**

***majeur*** *= plus grand ;* ***mineur*** *= plus petit.*

**c)** Dans le superlatif de supériorité absolu, ***très*** peut être remplacé par : *bien, fort, extrêmement, tout à fait...* et même (familièrement) par *rudement, drôlement, vachement... :*

Elle est ***fort (bien) jolie.*** – C'est ***rudement (vachement) beau.***

**d)** Les **dérivés :** *richissime, rarissime, minime, ultime...,* ou **composés :** *archiconnu, extra-fort, surfin, hypertendu...,* sont de véritables **superlatifs de supériorité absolus :**

***richissime*** = très riche ; ***archiconnu*** = très connu.

**e)** Avec ***trop,*** l'adjectif est une sorte de **comparatif de supériorité :**

*Tu es* ***trop timide*** *(=* ***plus timide*** *[qu'il ne faut]).*

**f)** Pour les **compléments** de l'adjectif, du comparatif, du superlatif, voir pp. 50-51 ; pour d'autres détails, voir notre *Guide de grammaire,* pp. 65-68.

# EXERCICES

**75.** *Relevez tous les adjectifs qualificatifs (ou leurs groupes); relevez aussi tous leurs «équivalents» (en précisant leur nature).*

**1.** Le ciel était charmant, la mer était unie (Baudelaire).
**2.** Un rat plein d'embonpoint, gras, et des mieux nourris (La Fontaine).
**3.** Longtemps il a vécu riche, heureux et sans maître (Heredia).
**4.** Je vous trouve imprudents et parlant fort à l'aise (Hugo).
**5.** Moi, je te trouve mieux que parfaite, tu es charmante (Balzac).
**6.** Il me sembla parfaitement fait et d'une taille élancée (Vigny).
**7.** Elle a au front un bandeau noir et or (Michelet).
**8.** Sa situation lui paraissait sans issue (Maupassant).
**9.** C'était un garçon paisible de vingt-cinq ans, bien vêtu, de bonne mine et qui avait dix francs dans sa poche (Aymé).

**76.** *Même exercice.*

**1.** Sa barbe était d'argent comme un ruisseau d'avril (Hugo).
**2.** Un homme chérissait éperdument sa chatte:
Il la trouvait mignonne, et belle, et délicate,
Qui miaulait d'un ton fort doux (La Fontaine).
**3.** Ils étaient inoffensifs, sans colère, sans haine : ils étaient résignés et ils attendaient (Vigny).
**4.** «Tu me trouves bien?
– Comment? vous êtes à ravir, et votre figure est à peindre.» (Molière)
**5.** C'était un petit chien jaune, sans race et de beaucoup d'esprit (France).
**6.** Un grand jeune homme blond, à moustaches presque diaphanes, fort pâle et à l'air hautain et taciturne, marchait après elle ; c'était son mari (Stendhal).

**77.** *Relevez tous les adjectifs qualificatifs et leurs équivalents; précisez leur «degré» (positif, comparatif, superlatif).*

**1.** Les plus à craindre sont souvent les plus petits (La Fontaine).
**2.** Je n'ai jamais vu d'homme ni plus intrigué ni de plus mauvaise humeur (Marivaux).
**3.** «Vous êtes des êtres bien singuliers.
– Vous êtes des êtres bien à plaindre.» (Diderot)
**4.** De fort mauvaise humeur et très humilié, Julien ne dormit point (Stendhal).
**5.** En ce moment même, madame de Bray ramenait ses enfants essoufflés et tout en nage (Fromentin).
**6.** Mais c'est une histoire des plus bizarres (Maupassant).
**7.** Son air est de franche coquette, sa taille est assez gauche, sa beauté très médiocre, et son esprit des plus communs (Molière).
**8.** On ne pouvait rêver rien de plus grotesque ni de plus touchant (Gide).

**78.** *Relevez tous les comparatifs et superlatifs en précisant leur nuance (supériorité, égalité, infériorité ; relatif, absolu).*

**1.** En raison du froid plus vif, le gibier fut plus rare, mes souffrances plus grandes, ma vie plus précaire (Peisson).

**2.** L'air est très vif, mais décidément agréable. À défaut de chant de coq, deux ou trois oiseaux piaillent dans les arbres les plus hauts du jardin (Romains).

**3.** Il lut des histoires, elles l'attristèrent. Le monde lui parut trop méchant et trop misérable (Voltaire).

**4.** Est-elle moindre, est-elle pire, la colère du pêcheur de brochets ? (Genevoix).

**5.** Aussi le paysan va-t-il attacher du prix au moindre détail (Pourrat).

**6.** Le diable arriva comme l'éclair. Théodule n'avait jamais vu d'aussi laide créature (Samivel).

**79.** *Révisions.*
*Dites la nature des « compagnons du nom » en gras ; faites toutes remarques utiles.*

**1.** Il s'avisa que peut-être **le** trottoir d'en face, avec son soleil, ses boutiques plus variées et **plus nombreuses,** ses entrées de cour, eût mérité **leur** préférence (Romains).

**2.** **Ce** lit était recouvert d'une vieille cretonne à personnages, seule tache **éclatante,** unique richesse de **cette** cellule (Mauriac).

**3.** **Quels** esprits rôdaient dans **notre** grenier et dans le jardin ? (Chamson).

**4.** **Nul** événement capital, nulle date **mémorable** n'émergeaient de la grisaille pour baliser la route (Guimard).

**5.** **Quelle** enfant mystérieuse ! disait le père (Supervielle).

**6.** « **Quel** âge as-tu donc ?
– **Dix-neuf** ans. » (Vialar)

**80.** *Révisions.*
*Nature et fonction des mots ou groupes en gras.*

**1.** « Et comment vous appelez-vous, **mignonnes ?**
– Je m'appelle Delphine, et ma sœur **Marinette.** Elle n'est pas aussi grande **que moi.**
– Marinette est la plus blonde, je crois, mais Delphine a **les plus grands yeux.** Les jolies petites que voilà, je les aime déjà toutes les deux.
– Vous êtes **bien honnête, Monsieur le renard.** » (Aymé)

**2.** Non seulement, Boyaud, **le boucher,** était grand, mais encore il était gros. Il occupait de la place **dans la ville.** On l'eût vu de loin, rien qu'**à cause de son volume,** mais il y avait aussi **sa couleur.** Il était rouge. Ses cheveux étaient rouges, tout simplement comme ceux **des personnes rousses,** mais ses joues n'avaient de semblable que le feu (Ch.-L. Philippe).

# B – FONCTIONS

Quel que soit son degré (positif, comparatif, superlatif), l'adjectif qualificatif a quatre fonctions possibles : **épithète, attribut du sujet, attribut de l'objet, apposé :**

> *Mon parrain a une voiture* ***neuve*** (épithète).
> *Notre voiture n'est plus* ***très neuve*** (attribut du sujet).
> *Je croyais ta voiture* ***moins neuve*** (attribut de l'objet).
> ***Flambant neuve,*** *sa voiture étincelle* (apposé).

**N.B.** Il en est de même, bien entendu, pour ses **équivalents :**

> *J'ai rencontré un homme* ***de bonne foi*** (épithète).
> *Cet homme est* ***de très bonne foi*** (attribut du sujet).
> *Je croyais ton cousin* ***de bonne foi*** (attribut de l'objet).
> ***De bonne foi,*** *notre voisin attire la sympathie* (apposé).

ou encore :

> *J'ai rencontré un homme* ***comme il faut*** (épithète).
> *Cet homme est* ***très comme il faut*** (attribut du sujet).
> *Je croyais ton cousin* ***plus comme il faut*** (attribut de l'objet).
> ***Très comme il faut,*** *notre voisin attire la sympathie* (apposé).

## a) L'adjectif épithète

L'adjectif qualificatif épithète (ou son groupe, ou son équivalent) **est intimement lié au nom,** qu'il le précède ou qu'il le suive :

> *Une* ***vieille*** *chapelle. – Une maison* ***neuve.***

Quand il y a plusieurs adjectifs épithètes, ils sont entre eux **juxtaposés** ou **coordonnés ;** de plus, ils précèdent ou suivent ou encadrent le nom qu'ils accompagnent ; et chacun est alors partiel :

> *Un* ***grand méchant*** *loup. – Un ciel* ***pur*** *et* ***serein.***
> *Une* ***jeune*** *servante* ***vive*** *et* ***très souriante.***

L'épithète peut accompagner plusieurs noms (épithète « commune ») :

> *Un garçon et une fille* ***tout blonds.***

**Remarques**

**a)** Selon sa place, **le sens** (sens propre ou figuré) **peut changer :**

> *Un homme grand, un grand homme. – Un sire triste, un triste sire.*

**b)** Noter la curieuse **mise en relief de l'épithète** dans :

> *Un coquin (un fripon) d'enfant (= un enfant coquin, fripon).*
> *Une horreur de robe (= une robe horrible).*

**c)** Attention à l'épithète non plus d'un nom, mais d'un **pronom,** avec un ***de*** **explétif :**

> *Quelqu'un* ***de gentil.*** *– Rien* ***de bon.*** *– Quoi* ***de neuf ?***

## b) L'adjectif attribut du sujet

Comme le nom (voir p. 32), l'adjectif qualificatif (ou son groupe, ou son équivalent) peut être attribut du sujet (d'un verbe **être** ou d'un **verbe d'état,** ou de **tout verbe : intransitif, passif** ou **pronominal,** équivalent d'un verbe *être* ou d'un verbe d'état) :

> *Je suis **las (las de t'attendre).** – Tu deviens **plus sage.** – Elle semble **très heureuse.** – Il naquit **infirme.** – Ils furent jugés **coupables.** – Tu passes pour **très raisonnable.** – Ils furent traités **d'originaux.***

**Remarques**

**a)** Le verbe peut être **omis** devant un attribut :

> *Le ciel est gris, mon humeur **sombre*** (*sombre :* attribut du sujet *humeur,* par rapport à un verbe *être* sous-entendu).

**b)** L'attribut peut (par inversion) **précéder** verbe et sujet :

> ***Rude** sera l'épreuve (cf. L'épreuve sera **rude**).*

**c)** Il peut **précéder le sujet réel** (infinitif avec *de* explétif, ou subordonnée complétive) :

> *Il est **agréable** de flâner. – Il est **bon** / que tu le saches.*

## c) L'adjectif attribut de l'objet

Comme le nom (voir p. 34), l'adjectif qualificatif (ou son groupe, ou son équivalent) peut être attribut de l'objet (du c.o.d.) **après des verbes transitifs** comme : *croire, juger, sentir, estimer, trouver, rendre, tenir, pour, considérer comme, traiter de ... :*

> *Je crois ton idée **très juste.** – Je trouve ce livre **excellent.***
> *Il m'a traité **de fou.** – Je la tiens **pour fort intelligente.***
> *Je considère votre fille comme **la plus douée de mes élèves.***

**Remarques**

**a)** Il y a parfois attribut de l'objet **sans objet (sans c.o.d.) exprimé** (il faut sous-entendre un terme général : *l'homme*) :

> *Le travail rend **joyeux.** – La maladie rend **grincheux.***

**b)** L'attribut de l'objet peut **précéder l'objet** (nom ou équivalent) :

> *Je juge **très heureux** les paysans. – Il tient **pour sage** ton avis. – Elle crut **préférable** de se retirer. – Nous tenons **pour sûr** / qu'il reviendra bien vite.*

**c)** Quand le c.o.d. est un **pronom personnel réfléchi,** l'attribut du c.o.d. se confond avec un attribut du sujet :

> *Je me sens **vieux** (vieux :* attr. du c.o.d. *me,* donc du sujet *je).*
> *Il se croit **fort** (fort :* attr. du c.o.d. *se,* donc du sujet *il).*

## d) L'adjectif apposé

Comme le **nom** (voir p. 56), l'adjectif qualificatif (ou son groupe, ou son équivalent) est mis en apposition, ou apposé, **lorsqu'il est isolé,** séparé du nom (ou du pronom) auquel il se rapporte :

> ***Légère et court-vêtue,*** *elle allait à grand pas* (La Fontaine).
> ***Las de vous attendre,*** *nos amis sont repartis.*
> ***Très forte en dictée,*** *Anne fait toujours zéro faute.*

Selon sa place, il est isolé par une ou deux **virgules :**

> ***Gais et confiants,*** *nous reprenons le match interrompu.*
> *Nous reprenons,* ***gais et confiants,*** *le match interrompu.*
> *Nous reprenons le match interrompu,* ***gais et confiants.***

**Remarques**

**a)** L'adjectif apposé donne plus de **nervosité** au style ; comparer :

> *Il trépignait* ***avec rage ;*** ou : *Il trépignait* ***rageusement***
> et :
> *Il trépignait,* ***rageur ;*** *ou :* ***Rageur,*** *il trépignait.*

**b)** Riche de sens, il équivaut (comme le participe apposé, voir p. 90 et p. 159) à une **proposition subordonnée circonstancielle :**

> ***Gentille,*** *elle plaît à tous (=* ***Parce qu'****elle est gentille).*
> ***Malade,*** *il refuse tout congé (=* ***Bien qu'****il soit malade).*
> ***Plus sérieux,*** *tu réussirais (=* ***Si*** *tu étais plus sérieux).*

**c)** L'adjectif apposé est généralement apposé à un **sujet** (nom ou pronom) ; voir les exemples ci-dessus :

> ***Légère*** et ***court-vêtue :*** appositions partielles au ***sujet*** *elle.*
> ***Gais*** et ***confiants :*** appositions partielles au ***sujet*** *nous.*
> ***Très forte en dictée :*** groupe du superlatif apposé au ***sujet*** *Anne.*

## Remarques d'ensemble sur l'adjectif. Curiosités

**a)** Avec la **locution verbale** *avoir l'air,* l'accord de l'adjectif varie selon sa fonction dans la phrase, selon le sens :

> *Elle a l'air* **sérieuse (très sérieuse)** *= elle semble sérieuse.*
> *très sérieuse :* attr. du sujet *elle,* f. sg.
> *Elle a l'air* ***sérieux (très sérieux)*** *d'une grande personne :* épithète du c.o.d. *air* (m. sg.). Cf. : *un air sérieux, très sérieux.*

**b)** Attention à l'équivoque contenue dans la phrase :

> *Il marche* ***droit.***

***Droit*** est **adjectif,** et attribut du sujet, si le sens est : *Il marche en se tenant bien droit, comme un « i » ;* il est employé comme **adverbe,** et invariable, si le sens est : *Il obtempère, il obéit.* L'équivoque disparaît au féminin :

> *Elle marche* ***droite.*** *– Elle marche* ***droit.***

**c)** Dans l'analyse d'un adjectif qualificatif, il faut toujours bien préciser son **degré,** et (pour les comparatifs et superlatifs) sa **nuance** (l'adverbe forme un tout, fait bloc, avec l'adjectif) :

> *Aussi sage :* comparatif d'égalité.
> *Très bavarde :* superlatif de supériorité absolu.
> *Trop timide :* comparatif de supériorité.
> *La moins courageuse :* superlatif d'infériorité relatif.

**N.B.** Le superlatif d'**infériorité absolu** est très rare d'emploi ; au lieu de **très peu fort,** on dit plutôt **très faible** (en utilisant l'adjectif de sens contraire, l'**antonyme,** au superlatif de **supériorité absolu**) :

> *Fort peu joli = fort laid; bien peu propre = bien sale.*

**d) Attention !** Outre ses quatre fonctions officielles (épithète, attribut du sujet, attribut de l'objet, apposé), n'oublions pas que, par glissement, l'adjectif qualificatif (ou son groupe, ou son équivalent) peut devenir **un nom** (ou son groupe), **un adverbe,** ou même **une interjection,** et donc jouer d'autres rôles dans la proposition, dans la phrase.

- Comme **interjection,** il est **invariable,** et **sans rôle grammatical :**

> *Hardi ! Bon ! Ferme ! Vrai ! Parfait !.*

- Comme **adverbe,** il est **invariable,** et équivaut à un **c. c. de manière :**

> *Parler* ***bas.*** *– Chanter* ***faux.*** *– Sentir* ***bon.*** *– Marcher* ***droit.***

- Comme **nom,** il peut avoir **toutes les fonctions d'un nom** (qu'il soit au positif ou, bien souvent, au superlatif relatif, avec ou sans complément) :

> ***Les coupables*** (***les plus coupables ; les plus coupables d'entre vous*** [sujet]) *seront sévèrement punis.*
> *Le maître a reçu les aveux* ***du coupable (du plus coupable ; du plus coupable d'entre eux*** [complément du nom *aveux*]).
> *Cf. Que* ***le plus coupable*** *périsse* (La Fontaine [sujet]).
> *Tu as été vaincu par* ***plus fort que toi (par le plus fort ; par le plus fort de tes adversaires*** [complément d'agent du verbe passif]).
> *Cf. La raison* ***du plus fort*** *est toujours la meilleure* (La Fontaine [*du plus fort :* complément du nom *raison*]).

**N.B.** Avec une valeur de **neutre,** le groupe du superlatif relatif peut même prendre une fonction de **complément circonstanciel :**

> ***Au plus fort de l'été*** (c. c. de temps, nuance date).
> ***Au plus profond des forêts*** (c. c. de lieu, nuance « où l'on est », ou « où l'on va », selon le contexte).

# EXERCICES

**81.** *Relevez tous les adjectifs qualificatifs ou leurs groupes, ou leurs équivalents ; indiquez leur « degré » ; et donnez leur fonction (épithète, attribut du sujet, attribut de l'objet, apposé).*

1. Selon que vous serez puissant ou misérable,
Les jugements de cour vous rendront blanc ou noir (La Fontaine).
2. Cet homme marchait pur loin des sentiers obliques (Hugo).
3. Cythère n'était plus qu'un terrain des plus maigres (Baudelaire).
4. Ce coquin de patron hollandais a eu le sort qu'il méritait (Voltaire).
5. C'était un grand gaillard de quarante ans, rouge et ventru, et qui passait pour être malicieux (Maupassant).
6. « C'est un jeune homme très comme il faut », dit le préfet à mi-voix (Mérimée).
7. Rieux plongea le premier. Froides d'abord, les eaux lui parurent tièdes quand il remonta (Camus).
8. Vous êtes trop savant pour moi (France).

**82.** *Même exercice.*

1. Un rat des plus petits voyait un éléphant
Des plus gros ... (La Fontaine).
2. Les astres sont plus purs, l'ombre paraît meilleure (Hugo).
3. Je mourrai tout ensemble heureux et malheureux (Corneille).
4. Mademoiselle, vous nous trouverez moins laids quand vous nous aimerez davantage (France).
5. Il n'avait point d'amis. Il est vrai qu'il était fort brusque (Guilloux).
6. Je ne sais où ni quand, dans ce sommeil, vint se placer un très beau rêve, le plus beau que j'aie jamais fait, certainement (Bosco).
7. Marthe sort avec sa mère du salon de peinture, très grave (Renard).

**83.** *Analysez tous les adjectifs qualificatifs (ou groupes ou équivalents) en gras ; attention à ceux qui ont rôle (et fonction) de nom.*

1. Quoi ! vous avez le front de trouver cela **beau ?** (Molière).
2. Certain ajustement, dites-vous, rend **jolie ;**
J'en conviens (La Fontaine).
3. Les chemins sont déserts, les chaumières **sans voix** (Lamartine).
4. Il fallut faire appel aux **meilleurs** artisans de l'empire (Soupault).
5. D'où venait cet appel ? **Du plus profond** de moi-même sans doute – pas **du meilleur,** mais du plus vivant (Guilloux).
6. « Je crois que c'est **ce coquin** de Figaro.
– C'est lui-même, Monseigneur. » (Beaumarchais)
7. Ce fut au port que Tifernand eut **la plus belle** de toutes les surprises (Vildrac).
8. Ouf ! **le plus difficile** était fait (Genevoix).
9. Une dame, qui avant dîner était encore **jolie,** ronfle, **véridique** (Croisset).

**84.** *Même exercice ; attention aussi à ceux qui sont employés comme adverbes ou interjections.*

1. Mais les ouvrages **les plus courts**
Sont toujours **les meilleurs** (La Fontaine).
2. **Les faibles** veulent quelquefois qu'on les croie **méchants,** mais les méchants veulent passer pour **bons** (Vauvenargues).
3. **Bon !** Voilà bien parlé, cela (Molière).
4. C'est **un petit bout** de femme qui parle **haut** et sec (Orieux).
5. Tout le bien va **aux riches.** Les maigres maigrissent, tandis que **les gras** engraissent (France).
6. Nous avons accoutumé de juger **très vexante** une **pareille** attitude (Alain-Fournier).
7. **Ce vaurien** de Tistet lui jouait de si **vilains** tours ! (Daudet).
8. Il débarqua le lendemain, **hâlé** comme aux **plus beaux** jours (Blondin).

**85.** *Révisions.*
*Nature et fonction des mots ou groupes en gras.*

1. L'absence est **le plus grand des maux** (La Fontaine).
2. **Heureux** les épis **mûrs** et **les blés** moissonnés (Péguy).
3. **Très pâle,** elle fixait **avec une étrange ferveur** les poutres **du plafond** où tournoyaient **de très douces fumées** (Bosco).
4. **O Immortels,** disaient **les prières,** respectez **le plus humain de tous les dieux** (Supervielle) !
5. Je n'ai plus **d'argent,** mais il me reste **le plus cher de tous mes biens : l'Ile Rose** (Vildrac).
6. On ne l'appelait plus dans toute la contrée que « **ce cochon** de Morin », et cette épithète le traversait comme **un coup d'épée** chaque fois qu'il **l'**entendait (Maupassant).

**86.** *Même exercice.*

1. « Mais attendons **la fin** ». Comme il disait **ces mots,**
**Du bout de l'horizon** accourt **avec furie**
**Le plus terrible des enfants**
Que le Nord eût portés jusque-là dans ses flancs (La Fontaine).
2. Quelqu'un de **très étonné** aussi, en me voyant, c'est le locataire du **premier,** un vieux **hibou** sinistre, à tête de penseur, qui habite le moulin **depuis plus de vingt ans** (...). Il s'est mis à faire « Hou ! hou ! » et à secouer péniblement ses ailes grises **de poussière ; – ces diables** de penseurs ! ça ne se brosse jamais (Daudet)...
3. La mère Barbue était **aussi large** que **haute...** Vous me comprenez. Je veux dire que, si elle n'était pas **très haute,** elle paraissait, du moins, **très, très large.** Elle ressemblait à un énorme billot (Fombeure).

# Le pronom

Si le nom peut avoir des « compagnons » (articles et adjectifs), il a aussi des **remplaçants :** ce sont les **pronoms.**
Le pronom, comme son nom l'indique clairement (pro-nom = [mis] pour [le] nom), a pour mission première de remplacer le nom (ou son groupe) :

> *Ce garçon aime sa mère ;* ***il la*** *vénère même (il* remplace *ce garçon ; la* remplace *sa mère).*

Il existe six sortes de pronoms, qu'il faut bien maîtriser : les pronoms personnels, possessifs, démonstratifs, indéfinis, interrogatifs, relatifs.

**N.B.** Pour les détails, consulter notre *Guide de grammaire,* pp. 68-80.

**Remarques générales**

**a)** Équivalent majeur du nom, le pronom en a **toutes les fonctions possibles** (sujet, objet, agent, attribution, attribut, complément circonstanciel, etc. ; voir ci-dessus, pp. 22-57).

**b)** Mot **variable,** le pronom varie :
- En genre et en nombre :

> *il, elle, ils, elles ; lequel, laquelle, lesquels, lesquelles...*

- Et même en personne (pour les personnels et les possessifs) :

> *je, tu, il ... ; le mien, le tien, le sien ...*

**N.B. 1)** À propos du **genre,** il faut souligner que, si le nom et l'adjectif ont perdu le neutre (sauf dans l'adjectif *pis, le pis ;* voir p. 61, rem. a), le pronom, lui, l'a conservé, et très vivace :

> *Tu penses à* ***tout.*** *–* ***Cela*** *me plaît. –* ***C'****est* ***ce dont*** *je parle.*

**2)** Un adjectif qualificatif épithète ou attribut d'un pronom **neutre** se met, faute de neutre (sauf pour *pis* et *le pis*), **au masculin,** mais on le sent bien comme un neutre :

> *Ici, tout est* ***beau.*** *– Quoi de* ***neuf*** *dans votre famille ?*
> *Nous avons mangé quelque chose de* ***bon*** *à midi.*

Cf. *C'est encore pis* (et non *pire*) ; *le pis de tout* (et non *le pire*) *est que tu m'as menti.*

**c)** Dans l'analyse d'un pronom, on emploie la formule « mis pour » (tel ou tel mot), sauf pour le pronom relatif, pour lequel on dit « ayant pour antécédent » (tel ou tel mot) ; voir ci-après p. 80.

# EXERCICES

**87.** *Relevez tous les pronoms; dites leur nuance (personnel, possessif, démonstratif, indéfini, interrogatif, relatif) et indiquez leur genre et leur nombre, et éventuellement leur personne.*

**1.** Chacun prend son plaisir où il le trouve (proverbe).
**2.** Ce que femme veut, Dieu le veut (proverbe).
**3.** C'est moi qui suis Guillot, berger de ce troupeau (La Fontaine).
**4.** Viens jouer avec moi, lui proposa le petit prince (Saint-Exupéry).
**5.** M. de Gaugrand pose sa main sur celle de Denise. Il prend la main de Denise dans la sienne (Marceau).
**6.** Son débit était celui d'un homme qui lit avec difficulté (Peisson).
**7.** De quoi causions-nous ? De quoi peuvent causer deux enfants (Gide) ?
**8.** Nous avons tous, présentement, quelque chose à dire à quelqu'un et quelque chose à lui taire (Colette).

**88.** *Même exercice.*

**1.** « Qu'en penses-tu, toi ? Si j'envoyais là-bas quelqu'un d'adroit pour discuter les tarifs ?
– Quelqu'un d'adroit ? Mais qui ? » (Martin du Gard)
**2.** Je ne puis vous proposer qu'un poste très inférieur à celui auquel vous seriez en droit de prétendre (Estang).
**3.** Qu'elle chante sa chanson, moi je chante la mienne (Rolland).
**4.** C'est ça, ton raccourci ? Moi, j'appelle ça de l'escalade (Moinot).
**5.** Et elle leur dit quelque chose à l'oreille, à l'un, à l'autre, à tous et à chacun (Genevoix).
**6.** « Qui es-tu et que veux-tu ? » lui demanda-t-il. « Qui t'a conduit ici ? » (Peisson)
**7.** Oh ! reviens, toi qui peux presque tout pour moi (Colette) !

**89.** *Révisions.*
*Nature et fonction des mots ou groupes en gras.*

**1.** Le lundi vint, le **lundi** timide, **qui** s'excuse en montrant derrière **lui** les jours **innombrables** qui **le** poussent (Giraudoux).
**2.** **Lutter** contre le vent **le** rendait **joyeux. Accroupi,** il levait la tête pour être giflé par **lui** (Peisson).
**3.** La peinture a toujours été, pour moi, **l'art** qui devait être exercé par **les autres** (Chamson).
**4.** Il avait vu **dans le regard** de Gisors **quelque chose** de presque **tendre** (Malraux).
**5.** **De quoi** souffrent **ceux** qui n'ont **rien ?** (Duhamel).
**6.** Vint **la saison où,** en **dépit de la fraîcheur commençante,** on hésite devant le **premier** feu comme devant **un sort inconnu** (Mauriac).
**7.** C'était **un jour** d'hiver **plus clair** que **ceux qui l'avaient précédé** (Gascar).

# 1 – LE PRONOM PERSONNEL

C'est, avec le pronom relatif, le plus important des remplaçants du nom.

## A – PRÉSENTATION

Le pronom personnel a des formes nombreuses et diverses, qui varient en **genre,** en **nombre** et en **personne,** selon le tableau suivant :

| Personnes | Singulier | Pluriel |
|---|---|---|
| 1er p. (m. ou f.) | *Je, me, moi* | *nous* |
| 2e p. (m. ou f.) | *tu, te, toi* | *vous* |
| 3[e] p. (m.) | *il, le, lui* | *ils, les, leur* |
| 3e p. (f.) | *elle, la, lui* | *elles, les, leur* |
| 3e p. (m. ou f.) | *se, soi, en, y* | *se, en, y* |
| 3e p. (neutre) | *il, le, se, en, y* | |

**Remarques**

**a)** On constate que, selon le contexte, une **même forme** peut être de **genre** et de **nombre** différents ; par exemple :

*il, le, lui, leur, se, en, y...*

et aussi que le **neutre** n'existe qu'à la **3[e] personne** et au **singulier :**

***Il*** *pleut.* – *Je* ***le*** *sais.* – ***Cela*** *se dit.* – *J'****en*** *ris.* – *Je n'****y*** *peux rien.*

**b)** On distingue les formes **atones** (non accentuées) et les formes **toniques** (accentuées, d'insistance) :

***Toi*** (tonique), ***tu*** (atone) *ris ;* ***moi*** (tonique), ***je*** (atone) *pleure.*

**N.B.** L'**insistance** peut encore renforcer les formes toniques à l'aide de : *même, autre, seul, pour, quant à,* ou avec un **adjectif numéral :**

*Toi-****même*** – *Nous* ***autres*** – *Eux* ***seuls*** – *Vous* ***quatre,*** *nous* ***cinq.***
***Pour (quant à)*** *moi, je préfère le théâtre au cinéma.*

**c)** *Nous* remplace *je* (ou *moi*) dans le pluriel de **majesté :**

***Nous,*** *Président de la République...* – ***Nous,*** *maire de Paris...*

**d)** *Nous* remplace parfois *tu* (ou *vous*) dans la **langue familière :**

*Avons-****nous*** *été sage(s) ?* – ***Nous*** *sommes encore puni(e)(s) !*

**e)** *Vous* remplace *tu* dans le pluriel de **politesse :**

***Vous*** *êtes bien gentil(le), monsieur (madame).*

**f)** *En* et *y* sont, étymologiquement, des **adverbes de lieu :**

*J'****en*** *viens.* (= de là) – *J'****y*** *suis, j'****y*** *reste.* (= là) – *J'****y*** *vais.* (= là).

Mais par glissement ils peuvent devenir **pronoms personnels :**

- **en** = *de lui, d'elle(s), d'eux, de cela;*
- **y** = *à lui, à eux, à elles(s), à cela.*

*Louise aime les chocolats, elle **y** rêve, elle **en** abuse.*

**N.B.** La langue pure les réserve aux **choses,** les évite pour les êtres :

*J'**y** songe* (choses); *je songe **à lui, à eux, à elle(s)*** (êtres).
*J'**en** parle* (choses); *je parle **de lui, d'eux, d'elle(s)*** (êtres).

# B – FONCTIONS

Pronom, il a toutes les fonctions possibles du **nom :**

*Voici mon vélo; **je te le** prête volontiers.*
*je* (m. ou f.; sujet); *te* (m. ou f.; c. d'attribution); *le* (m.; c.o.d.).
***Moi, je vous** plains sincèrement.*
*moi* (tonique, apposé au sujet *je;* m. ou f., selon le contexte); *je* (atone, sujet de *plains,* m. ou f.); *vous* (c.o.d.; m. ou f., s. ou pl., selon le contexte : vrai pluriel ou pl. de politesse).

**Remarques**

**a)** Le pronom personnel ne remplace pas uniquement un **nom** (ou son groupe); il peut (au neutre) être « mis pour » un **adjectif qualificatif,** ou **toute une proposition :**

*As-tu été sage? Je **l'**ai été (**l'** = cela = sage).*
*Elle devient gentille; j'**en** suis ravi* (***en*** = toute la 1re proposition).

**b)** Pour un pronom personnel **complément,** il est bon de dire s'il a le sens **réfléchi** ou **non réfléchi** (qui renvoie ou non au sujet) :

*Je **me** blesse* (*me :* réfléchi). – *Tu **me** blesses* (*me :* non réfléchi).

**N.B.** Attention à l'**équivoque** possible dans une phrase comme :

*Il ne pense qu'à **lui*** (*lui :* réfléchi? non réfléchi?).

**c)** On range parfois le pronom indéfini *on* parmi les **pronoms personnels** (voir p. 77) :

*Il rugit; **on** se cache, **on** tremble à l'environ* (La Fontaine).

**d)** Pour *il* **neutre** sujet apparent ou grammatical, voir p. 23:

***Il** tombait **de la pluie.** – **Il** court **des bruits fâcheux.***

**e)** Pour le pronom personnel sujet de la **complétive infinitive,** voir p. 120.

*Je **la** vois **passer** (= Je vois / la voisine passer).*

**f)** Le pronom personnel peut être **explétif** (sans rôle grammatical) :
– dans certains **gallicismes,** où il ne s'analyse pas :

*s'**en** aller; **en** imposer; **l'**emporter sur; **le** prendre de haut.*

– dans l'emploi du **pronom de reprise** (voir p. 23) :

*Paul viendra-t-**il** demain? – Louise est-**elle** guérie?*

– dans la **langue familière** du **conte** ou du **récit** (1re ou 2e personne) :

*Il **vous** prend sa cognée, il **vous** tranche la bête* (La Fontaine).
*Goûtez-**moi** de ce petit vin – Chassez-**moi** donc ce malotru.*

# EXERCICES

**90.** *Analysez les pronoms personnels en gras.*

1. Il regardait vers **moi,** comme **moi** vers **lui** (Hériat).
2. Tu entends cette petite flûte ? C'est une mésange qui **se** joue une chanson, pour **elle** toute seule (Genevoix).
3. Ces spectacles **m'**enchantaient. Gatzo, au contraire, **y** paraissait indifférent (Bosco).
4. La perspective de cette causerie lui était-**elle** agréable ? Antoine n'**en** était pas sûr (Martin du Gard).
5. Cette chanson était triste. La plupart des chants populaires **le** sont (Pourrat).
6. Quand vos collègues **me** parlent, ils disent : « Monsieur Plantier. » Quand **ils** parlent de **moi,** ils disent : « Le père Plantier. » (Vercel)
7. « **Le** saviez-**vous,** dit-**elle,** la petite Lise ne passera pas la journée. » (Noël)
8. **Lui** non plus, il ne bougeait plus (Kessel).

**91.** *Même exercice.*

1. Je suis venu, dit Matelot, pour **te** chercher, **toi,** Antonio. Viens avec **moi** au campement. **Il** faut que tu me rendes le service (Giono).
2. Je **t'**accompagne, **lui** dit-**il.** Je resterai un moment près de **toi** (Hériat).
3. **Il** était évident qu'**il** avait ainsi enlevé son bandage pour être reconnu de **nous** (Alain-Fournier).
4. Toute cette aventure **m'**afflige ; je me défie de tous les visages ; je ne suis contente de personne, je ne **le** suis pas de **moi-même** (Marivaux).
5. On **les** entend scier, clouer, raboter (Orieux).
6. **Il** faut croire que la nièce avait autre chose à faire, **elle** (Arland).
7. Ce vieux fouineur **se** croyait un œil infaillible (Chamson).
8. Les odeurs, il y fut toujours sensible (Estang).

**92.** *Révisions.*

*Nature et fonction des mots ou groupes en gras.*

1. « Ah ! ah ! dit-il après **les** avoir saluées, je vois que **nous** avons fait l'école buissonnière ? »
Delphine rougit, mais il ajouta aussitôt **avec un bon sourire d'amitié :** « Surtout, prenez bien garde de ne pas tacher **vos tabliers.** Les parents sont **curieux,** et ils ne croient pas toujours leurs filles quand elles disent qu'**il** pousse **des fraises** sur le chemin de **l'école.** » (Aymé)
2. Messaoud n'était pas **très content** de **lui,** il **se** disait en **lui-même :** « Quand **on** pense que j'ai voulu couper les oreilles à ce petit âne qui est si **gentil !** Et voilà maintenant son petit maître qui est en prison **chez moi,** à **cause de moi.** » (Prévert et Lamorisse).

**93.** *Analysez les pronoms personnels en gras.*
1. Il regarda si les enveloppes étaient bien closes, si le papier n'**en** était point trop transparent, et il ne **les** glissa dans la boîte qu'après **en** avoir contrôlé les adresses (Giraudoux).
2. **Vous** serez bien gentille de **me** garder vos boîtes d'allumettes vides. C'est promis ? Je **vous** montrerai à quoi je **les** utilise (Colette).
3. « Je ne veux pas inquiéter les bêtes, **lui** dis-**je.** Mais seulement vivre un peu avec **elles,** comme **elles...** »
Patricia **m'**évalua d'un regard attentif et soupçonneux :
« **Vous** les aimez vraiment ? **me** demanda-t-elle.
– Je **le** crois. » (Kessel)
4. Le poisson qu'il avait de trop, il ne **le** vendait pas, **il** le donnait (Hugo).

**94.** *Même exercice.*
1. **On** lui lia les pieds, on **vous** le suspendit (La Fontaine).
2. **Nous** serions premier en tout et notre ami serait fier de **nous** (Larbaud).
3. Je lis dans votre âme, malgré **vous** et mieux que **vous** (Constant).
4. En ce moment, le médecin, se trouvant près de l'étable, **en** ouvrit la porte et **y** fit entrer le commandant (Balzac).
5. On fait hâter le souper pour l'amour de **nous** (Rousseau).
6. On **m'**a surnommé le Juste. Je **le** suis (Saint-Exupéry).
7. **Elle** avait été mon luxe, cette rivière, et j'avais pêché des coquillages dans le sable fin de ses rives, avec l'émotion d'un chercheur d'or (Vallès).
8. Tous avaient l'air sûrs d'**eux-mêmes** (Rolland).

**95.** *Révisions.*
*Nature et fonction des mots ou groupes en gras.*
1. Ma petite amie se nomme **Pomme.** Elle a **huit ans** au moment où débutent **ces notes.** Et je **l'**ai vue « **haute comme ça** ». C'est dire que je **la** connais bien. Aline tient son surnom de **Pomme** de **la forme ronde** qu'elle avait, étant **petite** (Chevallier).
2. Quand la place est **libre,** le chien se couche en travers de la porte, non certes pour **la** garder, mais pour jouir du paillasson. S'il **me** voit arriver, comprenant qu'il me gêne, il **se** lève, **avec lenteur** (Duhamel).
3. La seconde planète était habitée par un **vaniteux.**
« Ah ! Ah ! Voilà la visite d'**un admirateur** ! » s'écria de loin **le vaniteux** dès qu'il aperçut le petit prince. Car, pour les vaniteux, les autres hommes sont des **admirateurs.**
« Bonjour, dit **le petit prince.** Vous avez un **drôle** de chapeau.
– C'est pour saluer, lui répondit le vaniteux. C'est pour saluer quand **on** m'acclame. Malheureusement **il** ne passe personne par ici. » (Saint-Exupéry)

# 2 – LES AUTRES PRONOMS

## A – LE PRONOM POSSESSIF

Comme le pronom personnel, il varie en **genre,** en **nombre** et en **personne :**

*le mien, la tienne, la sienne, les siennes, le leur, les leur...*

Il remplace un nom précédé d'un adjectif possessif **atone :**

*J'ai relu sa lettre, puis* ***la mienne*** (Pagnol [= *ma lettre*]).

Pronom, il a toutes les fonctions possibles du nom :

*Nos parents connaissent* ***les vôtres*** (c.o.d.).

**N.B. 1)** Il s'emploie même parfois comme nom :

*J'aime* ***les miens*** *(= ma famille). –* ***Les nôtres*** *ont gagné (= nos athlètes).*

**2)** Complément, il a le sens **réfléchi** ou le sens **non réfléchi :**

*Il aime* ***le sien*** (réfléchi) ; *tu aimes* ***le sien*** (non réfléchi).

## B – LE PRONOM DÉMONSTRATIF

De forme **simple** ou de forme **composée,** il varie en **genre** et en **nombre :**

*celui, celle, ce, ceux, celles ; celui-ci, celle-ci, ceci, ceux-ci, etc.*

Il est très fréquent au **neutre** (toujours au singulier) :

*ce, c', ceci, cela* (familièrement réduit à *ça*) ;

et peut même alors prendre la valeur d'un pronom personnel :

***C'****est haut comme trois pommes, et* ***ça*** *veut commander !*

Pronom, il a toutes les fonctions possibles du nom :

*J'aime mieux* ***celui-ci*** (c.o.d.) *que* ***celle-là*** (c. c. de comparaison).

**N.B.** Attention à la fonction du pronom neutre *ce (c') :*

**a)** Il est souvent **sujet (avec un attribut) :**

***C'****est bon –* ***C'****est une joie –* ***C'****est moi –* ***C'****étaient eux.*

**b)** Il est aussi **sujet (sans attribut)** dans des expressions **figées** comme :

***Ce*** *me semble –* ***Ce*** *néanmoins –* ***Ce*** *nonobstant.*

**c)** Il est **c.o.d.** dans des expressions **figées** comme :

***Ce*** *disant –* ***Ce*** *faisant –* ***Ce*** *dit-on – Pour* ***ce*** *faire.*

et même, parfois, complément circonstanciel :

*Sur* ***ce,*** *il s'en alla* (c. c. de temps).

**d)** Il peut être simplement **explétif** (sans rôle grammatical) :

*Vouloir* ***c'****est pouvoir. – Partir* ***c'****est mourir un peu.*

**Rappel.** Il peut avoir un complément (voir p. 48).

# C – LE PRONOM INDÉFINI

De formes diverses, variable ou invariable, le pronom indéfini remplace un nom précédé d'un adjectif indéfini :

*Et **chacun** fit silence (chacun = **chaque assistant**).*

Il exprime une quantité **nulle, partielle** ou **vague,** ou **totale :**

*Et **nul** ne se connaît tant qu'il n'a pas souffert* (Musset).
*Car encor faut-il bien que je sois **quelque chose*** (Molière).
*Ils ne mouraient pas **tous,** mais **tous** étaient frappés* (La Fontaine).

Pronom, il a toutes les fonctions possibles du nom :

*Causer avec **quelqu'un** soutient quand **on** chancelle* (Hugo [*quelqu'un :* c. c. d'accompagnement ; *on :* sujet]).

**Remarques**

**a)** *On (l'on),* étymologiquement = *l'homme,* est toujours **sujet :**

*Et **l'on** crevait les yeux à quiconque passait* (Hugo).

**N.B.** Dans la langue familière, il peut remplacer *je, tu, nous, vous :*

*Te verra-t-**on** demain ? – A-t-**on** été sage(s) aujourd'hui ?*

**b) Rappel.** Le pronom indéfini peut avoir un **complément** (voir p. 48) et un **adjectif épithète,** avec un *de* explétif (voir p. 64) :

*J'ai invité quelques-uns **de mes amis.** – Rien **de neuf, de bon, de beau.***

# D – LE PRONOM INTERROGATIF

Il remplace un nom précédé d'un adjectif interrogatif :

*Qui va là ? (qui = **quel être ? quelle personne ?**).*

Il a des formes invariables, variables, renforcées :

*qui ? que ? quoi ? – lequel ? laquelle ?... – qui est-ce qui/que ?*

Pronom, il a toutes les fonctions possibles du nom, que ce soit en proposition indépendante, principale ou subordonnée (voir pp. 122-123) :

***Qui** a crié ? – Dis-moi / **qui** a crié* (sujet du verbe *a crié*).
***Lequel** veux-tu ? – Dis-moi / **lequel** tu veux* (c.o.d. de *veux*).

**Remarques**

**a)** *Qui* (sans préposition) est sujet, ou attribut du sujet, ou c.o.d. :

***Qui** va là ? – **Qui** est-il ? – **Qui** fréquentes-tu ?*

**b)** *Que* peut-être c.o.d., ou attribut du sujet, ou même sujet réel :

***Que** dis-tu ? – **Que** devenez-vous ? – **Que** s'est-il passé ?*

**c) Rappel.** Pour le c. du pron. inter. et son adj. épith., voir p. 48 et 64 :

# EXERCICES

**96.** *Analysez tous les pronoms (ou leurs groupes) en gras.*

1. Je sens que sa dure main est heureuse dans **la mienne** (Duhamel).
2. **Celui** qui a fait **ça** me le paiera, dit-**il** enfin (Moinot).
3. Presque aussitôt **quelqu'un** frappa à la porte. **Personne** n'osait bouger. **On** frappa de nouveau (Dhôtel).
4. Il raisonnait autant pour son bonheur, à elle, que pour **le sien** (Zola).
5. Je sentais bien qu'**il** se passait **quelque chose d'extraordinaire** (Saint-Exupéry).
6. **Aucun des deux** n'avait caché **à l'autre** son opinion. **Chacun en** reconnut la justesse (Flaubert).
7. À quoi servez-vous ? **qui** convertissez-vous ? et **de qui** êtes-vous jamais compris, s'il vous plaît (Vigny) ?
8. Mais **qu'est-ce qu'**il a, hein ? **Qu'est-ce qui** le prend (Aymé) ?

**97.** *Même exercice.*

1. **On** trancha la difficulté en buvant une bouteille **de l'un** et de l'autre (Romains).
2. Dieu a sagement agi en plaçant la naissance avant la mort ; **sans cela, que** saurait-**on** de la vie (Allais) ?
3. **Qui** étaient ces gens ? **Qu'est-ce qu'**ils faisaient (Estang) ?
4. Avec son air **de rien,** il est bon **à tout** (Renard).
5. **Elle** sourit de nouveau et retira sa main **de la mienne** avec un léger effort (Nodier).
6. **Qui** est aussi léger qu'un Français ? Qui va, comme **lui,** à Venise, pour voir des gondoles (Vauvenargues) ?
7. **Celui-là** avait l'air embarrassé, celui-ci était fat ; l'un parlait du nez, **l'autre** saluait de travers (Musset).

**98.** *Révisions.*
*Nature et fonction des mots ou groupes en gras.*

1. **On** n'est jamais trahi que **par les siens** (proverbe).
2. On ne fait rien **de rien** (proverbe).
3. On ne fait rien **pour rien** (proverbe).
4. Un souffle, une ombre, **un rien, tout lui** donnait la fièvre (La Fontaine).
5. **Le moi** est haïssable... mais **il** s'agit de celui **des autres** (Valéry).
6. Il y avait dans son ton **quelque chose** de **menaçant** (Mérimée).
7. Des hommes arrivent ; **d'autres** s'en vont. On se lasse **de tout,** même du malheur **d'autrui** (Duhamel).
8. Ces vieux ! **ça** n'a qu'une goutte de sang **dans les veines,** et à **la moindre** émotion elle **leur** saute au visage (Daudet)...
9. Un traître est **celui qui quitte son parti** pour s'inscrire **à un autre ;** et **un converti,** celui qui quitte cet autre pour s'inscrire **au vôtre** (Clemenceau).

**99.** *Analysez tous les pronoms (ou leurs groupes) en gras.*
1. L'un ne possédait **rien** qui n'appartînt **à l'autre** (La Fontaine).
2. **Toi, que** veux-tu, dit Charle, et **qu'est-ce qui** t'émeut (Hugo) ?
3. Hé ! Monsieur, **qui** vous dit qu'on **vous** demande **rien** (Racine) ?
4. On riait **avec les uns** à **en** mourir, **on** admirait la sagesse ou l'esprit **des autres** (Sand).
5. A-t-on jamais ouï parler d'une action pareille **à celle-là** (Molière) ?
6. **Les miens** souffraient de me voir quitter la maison et moi de **les** quitter **eux-mêmes** (Bosco).
7. « **Ça** fait son homme.
– Dame, il va sur cinq ans...
– Voilà qui est fort !... **c'**est gros comme le poing, et ça **vous** a déjà une amoureuse ! » (Hugo)

**100.** *Même exercice.*
1. **Qui d'eux** aimait le mieux ? **Que** t'en semble, lecteur (La Fontaine) ?
2. « Allons, qu'**on** se rétracte, et qu'à l'instant, fripon,
On **se** jette à ses pieds pour demander pardon.
– **Qui ?** moi ? de ce coquin ? » (Molière)
3. « Je n'ai jamais été jeune. Vous **l'**êtes toujours, **vous,** monsieur le marquis ... Nous sommes pourtant du même âge ; mais les riches, **ça** a sur nous un avantage, c'est que **ça** mange tous les jours. Manger conserve. » (Hugo)
4. « **Qu'est-ce que** vous allez **lui** dire ? – Rien. » (Camus)
5. La vivandière vit trois ou quatre soldats **des nôtres** qui venaient **à elle** à toutes jambes (Stendhal).

**101.** *Révisions.*
*Nature et fonction des mots ou groupes en gras.*
1. Là, **avec nous,** vivaient, patriarcalement encore, **deux braves serviteurs,** comme hélas ! on n'**en** rencontre plus guère aujourd'hui, **Anselme le berger** et Claudia, qu'on appelait aussi **la Péguinotte. Ni l'un** ni l'autre n'étaient de la prime jeunesse (Bosco).
2. « As-**tu** la craie ? » fit **Lebrac** à **La Crique...**
La Crique avait bien fait les choses ; il **en** avait chipé cinq bouts, **de grands bouts ;** il en garda **un pour lui** et **en** remit un autre **à chacun de ses frères d'armes.** De cette façon, s'**il** arrivait à l'un **d'eux** de perdre en route son morceau, les autres pourraient facilement **y** remédier (Pergaud).
3. « Et puis tu **me** diras si **l'on** a eu du chagrin en apprenant **mon départ...** si l'on a pleuré.
– **Qui** ça, **mon commandant ?**
– Eh parbleu ! **elle ! Anita.** » (Labiche)

# 3 – LE PRONOM RELATIF

Il ne se borne pas à **remplacer** un mot (ou un groupe de mots) ; il établit un **lien,** une **relation** (d'où son nom : « relatif ») entre deux propositions :

> *Il cultive les terres / **que** cultivait son grand-père.*
> (*que* remplace *les terres,* et relie deux propositions).

C'est pourquoi son étude est inséparable de celle de la proposition **subordonnée relative** (voir pp. 112-113).

## A – PRÉSENTATION

Ses formes sont : **invariables,** *(qui, que, quoi, dont, où),* **variables** *(lequel, auquel, duquel, laquelle...),* ou **renforcées** *(quiconque, qui que, quoi que, qui que ce soit qui ...) :*

> *La ville / **dont** je parle / est celle / **où (dans laquelle)** je vis.*

Variable ou non, il est (comme son antécédent) au **masculin,** au **féminin** ou au **neutre,** au **singulier** ou au **pluriel :**

> *Vois le chagrin de nos amies / **qui** partent* (*qui :* f. pl.).
> *Ce / **dont** tu parles / est grave* (*dont :* neutre sg., comme *ce*).

## B – L'ANTÉCÉDENT

Contrairement aux autres pronoms (« mis pour ... »), pour le relatif, on use de la formule **« ayant pour antécédent »** (tel ou tel mot) ; et rappelons que l'antécédent et le pronom relatif ne sont pas **dans la même proposition.** L'antécédent (= « qui va, qui marche devant ») peut être :

- Un **nom** (ou son groupe) ou un **pronom :**

> *C'est **un trou de verdure** / où chante une rivière* (Rimbaud).
> *C'est **moi / qui gagnerai.** – **Celle** / que tu aimes / est brune.*

**N.B.** Avec un **pronom personnel,** ou encore avec un nom (ou son groupe) **en apostrophe,** veiller en plus à l'accord **en personne :**

> *C'est **toi** / qui **gagneras.** – Ô laboureurs / qui **travaillez** tant.*

- Un **adjectif qualificatif** (au positif ou au superlatif) :

> ***Sotte** / que tu es ! – C'est **le plus beau** / qui soit (que j'aie vu).*

- Un **adverbe de lieu** *(ici, là, partout) :*

> *Il revint vivre **là** / où il avait connu le bonheur.*

- Et même **toute une proposition :**

> *Allons prendre un bain, / **après quoi*** nous déjeunerons.

**N.B. Attention !** L'antécédent est souvent **omis** (voir p. 112) :

> ***Qui dort** dîne. – **Quiconque a menti** mentira. – J'aime **qui m'aime.** – Elle aura toujours **de quoi vivre.** – J'irai vivre **où tu es.***

# C – FONCTIONS POSSIBLES

Pronom, il a **toutes les fonctions du nom** (Attention ! sa fonction n'a rien à voir avec celle de son antécédent : ils sont dans deux propositions différentes !) :

**a) *Qui*** est généralement **sujet :**

*L'homme / **qui** rit. – Les femmes / **qui** bavardent.*

Mais, avec antécédent omis, il peut être **c.o.d. :**

*Choisis / **qui** tu veux. – Embrassez / **qui** vous voulez.*

Et, avec préposition, il a diverses autres fonctions :

*L'homme / **avec qui** elle se promène* (c. c. d'accompagnement).
*L'homme / **par qui** j'ai été invité* (c. d'agent).

**N.B.** Pour ***qui* archaïque** = *si on,* voir p. 112 et 180.

**b) *Que*** est généralement **c.o.d. :**

*La femme / **que** tu aimes. – Les progrès / **que** tu as faits.*

Mais il peut être **attribut du sujet :**

*L'homme / **que** tu deviens. – La championne / **qu'**elle sera.*

Ou **complément circonstanciel :**

*C'était l'année / **que** tu fus si malade* (*que = où,* c. c. de temps).

**N.B.** Il a **double fonction** dans la relative doublée d'une infinitive (voir p. 113 et 120) :

*L'homme / **que** tu vois passer / est mon professeur.*
*(que :* c.o.d. de *vois,* et sujet de l'infinitif *passer).*

**c) *Dont,*** le plus subtil d'emploi, est souvent **complément de nom :**

*L'homme / **dont** j'aime le fils* (le fils de qui ? de *dont*).

Mais il peut avoir bien d'autres fonctions :

*Voilà un succès / **dont** je suis fier* (c. de l'adjectif *fier*).
*C'est l'homme / **dont** elle est aimée* (c. d'agent).
*Voici le bâton / **dont** il m'a frappé* (c. c. de moyen). Etc.

**N.B.** À noter sa nuance **partitive** en subordonnée elliptique (*cf.* p. 113) :

*Ils ont eu cinq enfants / **dont** (= parmi lesquels) quatre filles.*

**d) *Quoi*** est toujours **neutre,** et, précédé d'une préposition, a souvent pour antécédent **toute une proposition :**

*Il dîna, / **après quoi (sur quoi)** il s'en alla. – Obéis, / **sans quoi** je sévirai. – Travaille, / **moyennant quoi** tu réussiras.*

**e) *Où*** est essentiellement **c. c. de lieu :**

*La ville / **où** (= dans laquelle) je vis / est tranquille.*

Mais il peut être **c. c. de temps :**

*C'était l'année / **où** (pendant laquelle) tu vivais à Rome.*

# EXERCICES

**102.** *Analysez les pronoms relatifs en gras.*

1. Chien **qui** aboie ne mord pas (proverbe).
2. Ce **qui** est dit est dit (proverbe).
3. J'entends quelqu'un **qui** chante et qui coupe du bois (Molière).
4. Il y a des lieux **que** l'on admire ; il y en a d'autres **qui** touchent, et **où** l'on aimerait à vivre (La Bruyère).
5. Le jeune marquis allait épouser une femme **qu'**il adorait et **dont** il était aimé (Voltaire).
6. C'était un de ces dimanches soir **qui** montent tout chauds de la terre, et **contre lesquels** les bruits des battoirs lointains s'amortissent (Giraudoux).
7. Il y eut un assez long silence **pendant lequel** on entendit Larsebeur et Brénuguat suçoter leurs pipes éteintes (Duhamel).
8. Ce fut moi **qui** lui tendis la main (Arland).

**103.** *Même exercice : attention aux antécédents omis.*

1. Choisis **qui** tu voudras, Chimène, et choisis bien (Corneille).
2. C'était l'heure tranquille **où** les lions vont boire (Hugo).
3. Puis nous irons ensemble **où** l'honneur nous appelle (Heredia).
4. Je goûtais dans cette chambre de jeune fille un ennui distingué **dont** j'étais fière (Colette).
5. De quoi te mêles-tu, coquine, impudente **que** tu es (Molière) ?
6. Et il la conduisit jusque sous un gros hêtre au pied **duquel** était un banc de bois **où** il l'assit (France).
7. Lecteur, **qui** me voyez tant de connaissances nobles, ne me croyez pas noble pour cela (Musset).
8. Ceux **que** vous fréquentez ne sont pas ceux **qui** peuvent me convaincre (Troyat).

**104.** *Révisions.*
*Nature et fonction des mots ou groupes en gras.*

1. Il y eut **un silence pendant lequel** Meaulnes, debout, regarda les murs de la pièce tapissée de journaux illustrés comme **une auberge,** et **la table, sur laquelle** un chapeau **d'homme** était posé (Alain-Fournier).
2. **Delphine** et Marinette avaient dessiné, **l'une** un pantin **qui** tenait toute une page de son cahier **de brouillons,** l'autre **une maison** avec une cheminée qui fumait, une mare **où** nageait **un canard** et une **très longue** route au bout **de laquelle** le facteur arrivait **à bicyclette** (Aymé).
3. Le soleil se meurt sur ton violon, **bohémien** qui joues **derrière un buisson** (Fort).
4. **Quel** était donc le secret **dont** le puissant lord venait de mourir (Villiers de l'Isle-Adam) ?
5. Il y eut **des jours de pluie qu'**Amadou trouva **fort pénibles** (Vildrac).

**105.** *Analysez les pronoms relatifs, et aussi leurs antécédents (signalez les antécédents omis).*

**1.** Un sot trouve toujours un plus sot qui l'admire (Boileau).

**2.** C'est votre illustre mère à qui je veux parler (Racine).

**3.** Firmin venait d'entrer au salon, dont les portes restaient ouvertes (Toulet).

**4.** Il joue avec une petite balle sur laquelle il frappe avec un grand bâton (Maurois).

5. Autour de nous qui grandissions, le monde grandissait aussi (M. Noël).

**6.** À la troupe d'enfants que nous étions, il inspirait autant d'admiration que de crainte (Guilloux).

**7.** Un peu plus tard, l'élève auprès de qui j'étais placé me glissa adroitement un papier (Fromentin).

**8.** Il sait bien que ce n'est pas nous qui l'avons pris (Pagnol).

**106.** *Même exercice.*

**1.** Mon livre d'école était farci de belles images dont je m'enchantais (Guilloux).

2. Graine qui vole au gré du vent porte la plante où jamais elle ne pousse (Chamson).

**3.** Vous êtes le voyageur à qui cette malle appartient (Vallès) ?

**4.** À ta santé, artisan qui crois n'être que paysan (Pourrat).

**5.** Il est de ceux dont on dit qu'ils ont un certain âge (Renard).

**6.** Amour ! toi qui nous charmes (Hugo) !

**7.** Le prote tendit ses deux mains vers Bigua, lequel n'en prit qu'une, mais la serra sans restriction (Supervielle).

**8.** Jusserand se prit à tousser et sortit un long foulard dont il s'enveloppa la gorge (Duhamel).

**107.** *Révisions.*

*Nature et fonction des mots ou groupes en gras.*

**1.** Je ne suis pas **de ceux** qui disent : « Ce n'est **rien,**
C'est **une femme** qui se noie. » (La Fontaine)

**2. Le maire, dont** la femme était gênée la nuit **par les grincements** de la girouette **de la mairie,** l'avait fait clouer **au beau fixe** (Giraudoux).

**3.** Il venait de dépasser la maison du jardinier Paulat, un bon ami **dont** il tenait bénévolement les comptes, **un camarade de classe** qui jadis courait si bien **le cent mètres,** un malchanceux **dont** les laitues retenaient l'attention **de tous les escargots du pays** (Bazin).

**4.** Or le temps arriva **que** les fées de tous les pays à la ronde s'assemblèrent **en réunion plénière** (Pourtalès).

**5.** Épiloguera qui voudra **sur cet abîme** (Guilloux).

# *Le verbe*

C'est le plus variable des mots variables, avec sa très riche **conjugaison;** c'est, nous l'avons dit, le **mot-roi** de la proposition, même quand il est omis. Maîtriser la conjugaison, c'est : maîtriser sa langue; éviter **horreurs** et **barbarismes;** percevoir toutes les **finesses de la pensée.**

Savoir analyser une forme verbale est aussi nécessaire que de connaître ... ses tables de multiplication. Il convient donc de maîtriser parfaitement :

- Les deux **auxiliaires :** *avoir* et *être;*
- Les verbes d'**action** et les verbes d'**état.**
- Les **trois groupes :** 1^er^ *(-er)*, 2^e^ *(-ir, -issant)*, 3^e^ *(-ir, -ant; -oir, -re) :*

  *aimer; finir; courir, savoir, boire.*

- Les **trois voix** (active, passive, pronominale) :

  *laver; être lavé(e)(s), se laver.*

- Les divers **sens :**

– **transitif** (direct ou indirect) ou **intransitif,** pour la voix **active :**

*Il **évoque** sa jeunesse; il **songe à** sa jeunesse. – Je pars* (demain).

– **réfléchi, réciproque, passif, vague,** pour la voix **pronominale** (voir p. 172) :

*Elle **s'aperçoit** dans une glace. – Elles **s'aperçoivent** et **se saluent.** – Le clocher **s'aperçoit** de loin. – Je **m'aperçois** de mon erreur.*

- Les **sept modes** (quatre modes personnels, trois impersonnels) :

– l'**indicatif,** essentiellement mode du **réel :**

*Je **chante.** – Tu **riais.** – Elle **pleurera.***

– le **conditionnel,** qui exprime l'**éventuel :**

*J'**aimerais** faire le tour du monde.*

– l'**impératif,** qui exprime avant tout l'**ordre** et la **défense :**

***Hâte-toi** donc. – Ne nous **retarde** pas.*

– le **subjonctif,** mode du doute, du fait **pensé** ou **voulu :**

*Je souhaite que tu nous **reviennes** bientôt.*

– l'**infinitif,** avant tout la forme «nominale» du verbe **(«nom verbal») :**

***Partir** c'est **mourir** un peu* (= *le départ est une mort partielle*).

– le **participe;** forme « adjective » du verbe **(« adjectif verbal ») :**

*Une meute **hurlante** de chiens **enragés.***

– le **gérondif,** forme « adverbiale » du verbe :

*Il siffle **en travaillant.** – Elle rêve **en tricotant.***

• Les **temps** (chaque mode ayant un ou plusieurs temps) :
– le plus pauvre, le **gérondif,** avec un seul temps (le présent);
– le plus riche, et de loin, l'**indicatif,** avec huit (ou mieux dix) temps, sans parler des temps surcomposés ni de l'emploi des semi-auxiliaires.
• La **personne** et le **nombre** (du moins pour les quatre modes personnels : 1$^{re}$, 2$^{e}$, 3$^{e}$ personne, du singulier ou du pluriel).

**N.B. 1)** L'**impératif** n'a que trois personnes (et sans pronom sujet) :

*Chante, chantons, chantez.*

**2)** Certains verbes ne se conjuguent qu'à la 3$^{e}$ p. du singulier; on les appelle verbes **impersonnels,** ou, mieux, **unipersonnels** (voir p. 173) :

*Il pleut; il ventait; il neigera.*

• Les quatre **tours** (ou tournures, ou formes) : **affirmatif, négatif, interrogatif, interro-négatif** (et parfois **exclamatif) :**

*Elle rit. – Il ne rit pas. – Rirons-nous? – Ne rirez-vous pas? –*
*Est-il bête! – Quel (beau, vilain) temps nous avons eu cet été!*

**N.B.** 1. Ne pas oublier les **locutions verbales** ni les **semi-auxiliaires** (voir notre *Guide de grammaire,* pp. 157-158) :

*Avoir soin. – Prendre garde. – Perdre pied. – Tenir tête. – Avoir beau.*
*Je viens de sortir; je dois sortir; je vais sortir.*

**N.B.** 2. Pour plus de détails sur le verbe, voir notre *Guide de grammaire* (pp. 152-194) et le *Guide de conjugaison* de Burney-Bénac.

## EXEMPLE D'ANALYSE D'UNE FORME VERBALE

L'analyse grammaticale d'un verbe consiste à indiquer, successivement :

• son **infinitif présent actif** et son **groupe** (1$^{er}$, 2$^{e}$, 3$^{e}$);
• sa **voix** (active, passive, pronominale; et, le cas échéant, préciser son emploi impersonnel, ou, mieux, unipersonnel);
• son **sens** (transitif ou intransitif pour la voix active; réfléchi, réciproque, passif ou vague pour la voix pronominale);
• son **tour** (affirmatif, négatif, interrogatif, interro-négatif; et, le cas échéant, exclamatif);
• son **mode** (indicatif, conditionnel, impératif, subjonctif; infinitif, participe, ou gérondif);
• son **temps,** et (pour les modes personnels) sa **personne** et son **nombre.**

*Je ne t'**aurais** jamais **cru(e)** capable d'un tel exploit.*
► *n'aurais cru(e) :* verbe *croire,* 3$^{e}$ groupe; voix active; sens transitif (il a un c.o.d. : *t',* m. ou f.); tour négatif; mode conditionnel; temps passé 1$^{re}$ forme; 1$^{re}$ p. du singulier (m. ou f.).

# EXERCICES

**108.** *Dites le groupe, la voix et le mode des verbes en gras.*

1. Ils ne **mouraient** pas tous, mais tous **étaient frappés** (La Fontaine).
2. **Ne perdons pas** de temps. **Ne prends pas** l'air grognon (Rostand).
3. Je **veux** qu'il me **batte,** moi ... Il me plaît d'**être battue** (Molière).
4. « Rodrigue, qui l'**eût cru ?**
   – Chimène, qui l'**eût dit ?** » (Corneille)
5. Qu'il **attende** encore un peu, que ma colère **se soit refroidie** (Montherlant).
6. Je crois **avoir** souvent **fait** des choses **défendues** exprès pour **être grondée** (Larbaud).
7. Paul, **en voyant** leur joie, **s'était senti** rasséréné (Genevoix).
8. On ne **doutait** guère aux Clarides qu'Abeille **eût été enlevée** par les Nains (France).
9. **Ne vous effrayez pas,** chérie (Kessel).

**109.** *Voix, mode et temps des verbes en gras.*

1. Le mets ne lui **plut** pas ; il **s'attendait** à mieux (La Fontaine).
2. Le roi **ordonna** qu'on la **laissât** dormir en repos, jusqu'à ce que son heure de se réveiller **fût venue** (Perrault).
3. Il prend un fiacre, deux fiacres ; il **aurait pris** quarante fiacres s'il les **eût trouvés** sur la place (Nerval).
4. Reviens ! **Tiens-toi** tout près de moi, **ordonne** à la mer de **s'éloigner !** Fais un signe au vent (Colette).
5. Pour tout dire, il exhalait une forte odeur de sueur, et j'**eusse préféré** qu'il **sentît** la violette (France).
6. Je ne **voudrais** pas que cette remarque **fût prise** par les Français en mauvaise part (Daninos).

**110.** *Voix, mode, temps et personne des verbes en gras.*

1. **Aide-toi,** le ciel t'**aidera** (La Fontaine).
2. **Chassez** le naturel, il revient au galop (Destouches).
3. On lui **eût appris** tout ce qu'on **eût voulu,** depuis que cette ambition **avait été allumée** en lui (Larbaud).
4. « Vite le couvert, petites bleues !... Et ne **rions** pas tant, s'il vous plaît, et **dépêchons-nous...** »
   Je crois bien, qu'elles **se dépêchaient.** À peine le temps de **casser** trois assiettes, le déjeuner **se trouva** servi (Daudet).
5. Le Ciel vous **entende,** mademoiselle Céleste (Bernanos) !
6. Elle **m'aimerait** encore, si elle **n'avait pas été mangée** par un ours (Voltaire).
7. **Se peut-il** que je **n'aie** jamais rien **dit** d'une petite infirmité dont **j'ai souffert** jusqu'à l'âge de huit ans (Calet) ?
8. J'ouvre l'œil-de-bœuf. **Vienne** toute la fraîcheur de la mer (Renard) !

**111.** *Mode, temps et personne des verbes pronominaux en gras ; précisez (avec l'aide de la page 172) leur sens (réfléchi, réciproque, passif, vague).*

1. Je **me campe,** une main sur la hanche. Je **me regarde** dans la glace : j'ai l'air d'un marchand de tapis (Croisset).
2. Elles **s'adorent.** C'est-à-dire qu'elles **se chamaillent,** se boudent, se pincent, se mordent et **s'embrassent** éperdument (Chevallier).
3. Une sorte de fièvre de recherche **s'empara** de toutes les personnes présentes (Samivel).
4. Il était triste. Cela **se voyait** (Bosco).
5. Ils étaient tellement en colère qu'ils ne **s'adressaient** plus la parole (Soupault).
6. Les foins **se sont bien faits** (Pourrat).
7. Les voici debout, face à face... Ils **se regardent** en silence (Vaillant).
8. Le temps **s'enfuit** irréparablement. Le temps **s'en va** (Derème).

**112.** *Analysez les formes verbales en gras.*

1. **Ne m'avais-tu pas dit** qu'elle était en ces lieux (Racine) ?
2. Marie, **levez-vous,** ma jeune paresseuse (Ronsard).
3. Ne vaudrait-il pas mieux que nous **devinssions** frères (Hugo) ?
4. L'âne, s'il **eût osé, se fût mis** en colère (La Fontaine).
5. Mais madame de Martigues ne savait pas que madame de Clèves **aimât** monsieur de Nemours, ni qu'elle en **fût aimée** (Mme de Lafayette).
6. Quand ils n'**auraient inventé** que les moulins à vent, nous leur devrions une éternelle reconnaissance (Voltaire).
7. Elle **aurait pu** exiger de moi de ne pas la quitter : je savais au fond de mon âme que ses larmes n'**auraient pas été désobéies** (Constant).

**113.** *Révisions.*
*Nature et fonction des mots ou groupes en gras.*

1. Leur brouille fut si **rapide** et surtout elles se l'avouèrent si peu qu'elles **en** perdirent même **le souvenir.** Elles ne pensèrent même plus à ces quelques semaines **pendant lesquelles** elles s'étaient détestées (Chamson).
2. J'aurais fui **ces lieux tristes,** si je n'eusse été attaché **par un bizarre envoûtement** à l'âne **qui** marchait, s'arrêtait, se retournait vers **moi** (Bosco).
3. Mais à ce nom de **Guermantes,** je vis au milieu des yeux bleus **de notre ami** se ficher une petite **encoche** brune comme s'ils venaient d'être percés par une **pointe** invisible, tandis que le reste de **la prunelle** réagissait en sécrétant **des flots d'azur** (Proust).

# 1 – L'INFINITIF

C'est la forme la plus dépouillée du verbe. Il a tantôt simple valeur de **nom,** tantôt pleine valeur de **verbe.**

## A – L'INFINITIF-NOM

L'infinitif, nous l'avons vu, est souvent un « équivalent » du nom ; on l'appelle souvent **nom verbal.** Il a alors toutes les fonctions possibles du nom :

> ***Lire*** *(= la lecture) est agréable* (sujet). – *J'aime* ***lire*** *(= la lecture,* c.o.d.). – *Le plaisir* ***de lire*** *(= de la lecture;* c. de nom) *est vif chez moi. – Il est incapable* ***de lire*** (c. d'adjectif). – *On se cultive* ***à lire*** *les bons auteurs* (c. c. de moyen).

Il joue si bien un rôle de nom qu'il peut devenir un nom :

> *Le boire, le manger, le dormir, le savoir, le pouvoir.*

... Et même (quoique « invariable » !) prendre la marque du **pluriel :**

> *Les vivres, les rires, les dires, les devoirs, les souvenirs.*

## B – L'INFINITIF-VERBE

L'infinitif-nom joue plutôt son rôle dans l'analyse grammaticale, l'infinitif-verbe relève surtout de l'**analyse logique,** puisque, conservant toute sa valeur de verbe, il peut être le **noyau d'une proposition.**

**a)** On le rencontre comme verbe d'une proposition **indépendante** (ou **principale**), où il sert à exprimer :

- l'**ordre** ou la **défense** (*cf.* l'impératif) :

> *Ralentir, travaux. – Ne pas doubler en ville.*

- l'**interrogation** (hésitation, délibération) :

> *Que faire ? – Où aller ? – À qui se fier ?*

- l'**exclamation** (indignation, souhait) :

> *Moi, trahir un ami ! – Voir Naples et (ne pas) mourir !*

- l'**affirmation,** avec un de explétif (infinitif de **narration) :**

> *Et chacun de crier. – Et tout le monde de rire.*

**b)** On le rencontre aussi en proposition **subordonnée** (complétive ou relative) (voir la 2ᵉ partie) :

> *J'entends / le tonnerre* ***gronder.*** *– Il ne sait / que* ***répondre.*** *– Je cherche un coin tranquille / où* ***passer*** *mes vacances.*

**N.B.** Pour l'**infinitif prépositionnel** équivalent de circonstancielle, voir p. 158 :

> *Tu seras puni(e) /* ***pour avoir menti*** *(= parce que :* cause). – *Il court /* ***pour arriver à temps*** *(= afin que :* but). Etc.

# EXERCICES

**114.** *Voix, temps et fonction des infinitifs-noms en gras.*

1. **Souffler** n'est pas **jouer** (proverbe).
2. Promettre et **tenir** sont deux (proverbe).
3. **Se croire** un personnage est fort commun en France (La Fontaine).
4. Je ne veux ni **convaincre** ni par personne **être convaincu** (Valéry).
5. **Écrire** pour gagner sa vie, c'est bien le plus dur des métiers (Mac Orlan).
6. Écrire, c'est une façon de **parler** sans **être interrompu** (Renard).
7. Le sentiment d'**avoir souffert** une grande injustice l'accable (Larbaud).
8. Sur la planète, tout lui paraissait digne d'**être aimé** (Saint-Exupéry).
9. Mieux vaut **prévenir** que guérir, prêter que **rendre** (Bazin).
10. Pour descendre en soi-même, il faut d'abord **s'élever** (Joubert).
11. Merci **d'avoir chanté** (Hériat).

**115.** *Indiquer la valeur des infinitifs-verbes en gras (en proposition indépendante, principale, subordonnée, ou «infinitif prépositionnel»).*

1. Et grenouilles **de se plaindre,**
   Et Jupin **de leur dire** (La Fontaine)...
2. Que **penser ?** que **dire ?** que **faire** (Bosco) ?
3. La biche s'arrêta pour **se lécher** les jambes (Giono).
4. Elle sentit les doigts minces et secs **accrocher** son épaule (Bory).
5. Ne plus **mettre** vos sabots ! **Sortir** de l'armoire vos robes du dimanche ! Est-ce que vous avez perdu la tête (Aymé) ?
6. **Agiter** le flacon avant de **s'**en **servir.**
7. Je m'approchai d'un pas de promeneur, pour **économiser** mes forces avant de **reprendre** ma course (Pagnol).
8. Je sentis mon cœur **se briser,** ma gorge **s'emplir** d'un flot de sanglots douloureux, ma raison **vaciller** (Bourliaguet).

**116.** *Révisions.*
*Nature et fonction des mots ou groupes en gras.*

1. Que j'ai toujours haï **les pensers** du **vulgaire** (La Fontaine) !
2. Passe encore **de bâtir,** mais **planter** à cet âge (La Fontaine) !
3. Le plaisir de la **critique** nous ôte **celui** d'**être** vivement **touchés** de très belles **choses** (La Bruyère).
4. Il est aisé de **critiquer** un auteur, mais il est **difficile** de l'apprécier (Vauvenargues).
5. Être riche, ce n'est pas **avoir de l'argent,** c'est **en** dépenser (Guitry).
6. À se cogner la tête **contre les murs,** il ne vient que **des bosses** (Musset).
7. J'écoutais **pendant des heures** l'**orage** s'approcher, s'éloigner, se rapprocher, puis éclater **sur Fontagre** (Orieux).
8. Je **lui** parlai surtout de mes **projets de départ,** et nous **en** discutâmes longuement. Bien que la chose fût **difficile, partir** avec **moi** parut **le** tenter (Perret).

# 2 – LE PARTICIPE

Si l'infinitif est tantôt nom et tantôt verbe, le participe est tantôt **verbe** et tantôt **adjectif** (on l'appelle alors parfois **adjectif verbal**).

## A – LE PARTICIPE-ADJECTIF

Réduit au rôle d'adjectif qualificatif, le participe (présent ou passé) varie en **genre** et en **nombre :**

*Chien(ne)(s)* ***hurlant(e)(s)*** *et* ***enragé(e)(s).***

Il en a alors les **fonctions** et **degrés** possibles (voir pp. 64-67) :

*Une situation (plus, moins, très ...)* ***humiliante*** *(ou* ***enviée****).*

**N.B.** Rappelons qu'il peut devenir **nom** (avec toutes les fonctions du nom) :

*Un* ***étudiant,*** *des* ***commerçants;*** *un* ***mutilé,*** *des* ***dictées.***

## B – LE PARTICIPE-VERBE

Le participe conserve souvent sa valeur de **verbe,** et relève alors plutôt de l'analyse logique :

- comme verbe de la **subordonnée participiale** (voir p. 154) :

  *Sa fièvre* ***étant tombée,*** */ il reprit vite des forces.*

- en fonction d'**épithète,** équivalent de **subordonnée relative :**

  *J'ai consolé cette enfant* ***tremblant*** *(= qui tremblait)* ***de peur.***

- en fonction d'**apposition,** équivalent de **circonstancielle** (voir p. 159) :

  ***Gâté par ses parents,*** *ce garçon est odieux* (valeur de causale).

# 3 – LE GÉRONDIF

Le gérondif, qui n'a rien à voir étymologiquement avec le participe présent, relève plutôt de l'analyse logique, puisqu'il équivaut à une **circonstancielle** de **temps,** de **cause,** de **condition,** de **concession** (voir p. 159) :

*Il fredonne /* ***en se rasant*** (= *pendant que :* temps).
*Il est tombé /* ***en courant trop vite*** (= *parce que :* cause).
*Il réussirait /* ***en travaillant mieux*** (= *si :* condition).
*Il réussit bien /* ***en travaillant mal*** (= *bien que :* concession).

**N.B. 1)** Par **atténuation,** le gérondif peut prendre une simple valeur de **manière** ou de **moyen** (et rejoindre alors l'analyse grammaticale) :

*Il dort* ***en ronflant*** (manière). *Il s'instruit* ***en lisant*** (moyen).

**2)** Il peut s'accompagner d'un *tout* dit explétif (voir p. 185) :

*Il chante /* ***tout en se rasant.*** *– Elle rêve /* ***tout en marchant.***

# EXERCICES

**117.** *Analysez tous les participes en gras; faites toutes remarques utiles sur leur emploi.*

1. Naguère, j'étais plus curieux, plus **remuant** (Calet).
2. **Parvenu** au palier, Bénin flâna voluptueusement (Romains).
3. Toutes les têtes se tournèrent vers les **arrivants** (Vialar).
4. Le vent **s'étant apaisé,** et la pluie **tombant** moins **serrée,** le cochon se remit en marche (Aymé).
5. Le démocrate cévenol se tut, **interloqué, roulant** des prunelles sauvages et des borborygmes rancuneux (Arnoux).
6. **N'étant catalogué** officiellement ni comme idiot ni comme imbécile, j'ai pu partir pour l'Afrique du Sud (Daninos).
7. **Ayant ainsi parlé,** Aignan se tut (Peisson).
8. Je n'entendis plus que des plumes **courant** sur des papiers (Fromentin).

**118.** *Relevez tous les gérondifs et précisez-en la valeur.*

1. Il était immense et très mince. En levant le bras, il eût touché les solives (Vercors).
2. En arrivant à sa ferme, Jacquou eut soif (Giono).
3. Ils sont heureux dans cette famille!... Tout ça travaille, mais en jacassant; tout ça se dispute, mais en s'aimant (Vallès).
4. Même en courant de toutes tes forces, tu ne les rejoindrais jamais (Vildrac).
5. Il faut imiter les rameurs qui s'approchent du but en lui tournant le dos (Richelieu).
6. Être franc, c'est-à-dire marcher sur les pieds des autres en le faisant exprès (Renard).
7. On n'est correct qu'en corrigeant (Joubert).
8. C'est en forgeant qu'on devient forgeron (proverbe).

**119.** *Révisions.*

*Nature et fonction des mots ou groupes en gras.*

1. **À la fenêtre ouverte,** accoudés, **attendris,** nous regardions avec extase dans les champs le printemps nouveau (...). Et Chamaille, **décidé,** disait **en nous pinçant** le bras :
«Qu'il fait bon **vivre** en ce pays!... Se peut-il rien de **plus mignon,** de plus riant, de **plus touchant,** attendrissant, appétissant!» (Rolland)
2. Ah! **quelles** parties dans la bonne **chaleur** du soleil **levant!... À cette heure** tout était neuf, **étincelant** (Samivel).
3. Cependant l'on se tromperait **en croyant** que Genestas fût **parfait** (Balzac).
4. M. le sous-préfet était couché sur le ventre, dans l'herbe, **débraillé** comme un **bohème.** Il avait mis son habit bas; et, **tout en mâchonnant** des violettes, M. le sous-préfet faisait **des vers** (Daudet).

# L'adverbe

L'adverbe est un mot (ou une locution) invariable, dont le rôle, la fonction, est de **modifier** le sens :

- d'un **mot** (verbe, adjectif, ou autre adverbe) ; ce sont les adverbes dits de **circonstance :**

> *Je lis **beaucoup.** – Tu es **bien** gentille. – Il joue **trop** souvent.*

- d'une **proposition entière ;** ce sont les adverbes dits d'**opinion :**

> *Lis-tu beaucoup ? **Oui** (= je lis beaucoup).*

**1. Les adverbes de circonstance** sont de quatre sortes ; ce sont les adverbes de **manière, quantité, lieu, temps :**

> *Il travaille **bien.** – Elle obéit **à contrecœur.** – Il rit **stupidement.***
>
> ***Je ris beaucoup.** – Tu pleures **trop.** – **Que (comme)** tu es bonne !*
>
> *Restons **ici.** – Montez **là-haut.** – Il s'est attardé **quelque part.** **Il reviendra tôt** ou **tard.** – Je pars **sur-le-champ** et **pour longtemps.***

**N.B.** Ces adverbes équivalent à des **groupes du nom** compléments circonstanciels :

> ***Stupidement** = d'une façon stupide ; **trop** = en quantité excessive ; **ailleurs** = en un autre endroit ; **alors** = à cette époque.*

Et, comme l'adjectif, ils peuvent avoir comparatifs et superlatifs :

> ***Sagement :** plus (aussi, moins, très) sagement ; **loin :** plus (aussi, moins, fort) loin ; **tôt :** plus (aussi, très, le plus) tôt.*

**Rappel.** Pour le complément de l'adverbe, voir p. 48.

**2. Les adverbes d'opinion,** également de quatre nuances, sont les adverbes d'**affirmation, négation, doute, interrogation :**

> *As-tu écrit à ta marraine ? **Oui** (oui, oui ; parfaitement...).*
>
> *As-tu reçu notre carte de Grèce ? **Non** (pas du tout, jamais...).*

**N.B.** La locution **ne ... que** n'est pas négative, mais **restrictive :**

> *Il **n'**aime **que** la musique (= il aime seulement la musique).*

> ***Peut-être** nous appelleront-ils demain.*
>
> ***Comment** va-t-elle ? – **D'où** viens-tu ? – **Pourquoi** mentez-vous ?*

**N.B.** Pour plus de détails, voir notre *Guide de grammaire,* pp. 82-91.

# EXERCICES

**120.** *Dites la nuance des adverbes en gras (de circonstance ou d'opinion).*
1. Tout ceci, mon petit Marc, te paraîtra **probablement** incompréhensible et **peut-être** monstrueux (Simenon).
2. Elle était arrivée **à reculons** près de la porte (Audoux).
3. C'était **trop** en dire ou pas **assez** (Guilloux).
4. **Où** est le Bois-Bourru ? **Ici,** autour de nous, mais **nulle part,** nulle part dans le monde (Genevoix).
5. André faillit s'écrier : « **Pourquoi** donc ? » Mais il dit, **prudemment: « Peut-être. »** (Martin du Gard)
6. « **Comme** on est bien ! soupira-t-elle. **Comme** ça sent bon ! » (Kessel)
7. Le patron vint m'éveiller **très tôt** (Cadou).
8. Ils ne s'embarrassèrent pas du mort, et se saisirent **incontinent** de la dame (Voltaire).
9. **Le plus souvent** elle se plaignait (Bosco).

**121.** *Même exercice.*
1. Les choses d'**ici-bas** ne me regardent plus (La Fontaine).
2. Je ne puis demeurer loin de toi **plus longtemps** (Hugo).
3. Il **n'**y a **que** Maille qui m'aille (publicité).
4. La nuit, il se servait de ses armes **aussi facilement** que le jour (Mérimée).
5. Si je **ne** suis hardi, tâchons de le paraître (Molière).
6. J'étais vif, cognais **sec,** mais encaissais **mal** (Chamson).
7. **Combien** j'aimais ce lac aux rives glauques (Gide) !
8. On **n'**entendait **que** la respiration des dormeurs (Perret).
9. Vendant **mal,** il vendait **peu.** Ce **peu** ne le faisait pas vivre mais l'empêchait de mourir (Guimard).
10. Puis il reprit **plus bas, très bas** (La Varende).

**122.** *Révisions.*
*Nature et fonction des mots ou groupes en gras.*
1. **Avril** n'est qu'**un enfant** maussade et **pleurnicheur** (Hugo).
2. Il y avait **alors** au **collège** de Tréguier **très peu d'internes** (Renan).
3. Quand on a **beaucoup de désirs,** beaucoup de jeunesse et **peu d'argent,** on court grand risque de faire **des sottises** (Musset).
4. Tu parles **doucement, Jason,** et tu dis des mots **terribles. Comme** tu es sûr **de toi !** Comme tu es **fort** (Anouilh) !
5. Je finirai par croire que les hommes mettent **dans leur voiture autant d'amour-propre** que d'essence (Daninos).
6. L'**orage** vient et cherche sa route. Il va **peut-être nous** épargner, peut-être **nous** faire grâce (Duhamel).
7. Le Loing traverse **onduleusement** la ville, **bordé** de jardins à terrasses et **de maisons proprettes dont** l'aspect fait croire que le bonheur doit habiter **là** plutôt qu'ailleurs (Balzac).

# La préposition

La préposition est un mot (ou une locution) invariable, d'apparence discrète, anodine, mais dont le rôle (la fonction) est très important dans l'analyse grammaticale. Comme son nom l'indique, ce mot est *pré-posé,* placé devant un mot (ou un groupe de mots), lequel mot (ou groupe) peut être un complément de **verbe** (objet, agent, attribution, circonstanciel...) ; de **nom** (avec toutes ses nuances) ; de **pronom ;** d'**adjectif numéral ;** d'**adverbe ;** d'**adjectif qualificatif ;** d'**adjectif au superlatif :**

> *Elle pense* ***à nous.*** *– Il se nourrit* ***de laitages.*** *– Je pars* ***dès l'aube ;***
> *Un vase* ***de cristal ;*** *une tasse* ***à thé ;*** *un bol* ***de café.***
> *Certains* ***de nos voisins ; lequel*** *d'entre eux ?*
> *Trois* ***de mes amis ;*** *la troisième* ***de ses filles.***
> *Beaucoup* ***de livres ;*** *trop* ***de vent ;*** *moins* ***de pluie.***
> *Avide* ***de gloire ;*** *plein* ***de courage ;*** *gentil* ***pour les faibles.***
> *Le plus fort* ***des concurrents ;*** *la plus sage* ***d'entre nous.***

Le complément introduit par la préposition peut être : un **nom** (ou son groupe), un **pronom** (ou son groupe), un **adverbe,** un **infinitif :**

> *Une montre en* ***or ;*** *venez chez* ***nous ;*** *je reviens dès* ***demain ;***
> *travaillons pour* ***réussir,*** *sans* ***rechigner.***

**Remarques**

**a)** Une préposition peut être **omise,** mais sans perdre son rôle, sa fonction :
- dans certains **compléments du verbe :**

> *parler* ***politique*** (propos) ; *courir* ***une heure*** (temps, durée) ;
> *sortir* ***se détendre*** (but).

- dans certains **compléments du nom :**

> *Bourg-****la-Reine ;*** *Bois-****le-Roi ;*** *la tour* ***Eiffel ;*** *force* ***moutons ;***
> *le homard* ***mayonnaise ;*** *le bœuf* ***gros sel ;*** *une veste* ***sport.***

**b)** Inversement elle peut être **explétive** (sans rôle grammatical) : devant une **apposition,** un **attribut du sujet** ou **de l'objet,** un **adjectif épithète de pronom,** un **infinitif :**

> *La ville* ***de Paris ;*** *le mois* ***de mai*** *– Il passe* ***pour gentil ;*** *elle le traite* ***de fou*** *–*
> *Quelqu'un* ***de bon ;*** *quoi* ***de nouveau ?*** *–*
> *Il est bon* ***de rire ;*** *j'aime* ***à rire ;*** *et tous* ***de rire.***

**c)** Une même préposition *(à, de, pour, avec...)* peut avoir des valeurs, des **fonctions variées ;** voir le tableau, pp. 178-179.

# EXERCICES

**123.** *Dites la nature et la fonction des mots ou groupes introduits par les prépositions ou locutions prépositives en gras.*

1. Aucun chemin **de** fleurs ne conduit **à** la gloire (La Fontaine).
2. Donc Booz **dans** la nuit dormait **parmi** les siens (Hugo).
3. Fidèle **à** ses résolutions, il avait, **jusqu'**ici, écouté **en** silence (Martin du Gard).
4. Annoncé **par** le grincement des roues **dans** les courbes, le tram clignotant surgit enfin **de** la nuit, et s'arrêta juste **devant** nous (Pagnol).
5. Les baguettes magiques étaient de petites baguettes **en** bois toutes semblables **à** celles dont les enfants se servent **pour** jouer au cerceau **dans** les Champs-Élysées (Maurois).
6. **De** son lit qu'elle ne quittait que **pour** quelques heures **vers** le milieu du jour, Sabine donnait des ordres **à** Anaïs et à demoiselle Aline (Orieux).

**124.** *Même exercice.*

1. On lia chaque bloc **avec** des nœuds **de** fer (Hugo).
2. Il s'approcha **de** la toile et la regarda **avec** complaisance (France).
3. L'oncle Edmond était le frère **de** ma mère. Célibataire endurci, il vécut **avec** ma mère **jusqu'à** la mort **de** celle-ci, puis alla habiter **avec** l'une des servantes de ma grand-mère (Maeterlinck).
4. **Quant à** mon cousin Robert, rien **de** particulier ne le caractérisait (Gide).
5. Il s'était enrichi **à** rendre service **à** tout le monde (Hugo).
6. **Après** beaucoup d'aventures, il avait pris **pour** femme une demoiselle **de** haut lignage (Flaubert).
7. La nature m'a bien servi **quant au** physique, l'attitude noble me vient **sans** effort (Camus).

**125.** *Révisions.*
*Nature et fonction des mots ou groupes en gras.*

1. **Un jour d'hiver,** comme nous évoquions des souvenirs de bateau **en face d'un colin mayonnaise,** le matelot avait brusquement posé la question insolite (Perret).
2. **À quatre heures,** dans la grande cour glacée, ravinée **par la pluie,** je me trouvai **seul** avec **Meaulnes** (Alain-Fournier).
3. **D'avoir vécu** dans l'incertitude et dans l'angoisse me rendait **vantard** (Chamson).
4. Les chars de la division **Leclerc** n'empruntent pas la rue **Saint-Antoine ;** ils roulent **quai des Célestins** (Arnoux).
5. **Juliette,** Édouard et leurs trois enfants étaient venus **passer** près d'**eux** le mois **d'août** (Gide).
6. Et **moi** de me débattre, de frapper Alphonsine des poings et **des pieds,** de hurler, de fondre en larmes (France).

# La conjonction

La conjonction est un mot (ou une locution) invariable, qui sert à **joindre** des mots ou des groupes de mots. On distingue :

**1. La conjonction de coordination** qui relie deux mots ou groupes de mots **de même nature** (noms, pronoms, adjectifs, adverbes, propositions) ou **équivalents** (nom et équivalent, adjectif et équivalent) :

> *Père **et** fils – Toi **et** moi – Doux **et** patient – Jadis **et** naguère – Elle travaille **et** il se prélasse.*
> *Son fils **et** le tien – Légère **et** court vêtue.*

**2. La conjonction de subordination** qui relie une subordonnée à la proposition (principale ou subordonnée) dont elle dépend ; son rôle relève donc de l'analyse logique, puisqu'elle introduit :

- une subordonnée **complétive** *(que) :*

> *Je souhaite / **que** tu reviennes vite.*

- une subordonnée **circonstancielle,** de temps, de cause, de conséquence, de but, de concession, de condition, de comparaison : *lorsque, puisque, si ... que, pour que, bien que, si (à condition que), comme (ainsi que)... :*

> *Je suis heureux / **lorsque (parce que)** le soleil brille.*
> *Je suis heureux / **bien que** le ciel soit gris.*

Pour plus de détails, voir notre *Guide de grammaire,* pp. 95-97.

## EXERCICE

**126.** *Précisez le rôle des conjonctions (de coordination ou de subordination) en gras dans les extraits suivants.*

1. Il but encore une gorgée **et** son verre se trouva vide (Ramuz).
2. Gadec rangea son filet **et** prit ses avirons, **tandis que** je sautais légèrement dans la barque (Mac Orlan).
3. Sûrement elle allait périr, et de ses blessures **et** de son humiliation (Duhamel).
4. Lui **ni** sa femme n'avaient cru devoir avertir la police, **ni** même les voisins (Supervielle).
5. Là-dessus, la maman Simenon s'assied pendant quelques minutes, **pour qu'**on ne puisse pas dire **qu'**elle n'a pas voulu s'asseoir chez sa bru (Simenon).
6. La pluie augmentait, **et** ses rayons dardaient si fort **qu'**ils rebondissaient du sol, **comme** de petites fusées blanches (Flaubert).

# L'interjection

L'interjection est un mot (ou une locution) invariable, qui ne joue **aucun rôle grammatical** et ne s'analyse donc pas. Elle se rencontre surtout dans la **langue parlée** et dans les **dialogues** reproduits par la langue écrite ; elle donne du **relief,** de la **vie,** au style :

> ***Fi !*** *le vilain ! –* ***Chut !*** *pas un bruit ! –* ***Zut !*** *c'est raté !*

L'interjection peut exprimer toutes les nuances de la pensée, des sentiments, de la joie *(hourra !)* au désespoir *(hélas !),* en passant par l'admiration *(ah ! oh !),* le soulagement *(ouf !),* l'exhortation *(courage !),* l'interrogation *(hein ?),* le dépit *(zut !),* le juron déformé *(parbleu ! morbleu ! tudieu !),* l'indifférence *(bah ! bof !),* la surprise *(diable ! diantre !),* l'appel, l'invocation *(ô)...*

## EXERCICES

**127.** *Même exercice que le n° 126 ; de plus, dites la valeur des interjections en gras.*

1. **Ouf !** merci, capitaine. J'ai cru **que** ce jeune brave allait nous passer par les armes (Cocteau).
2. Il donna à la bête un bon picotin d'avoine dans du cidre, **afin qu'**elle eût le jarret ferme **et** l'œil brillant (France).
3. **Quoique** les planches fussent dures, je m'endormis bientôt, **car** j'étais fatigué (Bosco).
4. « **Hourra,** père ! **Hourra** pour vous », criait Patricia (Kessel).
5. **Et** Jeannot le père, **et** Jeannotte la mère, **et** Jeannot le fils, virent **que** le bonheur n'est pas dans la vanité (Voltaire).
6. **Brr !** Ils sont terribles, ces défenseurs du faible **et** de l'opprimé (Duhamel) !
7. Fort bien, **parbleu ! Courage,** Monseigneur (Beaumarchais) !

**128.** *Révisions – Nature et fonction des mots ou groupes en gras.*

1. Ô **mon fils !** ô ma joie ! ô l'honneur de mes **jours** (Corneille) !
2. **Morbleu !** vil **complaisant,** vous louez des sottises (Molière) ?
3. Jupiter serait arrivé **fort en retard** à souper, **ce jour-là,** s'il n'avait caché et immobilisé **le soleil** derrière les nuages **deux heures durant** (Supervielle).
4. « Et nous, cher **Euryloque,** découvrons le second et **l'**empêchons de nuire. » Car il ne reculait pas devant l'inversion **du pronom complément** quand les mouvements de son âme étaient **rapides** (Giraudoux).
5. J'aime la nuit et vous **me** dites que vous la redoutez ; j'aime sentir **les roses** et j'ai un ami **à qui** leur odeur donne la fièvre (Proust).
6. Ah ! **madame Crest ! J'aurais voulu** que vous **vissiez** cela (Bourliaguet) !

# RÉVISIONS

**129.** *Dans le petit texte suivant :*

Voiture d'occasion et chauffeur novice

On me **l'**a livrée à ma **porte.** J'ai tenu à **en** faire l'essai sur-le-champ et j'ai invité mon père **à cette petite fête.** Elle a démarré brusquement, un peu contre mon gré ; j'avais dû heurter une manette. Le vendeur m'avait prévenu : elle était **nerveuse.** Nous roulions de plus en plus vite car la rue Serpollet est en pente. Je me suis rendu compte que j'avais oublié tout **ce** que l'on m'avait enseigné à l'école des chauffeurs. Certes, j'avais mon permis en poche, mais il me manquait sûrement **de la pratique. Arrivé** au bas de la descente, je ne me rappelais toujours pas ce qu'il convenait de faire **pour arrêter** ce véhicule. Mon père avait l'air anormalement **nerveux.** Par bonheur, je savais très bien tourner ; c'est ce que j'ai fait, à plusieurs reprises, **sur la place,** tout autour du monument sculpté à la mémoire de Serpollet, **l'inventeur,** comme on sait, de la voiture à vapeur. J'ai su attendre l'instant où elle s'est immobilisée d'elle-même, tout près de l'entrée d'un garage.

Henri Calet, *Les Grandes Largeurs,* Gallimard.

**a)** *Analysez les mots ou groupes en gras.*
**b)** *Relevez les propositions indépendantes ; dites si elles sont coordonnées ou juxtaposées.*

**130.** *Dans le petit texte suivant :*

L'adjudant au cœur tendre

Il y avait au deux-sept-six d'infanterie **un adjudant** très bon et **très doux** qui s'appelait **l'adjudant Constantin.** [Il aurait aimé que chaque fantassin eût un cheval pour le porter et prît son petit déjeuner **au lit,** mais il comprenait bien que c'était **impossible**]. Le militaire n'est pas fait pour s'énerver dans une existence de plaisir, au contraire. et c'est justement le devoir de l'adjudant de **veiller** à ce qu'il ne s'endorme pas, comme de faire respecter la discipline **sans laquelle** il n'y a autant dire pas **d'armée.** [D'ailleurs, si le fantassin avait un cheval, il ne serait pas un fantassin, mais un **cavalier,** et la chose n'irait pas sans conséquences]. C'est une question de principe. [Il faut que **chacun** soit à sa place]. C'est pourquoi l'adjudant Constantin punissait beaucoup.

Marcel Aymé, *Derrière chez Martin,* Gallimard.

**a)** *Analysez les mots ou groupes en gras.*
**b)** *Relevez tous les verbes au conditionnel et au subjonctif, et dites leur voix, leur mode, leur temps et leur personne.*
**c)** *Dites la nature et la fonction des propositions subordonnées contenues dans les phrases entre crochets.*

**131.** *Dans le petit texte suivant :*

Cerbère

« J'aime mieux, pensait **Pluton,** avoir un chien **très sérieux** et fort en gueule plutôt qu'**une meute** qui serait là à aboyer **toute la journée** dans le désordre et la confusion. Seulement, il me faut **une bête très puissante,** deux mâchoires plutôt qu'une et **trois** plutôt que deux. Je tiens à ma tranquillité, moi, j'ai toujours eu un faible **pour les morts.** »
Et Cerbère naquit **adulte,** ce qui de la part d'un monstre est tout **naturel.** Le monstre doit servir tout de suite. L'enfance est toujours **une perte de temps. Fils** du géant Typhon et d'un autre monstre, Echidné, moitié femme et moitié serpent, le chien des Enfers s'était aussitôt trouvé à l'aise dans ses fonctions et **sa monstruosité.**
« C'est une famille pas banale que la nôtre, songeait-il, j'ai pour frères le Sphinx et le Lion de Némée et pour sœurs l'Hydre de Lerne et **la Chimère.** Elles ne sont pas mariées. Quant à moi, on dira ce qu'on voudra, nous ne faisons du mal qu'à des morts, ce qui n'a pas grande importance. »

Jules Supervielle, *Premiers pas de l'Univers,* Gallimard.

**a)** *Analysez les mots ou groupes en gras.*
**b)** *Relevez les propositions indépendantes ; faites toutes remarques utiles.*

**132.** *Dans le petit texte suivant :*

Humble verger provençal

Le verger se trouvait derrière la maison, **dans un creux.** Tout autour commençait aussitôt **la montagne.** [Il s'était blotti contre les parois **d'un petit cirque de rochers** hauts de sept à huit **mètres,** bien au chaud, à l'abri de la bise ; et, quand nous **y** entrâmes, tous les amandiers étaient en fleur. Quelques légumes **y** poussaient sous les arbres]. Au-dessus du cerfeuil et de la salade s'étendait le **feuillage** tendre du brugnon et du cerisier. [Le long des parois de calcaire et de safre, on avait accroché **une vigne** et, dans le fond, à l'entrée d'une grotte, on voyait un **banc** et une table **de bois** sous une tonnelle]. Le jardin était plein **d'oiseaux.** [**Quelques-uns** s'envolèrent à notre approche, mais la plupart restèrent, **qui** à picorer les allées, qui à sautiller dans les branches des **pruniers** et des abricotiers-muscats].
« Asseyons-nous devant la grotte. Ne bouge pas. Regarde. Tu vas voir arriver les bêtes. Il suffit d'avoir un peu de patience. » J'entendais quelque part, invisibles, caqueter des poules.

Henri Bosco, *L'Âne Culotte,* Gallimard.

**a)** *Analysez les mots ou groupes en gras.*
**b)** *Dites la nature et la fonction des propositions contenues dans les phrases entre crochets.*

**133.** *Dans le texte suivant :*

Le père Volcan et sa pipe

**Un soir de juin** – vous savez, un de ces purs et calmes **soirs** où il semble **que la nuit ne viendra jamais,** et où, dans le ciel couleur de turquoise, passent et repassent **les souples hirondelles** –, **le père Volcan,** le vieux **marchand de tabac** du village de Saint-Martin-l'Église, était assis sur un banc **de bois,** près du seuil de sa boutique, et fumait délicieusement sa pipe.
[Je me fais mal comprendre en disant qu'il fumait sa pipe]. Je devrais dire que sa pipe était fumée **par lui :** car, dans le ménage, excellent d'ailleurs, que faisaient ensemble le père Volcan et **sa pipe,** c'était évidemment celle-ci qui était la personne **la plus considérable** de l'association, et qui, si j'ose m'exprimer ainsi, portait la culotte. Le père Volcan, ainsi surnommé par tous les **habitants** du village à cause du **nuage** de tabac **dont** il était sans cesse enveloppé, appartenait **à sa pipe, en** était l'humble serviteur. [Il lui prodiguait mille soins amoureux, l'essuyait et la faisait reluire, à chaque instant, du revers de la manche, en nettoyait souvent le tuyau avec un fil de fer, et, quand elle n'était pas à sa bouche, elle reposait près de son cœur, à l'intérieur de sa veste, douillettement couchée dans un étui]. Entre nous, je crois bien qu'il la considérait comme **un être** doué de raison et de volonté. Après l'avoir bourrée de caporal, le père Volcan, avant de frotter l'allumette, jetait à sa pipe un regard tendre et respectueux, comme s'il lui eût demandé la permission de l'allumer ; et elle la lui donnait sans doute par un signe visible pour lui seul : car, à l'expression de bonheur et de reconnaissance qui se peignait sur le visage du bonhomme dès la première bouffée, on devait reconnaître qu'il jouissait alors d'une rare faveur et que cette pipe-là ne se laissait fumer que parce qu'elle le voulait bien.

François Coppée, *Contes tout simples,* Lemerre.

**a)** *Analysez les mots ou groupes en gras.*
**b)** *Dites la nature et la fonction des propositions subordonnées contenues dans les phrases entre crochets.*

# ANALYSE LOGIQUE
## Nature et fonction des propositions

*La proposition et la phrase*

*L'indépendante et la principale*

*Les subordonnées*

*Les trois équivalents de circonstancielles*

# La proposition et la phrase

La **phrase** est un ensemble de mots plus ou moins long, plus ou moins complexe, qui forme un tout pour le sens, pour la pensée.
Elle peut ne contenir qu'une **proposition** (plus ou moins longue) ; le plus souvent elle en contient plusieurs.
Dans la phrase, une proposition est dite :

• **indépendante,** si elle se suffit à elle-même (elle ne dépend d'aucune autre proposition, et aucune autre ne dépend d'elle) :

> *Bonjour à tous. / Avez-vous bien dormi ?*

• **principale,** si elle ne dépend d'aucune proposition, mais si elle en commande elle-même une ou plusieurs :

> ***Je veux*** */ qu'on m'écoute. –* ***Il aime les élèves*** */ qui écoutent / quand il explique une leçon.*

• **subordonnée,** si elle dépend d'une autre proposition (principale ou subordonnée), sans laquelle elle ne peut exister et n'a aucun sens :

> ***Dès que le temps le permet,*** */ les pêcheurs prennent la mer.*

Dans l'analyse logique d'une phrase, on dit souvent « qu'il y a autant de propositions que de **verbes à un mode personnel** » ; formulation dangereuse, et souvent inexacte ; il ne faut pas oublier, en effet :

**a)** qu'un verbe (comme tout autre mot) peut être **omis, sous-entendu :**

> *L'Angleterre prit l'aigle, / et l'Autriche l'aiglon* (Hugo).
> ► Un verbe exprimé, mais deux propositions : *prit* omis dans la 2e.

**b)** qu'une proposition peut avoir son verbe à l'**infinitif** (complétive infinitive, voir p. 120) ou au **participe** (participiale, voir p. 154) :

> *Je sens /* ***l'orage venir.*** *–* ***Le café bu,*** */ chacun se retira.*

**c)** qu'il existe trois **équivalents** de propositions (« infinitif prépositionnel », participe apposé, gérondif : voir p. 88, 90 et pp. 158-159) :

> *Je cours /* ***pour arriver à temps.*** *–* ***Criblé de dettes,*** */ il fit faillite. – Tu aurais gagné la partie /* ***en te concentrant mieux.***

**Rappels**

**1.** Tout comme les **mots** de même nature, ou équivalents (noms, pronoms, adjectifs, adverbes), deux **propositions** de même nature sont dites :

• **coordonnées,** si elles sont liées par une conjonction de coordination :

> *Le temps est beau /* ***et (donc, aussi...)*** *je suis heureux.*

• **juxtaposées,** si elles se suivent sans lien, avec une simple virgule :

> *Le temps est beau, / je suis heureux.*

**2.** Toute proposition (indépendante, principale, subordonnée) peut être incomplète ; elle est dite **elliptique :**

> ***Tel père,*** */ tel fils.* ▶ Deux indépendantes juxtaposées, elliptiques.
> ***Rien ici*** */ qui me plaise vraiment.* ▶ Principale elliptique.
> *Je laisse à penser /* ***quelle joie.*** ▶ Subordonnée elliptique.

**Remarque importante**

Dans la phrase **complexe,** les propositions peuvent **se suivre** « sagement », sans se couper, sans s'imbriquer les unes dans les autres :

> *Abel était l'aîné* (1), / *j'étais le plus petit* (2), /
> *Nous mangions notre pain de si bon appétit* (3) /
> *Que les femmes riaient* (4) / *quand nous passions près d'elles* (5).
> (Hugo)
>
> (1) Indépendante ; (2) indépendante juxtaposée ; (3) principale juxtaposée ; (4) subordonnée à la principale (consécutive) ; (5) subordonnée à la subordonnée (temporelle).

Mais bien souvent une proposition (quelle qu'elle soit) peut être **coupée** en deux ou plusieurs **tronçons** par une ou plusieurs autres ; et l'analyse devient plus délicate, certains auteurs usant volontiers de la phrase **longue,** voire **très longue.** En voici un exemple, tiré des *Martyrs* de Chateaubriand, où il est question, dans l'Antiquité, de jeunes Grecs, à la solde des Romains et des « aigles romaines », et cantonnés en Germanie, où ils rêvent de leur patrie lointaine :

> ***Mais*** / lorsque, / *jetant les yeux autour de nous,* / *nous apercevions les horizons noirs et plats de la Germanie, ce ciel sans lumière* / qui *semble vous écraser sous sa voûte abaissée,* / *ce soleil impuissant* / qui *ne peint les objets d'aucune couleur* /, quand *nous venions à nous rappeler les paysages éclatants de la Grèce, la haute et riche bordure de leurs horizons, le parfum de nos orangers, la beauté de nos fleurs, l'azur velouté d'un ciel* / où *se joue une lumière dorée,* / ***alors il nous prenait un désir si violent de revoir notre terre natale*** / que *nous étions près d'abandonner les aigles.*

La proposition **principale** de cette phrase est : *Mais alors il nous prenait ... terre natale,* coordonnée par *mais* à ce qui précède, et coupée par deux subordonnées **temporelles** *(lorsque ..., quand ...)* juxtaposées entre elles, la 1^re^ **coupée** elle-même par un participe apposé et par deux **relatives,** la 2^e^ **suivie** d'une **relative ;** la dernière proposition est une subordonnée **consécutive.**

# EXERCICES

**134.** *Dans les extraits suivants, relevez toutes les propositions ; dites si elles sont indépendantes, principales ou subordonnées.*
1. Le pharmacien souffrait d'un tenace rhume des foins. Sa face ruisselait d'une humidité qui suspendait à son nez des stalactites chagrines (Chevallier).
2. La classe terminée, ils descendaient dans le jardin, où, se promenant pas à pas, ils étudiaient les fleurs (Flaubert).
3. À quoi bon un équipage ? N'a-t-elle pas le mien, dont elle dispose quand il lui plaît (Lesage) ?
4. Le lendemain matin régnait à Paris un de ces épais brouillards qui l'enveloppent et l'embrument si bien que les gens les plus exacts sont trompés sur le temps (Balzac).
5. Nous nous regardions et, bien que je ne l'eusse pas vu depuis longtemps, nous demeurions sans rien dire (Pourtalès).

**135.** *Même exercice ; faites toutes remarques utiles :*
1. Monsieur Nozière, si, comme il me semble, vous passez encore votre devoir à M. Fontanet pour qu'il copie, selon son habitude, j'écrirai à monsieur votre père (France).
2. Bien que j'eusse écrit pour annoncer ma venue, j'étais passablement ému en franchissant le seuil (Gide).
3. Je me demandais seulement de quelle façon j'allais me tirer de ce lit, de quel pied, et si ce serait en silence (Bosco).
4. Une troupe d'enfants passa tout près de lui. L'un d'eux, probablement une petite fille, parlait d'un ton si sage et si entendu que Meaulnes, bien qu'il ne comprît guère le sens de ses paroles, ne put s'empêcher de sourire (Alain-Fournier).

**136.** *Dans l'extrait suivant, relevez toutes les propositions subordonnées.*

Mine-de-Plomb

À table. Marcel. Papa. Maman. Mine-de-Plomb. Mine-de-Plomb est **un grand industriel,** ami et **client** de papa. Marcel l'appelle **Mine-de-Plomb** parce qu'il ressemble à la mine de plomb **des crayons,** tout simplement. Pour expliquer cette ressemblance **à des grandes personnes,** il faudrait dire que ce monsieur a toujours des complets gris, **des cravates grises,** des chapeaux gris (il est peut-être en demi-deuil ?) et que ses yeux sont **gris,** et **gris** ses cheveux, de ce gris foncé et **luisant** du graphite. Mais il y a **autre chose** et, en langage d'enfant, Mine-de-Plomb est **Mine-de-Plomb** « paske ».

Valery Larbaud, *Enfantines,* Gallimard.

**137.** *Révisions.*
*Nature et fonction des mots ou groupes en gras dans le n° 136.*

**138.** *Dans l'extrait suivant, dites la nature des propositions subordonnées contenues dans les phrases entre crochets.*

Pauvre curé de Cucugnan ! Pas un Cucugnanais au Paradis !...

[« **Beau saint Pierre,** vous qui tenez le grand livre et **la clef,** pourriez-vous me dire, si je ne suis pas **trop curieux,** combien vous avez de Cucugnanais **en paradis ?**]
– Je n'ai rien à vous refuser, **monsieur Martin ;** asseyez-vous, nous allons voir la chose ensemble. »
Et **saint Pierre** prit son gros livre, l'ouvrit, mit ses besicles.
« Voyons un peu, Cucugnan, disons-nous. Cu... cu... Cucugnan. Nous y sommes. Cucugnan... [Mon brave monsieur Martin, la page est toute blanche. Pas une âme... Pas plus de Cucugnanais que d'arêtes dans une **dinde.**]
– Comment ! Personne de Cucugnan ici ? Personne ? Ce n'est pas possible ! Regardez mieux.
– [Personne, saint homme. Regardez vous-même, si vous croyez que je plaisante. »]

Alphonse Daudet, *Lettres de mon moulin*

**139.** *Révisions.*
*Nature et fonction des mots ou groupes en gras dans le n° 138.*

**140.** *Dans la longue phrase suivante de Marcel Proust (extraite de* Jean Santeuil, Gallimard), *relevez les propositions « tronçonnées ».*

Le printemps était venu et M. et **Mme Santeuil,** qui depuis plusieurs mois s'inquiétaient de la **surexcitation** constante **où** vivait **Jean,** décidèrent enfin la séparation **que** la sagesse ardente de Mme Santeuil, fougueusement éperonnée par **M. Sandré,** réclamait depuis longtemps pour rendre **la santé** et le calme **à son fils,** mais **que** M. Santeuil, dans le cœur faible **duquel** l'amour de son fils vivait en bonne intelligence avec l'amour **de son repos,** avait retardée longtemps, pour « éviter de lui faire de la peine ».

**141.** *Révisions.*
*Nature et fonction des mots ou groupes en gras dans le n° 140.*

# *L'indépendante et la principale*

## LEUR ASPECT

La proposition indépendante (et aussi la principale, qui est une indépendante « enrichie » d'une ou plusieurs subordonnées) est un **ensemble de mots** plus ou moins étoffé, gravitant autour d'un verbe (le « mot-roi ») :

> *Le soir tombait; / la lutte était ardente et noire. /*
> *Il avait l'offensive et presque la victoire* (Hugo).

• Indépendante ou principale, elle peut adopter tous les **tours** (voir p. 85) : affirmatif, négatif, interrogatif, interro-négatif, exclamatif; et son verbe est à un **mode personnel** (indicatif, conditionnel, impératif, subjonctif), mais aussi à l'**infinitif** (voir p. 88) :

> *Je n'en* ***démordrai*** *pas, / les vers* ***sont*** *exécrables* (Molière).
> *Deux liards* ***couvriraient*** *fort bien toutes mes terres, /*
> *Mais tout le grand ciel bleu* ***n'emplirait pas*** *mon cœur* (Hugo).
> ***Pleurons*** */ et* ***gémissons,*** *mes fidèles compagnes* (Racine).
> ***Que*** *chacun* ***se retire*** */ et* ***qu'****aucun* ***n'entre*** *ici* (Corneille) !
> *Et les sarcasmes* ***de pleuvoir*** (Genevoix).

**N.B. 1)** Le verbe ***voir*** existe, étymologiquement, dans *voici, voilà :*

> *Nous* ***voici (nous voilà)*** *enfin près du but.*

**2)** Noter la différence (inversion ou non du sujet) dans :

> *Quelle joie* ***éprouva-t-il ?*** *– Quelle joie* ***il éprouva !***

• Indépendante ou principale, elle peut être **très brève,** réduite à un seul mot (verbe, apostrophe, interjection, et dans le dialogue) :

> *Sortons – Sortons / (puisqu'il fait beau).*
> *Philippe ! – Philippe, / attends-nous. – Diable ! – Aïe ! – Fi !*
> *« – Qui ? – Moi. – Où ? – Ici. – Quand ? – Demain ».*

De plus, elle est très souvent **elliptique** (d'un ou plusieurs mots, même de son verbe !), pour éviter une répétition, dans le style rapide (proverbes, descriptions-croquis, émotion vive, télégramme...) :

> *J'appelle un chat un chat, / et Rolet un fripon* (Boileau).
> *À père avare fils prodigue. – À vieille mule, frein doré.*
> *Pas un nuage aux cieux, / sur les mers pas de voiles* (Hugo).
> *Nous séparer ? Qui ? / Moi ? / Titus de Bérénice* (Racine) ?

*Quinze ans ! / ô Roméo ! / l'âge de Juliette* (Musset) !
*Quelle joie / (lorsque nous avons appris ton succès) !*
*« Accident. Saufs. Rentrons fin semaine. Baisers. Jean ».*

**N.B.** Une principale peut être **totalement omise,** la ou les subordonnées étant seule(s) exprimée(s) :

***Si je l'aime !*** (= *Tu oses me demander / si je l'aime !*) – ***Puisque je te le dis !*** (= *Crois-moi / puisque je te le dis*) – ***Si tu savais*** (subordonnée) / ***comme je m'ennuie !*** (subordonnée de la 1re subordonnée).

• **Enclavée,** comme une parenthèse, à l'intérieur d'une proposition ou entre deux propositions, et ne faisant pas corps avec cet ensemble, une indépendante est alors dite **intercalée,** ou **incise.** On la rencontre surtout lorsqu'on rapporte les paroles de quelqu'un :

*« Votre compassion, /* ***lui répondit l'arbuste, /***
*Part d'un bon naturel. »* (La Fontaine)
*« Tu es comme un malade, mon petit, /* ***constata Antoine sur un ton attristé.*** */ Mais cela passera, / aie confiance. »* (Martin du Gard)

**N.B. 1)** Dans l'indépendante intercalée (ou incise), il y a **inversion du sujet :**

*Arrêtons-nous, / dit-**il**, / car cet asile est sûr* (Hugo).

sauf quand il s'agit de l'**affirmation d'une opinion** (d'une constatation) de la part de la personne qui parle :

*Il n'est, /* ***je le vois bien, /*** *si poltron sur la terre*
*Qui ne puisse trouver un plus poltron que soi* (La Fontaine).
*Elle était, /* ***nous le vîmes bien, /*** *profondément émue.*

**2)** La proposition incise s'isole par des **virgules,** mais aussi par des **parenthèses** ou des **tirets ;** elle peut même être elliptique :

*Ils se battent / –* ***combat terrible*** *–, / corps à corps* (Hugo).

**3)** L'indépendante incise peut, évidemment, se transformer en **principale incise,** quand elle s'enrichit d'une subordonnée ou d'un équivalent de subordonnée (par exemple un gérondif) :

*Il était, /* ***je le vis bien (dès qu'il entra), /*** *très énervé.* –
*« Tiens, /* ***dit-elle (en ouvrant les rideaux), /*** *les voilà ! »* (Hugo)

**Remarque**

Une principale peut, par rupture de construction, se dissimuler sous l'apparence (fausse !) d'une indépendante intercalée :

*Et, / comme il sentait son ami défaillir : / « Courage !* ***lui cria-t-il, /*** *nous arrivons ! »* ▶ = ... ***il lui cria :*** *« Courage !... »*

On appelle **anacoluthe** ce type de rupture syntaxique.

**Rappel**

Une principale est souvent coupée en deux ou plusieurs tronçons par une ou plusieurs subordonnées :

*Et l'été /* ***qui s'enfuit*** */ est un ami /* ***qui part*** (Hugo).

# EXERCICES

**142.** *Relevez toutes les propositions indépendantes ou principales; faites toutes remarques utiles.*

1. Tous songes sont mensonges (proverbe).
2. Femme de marin, femme de chagrin (proverbe).
3. Grande chère, petit testament (proverbe).
4. Il est bon de parler et meilleur de se taire (La Fontaine).
5. Gare à la flatterie, ma fille : trop de sucre gâte les dents (Mme de Sévigné).
6. «Combien de sucres? Lait? Citron?» demande-t-elle (Kessel).
7. «Attendez, attendez», gronda la Teuse en tâchant d'effrayer les moineaux, le poing tendu. Mais les moineaux n'avaient plus peur (Zola).
8. On devrait frapper les pianos de deux impôts. Le premier au profit de l'État, le second au profit des voisins (Courteline).

**143.** *Même exercice.*

1. Point d'argent, point de suisse, et ma porte était close (Racine).
2. «Étends de ce côté la toile de la tente.»
   Et l'on développa la muraille flottante;
   Et, quand on l'eut fixée avec des poids de plomb :
   «Vous ne voyez plus rien?» dit Tsilla, l'enfant blond,
   La fille de ses fils, douce comme l'aurore (Hugo).
3. Peu importe le nom de la petite ville de province où le capitaine Mercadier – trente-six ans de service, vingt-deux campagnes, trois blessures – se retira quand il fut mis à la retraite (Coppée).
4. Impossible de vous dire mon âge, il change tout le temps (Allais).

**144.** *Relevez les propositions indépendantes ou principales; dites leur forme (ou tour) et, lorsqu'il est exprimé, le mode de leur verbe :*

1. Aide-toi, le Ciel t'aidera (La Fontaine).
2. Que chacun se retire et qu'aucun n'entre ici (Corneille).
3. J'aurais dû être heureux : je ne l'étais pas (Proust).
4. J'aurai besoin de vous, ne vous éloignez pas (Hugo).
5. Pensez donc! venir s'enfermer dans un phare pour son plaisir (Daudet)!
6. Leur fortune se trouvait diminuée. Que faire? Et bientôt comment vivre (Flaubert)?
7. Ne suis-je pas ton père? et ne me dois-tu pas respect (Molière)?
8. Cela aurait dû les unir ... Eh bien! pas du tout (Bosco)!
9. Vive le Roi! Vivent nos princes (Troyat)!

**145.** *Relevez toutes les indépendantes ou principales; faites toutes remarques utiles (attention aux principales totalement omises).*
1. Comment? battre un huissier! Mais voici la rebelle (Racine).
2. Il regarda sa vie, et elle lui parut horrible ; son âme, et elle lui parut affreuse (Hugo).
3. Et si vous saviez comme elle est amusante, l'histoire de cet élixir!... Écoutez plutôt (Daudet).
4. Adieu, mes petits enfants, dit-il en nous repoussant doucement, allez-vous-en, avant qu'Oriane ne redescende (Proust).
5. Voici, je crois, comment cela commença (Gide).
6. «La situation? demanda Boussardel.
– Complexe! dit Albaret avec une grimace. Tendue, pleine de dangers.» (Hériat)
7. Si tu entendais comme il hennit joyeusement quand je vais le voir à son écurie (Gautier)!...

**146.** *Révisions.*
*Nature et fonction des mots ou groupes en gras.*
1. Une main **froide.** Un visage en lame de **couteau,** au nez de travers. [Des cheveux roux déjà rares, bien que le docteur n'eût pas **trente-cinq ans**] (Simenon).
2. Des voisins mangeaient des œufs durs et **du saucisson.** [Elle eut un soupçon de faim démocratique **qui** crût peu à peu et la poussa à gagner le wagon-restaurant, mais il n'**y** restait plus **de place**] (Giraudoux).
3. Quand il est midi **aux États-Unis,** le **soleil,** tout le monde **le** sait, se couche sur la France (Saint-Exupéry).
4.[**Grandes** et belles journées, qui me semblaient **immenses** le matin, mais qui **me** parurent si courtes quand sonna **l'heure du départ**] (Pagnol).

**147.** *Même exercice.*
1. [Ellle était **sourde,** et **se méprenant** sur ses interrogations : «Oui, dit-**elle,** c'est ici la Mare au Diable.»] (Sand)
2. «Voyez-vous ça! s'écrie Mlle Gentil, **mi-rieuse,** mi-attendrie. [Voyez-vous ce M. Tifernand qui se croit **indispensable!**»] (Vildrac)
3. Les villes devraient être construites **à la campagne,** l'air y est tellement **plus pur** (Allais).
4. Oh! les angoisses des nuits blanches **qu'**ils appellent, **eux, les nuits noires** (Vallès)!
5. [«**Général,** continua M. Grane, j'adore la loyauté. Je tiens **la mienne** de mon **arrière-grand-père,** qui avait du sang grec.»] (Giraudoux)

**148.** *Révisions.*
*Nature des propositions contenues dans les phrases entre crochets des exercices 146 et 147.*

# Les subordonnées

## TABLEAU D'ENSEMBLE

Les propositions subordonnées se répartissent en quatre grandes familles :

**1)** Les **relatives,** qui jouent un rôle essentiel d'adjectif qualificatif épithète, et qu'on peut appeler **adjectives :**

> *Le maître apprécie les élèves* / ***qui écoutent*** (= *attentifs*).

**2)** Les trois sortes de **complétives,** qui jouent un rôle essentiel de complément d'objet (de c.o.d.), et qu'on peut appeler **substantives :**

**a)** la complétive par *que :*

> *Je souhaite* (quoi ?) / ***qu'il revienne vite*** (= *son retour rapide*).

**b)** la complétive infinitive :

> *On entendit* (quoi ?) / ***un enfant crier*** (= *les cris d'un enfant*).

**c)** la complétive interrogative :

> *Dis-moi* (quoi ?) / ***qui tu hantes*** (= *tes fréquentations*).

**3)** Les sept sortes de **circonstancielles,** qu'on peut appeler **adverbiales :**

> *Je suis heureux* (quand ?) / ***lorsqu'il fait beau*** (temps).
> *Je suis heureux* (pourquoi ?) / ***parce qu'il fait beau*** (cause).
> *Il fait si beau* / ***que je me sens heureux*** (conséquence).
> *Je lutte* / ***pour que les miens soient heureux*** (but).
> *Il se baigne* / ***bien que la mer soit froide*** (concession).
> *Je serais ravi(e)* / ***si tu venais me voir*** (condition).
> *Ce vaurien ment* / ***comme il respire*** (comparaison).

**4)** Les **participiales,** qui sont comme des circonstancielles elliptiques (de temps, de cause, de concession, de condition) :

> ***Le repas terminé*** (= *quand le repas fut terminé :* temps), / *on passa au salon.*

**N.B.** Pour les détails sur les subordonnées, voir ci-après.

**Remarque**

Pour les trois équivalents de propositions subordonnées – infinitif prépositionnel, participe apposé, gérondif –, voir pp. 158-159.

# EXERCICES

**149.** *Relevez toutes les propositions subordonnées ; dites à quelle « famille » elles appartiennent (attention aux trois « équivalents »).*

1. Je me souviens que le pauvre garçon fut si désespéré qu'il jeta un grand cri lorsqu'elle dit cela (Vigny).
2. Le bonhomme Piédeleu était Beauceron, c'est-à-dire natif de la Beauce, où il avait passé sa vie et où il comptait bien mourir (Musset).
3. Elle vacilla et serait tombée si Gilberte qui était seule à comprendre la cause de son malaise ne l'avait soutenue (Vilmorin).
4. Vous me suivez ? Bon. Mais, pour être plus clair, je vais vous dire comment je travaille (Camus).
5. Lise l'avait élevée, leur mère étant morte (Zola).
6. Je regarde mourir la nuit, arriver le matin (Vallès).

**150.** *Même exercice.*

1. Il écoutait le silence comme il eût écouté un bruit insolite (Colette).
2. Rentré dans son cabinet, le roi fit écrire la relation de ce qu'il avait vu (Mérimée).
3. Bien qu'il fût rentré pour quelques mois en Allemagne, bien qu'il y revînt de temps en temps pour diriger des exécutions de ses œuvres, il ne s'y était point fixé (Rolland).
4. Mais il suffisait que Suzanne le regardât bien dans les yeux, ou que Cilette feignît une immense et comique terreur pour qu'aussitôt il éclatât de rire (Genevoix).
5. Quoi ! Zoé, tu penses à cet excellent homme qui vient de mourir, que nous aimions, que nous pleurons, et tu ris (France) !

**151.** *Révisions.*

*Nature et fonction des mots ou groupes en gras.*

1. Il faut **que tu te décides aujourd'hui,** et même tout de suite. Je descends **au port** tout à l'heure et je laisserai des ordres **au bureau** pour qu'il te **soit réservé** une **place** (Aymé).
2. Je vis ses yeux se gonfler **de larmes** et **ses cheveux,** jusque-là **flambants** au-dessus de sa tête, tomber en désordre sur son front (France).
3. Elle était **très élégante.** Il **n'eût pas su** dire si **le manteau** qu'elle portait était un manteau **de loutre,** de lapin ou d'astrakan (Ch.-L. Philippe).
4. Lorsque son fils **l'eut quittée,** malgré l'heure avancée, Mme de Malivert, troublée **par de sinistres pressentiments,** ne put trouver le sommeil (Stendhal).

# 1 – LA RELATIVE

L'étude de la subordonnée relative est inséparable de celle du **pronom** (ou de l'**adjectif**) **relatif,** lequel la **relie** à la proposition dont elle dépend, par l'intermédiaire de son **antécédent** (voir p. 80) :

> *Voici ce grand* ***ami / qui m'a toujours si bien épaulé.***
> *On a arrêté un* ***bandit, / lequel bandit a vite été incarcéré.***

## a) Ses valeurs, ses fonctions

**1)** Son premier rôle étant de « compléter » le sens de son antécédent, on dit traditionnellement qu'elle est **complément de l'antécédent ;** formule vague et inadéquate, puisque, le plus souvent, elle a simple valeur d'**adjectif qualificatif épithète ;** c'est pourquoi on l'appelle alors **subordonnée adjective :**

> *Le maître aime les élèves /* ***qui travaillent*** (= *laborieux*).
> *Il existe des astres /* ***que l'œil ne voit pas*** (= *invisibles*).
> *Il est des dates /* ***dont on se souvient*** (= *mémorables*).

**2)** Mais il arrive souvent que l'antécédent soit **omis,** ou que la relative fasse **bloc avec l'antécédent** (pronom démonstratif : *ce, celui, ceux...,* ou le nom *chose*) ; elle n'est plus alors adjective, mais **substantive,** et sentie comme un nom (ou son groupe), avec des **fonctions de nom :**

> ***Qui a bu*** (sujet) *boira. – Rira bien /* ***qui rira le dernier*** (sujet inversé). – *Je ne suis pas /* ***qui vous croyez*** (attribut du sujet). – ***Ce qui se conçoit bien*** (sujet) */ s'énonce clairement* (Boileau). – *Et l'on crevait les yeux /* ***à quiconque passait*** (Hugo [c. d'attrib.]) – *Aimez /* ***qui vous aime*** (c.o.d.). – ***Où il y a de la gêne*** (lieu), */ il n'y a pas de plaisir. – Tu m'as trahi, /* ***ce qui (chose qui)*** *m'étonne* (apposition). – *Il est menteur et, /* ***qui plus est (qui mieux est, qui pis est*** [apposition]**),** */ voleur.*

**3)** Parfois même, séparée ou non de son antécédent par une virgule, elle prend une nette valeur de **subordonnée circonstancielle :**

> *Paul,* ***qui allait partir,*** *a reçu une visite* (= temporelle).
> *Paul,* ***qui se surmène,*** *a dû prendre un congé* (= causale).
> *Appelle un ouvrier* ***qui nous fasse cette réparation*** (= finale).
> *Un homme* ***qui réussirait cela*** *serait un as* (= conditionnelle).

**N.B.** Saluons l'emploi de **qui archaïsant,** à valeur **conditionnelle :**

> *Tout vient à point /* ***qui*** *(= si on) sait attendre* (proverbe), et non * ***à qui*** *sait attendre.*

Et cf. l'expression *comme qui dirait = comme si on disait* (voir p. 180).

## b) Sa place, son aspect

**1)** Elle suit, coupe ou précède la proposition dont elle dépend :

> *J'aime fort les jardins / **qui sentent le sauvage*** (Ronsard).
> *Le feu / **qui semble éteint** / souvent dort sous la cendre* (Corneille).
> ***Qui veut voyager loin** / ménage sa monture* (Racine).

**2)** Elle peut être **elliptique** (avec *dont* partitif, avec *qui* distributif, avec *voici* ou *voilà*) :

> *J'ai trois chiens / **dont un basset.** – Mes amis cultivent / **qui la musique, / qui la poésie, / qui la peinture.** – L'homme / **que voici (que voilà)** / est mon médecin.*

**N.B. 1)** Elle peut elle-même dépendre d'une proposition elliptique (dans des descriptions-croquis, avec *voici, voilà*), dans des phrases exclamatives :

> ***Ici un pommier** / qui ... ; **là deux chênes** / que ... ; **au fond des peupliers** / dont ... – **Voici (Voilà)** / qui change tout.*
> ***Heureux** / ceux qui sont morts pour la terre charnelle* (Péguy) !

**2)** Et même d'une proposition entièrement omise, dans le fameux *Qui vive ? = **Y a-t-il dans les parages âme** / qui vive ?* (principale interrogative)

**3)** Son verbe (quand il est exprimé) peut être à l'**indicatif,** au **conditionnel,** au **subjonctif,** ou à l'**infinitif :**

> *J'ai bien aimé le livre / que tu m'**avais offert.***
> *Je viens de voir un film / qui te **plairait*** (*qui t'**aurait plu***).
> *Tu es le meilleur ami / qui **soit.** – Je n'ai vu âme / qui **vive.***
> *Il a juste / de quoi **vivre.** – Vous trouverez / à qui **parler.***

**Remarques**

**a)** Le pronom relatif **n'est pas le premier mot** de sa proposition :

- quand il fait bloc avec son antécédent :

> ***Ce qui** est dit / est dit. – Je punirai / **ceux qui** trichent...*

- quand il est précédé d'une préposition ou d'une locution prépositive :

> *Voilà l'homme / **pour qui (en faveur de qui)** je vais plaider.*

- quand il est complément d'un nom lui-même précédé d'une préposition :

> *Voici l'ami / **à la table de qui (duquel)** j'ai dîné hier soir.*

**b)** Parfois, par élégance, on éloigne la relative de son antécédent :

> *La vieille **blessure** est fermée / **que je croyais incurable*** (Duhamel).

**c)** Dans la subordonnée relative, le sujet est souvent **inversé :**

> *Ce toit tranquille / où marchent **des colombes*** (Valéry).

**d)** Avec les gallicismes *c'est ... qui, c'est ... que,* on ne compte guère dans l'analyse de subordonnée relative :

> ***C'est** lui **qui** rit* (= *Il rit*) – ***C'est** demain **que** je pars* (= *je pars demain*) ; simples indépendantes.

**N.B. Rappel.** Pour la relative **doublée d'une infinitive,** cf. p. 81 et 120.

# EXERCICES

**152.** *Relevez les subordonnées relatives ; dites la fonction des pronoms relatifs qui les introduisent (attention aux antécédents omis).*

**1.** C'est moi qui suis Guillot, berger de ce troupeau (La Fontaine).
**2.** Où le père a passé, passera bien l'enfant (Musset).
**3.** Il dit ces derniers mots d'une voix émue, au fond de laquelle on sentait des larmes (Vigny).
**4.** Cet enfant à qui on voulait donner de l'esprit, avait huit maîtres dont il recevait leçon chaque jour (Stendhal).
**5.** Il y eut quelques secondes d'un silence embarrassant, après quoi Madeleine se mit à me parler sur un ton tout à fait naturel et très doux (Fromentin).
**6.** C'était bien le plus beau goéland qu'on eût jamais vu voler sur la falaise (Carême).

**153.** *Relevez les subordonnées relatives ; dites leur valeur (adjective, substantive, circonstancielle).*

**1.** J'aime qui m'aime, autrement non (Ch. d'Orléans).
**2.** La jeune femme, qui sait lire et écrire, tint les comptes (Balzac).
**3.** Un vrai pays de Cocagne ... Les trésors du monde y affluent, comme dans la maison d'un homme laborieux et qui a bien mérité du monde entier (Baudelaire).
**4.** La neige, qui n'a pas cessé de tomber depuis trois jours, bloque les routes (Gide).
**5.** Bon ! bon ! riez ! Rira bien qui rira le dernier (Boylesve).
**6.** Je ne trouverai donc personne qui veuille s'enfuir avec moi (Vallès) !
**7.** C'était un bel après-midi d'août qui siffle et bourdonne (Bernanos).
**8.** Ce que femme veut, Dieu le veut (proverbe).

**154.** *Relevez les relatives elliptiques, et aussi les propositions elliptiques gouvernant des relatives.*

**1.** Heureux qui comme Ulysse a fait un beau voyage (Du Bellay).
**2.** Les dix-neuf n'étaient plus que sept, dont l'Imânus (Hugo).
**3.** Ému, blême de peur, l'auditoire gémit, en voyant, dans l'enfer tout ouvert, qui son père et qui sa mère, qui sa grand-mère et qui sa sœur (Daudet).
**4.** Et madame Jourdain que voilà, comment se porte-t-elle (Molière) ?
**5.** Heureux celui qui entend ces paroles et sur qui elles coulent sans l'entamer (Montherlant).
**6.** Leurs conducteurs étaient, qui un chemisier, qui un écrivain, qui un oisif (Cocteau).
**7.** Dans le salon, éclairé par la lumière la plus mélancolique de novembre, deux personnes attendent, dont Marcel Boulenger (Romains).

**155.** *Relevez les subordonnées relatives; faites toutes remarques utiles (place, aspect, valeur, fonction, mode du verbe).*
1. L'habile fourbe que voilà (Molière)!
2. Heureux ceux qui ont fini leur voyage sans avoir quitté le port (Chateaubriand)!...
3. Je cherchai un buisson où me dissimuler (Bosco).
4. C'est une aventure qui ne saurait manquer de vous divertir (Marivaux).
5. Combien de nobles dont le père et les aînés sont roturiers! (La Bruyère).
6. Il lut quelques romans nouveaux; il en trouva peu qui lui peignissent la situation de son âme (Voltaire).
7. Qui travaille mange, et qui mange pense (Balzac).
8. Un écureuil surgissait devant nous, que nous n'avions pas entendu (Genevoix).

**156.** *Même exercice.*
1. Et la source est tarie où buvaient les troupeaux (Leconte de Lisle).
2. Il y eut un silence, après quoi je répétai de nouveau: «André!» (Fromentin)
3. Pour qui voyage à pied l'été, minuit est plus clément que midi (Hugo).
4. Sais-tu que des gamins reçoivent des calottes, qui les ont méritées moins que toi (Courteline)?
5. Les lois sont des toiles d'araignées à travers lesquelles passent les grosses mouches et où restent les petites (Balzac).
6. Tous ces gens qu'il avait vus passer étaient assis autour du chœur (Daudet).
7. Personne à qui parler des événements mystérieux de ces deux journées (Alain-Fournier).
8. Ce sont les lapins qui ont été étonnés (Daudet)!

**157.** *Révisions.*
*Nature et fonction des mots ou groupes en gras.*
1. Ah! le tigre est en bas **qui** hurle et veut **sa proie** (Hugo).
2. Quiconque est **plus sévère** que les lois est **un tyran** (Vauvenargues).
3. Un singe est **un homme** qui **n'a pas réussi** (Renard).
4. L'administration est un lieu **où** les **gens** qui arrivent en retard croisent dans l'escalier **ceux qui partent en avance** (Courteline).
5. Ce Pitou raillait la mode des **noms** grecs et latins; sa chanson favorite était **sur un savetier** qu'il appelait **Cujus,** et **dont** il appelait la femme **Cujusdam** (Hugo).
6. Le pilote le plus niais **eût lu** sa route dans ce ciel **où** ne manquait pas **une étoile** (Giraudoux).
7. Celui-là est **trop vieux.** Je veux un mouton qui **vive** longtemps (Saint-Exupéry).
8. On gagnait le mail entre les arbres **duquel** apparaissait **le clocher** de Saint-Hilaire (Proust).

# 2 – LES TROIS COMPLÉTIVES

## A – LA COMPLÉTIVE PAR « QUE »

### a) Ses fonctions

Introduite par la conjonction de subordination *que,* cette subordonnée est appelée, par ellipse, **complétive par *que.*** Elle joue essentiellement un rôle de **complément d'objet** et équivaut à un simple c.o.d. :

> *Je souhaite* (quoi ?) / ***que tu réussisses*** (= *ton succès :* c.o.d.).

Mais, proposition **substantive,** elle peut avoir d'autres fonctions :

- **sujet,** et même **sujet inversé,** ou même encore **sujet réel :**

> ***Qu'elle vienne*** (= *Sa venue*) / *me surprendrait* (sujet).
> *De toi seul dépend* / ***qu'elle vienne*** (sujet inversé).
> *Il faut (il importe, il est nécessaire)* / ***qu'elle vienne*** (sujet réel).

**N.B.** Sujet inversé encore, après un verbe ***être*** (et non attribut du sujet, comme il est dit parfois, à tort) ; c'est l'attribut qui est en tête :

> *L'essentiel est* / ***qu'elle arrive vite.***

- **apposée** (à un **nom ;** à un **pronom :** d'annonce si elle le suit ; de reprise si elle le précède ; à *voici* et à *voilà*) :

> *Je constate* ***un fait*** (une chose), / ***que tu es plutôt paresseux.***
> *Je* ***le*** vois bien, / ***que tu es malheureux.***
> *Que tu sois malheureux,* / ***cela*** *me peine beaucoup.*
> ***Que tu aies échoué,*** / ***voilà*** *une mauvaise surprise.*

- **complément de nom :**

> *Elle garde l'****espoir*** / ***qu'il guérira*** (= *de sa guérison*).

- **complément d'adjectif qualificatif :**

> *Je suis* ***certain*** / ***que tu réussiras*** (= *de ta réussite*).

**Remarques**

**a)** Quand elle est c.o.d., elle peut être précédée d'un **attribut du c.o.d. :**

> *Je tiens* ***pour sûr (pour certain)*** / ***qu'elle reviendra vite.*** (= *Je tiens son prompt retour pour sûr*).

**b)** Quand elle est **sujet inversé** (et non attribut) après un verbe *être,* ce verbe peut être précédé d'un *ce (c')* **explétif :**

> *Mon principal souci,* **c'***est* / ***que tu réussisses dans la vie.*** (= *Ta réussite est mon principal souci*).

**c)** Noter l'équivoque possible, selon que *il* est **neutre** (et sujet apparent) ou **masculin** (et sujet : *Pierre, Paul...*), dans :

> *Il* (neutre) *est certain* / ***que tu triches*** (sujet réel).
> *Il* (m.) *est certain* / ***que tu triches*** (c. de l'adjectif).

## b) Sa place

On constate que, suivant sa fonction, la complétive par *que* suit, précède, ou coupe la proposition (principale ou non) dont elle dépend :

> *Nous espérons /* ***que vous viendrez*** (c.o.d.).
> ***Que vous veniez nous voir*** (sujet) / *nous ferait grand plaisir.*
> *L'idée /* ***que tu reviennes bientôt*** (c. de nom) / *me comble d'aise.*

## c) Son verbe

Le verbe de la complétive par *que* se met :

• à l'**indicatif,** pour exprimer un fait réel :

> *Je pense / que vous m'****avez compris(e).***

• au **conditionnel,** avec une supposition (exprimée ou non) :

> *Je crois / qu'****il réussirait*** *(s'il travaillait plus).*

• au **subjonctif,** après des verbes de volonté, de sentiment, des locutions impersonnelles, des tours négatifs et interrogatifs, et quand elle est lancée en tête (avec ou sans pronom de reprise) :

> *Je veux / que* ***tu viennes.*** *– Je m'étonne / qu'****elle mente*** *souvent.*
> *Il faut (il se peut, il vaut mieux ...) / que* ***je parte*** *demain.*
> *Je ne pense pas / qu'****il vienne.*** *– Crois-tu / qu'****elle revienne ?***
> *Que* ***vous soyez*** *sains et saufs / (cela) nous réjouit le cœur.*

**Remarques**

**a)** Après un verbe de **crainte,** le verbe de la complétive par *que* peut s'accompagner d'un *ne* explétif (et non négatif) :

> *Je crains fort / qu'elle* ***ne*** *parte* (= *qu'elle parte*).
> (cf. *Je crains / qu'elle* ***ne*** *parte* ***pas*** [négatif !].)

**b)** L'emploi du mode « juste » permet d'exprimer des nuances :

> *Je dis / qu'****il part*** (affirmation). – *Je dis / qu'****il parte*** (ordre).

**c)** Elle peut être **très elliptique :**

> *Je prétends /* ***que oui ;*** *elle soutient /* ***que non.***

... Et aussi dépendre d'une proposition elliptique :

> ***Quel dommage*** */ que tu partes si vite !*

**d)** Après certains verbes *(consentir, veiller, s'indigner, se glorifier...), que* **peut** (et parfois **doit**) **être remplacé** par *à ce que, de ce que :*

> *Son père consent / que* ***(à ce que)*** *je parte en voyage.*
> *Je m'inquiète /* ***de ce qu'****elle ne soit pas encore rentrée.*

**e)** Attention à la terrible règle de la concordance des temps (voir p. 171) :

> *Je veux / que* ***tu viennes.*** *– Je voulais / que* ***tu vinsses.***
> *Qu'****il soit*** *là / me ravit. – Qu'****il fût*** *là / me ravissait.*

# EXERCICES

**158.** *Relevez les complétives par «que» et dites leur fonction exacte.*
1. Et moi, je vous soutiens que mes vers sont fort bons (Molière).
2. Je conclus qu'il faut qu'on s'entraide (La Fontaine).
3. Il est vrai que nos noms ne sauraient plus périr (Corneille).
4. Et que le ciel soit bleu, cela suffit à Jeanne (Hugo).
5. Mieux vaut que nous en restions là, vous et moi (Bernanos).
6. Je crois que le voici ... je crains qu'il ne vous ait entendu (Lesage).
7. Il serait désirable, maintenant, que le mariage eût lieu au plus tôt (Zola).
8. Pas un instant ne me survint l'idée que j'eusse pu mener une existence différente ni qu'on pût vivre différemment (Gide).

**159.** *Même exercice.*
1. Mais il me semble, Agnès, si ma mémoire est bonne,
   Que j'avais défendu que vous vissiez personne (Molière).
2. Va, tu sais à présent que Gallus est un sage (Heredia).
3. Il faut que je le voie, que je lui parle, qu'il me pardonne et que je répare tout (Alain-Fournier).
4. Elle m'a dit que oui et qu'elle me comprenait (Camus).
5. Le vrai est qu'il y a des abus (Mauriac).
6. Il lui sembla que Luce pouffait derrière sa serviette en écran (Genevoix).
7. C'est un méchant et un menteur, indigne qu'on le croie (Mérimée).
8. «Je veux que tu te reposes.
– Mon avis, à moi, est que nous déjeunions et que nous partions.» (Diderot)

**160.** *Même exercice; et dites la voix, le mode et le temps de leur verbe.*
1. Il n'était pas besoin qu'ils trouvassent un Bœuf (La Fontaine).
2. Le père Rouault disait qu'il n'aurait pas mieux été guéri par les premiers médecins d'Yvetot ou même de Rouen (Flaubert).
3. J'ai eu le malheur de vous offenser, et je comprends qu'il est difficile que vous l'oubliiez (Courier).
4. Mes professeurs croyaient tout convenu que je devinsse professeur (Giraudoux).
5. Edgar s'attendait à ce que se produisît quelque chose d'encore plus merveilleux (Peisson).
6. Ce matin-là, ma chère maman veilla, selon son habitude, à ce que mon cou et mes oreilles fussent débarbouillés et mes leçons repassées (France).
7. Il est possible que j'aie été giflé un peu plus tard; je l'avais mérité (Calet).

**161.** *Même exercice.*
1. Elle trouvait également impossible que son mari eût parlé, et qu'il n'eût pas parlé (Mme de Lafayette).
2. Qu'il soit arrivé à trouver la réponse aux questions les plus angoissées de son adolescence, qu'il ait atteint la paix, qu'il ait découvert une raison de vivre et d'agir, je ne le nie pas (Larbaud).
3. De lui seul dépendait qu'elle passât une bonne ou une mauvaise journée (Troyat).
4. Un domestique entra, apportant une lampe : madame de Marsan dit qu'elle n'en voulait pas, et qu'on la mît dans le salon (Musset).
5. J'attendis un moment, puis, certain qu'il était parti, j'allai vers le banc (Bosco).

**162.** *Révisions.*
*Nature et fonction des mots ou groupes en gras.*
1. [« Il **me** semble que M. Turcaret devrait bien être de retour, **Lisette.**
– Il faut qu'il lui **soit survenu** quelque nouvelle **affaire.** »] (Lesage)
2. [**Ma seule consolation,** quand je montais me coucher, était que maman viendrait **m'embrasser,** quand je serais **dans mon lit**] (Proust).
3. L'idée qu'il **s'était trouvé** au feu lui paraissait **déconcertante,** un peu saugrenue (Gracq).
4. [« Je **vous** dis que si.
– Je vous dis que non.
– Taisez-vous, **La Feuillade.** »] (Mme de Sévigné)
5. **Cela** me serrait le cœur qu'il s'amusât ainsi (Daudet).
6. [Et aussitôt l'espoir lui vint que l'homme la remettrait **en liberté**] (Pergaud).

**163.** *Même exercice.*
1. « Il faut que je **sois parti** dans vingt-cinq **minutes** », s'empressa d'avouer **Antoine** (Martin du Gard).
2. [Que tu ne veuilles pas rire **avec moi,** je le comprends] (Audiberti).
3. Il est bon que tu saches qu'il fit la fortune de notre famille par son travail, sa **persévérance,** et sa probité (Pourtalès).
4. [« Des cerises ! s'écria Georges. Quel malheur que je n'aie pas **d'argent** pour **en** acheter ! »] (France)
5. Reste que ce sont les mêmes bâtiments **de pierre grise** (Pourrat).
6. Eh bien, oui ! Oui ! Je tremble qu'il ne passe encore **quelqu'un** (Cocteau).
7. Félicité n'**en** tira aucun orgueil, ne se doutant même pas qu'elle eût rien fait d'**héroïque** (Flaubert).

**164.** *Révisions.*
*Analyse logique des phrases entre crochets des exercices 162 et 163.*

# B – LA COMPLÉTIVE INFINITIVE

## a) Sa fonction, son aspect

Comme la complétive par *que,* la subordonnée infinitive est une **complétive,** qui joue un rôle de **complément d'objet :**

> *J'entends* (quoi ?) / ***sangloter les fontaines*** (Fort).
> (= *J'entends* [quoi ?] *le sanglot des fontaines*).

Mais, contrairement à la complétive par *que,* aux nombreuses fonctions, l'infinitive ne peut être que **c.o.d.**

## b) Son verbe

Il est essentiellement à l'**infinitif présent actif,** quel que soit le **temps** du verbe dont elle dépend :

> *J'entends (j'entendrai, j'entendis) / le vent* ***souffler*** *très fort.*

**N.B.** L'infinitif **pronominal** prend même parfois l'aspect de l'**actif :**

> *Envoie cet homme* ***promener.*** *– Faites /* ***taire*** *ces galopins.*

**Remarques**

**a)** Elle n'est introduite par **aucun subordonnant :**

> *J'entendais /* ***mon père chantonner dans son bain.***

**b)** On rencontre la complétive infinitive après des verbes de **sensation** *(voir, entendre, sentir...),* après des **semi-auxiliaires** *(faire, laisser),* après *voici :*

> *Ils écoutent /* ***le bon pain cuire*** (Rimbaud).
> *Faites /* ***entrer vos élèves.*** *– Voici /* ***venir l'hiver.***

**c)** Son **sujet,** un **nom** (ou son groupe, ou son équivalent), est très souvent **inversé :**

> *On entendit /* ***minuit sonner*** (ou : *sonner minuit*).
> *On vit /* ***quelqu'un s'enfuir*** (ou : *s'enfuir quelqu'un*).

**d)** Quand c'est un **pronom personnel** ou **interrogatif,** il **précède** même le verbe qui gouverne la complétive :

> *Tu* ***la*** *verras* ***passer ce soir.*** *–* ***Qui*** *as-tu vu* ***passer ce matin ?***

**e)** Quand c'est un **pronom relatif** on a une relative + une infinitive :

> *Voilà le merle /* ***que*** *j'entends siffler tous les matins.*
> *que :* sujet de *siffler* et c.o.d. de *entends;* cf. p. 113.

**N.B.** Le sujet (sujet vague) est parfois **omis :**

> *J'entends /* ***chanter dans le jardin*** (= *quelqu'un chanter*).

D'où l'équivoque possible dans une phrase comme :

> *Laisser /* ***gronder les méchants.***

*méchants* est peut-être **sujet inversé** de *gronder : Laissez / les méchants gronder;* mais il peut être **c.o.d.** avec sujet omis : *Laissez / (quelqu'un) gronder les méchants.*

# EXERCICES

**165.** *Relevez les complétives infinitives; faites toutes remarques utiles concernant leur verbe et leur sujet.*
1. J'ai fait parler le loup et répondre l'agneau (La Fontaine).
2. Modérez ces transports, voici venir l'Infante (Corneille).
3. Messeigneurs, dans ses yeux j'ai vu luire une flamme (Hugo).
4. Il la vit traverser d'un pas raide la zone éclairée et disparaître dans l'ombre, sans s'être retournée. Alors il laissa retomber la porte (Martin du Gard).
5. Sylvie, que j'avais vue grandir, était pour moi comme une sœur (Nerval).
6. Il la fit asseoir, la questionna, fut étonné de son langage pur (Giraudoux).
7. Il portait une petite boîte qu'il me dit être une ruche (Duhamel).
8. Les odeurs la font évanouir (Hériat).

**166.** *Même exercice.*
1. Laissez dire les sots : le savoir a son prix (La Fontaine).
2. Tremblez, tremblez, méchants, voici venir la foudre (Corneille).
3. Voilà. J'aime beaucoup faire rire les femmes (Hugo).
4. Cela la fit rire aux larmes (Daudet).
5. On entendait piaffer dans l'ombre (Bosco).
6. Il envoya durement coucher ses autres enfants (Diderot).
7. Je brûlais d'être de ces bataillons que je voyais défiler (Stendhal).
8. On entendait rire, crier, gémir les chameaux, aboyer les chiens, braire les ânes, hennir les mulets (Aveline).
9. On n'entend point parler haut, rire, chanter, comme dans les villes italiennes (Mérimée).

**167.** *Révisions.*
*Nature et fonction des mots ou groupes en gras.*
1. **La nuit,** il ne dormait pas; je **l'**entendais marmotter entre ses dents, puis subitement sauter à bas du lit et marcher **à grands pas** dans la **chambre** (Daudet).
2. Sous la châtaigneraie trempée par **les premières pluies d'automne,** on vit s'avancer Mme Lepoiroux et **son fils** (Boylesve).
3. Le facteur allait **en zigzag** d'un trottoir **à l'autre;** il semblait ivre **de beau temps,** la rue n'était pas assez **large.** Il ne se hâtait guère, il regardait décacheter chaque **enveloppe,** et chaque **nouvelle** passer du **secret** à un jour aveuglant (Giraudoux).
4. Ils n'entendirent pas **les enfants** se précipiter vers la mer, hisser les voiles, lever l'ancre et cingler vers le large à la poursuite **des voleurs dont** la voile blanche était déjà loin (Prévert).

# C – LA COMPLÉTIVE INTERROGATIVE

## a) Ses fonctions, sa présentation

**1)** Comme la complétive par *que* et comme la complétive infinitive, la subordonnée complétive interrogative joue un rôle essentiel de **c.o.d. :**

> *Dis-moi* (quoi ?) / ***qui tu hantes*** *(= tes fréquentations),*
> *je te dirai* (quoi ?) / ***qui tu es*** *(= ta personnalité).*

• Elle peut être lancée en tête, avec ou sans **pronom de reprise :**

> ***Pourquoi tu as agi ainsi,*** */ je me* ***(le)*** *demande.*

• Elle peut être aussi **sujet,** et même **sujet réel** (d'un verbe impersonnel) :

> ***Pourquoi tu as agi ainsi*** */ ne nous regarde pas.*
> *Il m'a été souvent demandé /* ***pourquoi tu as agi ainsi.***

**2)** Le français interroge soit **directement,** soit **indirectement :**

> *Qui es-tu ?* (direct). – *J'aimerais savoir / qui tu es* (indirect).

• L'interrogation **directe** (en **indépendante** ou **principale**) se fait :
– soit **avec un mot interrogatif** (pronom, adjectif, adverbe) :

> ***Qui*** *va là ?* – ***Quel*** *temps fait-il ?* – ***Comment (où, quand)*** *pars-tu ?*

– soit **sans mot interrogatif,** à l'aide des trois procédés suivants : l'inversion, le gallicisme *est-ce que ?,* ou la simple intonation :

> *Viendras-tu ? – Est-ce que tu viendras ? – Tu viendras ?*

C'est-à-dire, au total, six possibilités.

• L'interrogation dite **indirecte** (en **subordonnée complétive**) modifie comme suit ces six façons de faire :

> *J'ignore* (quoi ?) / 1) ***qui va là ;*** 2) ***quel temps il fait ;*** 3) ***comment (où, quand) tu pars ;*** 4) 5) et 6) ***si tu viendras.***

**Remarques**

Dans le passage de l'interrogation directe à l'interrogation indirecte :
**a)** L'**inversion du sujet** disparaît généralement :

> *Qui es-tu ? – Dis-moi /* ***qui tu es.***

Mais pas toujours :

> *D'où vient ce bruit ? – Dis-moi /* ***d'où vient ce bruit.***

**b)** Le **point d'interrogation** disparaît, sauf si la principale est elle-même interrogative :

> *Dis-moi /* ***quel prénom elle a.*** – *Sais-tu /* ***quel prénom elle a ?***

**c)** Les trois procédés **sans mot interrogatif** (inversion du sujet, gallicisme, intonation) donnent le seul et même **adverbe interrogatif** *si :*

> *Je me demande /* ***si*** *tu viendras demain.*

**d)** Les mots interrogatifs (pronoms, adjectifs, adverbes) restent tels quels, sauf les pronoms **neutres** *que? qu'est-ce qui? qu'est-ce que?* qui deviennent *ce qui* ou *ce que :*

*Que se dit-il? (Qu'est-ce qui se dit?). – Dis moi / **ce qui** se dit.*
*Que fais-tu? (Qu'est-ce que tu fais?). – Dis-moi / **ce que** tu fais.*

**N.B. 1)** L'adverbe interrogatif *comment* peut devenir *comme :*

*Regarde / **comment** je fais; regarde / **comme** je fais.*

**2) Attention!** Il ne faut pas confondre :

- *si* adverbe interrogatif (indirect) et *si* conjonction de condition :

*Dis-moi / **si tu viens.** – **Si tu viens** / je serai content.*

- *ce qui* et *ce que* interrogatifs (indirects) et *ce qui, ce que* relatifs (voir p. 77 et 80) :

*Dis-moi / **ce que** tu fais demain (cf. **Que** fais-tu demain?).*
***Ce qui** se passe là m'intéresse. – **Ce que** tu fais là m'intéresse.*

## b) Son aspect

**1)** La complétive interrogative peut prendre une valeur **exclamative :**

*Tu sais / **combien (comme) je t'aime!***

**2)** Interrogative ou exclamative, elle peut être **elliptique :**

*Elle ne m'a pas répondu; je n'ai jamais su / **pourquoi.***

Cela est très fréquent dans l'interrogation double :

*J'ignore / s'il a gagné / **ou perdu.** – Dis-nous / quand tu pars / **et comment.** – Dis-moi / si tu aimes le poisson / **ou non.***

**3)** Elle est parfois **seule exprimée,** la principale étant omise, dans les titres de chapitres de certains livres, ou dans un dialogue :

***Ce que deviendra le globe*** (Verne).
*« Vous aimez la musique? – **Si je l'aime!** »* (Lesage)

**N.B.** Essentiellement c.o.d., on peut la rencontrer **jumelée** avec un nom c.o.d. ou avec une complétive par *que* c.o.d. :

*J'ignore **ses intentions** / et **quand il s'en ira.***
*Je sais très bien / **que tu l'as fait** / et **quand tu l'as fait***

## c) Son verbe

Le verbe de la complétive interrogative se met :

- À l'**indicatif,** quand le fait est envisagé dans sa réalité :

*J'ignore / qui **il est,** / ce qu'**il fait** / et comment **il se nomme.***

- Au **conditionnel,** s'il y a supposition (exprimée ou non) :

*J'ignore / ce qu'elle **ferait (aurait fait, eût fait)** si ...*

- À l'**infinitif,** quand il exprime une délibération, une hésitation :

*Elle ne savait / que **dire,** / que **faire,** / à qui **se fier,** / où **aller.***

# EXERCICES

**168.** *Relevez les complétives interrogatives ; dites leur fonction, la nature du mot qui les introduit, le mode de leur verbe.*
1. Et Clara d'Ellébeuse n'a jamais bien su qui fut cette personne (Jammes).
2. Je me demandais quel palais elle habitait, dans quels jardins délicieux elle se promenait (France).
3. Demande-lui où il est né, s'il a voyagé à l'étranger (Dhôtel).
4. Et il se taisait, ne sachant par où commencer (Martin du Gard).
5. Edmond, en revenant du lycée, entrait dans la cuisine et demandait ce qu'on aurait pour le déjeuner, pour le dîner (Maurois).
6. Accusé, le tribunal ne vous demande ni comment on vous a nommé, ni ce que vous avez été, mais comment on vous nomme, et ce que vous êtes (Hugo).

**169.** *Même exercice.*
1. Jamais le Commandant ne sut qui avait allumé le feu, ni comment le petit enfant était venu dans la maison de la colline (Genevoix).
2. Au carrefour Tolbiac-Italie, Gonzague hésita : il ne savait que faire ni où aller (Bazin).
3. Mais Antoine ne sait pas qui l'a tiré de son sommeil, ni même exactement où il est (Supervielle).
4. Je ne me souciais plus de savoir si je reviendrais un jour à la vie normale (Dhôtel).
5. Puis elle me demanda d'où je venais, où j'allais, et ce que je voulais (Audoux).
6. Tout d'abord et pas plus l'un que l'autre, nous ne sûmes quoi dire (Perret).

**170.** *Relevez les complétives interrogatives ; dites leur fonction ; faites toutes remarques utiles (place, nuance exclamative, ellipses, jumelages...).*
1. « Je veux savoir, Seigneur, si vous m'aimez.
   – Si je vous aime ? O dieux ! » (Racine)
2. Il faut voir quel émoi dans la maison (Daudet) !
3. Comment le théâtre se constitua, quelle fut la vie mouvementée de nos amis, nous l'apprendrons un jour (Dhôtel).
4. On chassa jusqu'au jour, même après qu'on eut oublié qui l'on chassait et pourquoi (Bory).
5. Quand et comment je quittai la véranda pour me mettre en marche, je ne sais (Kessel).
6. Si vous saviez comme il est bête, comme il est orgueilleux et froid (Duhamel) !
7. J'écrivis à M. de Grignan, vous pouvez penser sur quel ton (Mme de Sévigné).

**171.** *Même exercice.*
1. «Aimez-vous votre enfant?
– Si je l'aime, le petit sauvage? J'en suis fou.» (Diderot)
2. On ignore absolument la suite des princes africains depuis Didon, et comment ils perdirent leur puissance (Montesquieu).
3. Comment Candide fut élevé dans un beau château, et comment il fut chassé d'icelui (Voltaire).
4. Quel fut le motif de la querelle, ce jour-là, le village ne le sut jamais exactement (Renard).
5. Rien, rien n'avait d'importance et je savais bien pourquoi. Lui aussi savait pourquoi (Camus).
6. Qui avait planté ce cerisier, il ne s'en souvenait plus (Dhôtel).
7. Je ne savais plus ni qui, ni où j'étais (Gide).

**172.** *Révisions.*
*Analyse logique des phrases ou extraits entre crochets.*
1. [Je sais ce que je suis, et que mon père est mort] (Corneille).
2. [Je veux être pendu si je sais que lui dire] (Hugo).
3. Si Tistet Védène était content en sortant de la grande salle, avec quelle impatience il attendit la cérémonie du lendemain, je n'ai pas besoin de vous le dire (Daudet).
4. Je lui demandai s'il venait de Québec, et il me répondit qu'il venait de Civray (Perret).
5. [Je me rappelai qu'Olivier devait être au théâtre. Je savais à quel théâtre et dans quelle compagnie] (Fromentin).
6. [J'avais l'impression qu'il avait quelque chose à m'annoncer et ne trouvait pas en quels termes le faire] (Proust).

**173.** *Révisions.*
*Nature et fonction des mots ou groupes en gras.*
1. [«**Monsieur,** dit **le médecin,** puis-je savoir **qui** j'ai l'honneur d'avoir **pour hôte?»**] (Balzac)
2. Je ne savais pas si j'aimais ou haïssais **ce petit homme brun,** aux joues bleues, **savant** et bouffon (France).
3. On pouvait voir à travers sa barbe combien il **eût été** laid **sans barbe** (Renard).
4. [**L'idée,** par exemple, que je suis **seul** à connaître ce que tout le monde cherche et que j'ai chez moi un objet qui fait courir en vain **trois polices** est purement **délicieuse**] (Camus).
5. [Désiré ne se rappelait plus combien de fois il avait regardé **les appareils allemands** atterrir ou décoller] (Kessel).
6. [Je laisse à penser **de quelle façon** me reçut **Tante Martine**] (Bosco).

**174.** *Révisions.*
*Analyse logique des phrases entre crochets du n° 173.*

# 3 – LES SEPT CIRCONSTANCIELLES

## A – LA TEMPORELLE

### a) Sa fonction, sa valeur

La subordonnée circonstancielle de temps (ou temporelle) a, dans la phrase, le même rôle, la même fonction, qu'un **complément circonstanciel de temps** (nom ou équivalent) dans la proposition (voir p. 38) :

*Je rentre / **quand le jour tombe** (= à la tombée du jour).*

Mais au lieu d'exprimer la date ou la durée, elle précise que l'action de **la proposition dont elle dépend** (généralement la **principale**) a lieu :

**a) en même temps qu'elle** (nuance : **simultanéité**), et elle est introduite par : *quand, lorsque, au moment où, pendant que, comme, tandis que, tant que, toutes les fois que, chaque fois que, alors que, du temps que... :*

*Elle sort volontiers / **quand (lorsque)** il fait beau.*

**b) avant elle** (nuance : **antériorité**), et elle est introduite par : *avant que, en attendant que, jusqu'à ce que, jusqu'au moment où... :*

*Je te téléphonerai / **avant que** tu partes en voyage.*

**c) après elle** (nuance : **postériorité**), et elle est introduite par : *après que, dès que, aussitôt que, depuis que, une fois que... :*

*J'irai te voir / **après que (dès que)** tu seras revenu(e).*

**Remarques**

**a)** Elle **précède, suit** ou **coupe** la proposition dont elle dépend :

***Quand j'aurai fini,*** */ je ferai un tour au jardin.*
*Il regagna son gîte /* ***comme la nuit tombait.***
*Ce chien était, /* ***lorsque je l'eus,*** */ tout jeune et mal dressé.*

**b)** Avec *une fois* (mis pour *une fois que*), elle est **elliptique :**

***Une fois dehors*** *(= une fois qu'il fut dehors), / il respira.*

**c)** La proposition dont elle dépend est parfois **omise :**

*« Nous partons ? –* ***Quand tu voudras. »*** (dialogue)
***Quand je te disais / qu'il trichait !*** (style exclamatif)

**d)** Avec *avant que,* on peut avoir un *ne* **explétif** (et non négatif) :

*Je t'appellerai / avant que tu* ***ne*** *partes.*

**e)** Elle peut commencer par la seule conjonction *que :*
– pour éviter une **répétition** de conjonction ou de locution :

*Dès qu'il fait beau /* ***et que j'ai un moment,*** */ je sors.*

– pour **abréger** *lorsque, avant que* ou *alors que :*

*Il n'avait pas fait dix pas /* ***qu'il s'arrêta*** *(= lorsque).*
*Il ne partira pas /* ***que tu ne l'aies pardonné*** *(= avant que).*
*Je t'ai connu(e) /* ***que tu n'étais qu'un bébé*** *(= alors que).*

## b) Son verbe

Le verbe de la subordonnée temporelle peut être :

- à l'**indicatif** (fait réel) :

> *Il sort (sortait, sortit, sortira) / quand il* ***a (avait, eut, aura) terminé*** *son travail.*

- au **conditionnel** (fait éventuel) :

> *Ce lit pliant nous servirait / quand des amis* ***viendraient.***

- au **subjonctif** (fait pensé) :

> *Je pars / avant qu'elle (ne)* ***soit*** *de retour.*

**N.B.** Au subjonctif, bien veiller à la concordance **des temps** (voir p. 171) :

> *Je partis / avant qu'****elle*** *(ne)* ***fût*** *de retour.*

**Remarques**

**a)** Dans le style familier, la temporelle use volontiers des **temps surcomposés :**

> *Quand il* ***a eu (avait eu, eut eu, aura eu) fini*** *son travail...*
> *Avant qu'il* ***ait eu (eût eu) fini*** *son travail...*

**b) Attention !** Ne pas confondre *après que (= quand),* qui gouverne l'indicatif, et *avant que,* qui gouverne le subjonctif :

> *Après qu'il* ***eut fini ...*** ▶ indicatif passé antérieur.
> *Avant qu'il* ***eût fini*** *(Avant qu'il* ***ait fini****)* ... ▶ subjonctif plus-que-parfait, ou subjonctif passé, selon la concordance des temps.

Mais, par analogie, *après que* tend, hélas ! à subir l'attraction de *avant que,* et à gouverner le subjonctif ! Évolution de l'usage pourtant contraire à la logique grammaticale qui impose d'employer le mode du **réel,** l'indicatif, pour une action **réalisée** (dans le passé, le présent ou l'avenir), et le mode du **doute,** le subjonctif, pour une action seulement **réalisable,** ce qui justifie son emploi avec *avant que.*

# EXERCICES

**175.** *Relevez les circonstancielles de temps, tirées de quelques proverbes, et aussi de «pensées» d'auteurs (sérieuses ou humoristiques).*

**1.** Quand le vin est tiré, il faut le boire.
Quand on parle du loup, on voit sa queue.
Quand il pleut sur le curé, il dégoutte sur le vicaire.
Quand le diable est vieux, il se fait ermite (proverbes).
**2.** Quand mes amis sont borgnes, je les regarde de profil (Joubert).
**3.** Quand Paris est souffrant, tout le monde a mal à la tête (Hugo).
**4.** Quand la paresse rend malheureux, elle a la même valeur que le travail (Renard).
**5.** Quand on ne travaillera plus les lendemains des jours de repos, on aura fait un grand pas dans la civilisation des loisirs (Dac).
**6.** Quand quelqu'un dit : «Je me tue à vous le dire», laissez-le mourir (Prévert).

**176.** *Relevez les subordonnées circonstancielles de temps ; dites si l'action de la principale exprime la simultanéité, l'antériorité ou la postériorité par rapport à la subordonnée temporelle.*

1. Je n'ai plus d'ennemis quand ils sont malheureux (Hugo).
2. Même quand elle marche, on dirait qu'elle danse (Baudelaire).
3. Elle se mettait à lire dès qu'elle était rentrée (Larbaud).
4. Écoutez ce récit avant que je réponde (La Fontaine).
5. Nous arrivâmes à la ferme de Roquevaire au moment où le soleil surgissait de la colline (Pagnol).
6. Tu ne peux te figurer comme il était charmant avant que la vie qu'il menait l'eût épuisé (Renard).
7. Au moment où Grange allait se coucher, Moriarmé téléphona (Gracq).
8. Dès que j'eus les deux pieds posés sur le sol, mon cœur se mit à battre (Mac Orlan).

**177.** *Relevez toutes les temporelles ; et dites les voix, mode et temps de leur verbe.*

1. Je marchai derrière elle à travers les genêts fleuris et les touffes de bruyère, jusqu'à ce que nous eussions gagné le hameau (Nodier).
2. Quand la jeune femme eut pénétré dans la salle à manger, elle vit le chien qui léchait résolument la vitre du portrait de son mari (Supervielle).
3. Elles n'avaient pas marché cinq minutes qu'elles furent arrêtées par de beaux fraisiers (Aymé).
4. Je ne te lâche pas que tu ne m'aies pardonné (Mérimée).
5. Nous allâmes ainsi saluer l'aurore avant même que le vitrier eût poussé son cri, juste après que le chiffonnier eut traîné ses poubelles (Perret).

**178.** *Relevez toutes les temporelles ; faites toutes remarques utiles.*

1. Dès lors que ce dessein fut su de l'alouette :
   « C'est ce coup qu'il est bon de partir, mes enfants. » (La Fontaine)
2. La vue de la petite madeleine ne m'avait rien rappelé avant que je n'y eusse goûté (Proust).
3. Quand je ramasse des coquillages et que j'y trouve des perles, j'extrais les perles et je jette les coquillages (Renard).
4. Je t'ai conté mes péchés, tu ne sortiras pas d'ici que tu ne m'aies conté les tiens (Voltaire).
5. Il ne sera pas content qu'il ne vous ait ruiné (Molière).
6. Il fut convenu qu'elle viendrait me reprendre dans une couple d'heures, après que les chevaux se seraient reposés dans l'écurie d'une des fermes (Gide).
7. Quand vous aurez fini de faire le pitre (Prévert) !

**179.** *Révisions.*
*Analyse logique des phrases ou extraits entre crochets.*
1. [J'avais déjà commencé à manger lorsqu'il est entré une bizarre petite femme qui m'a demandé si elle pouvait s'asseoir à ma table] (Camus).
2. [Lorsqu'il faisait noir, que les chiens de la ferme voisine commençaient à hurler et que le carreau de notre petite cuisine s'illuminait, je rentrais enfin] (Alain-Fournier).
3. Quand M. Godeau recevait ou donnait à dîner, il arrivait que Julie ne parût pas au salon (Musset).
4. [Un raseur est un homme qui parle sans arrêt de lui quand j'ai envie sans arrêt de parler de moi] (Guitry).
5. La conversation est un jeu de sécateur où chacun taille la voix du voisin aussitôt qu'elle pousse (Renard).

**180.** *Même exercice.*
1. [J'écoutais ses chants mélancoliques, qui me rappelaient que dans tout pays le chant naturel de l'homme est triste, lors même qu'il exprime le bonheur] (Chateaubriand).
2. [Le jour se levait, qu'Augustin, dont ce fut assurément le plus long discours, parlait encore] ; et à peine le premier crépuscule eut-il fait pâlir la lampe et rendu les objets visibles, qu'il alla vers la fenêtre se baigner le visage à l'air glacé du matin (Fromentin).
3. Là-dessus, M. Seguin emporta la chèvre dans une étable toute noire, dont il ferma la porte à double tour. [ Malheureusement, il avait oublié la fenêtre et à peine eut-il le dos tourné, que la petite s'en alla] (Daudet).

**181.** *Révisions.*
*Nature et fonction des mots ou groupes en gras.*
1. Le Sphinx : « Quel est **l'animal** qui marche sur quatre pattes **le matin,** sur deux pattes à midi, **sur trois pattes** le soir ?
Œdipe : – **L'homme,** parbleu ! qui se traîne à quatre pattes lorsqu'il est **petit,** qui marche sur deux pattes lorsqu'il est grand et qui, lorsqu'il est vieux, s'aide **avec la troisième patte** d'un bâton. » (Cocteau)
2. La première fois que je vis M. Pastoret, il roulait précisément une cigarette, et, chaque fois que j'évoque **ce curieux homme,** je vois pendre **de son gousset** le petit **cordon** rose du papier Job (Perret).
3. Lorsque **j'eus pleuré** tout mon saoul, je compris seulement quelle était **ma situation** (Bosco).
4. Tout **ceci** se passait avant que Lamiel **eût été appelée** au château (Stendhal).
5. **Il** marcha, trotta, sauta, galopa, jusqu'à ce que le soleil fût **au plus haut** du ciel (Vildrac).

# B - LA CAUSALE

## a) Sa fonction, sa valeur

La subordonnée circonstancielle de cause (ou causale) a, dans la phrase, le même rôle, la même fonction, qu'un **complément circonstanciel de cause** (nom ou équivalent) dans la proposition (voir p. 38) :

*Je frissonne / **parce qu'il fait froid** (= à cause du froid).*

Elle indique pourquoi, pour quelle raison (vraie ou fausse), se fait l'action exprimée par le verbe de la proposition dont elle dépend.
Elle est introduite par : *comme, puisque, parce que, du fait que, vu que, attendu que, du moment que, sous prétexte que, non que ... :*

*Tu auras une récompense / **puisque tu as bien travaillé.***

**Remarques**

**a)** Elle précède, coupe, ou suit la proposition dont elle dépend :

***Parce qu'elle a été sage,** / elle a eu une image.*
*Elle a eu, / **parce qu'elle a été sage,** / une belle image.*
*Elle a eu une image, / **parce qu'elle a été très sage.***

**b)** La proposition dont elle dépend peut être omise :

*« Pourquoi pleures-tu ? – **Parce que je souffre.** »* (dialogue)

**c)** Elle peut être elliptique :

*Elle est aimée de tous / **parce que très serviable.***

Et même très elliptique (réduite à *parce que* dans une réponse vive) :

*« Pourquoi as-tu fait ça ? – **Parce que !** »*

**d)** Elle peut commencer par la seule conjonction *que :*

- pour éviter une répétition de conjonction ou de locution :

*Puisqu'il fait beau / et **que** je suis libre, / sortons de la ville.*

- après une principale interrogative :

*Qu'a-t-elle donc, / **qu'**elle est si pâle, si triste ?*

- avec *c'est (c'est que), ce n'est pas (ce n'est pas que), non (non que) :*

*Si elle est triste, **c'est qu'**elle est malade.*
***Ce n'est pas qu'**elle soit malade, mais elle a du chagrin.*

**N.B. 1)** Ne pas confondre *car* (conjonction de coordination) et *parce que* (conjonction de subordination) :

*Je l'encourage / **car** il manque d'assurance* (2 indépendantes coordonnées).
*Je l'encourage / **parce qu'**il manque d'assurance* (1 principale + 1 causale).

**2)** Ne pas confondre *parce que* (2 mots) et *par ce que* (3 mots) :

*Je suis bien déçu(e) / **parce que** tu mens* (causale).
*Je suis bien déçu(e) **par ce** (les paroles) / **que** tu dis* (relative).

**3)** Ne pas confondre *comme* temporel et *comme* causal :

*Ils arrivèrent à l'étape / **comme le soir tombait*** (temps).
***Comme le soir tombait,** / ils décidèrent de s'arrêter* (cause).

## b) Son verbe

Le verbe de la subordonnée causale peut être :

- à l'**indicatif** surtout (la cause exprime généralement le « réel ») :

  *Nous sommes tous ravis, / **puisque tu es revenu(e).***

- au **conditionnel** (possibilité, éventualité) :

  *Ne suis pas ses conseils / parce que tu le **regretterais.***

- au **subjonctif** s'il exprime une cause présentée comme fausse, avec *non que, non pas que, ce n'est pas que :*

  *Ce n'est pas que je **craigne** l'effort, mais je suis prudent.*

**Remarques**

**a)** Au subjonctif, bien veiller à la **concordance des temps :**

*Non que je **craigne,** que je **craignisse,** que j'**aie craint,** que j'**eusse craint ...** l'effort, mais ...*

**b)** Si l'on remplace *que* par *parce que* après *non, non pas, ce n'est pas,* le verbe retrouve l'indicatif :

*Ce n'est pas parce que je **crains, craignais, craindrai ...***

# EXERCICES

**182.** *Relevez toutes les subordonnées circonstancielles de cause; faites toutes remarques utiles.*

**1.** Puisqu'on plaide et qu'on meurt, et qu'on devient malade,
Il faut des médecins, il faut des avocats (La Fontaine).
**2.** Tout vous est pardonné, puisque je vois vos pleurs (Voltaire).
**3.** Comme ils n'ont plus de sceptre, ils n'ont plus de flatteurs (Malherbe).
**4.** Je pars sans plaisir, simplement parce que j'ai assez d'ici, que je n'y peux plus vivre, et qu'il faut en finir (Larbaud).
**5.** Elle a mauvais teint parce qu'elle a mauvais sommeil. Elle a mauvais sommeil parce qu'elle a peur (Giraudoux).
**6.** Le canard partit d'un bon pas sans se retourner et, comme la terre est ronde, il se retrouva au bout de trois mois à son point de départ (Aymé).
**7.** J'étais hors de danger, du moment que je ne quittais pas les environs et que je restais cachée (Dhôtel).

**183.** *Relevez toutes les subordonnées causales ; dites leur place par rapport à la proposition dont elles dépendent, et soulignez leur subordonnant.*
1. Puisque je fais l'huissier, faites le commissaire (Racine).
2. Mademoiselle votre fille, où est-elle que je ne la vois pas (Molière) ?
3. « Cela ne se fait pas.
– Pourquoi ?
– Parce que c'est défendu. » (Maeterlinck)
4. Comme ils étaient toujours ensemble, cela avait fini par être remarqué (Bourliaguet).
5. Je me suis fait cuire des œufs et je les ai mangés à même le plat, sans pain parce que je n'en avais plus et que je ne voulais pas descendre pour en acheter (Camus).
6. Puisque je pars dans deux jours pour Munich, où il habite, tu auras la semaine prochaine tous les renseignements (Giraudoux).

**184.** *Relevez toutes les subordonnées causales ; faites toutes remarques utiles ; signalez les ellipses diverses.*
1. Enfin, comme sa bougie allait mourir, qu'elle était très lasse et qu'il faisait froid, elle se coucha dans le lit (France).
2. J'ai fait couper tous mes foins sous prétexte qu'ils étaient mûrs. Ils m'embêtaient (Renard).
3. Du moment que tu aspires aux bénéfices, prends les charges (Balzac).
4. Au-dehors, la rue se faisait plus silencieuse, parce que déserte (Mirbeau).
5. « Puisque je vous dis qu'on ne la croira pas.
– Racontez tout de même. » (Maupassant)
6. « Père, pourquoi mangez-vous du vilain pain comme cela ?
– Parce que, ma fille. » (Hugo)
7. Certainement que je vous aime, ... attendu que les honnêtes gens sont rares (Dumas) !

**185.** *Relevez toutes les subordonnées causales ; et indiquez les voix, mode et temps de leur verbe.*
1. Je ne voulais pas déjeuner chez Céleste comme d'habitude parce que, certainement, ils m'auraient posé des questions, et je n'aime pas cela (Camus).
2. Son âme fut inondée de bonheur, non qu'il aimât madame de Rênal, mais un affreux supplice venait de cesser (Stendhal).
3. Ce n'était pas que j'eusse oublié mon adolescence (Chadourne).
4. Il monta dans la voiture d'Amazan, parce que la sienne était dérangée par la secousse (Voltaire).
5. Ce n'est pas que Pierre Gringoire craignît monsieur le cardinal ou le dédaignât. Il n'avait ni cette faiblesse ni cette outrecuidance (Hugo).

**186.** *Révisions.*
*Analyse logique des phrases ou extraits entre crochets.*
**1.** [Les océans ne débordent pas parce que la providence a prévu cette catastrophe et mis des éponges dedans] (Allais).
**2.** Les cerisiers, dont nous ne cueillions pas les cerises parce qu'il y a un ver dans chacune d'elles, étaient pleins d'oiseaux (Renard).
**3.** [Comme il savait bien qu'il la mangerait, le loup ne se pressait pas ; seulement, quand elle se retourna, il se mit à rire méchamment] (Daudet).
**4.** Trois fois par semaine, mon père donne quelques leçons au fils de ce jardinier, et, comme l'enfant est maladif, sort peu, on a demandé que je vinsse lui tenir compagnie de temps en temps (Vallès).
**5.** [Puisque je vous dis que je suis son père ! son père !] (Salacrou)

**187.** *Même exercice.*
**1.** Un poète s'assit un jour à une table pour écrire un conte. [Aucune idée ne lui venait, mais il était joyeux, parce que le soleil éclairait un géranium sur la croisée, et qu'au milieu de la croisée, ouverte et bleue, une mouche volait] (Jammes).
**2.** La distribution des prix avait lieu le 13 juillet. [Mon père exigeait que je restasse encore à Villeneuve le 14. D'abord, parce qu'il était républicain et que le 14 juillet, à ses yeux, était la fête de famille de tous les Français]. Ensuite, parce qu'il aimait le feu d'artifice (Guth).
**3.** Comme il eut peur, cependant, que cette vue ne le rendît plus triste encore, il s'en revint tout droit chez lui (Flaubert).

**188.** *Révisions.*
*Nature et fonction des mots ou groupes en gras.*
**1.** « Et pourquoi avez-vous refusé de les recevoir ? dit **Germain** avec **humeur.** On est donc **bien méfiant** dans ce pays-ci, qu'on n'ouvre pas la porte **à son prochain ?** » (Sand)
**2.** Parmi les destinées qui m'**ont été prédites** naguère à la lecture **de mes bulletins trimestriels,** figurait celle **de balayeur de rues.** Mes parents ne se doutaient pas à quel point je souhaitais que leur prédiction **se réalisât,** et que **le plus tôt** eût été le mieux (Perret).
**3.** Ce n'était point qu'il **fût maltraité. Jérôme** le fermier et Martine, **sa femme,** ne perdaient leur temps ni à le battre ni à l'embrasser. Ils trouvaient seulement **juste** qu'à bouche inutile correspondît un **estomac** vide (Pineau).
**4.** Comme je complimentais Marthe **sur ses aquarelles,** elle **me** répondit modestement que c'étaient **des études** (Radiguet).

# C – LA CONSÉCUTIVE

## a) Sa fonction, sa valeur

La subordonnée circonstancielle de conséquence (ou consécutive) a, dans la phrase, le même rôle, la même fonction, qu'un **complément circonstanciel de conséquence** (nom ou équivalent) dans la proposition (voir p. 44) :

> *Il a gagné /* ***de sorte que chacun est heureux*** *(= à la satisfaction générale).*

Elle indique le **résultat** de l'action exprimée par le verbe de la proposition dont elle dépend.
Elle est introduite par :

- *de (telle) sorte que, de (telle) manière que, de (telle) façon que, en sorte que, au point que, si bien que, à telle(s) enseigne(s) que :*

> *Il fut surpris /* ***au point qu' (si bien qu') il garda le silence.***

- *que,* annoncé (de près ou de loin) par : *tant, tellement, si, si bien, à tel point,* ou par l'adjectif *tel(le)(s) :*

> *Elle est* ***si*** *pâle depuis quelque temps /* ***que je m'inquiète.***
> *Le bruit était* ***tel*** */* ***que nous ne nous entendions plus.***

- les locutions *pour que* et *sans que :*

> *Tu es trop menteur /* ***pour qu'on te croie.***
> *Il s'en alla /* ***sans qu'on s'en aperçût*** *(= si discrètement que...).*

**Remarques**

**a)** La consécutive **suit** toujours la proposition dont elle dépend, sauf avec *pour que,* où elle peut la précéder, ou la couper :

> ***Pour que cela se fasse,*** */ il suffit d'un peu d'entraide.*
> *Il suffit, /* ***pour que cela se fasse,*** */ d'un peu d'entraide.*

**b)** Elle peut commencer par la seule conjonction *que :*
– pour éviter une **répétition** de locution :

> *Il fut surpris / au point qu'il se tut / et* ***qu'il s'en alla.***

– pour **abréger** une locution comme *au point que :*

> *Elle n'arrête pas de bavarder /* ***que c'en devient insupportable.***

**c)** La locution *si bien que* peut être tout entière ou non dans la subordonnée :

> *Il a travaillé dur, /* ***si bien qu'il connaît la réussite.***
> *Il a* ***si bien*** *travaillé /* ***qu'il connaît la réussite.***

**d)** Avec *sans que,* les puristes déconseillent l'emploi de *ne* explétif :

> *Cela se fit /* ***sans qu'elle en sût rien*** (et non **n'en sût rien*).

**N.B.** Ne confondons pas :
- ***pour que*** exprimant le **but** (voir p. 138) et ***pour que*** exprimant la **conséquence,** annoncé par les verbes impersonnels *il faut, il suffit,* par les adverbes *assez, trop, trop peu,* par les adjectifs *suffisant, insuffisant,* par une proposition interrogative :

> ***Il suffit*** *qu'on dise blanc /* ***pour qu'****elle dise noir.*
> *Tu es* ***trop*** *menteur /* ***pour que*** *nous te fassions confiance.*
> *Ses progrès sont* ***(in)suffisants*** */* ***pour qu'****il réussisse.*
> ***Que t'avons-nous donc fait*** */* ***pour que*** *tu nous évites?*

- ***sans que*** consécutif et ***sans que*** concessif (voir p. 142) :

> *Il est intelligent /* ***sans qu'****il y paraisse (= bien que ... ne ... pas).*

## b) Son verbe

Le verbe de la subordonnée consécutive peut être :

- à l'**indicatif** (fait réel, résultat atteint) :

> *Le vent souffle si fort / qu'il* ***déracine*** *notre chêne.*

- au **conditionnel** (possibilité, éventualité) :

> *Le vent souffle si fort / qu'il* ***déracinerait*** *notre chêne.*

- au **subjonctif** (fait pensé), avec *pour que, sans que;* après une proposition **négative** ou **interrogative;** après *faire, faire en sorte que :*

> *Le vent souffle trop /* ***pour que je sorte.*** *– Il s'éclipsa /* ***sans qu'on le vît partir.*** *– Tu n'es pas si fort /* ***qu'on ne puisse te vaincre.*** *– Es-tu si menteur /* ***qu'il faille te punir ?*** *– Faites (en sorte) /* ***que je n'en sache rien.***

**N.B.** Au subjonctif, bien veiller à la **concordance des temps** (voir p. 171).

# EXERCICES

**189.** *Relevez les subordonnées consécutives ; faites toutes remarques utiles.*

**1.** Ce refus était si farouche qu'il n'insista pas (Pagnol).
**2.** Il faisait trop sombre pour qu'on pût distinguer leurs visages (Troyat).
**3.** Le jour avait été si beau que le soir tombait avec une lenteur infinie (Giono).
**4.** Ce jour-là, les familles fêtaient la Sainte-Marie et deux nations s'étaient déclaré la guerre, de sorte que toutes les fleurs et tous les journaux étaient vendus (Giraudoux).
**5.** Noël Tournebise avait tant de filles à marier et si peu de mémoire qu'il ne pouvait se rappeler tous leurs noms et qu'il était obligé d'en avoir toujours la liste dans sa poche (Aymé).

**190.** *Relevez toutes les subordonnées consécutives ; faites toutes remarques utiles sur leur subordonnant.*
**1.** Tant va la cruche à l'eau qu'à la fin elle se casse (proverbe).
**2.** Les grands vendent trop cher leur protection pour que l'on se croie obligé à aucune reconnaissance (Vauvenargues).
**3.** Il était si laid que, lorsqu'il faisait des grimaces, il l'était moins (Renard).
**4.** L'action de Michu fut si rapide, si violente, le son de sa voix si effrayant, ses yeux si flamboyants, que tout le monde eut froid de peur (Balzac).
**5.** (une cellule) : Elle n'était pas assez haute pour qu'on s'y tînt debout, mais pas assez large pour qu'on pût s'y coucher (Camus).
**6.** Ça s'est arrangé sans que chez nous on en sût rien (Vallès).

**191.** *Même exercice ; de plus, voix, mode et temps de leurs verbes.*
**1.** Six heures sonnèrent au clocher de Villeneuve. Le silence et l'obscurité devenaient si grands, qu'on aurait cru qu'il était minuit (Fromentin).
**2.** « Que vous ai-je fait pour que vous me donniez tant de mal ? »
Herbert Parson fit tant que Gilbert se prit à rire (Dhôtel).
**3.** Elle ne put dire ces paroles si bas que l'Ingénu ne les entendît (Voltaire).
**4.** Monsieur, je vous demande pardon ; mais vous êtes si plaisant que je ne saurais me tenir de rire (Molière).
**5.** L'ouverture était assez grande maintenant pour qu'il pût passer (Hugo).
**6.** Il m'arriva pour la promenade dans un état de toilette tel que nous en fûmes tous épouvantés (Daudet).

**192.** *Même exercice.*
**1.** La mort est si ancienne qu'on lui parle latin (Giraudoux).
**2.** La table était trop large pour que la main du baron pût toucher son adversaire, assis en face de lui (Mérimée).
**3.** Le monde Pasquier n'est pas si clos qu'on n'y sente errer les clartés, les souffles, les rumeurs de l'univers (Duhamel).
**4.** Elle porte sur ses cheveux un diadème orné d'un gros rubis, si pur que tout l'or du monde suffirait à peine à en payer le prix (Aymé).
**5.** Tout cela était si beau, si beau, que les étrangers en étaient éblouis (Sand).
**6.** Pendant ce temps, les commandes pleuvaient à l'abbaye, que c'était une bénédiction. Il en venait de Nîmes, d'Aix, d'Avignon, de Marseille (Daudet).

**193.** *Révisions.*
*Analyse logique des phrases ou extraits entre crochets.*
1. [Les parents étaient si en colère à l'idée que le problème pourrait n'être pas fait le soir, qu'ils s'avancèrent de trois pas à l'intérieur de la cuisine] (Aymé).
2. Cependant le colonel, dans la chambre voisine, ne dormait pas. [Mais sa rêverie était trop aiguë pour qu'il pût entendre les bruits du dehors] (Supervielle).
3. [J'ai vécu si longtemps en Bretagne que je ne sais plus très bien où commence la vie et où finit la mort] (Mac Orlan).
4. [La maison était si vieille, elle avait, au cours des âges, subi tant de modifications qu'il n'était point du tout étonnant de voir que, dans le mur d'une écurie, on eût percé une haute et large fenêtre] (Guilloux).

**194.** *Même exercice.*
1. [Sire rat accourut, et fit tant par ses dents
Qu'une maille rongée emporta tout l'ouvrage] (La Fontaine).
2. [Les clochers paraissaient si éloignés, et nous avions l'air de si peu nous rapprocher d'eux, que je fus étonné quand, quelques instants après, nous nous arrêtâmes devant l'église de Martinville] (Proust).
3. « Qu'est-ce que les Grandet font donc à leur grande Nanon pour qu'elle leur soit si attachée ? Elle passerait dans le feu pour eux ! » (Balzac)
4. [Je me sentais si seul, j'étais si malheureux, que je ne savais plus que faire] (Bosco).
5. (à Paris) [Les maisons y sont si hautes qu'on jurerait qu'elles ne sont habitées que par des astrologues] (Montesquieu).

**195.** *Révisions.*
*Nature et fonction des mots ou groupes en gras.*
1. Il y avait, dans une petite **ville** de France, un **huissier** qui s'appelait **Malicorne,** et il était si scrupuleux dans l'accomplissement de son triste **ministère** qu'il **n'eût pas hésité** à saisir ses propres meubles, mais l'occasion ne s'en présenta pas, et, du reste, il paraît que la loi ne permet pas à un **huissier** d'instrumenter contre lui-même (Aymé).
2. Laurent Pasquier était **de taille médiocre.** Il se tenait bien droit, mais il avait le **col** bref, la tête assez volumineuse, les épaules **musclées,** en sorte que toute son attitude exprimait le repliement, la **résistance,** la volonté de méditation (Duhamel).

# D – LA FINALE

## a) Sa fonction, sa valeur

La subordonnée circonstancielle de but (ou finale) a, dans la phrase, le même rôle, la même fonction, qu'un **complément circonstanciel de but** (nom ou équivalent) dans la proposition (voir p. 44) :

*Je lutte / **pour que vous réussissiez** (= pour votre réussite).*

Elle indique dans quel dessein, dans quelle intention se fait l'action exprimée par le verbe de la proposition dont elle dépend.
Elle est introduite par les locutions :

- *pour que, afin que, à seule fin que,* lorsqu'elle est **affirmative :**

*Le chien aboie / **pour qu'on lui ouvre la porte.***

- *pour que (afin que, à seule fin que) ... ne ... pas, de peur que, de (dans la) crainte que,* lorsqu'elle est **négative :**

*Le chien aboie / **pour que le facteur n'entre pas.***

**Remarques**

**a)** Elle suit, coupe ou précède la proposition dont elle dépend :

*Paul lui donnait le bras / **pour qu'elle ne tombât pas.***
*Paul, / **pour qu'elle ne tombât pas,** / lui donnait le bras.*
***Pour qu'elle ne tombât pas,** / Paul lui donnait le bras.*

**b)** Elle peut commencer par la seule conjonction **que :**
– pour éviter une **répétition** de locution :

*Je t'écris / pour que tu viennes / **et que tu restes un mois ici.***

– après un verbe à l'**impératif,** ou **interrogatif :**

*Viens là, / **que je t'embrasse.***
*Qui t'a fait cela, / **que je lui tire les oreilles ?***

**c)** La curieuse locution *à seule fin que* est une **altération** de l'ancienne locution *à celle fin que (= à cette fin que = à fin que = afin que) :*

*Il gesticule fort / **à seule fin qu'on lui prête attention.***

**d)** Avec *de peur que, de (dans la) crainte que,* on peut rencontrer un *ne* explétif :

*Prends ton imperméable / **de peur (de crainte) qu'il ne pleuve.***

Mais attention ! *ne* est bien **négatif** dans des phrases comme :

*Sortez vite, / **qu'il ne vous assomme.***
*Avouez vite, / **qu'on ne puisse vous punir.***

**e)** La finale peut se rencontrer seule, sans principale (dialogue) :

*Pourquoi ce mensonge ? – **Pour qu'on ne me punisse pas.***

## b) Son verbe

• Le verbe de la subordonnée finale se met toujours au **subjonctif ;** le but est en effet une fin voulue, au résultat incertain :

*Il marche à pas feutrés / pour qu'on ne l'**entende** pas.*

• Il faut donc bien veiller à la **concordance des temps :**

*Il marchait à pas feutrés / pour qu'on ne l'**entendît** pas.*

**N.B.** Les locutions consécutives *de manière que, de façon que, de sorte que,* construites avec l'**indicatif,** prennent une nette valeur de but quand on les construit avec le **subjonctif :**

*Il parle net, / de manière qu'on l'**entend** bien* (conséquence).
*Il parle net, / de manière qu'on l'**entende** bien* (but).

**Remarque**

Lorsque le sujet des deux verbes est le même, le subjonctif est remplacé par un infinitif prépositionnel de même valeur finale :

*Il s'arrêta / pour **souffler** un peu.*
*Elle ralentit sa course / pour **ne pas tomber.***

**N.B.** Après un verbe de mouvement, l'infinitif de but peut même perdre sa préposition :

*Ils sont partis / **se reposer** à la campagne.*

Pour d'autres détails, voir p. 158.

# EXERCICES

**196.** *Relevez toutes les subordonnées finales ; faites toutes remarques utiles.*

1. Paix générale cette fois.
Je viens te l'annoncer ; descends, que je t'embrasse (La Fontaine).
2. Afin qu'il fût plus frais et de meilleur débit,
On lui lia les pieds, on vous le suspendit (La Fontaine).
3. Donnez, riches ! L'aumône est sœur de la prière...
Donnez ! afin que Dieu, qui dote les familles,
Donne à vos fils la force, et la grâce à vos filles ;
Afin que votre vigne ait toujours un doux fruit ;
Afin qu'un blé plus mûr fasse plier vos granges ;
Afin d'être meilleurs ; afin de voir les anges
Passer dans vos rêves la nuit !...
Donnez ! afin qu'on dise : « Il a pitié de nous ! » (Hugo)

**197.** *Relevez toutes les subordonnées finales ; faites toutes remarques utiles sur leur subordonnant.*

1. Couchez-le dans son lit ; fermez porte, fenêtre ;
Qu'on barricade tout, afin qu'il ait plus chaud (Racine).
2. Ô Seigneur ! ouvrez-moi les portes de la nuit,
Afin que je m'en aille et que je disparaisse (Hugo).
3. Mesdames, souriez, afin que plus tard vos rides soient bien placées (Mme de Maintenon).
4. La morphine a été inventée pour que les médecins dorment tranquilles (Rostand).
5. « Je suis redescendu pour que vous montiez. Je me tais pour que vous parliez. » (Romains)
6. Il dit : « Oui, mais coupez-le bien proprement pour que ça ne se voie pas. » (Renard)

**198.** *Même exercice.*

1. Il prit toutes ses mesures pour qu'aucune fuite ne fût possible ; il compléta l'étroit blocus de la Tourgue ; il resserra les mailles de ses bataillons de façon que rien ne pût passer au travers (Hugo).
2. Allons, venez çà tous, que je vous distribue mes ordres pour tantôt et règle à chacun son emploi (Molière).
3. Mène-moi vers elle, que je meure de joie avec elle (Voltaire).
4. « François, s'écria Michu, conduis ces messieurs au château par les sentiers, afin qu'on ne les voie pas. » (Balzac)
5. Je suis entré dans une auberge pour qu'on y fît sécher mes vêtements. Durant trois heures, couché dans un lit froid, j'ai écouté la pluie drue (Jammes).

**199.** *Même exercice ; de plus, voix, mode et temps de leur verbe.*

1. Dis quelquefois la vérité, afin qu'on te croie quand tu mentiras (Renard).
2. Je ne faisais presque aucun mouvement, afin qu'on ne m'entendît pas d'en bas (Proust).
3. Le vieux Fouan (...) les décida (...) à louer leurs terres au cousin Delhomme (...) pour qu'elles fussent convenablement cultivées et entretenues (Zola).
4. Mais peu à peu, cet air cru des montagnes fouette mon sang. J'ouvre la bouche pour le boire, j'écarte ma chemise pour qu'il me batte la poitrine (Vallès).
5. Jamais je ne quittais la barre, de peur qu'on ne déviât et que mes calculs fussent faussés (Ofaire).
6. Elle parlait à voix basse pour que je n'entendisse pas (Gide).

**200.** *Révisions.*
*Analyse logique des phrases ou extraits entre crochets.*
**1.** Il est tout pâle, avec un grand sourire et de longues dents, le blanc des yeux taché de jaune ; il me montre un tas de livres qu'on lui a achetés pour qu'il ne s'ennuie pas trop (Vallès).
**2.** Christophe retient son souffle pour que ce soit plus délicieux encore et aussi parce qu'il est un peu ému (Rolland).
**3.** Pourtant, après cinq ans de deuil, elle quitta son long voile et ses vêtements noirs, afin de ne pas gâter la joie de ceux qui l'entouraient, et pour qu'on pût sourire et s'égayer librement en sa présence (France).
**4.** Donnez-moi votre manteau, que j'enveloppe ses petits pieds, et ma cape par-dessus son corps (Sand).

**201.** *Même exercice.*
**1.** Il y a sept ans, monseigneur, (...) mon défunt mari alla dans la montagne vendre un cheval ... [Il donna à la bête un bon picotin d'avoine mouillée dans du cidre, afin qu'elle eût le jarret ferme et l'œil brillant] ... Il n'eut pas à regretter son avoine et son cidre, car le cheval en fut vendu plus cher (France).
**2.** [Des roulottes se traînent au flanc droit de la chaussée, ras à l'accotement, pour que le cheval, qui est borgne à gauche, se croie dans une prairie et avance avec plaisir] (Giraudoux).
**3.** [Monsieur, il faut me dire votre nom, afin que je sache à qui je parle] (Mme de Sévigné).

**202.** *Révisions.*
*Nature et fonction des mots ou groupes en gras.*
**1.** « Suivez-moi, que j'aille un peu montrer mon habit **par la ville ;** et surtout, ayez soin tous les deux de marcher immédiatement sur mes pas, afin qu'on voie bien que vous êtes **à moi**. » (Molière)
**2.** Le gentilhomme avait, **pendant neuf ans,** économisé **mille francs** par an, pour léguer dix mille francs **à sa petite Ursule,** afin qu'elle conservât de lui un souvenir pendant toute sa vie (Balzac).
**3.** Le linge lavé et rincé était étendu sur les pelouses devant la maison ; il y restait deux jours et **deux ou trois nuits** afin que les rayons de lune le rendissent plus éblouissant que la neige (Maeterlinck).
**4.** « Je veux mon bateau. » Alors M. Babor l'emmena **dans un grand magasin** de Paris pour qu'il le **choisît** lui-même (Genevoix).

# E – LA CONCESSIVE

## a) Sa fonction, sa valeur

La subordonnée circonstancielle de concession (ou concessive) a, dans la phrase, le même rôle, la même fonction, qu'un **complément circonstanciel de concession** (nom ou équivalent) dans la proposition (voir p. 44) :

> *Il souriait / **bien qu'il souffrît** (= malgré sa souffrance).*

On peut l'appeler aussi subordonnée d'**opposition (oppositive) ;** elle marque en effet une opposition entre un fait principal et un fait subordonné. Elle est introduite par :

• *bien que, quoique, encore que ; si ... que, pour ... que, quelque ... que, tout ... que :*

> *Il sort nu-tête / **quoique (bien que) le temps soit frais.***
> ***Si (quelque) frais que soit le temps,** / il sort nu-tête.*

• les relatifs indéfinis : *qui que, quoi que, quel(le)(s) que, où que :*

> ***Qui que** tu sois ... – **Quoi que tu dises ...** – **Quoi que tu fasses.***
> ***Quelles que soient tes intentions ...** – **Où que tu ailles ...***

• la locution *sans que* (dans le sens de *bien que ... ne ... pas*) :

> *Il est intelligent / **sans que cela se voie tout de suite.***

• les locutions *tandis que, alors que, au lieu que, quand bien même, (bien) loin que* (où l'opposition l'emporte sur la concession) :

> *Il se prélasse, / **alors qu'elle s'échine.***

**Remarques**

**a)** Elle précède, suit ou coupe la proposition dont elle dépend :

> ***Bien qu'elle souffre beaucoup,** / la fillette ne pleure pas.*
> *La fillette ne pleure pas, / **bien qu'elle souffre beaucoup.***
> *La fillette, / **bien qu'elle souffre beaucoup,** / ne pleure pas.*

**b)** Elle peut être elliptique (avec un attribut du sujet) :

> ***Quoique pauvre,** / elle est très généreuse.*

**c)** Elle peut commencer par la seule conjonction *que,* pour éviter la répétition d'une conjonction ou locution :

> *Quoique ... / et **que ...** – Bien que ... / et **que** ...*

**N.B. 1)** Ne pas confondre *sans que* concessif (= *bien que ... ne .. pas*) et *sans que* consécutif (*de telle façon que ... ne ... pas ;* voir p. 134) :

> *Il s'éclipsa / **sans qu**'on s'en aperçût* (concessif = *bien qu'on ne s'en aperçût pas ;* consécutif = *si discrètement qu'on ne s'en aperçut pas*).

**2)** Ne pas confondre *si ... que* (concessif), où les deux mots sont dans la même proposition, et *si ... que* (consécutif), où ils ne sont pas dans la même proposition :

> ***Si vif que soit le froid,*** */ je sors sans manteau* (concession).
> ***Le froid est si vif*** */ que j'enfile un manteau* (conséquence).

**3)** Ne pas confondre *quoique* (1 mot) et *quoi que* (2 mots) :

> ***Quoique malade,*** *il sourit* – ***Quoi que tu fasses,*** *elle partira.*

## b) Son verbe

Le verbe de la subordonnée concessive se met :

• au **subjonctif,** surtout, avec : *bien que, quoique, encore que, sans que, si (pour, quelque, tout, qui, quoi, quel, où) ... que :*

> *Bien qu'il* ***pleuve.*** *– Sans qu'il y* ***paraisse.*** *– Si malin qu'il* ***soit.*** *– Où qu'ils* ***aillent.***

• à l'**indicatif,** ou au **conditionnel,** avec : *alors que, tandis que, au lieu que, quand, quand bien même, alors même que :*

> *Ils s'amusent, / alors que nous* ***trimons.***
> *Tu t'amuses, / alors que (quand) tu* ***devrais*** *travailler.*

**N.B. 1)** Au **subjonctif,** bien veiller à la **concordance des temps :**

> *Bien qu'il* ***pleuve*** *(qu'il* ***plût,*** *qu'il* ***ait plu,*** *qu'il* ***eût plu****).*

**2)** La locution *au lieu que* peut régir les trois modes :

> *Tu rêves / au lieu qu'il* ***travaille.*** *– Tu rêves / au lieu que tu* ***devrais*** *lire. – Au lieu que tu* ***fasses*** *des progrès, / tu recules.*

**3)** La locution *tout ... que* hésite entre indicatif et subjonctif :

> *Tout Picard que j'****étais ...*** (Racine). – *Tout sourd qu'il* ***soit.***

# EXERCICES

**203.** *Relevez les subordonnées concessives; faites toutes remarques utiles.*

**1.** Il était généreux, quoiqu'il fût économe (Hugo).
**2.** Il était, quoique riche, à la justice enclin (Hugo).
**3.** Oui, il faut que je me venge, à quelque prix que ce soit (Molière).
**4.** Cacambo expliquait les bons mots du roi à Candide, et, quoique traduits, ils paraissaient toujours de bons mots (Voltaire).
**5.** Pourquoi les Académiciens se disent-ils Immortels, alors qu'ils ne dépassent jamais la quarantaine (Allais)?
**6.** Ces pauvres vieux! à quelque heure qu'on les prenne, ils ont toujours mangé le matin (Daudet).
**7.** Il y a les gens qui sont du village et les autres; et les autres, quoi qu'ils fassent, n'en seront jamais (Renard).

**204.** *Relevez toutes les subordonnées concessives; faites toutes remarques utiles sur leur subordonnant.*

1. Pour grands que soient les rois, ils sont ce que nous sommes :
Ils peuvent se tromper comme les autres hommes (Corneille).
2. Un renard, jeune encor, quoique des plus madrés,
Vit le premier cheval qu'il eût vu de sa vie (La Fontaine).
3. Et il suivit cette conduite, quelque pénible qu'elle lui parût (Mme de Lafayette).
4. Qui que vous soyez, ne remettez jamais à un autre les intérêts de votre cœur (Constant).
5. Tout prisonnier que j'étais, je ne pouvais, durant les premiers jours, m'empêcher d'admirer mes ennemis (Chateaubriand).
6. On lui dit que la fille, quoique sans bien, et sans appui, est de famille honnête (Molière).

**205.** *Même exercice.*

1. Mon esprit diminue, au lieu qu'à chaque instant
On aperçoit le vôtre aller en augmentant (La Fontaine).
2. Qui que ce soit des deux, j'en ferai ton époux (Corneille).
3. Tout périssable que vous soyez, vous l'êtes bien moins que mes songes (Valéry).
4. « Tout rôtisseur que je suis, répondit mon père, j'estime le savoir. » (France)
5. Il me prit dans ses bras, encore que je fusse sain et sauf, et m'emporta dans l'escalier (Duhamel).
6. Si loin que je remonte dans mes souvenirs, il me semble que le dimanche fut toujours un jour d'ennui (Chevallier).
7. Bien que fort laid, il épousa une femme très jolie (Pourtalès).

**206.** *Même exercice; de plus, voix, mode et temps de leur verbe.*

1. Si légèrement que glissassent ses pantoufles de feutre, leur frottement sur le parquet lui en parut à la longue insupportable (Bernanos).
2. Vous comprenez, dit-il, pour peu que le renard soit averti de mon arrivée, il m'aura tendu un piège de sa façon (Aymé).
3. Quand même Pippo ne se fût pas soucié de la honte de sa patrie, il devait s'irriter de ce scandale (Musset).
4. Bien que ses artères eussent dû lui imposer un régime de restrictions, elle se gavait de viandes rouges (Mauriac).
5. Un vent frais, qui s'était élevé sans que je m'en aperçusse, faisait voler plumes, papiers et pains à cacheter. Ma table était toute tachée d'encre (France).

**207.** *Révisions.*
*Analyse logique des phrases et extraits entre crochets ; attention aux ellipses.*
1. [Cette mélancolique rêverie l'absorbait de plus en plus, lorsqu'un chant bizarre, quoique plein de douceur, vint brusquement l'en arracher] (Hugo).
2. [L'émotion qu'elle faisait naître, pour complexe qu'elle fût, avait son principe souverain dans l'enchantement du regard] (Duhamel).
3. [Pourtant Jonas travaillait moins, sans qu'il pût savoir pourquoi] (Camus).
4. Mais il riait, en se laissant tomber sur une chaise, [et, tout épuisé qu'il était, il nous adressait de petits clins d'œil joyeux] (Guilloux).
5. Je le veux bien. [Mais j'éprouve d'abord le besoin de vous affirmer que mon histoire est vraie en tous points, quelque invraisemblable qu'elle paraisse] (Maupassant).

**208.** *Même exercice.*
1. [Une touffeur d'orage pesait sur ce Paris de fin de juillet, où, le soir, l'air devient opaque et gris, sans que l'on puisse démêler si c'est de la buée ou de la poussière] (Martin du Gard).
2. Je ne vous dirai pas quelles furent ces leçons de musique, bien que j'en sois fort tenté] (Perret).
3. [Brigitte se joignit à moi, quoiqu'elle sût bien que cette invitation n'était qu'une plaisanterie] (Musset).
4. « Oncle Émile, je vais t'expliquer.
[– S'expliquer c'est mentir », fit l'oncle Émile d'une voix très dure, encore que beurrée de nouilles au fromage].
Tout en mastiquant, il regardait son neveu et hochait la tête (Perret).

**209.** *Révisions.*
*Nature et fonction des mots ou groupes en gras.*
1. Quoique la campagne fût **chaude** encore de tout le **soleil** de l'après-midi, Albert s'engagea sur la longue route qui conduisait à **Argol** (Gracq).
2. Jasmin Delouche, encore qu'assez **petit,** était l'un **des plus âgés** du Cours Supérieur. Il était **fort jaloux** du Grand Meaulnes, bien qu'il se donnât comme **son ami** (Alain-Fournier).
3. De loin, on **eût pu** croire que nous nous livrions à quelque danse triste, alors que nous faisions simplement la queue pour des **tomates.** Nous étions là une bonne centaine à piétiner sur le **macadam** (...).
Notre queue s'enroulait deux fois sur elle-même et il était **malaisé** à l'**arrivant** d'**en** trouver le bout (Calet).

# F – LA CONDITIONNELLE

## a) Sa fonction, sa valeur

La subordonnée circonstancielle de condition (ou conditionnelle) a dans la phrase le même rôle, la même fonction, qu'un **complément circonstanciel de condition** (nom ou équivalent) dans la proposition (voir p. 44) :

> *Je le ferais encore / **s'il le fallait** (= en cas de nécessité).*

Elle indique à quelle condition se fait l'action exprimée par le verbe de la proposition dont elle dépend.

## b) Son subordonnant, son verbe

Elle est introduite soit par **diverses conjonctions** ou **locutions,** soit (essentiellement) par la conjonction *si.*

**1)** Introduite par **diverses locutions,** son verbe se met :

- au **subjonctif,** avec : *pourvu que, à condition que, à supposer que, en admettant que, à moins que ; soit que ... soit que ... ; que ... ou que ... :*

> *Je partirai demain, / à condition qu'il **fasse** beau.*
> *Qu'il **fasse** beau / ou qu'il **pleuve,** / je partirai demain.*

- au **conditionnel,** avec : *au cas où, quand, quand bien même, alors même que :*

> *Au cas où tu **aurais** un empêchement, préviens-nous.*

- à l'**indicatif** avec : *selon que ... ou que, suivant que ... ou que :*

> *Selon qu'il **réussit** / ou (selon) qu'il **échoue,** / il est heureux ou abattu.*

**2)** Introduite (surtout) par *si,* son verbe ne peut être qu'à l'**indicatif :**

> *S'il **fait** beau, / je sors – S'il **faisait** beau, / je sortirais.*

Mais il est nécessaire ici de bien distinguer deux cas.

**1er cas.** Le verbe dont dépend la conditionnelle par *si* est à l'**indicatif ;** il s'agit d'une **simple hypothèse,** et les deux verbes (à l'indicatif) sont **parallèles :**

> *Si tu **veux,** / tu **peux** – S'il **a dit** cela, / il **a eu** tort.*

**N.B. 1)** Si le verbe principal est au **futur,** le verbe subordonné reste au **présent** (mais avec valeur de **futur**), ou au **passé composé** (mais avec valeur de **futur antérieur**) :

> *Si je **finis** (si **j'ai fini**) à temps, / nous **sortirons** ce soir.*

**2)** Le verbe principal peut être à l'**impératif** (ou au **subjonctif** d'ordre), mais rien ne change pour la subordonnée :

> *Si tu **veux** réussir, / **travaille.***
> *S'il **veut** être reçu à son examen, / qu'il **se mette** au travail.*

**2ᵉ cas.** Le verbe dont dépend la conditionnelle par *si* est au **conditionnel ;** la condition est seulement **imaginée** (dans l'avenir, dans le présent, dans le passé) ; d'où les trois nuances possibles :

- la chose est possible et porte sur l'**avenir ;** c'est le **potentiel :**

  *Je* ***serais*** *heureux / si j'avais un avion* (plus tard).

- la chose n'est pas réalisée en ce moment ; c'est l'**irréel du présent :**

  *Je* ***serais*** *heureux / si j'avais un avion* (maintenant).

- la chose n'a pas eu lieu ; c'est l'**irréel du passé :**

  ***J'aurais été*** *heureux / si j'avais eu un avion* (autrefois).

**Remarques**

**a)** Le **potentiel** et l'**irréel du présent** utilisent les mêmes temps, les mêmes modes (veiller au contexte ; éviter l'**équivoque**) :

*Si j'avais un vélo, / je serais heureux* (maintenant ? plus tard ?).

L'**irréel du passé,** au contraire, a plusieurs possibilités :

*S'il n'****avait pas été là*** *(= s'il n'eût pas été là), / tu te* ***serais noyé*** *(= tu te fusses noyé).*

**b)** Pour éviter la **répétition** de *si,* on emploie souvent *que* (mais suivi du **subjonctif ;** veiller à la **concordance des temps**) :

*Si tu* ***viens*** */ et que je* ***sois*** *absent, / attends mon retour.*
*Si tu* ***venais*** */ et que je* ***fusse*** *absent, / attends mon retour.*

**c)** La subordonnée conditionnelle est parfois **seule exprimée :**

*Pourvu qu'il vienne ! – Si j'avais su ! – Ah ! si elle était là !*

**d)** Elle est parfois **elliptique :**
– avec des verbes figés comme *n'était, n'eût été, dussé-je, fût-ce :*

***N'était (N'eût été)*** *sa timidité, / il serait brillant.*
*Il sortait sans manteau, /* ***fût-ce*** *en plein hiver.*

– dans le deuxième terme d'une **alternative :**

*Que tu le veuilles /* ***ou non,*** */ je partirai.*

– avec *sinon, sans quoi :*

*Va-t'en ; /* ***sinon (sans quoi),*** */ je sévirai (sinon = si tu ne pars pas).*

**N.B. 1)** Ne pas confondre *si* (conjonction de la conditionnelle) et *si* (adverbe de la complétive interrogative ; voir p. 122) :

***Si tu l'aimes,*** */ c'est bien. – Dis-nous donc /* ***si tu l'aimes.***

**2) Rappel.** Après *si* conditionnel, le **mode conditionnel** (sauf au passé 2ᵉ forme) est interdit ! Éviter les barbarismes comme :

**Si tu saurais ! – *Si j'aurais su !*

Mais on peut dire (et très élégamment) :

*Si j'eusse su. – S'il eût osé.*

# EXERCICES

**210.** *Relevez toutes les subordonnées conditionnelles; faites toutes remarques utiles (sur leur subordonnant, sur le mode et le temps de leur verbe, sur les ellipses).*

1. Un lièvre en son gîte songeait
(Car que faire en un gîte, à moins que l'on ne songe?) (La Fontaine).
2. Mais que deviendras-tu si l'entreprise est sue? (Corneille).
3. Que je souffre ou non, cela me regarde (Fromentin).
4. Plusieurs enfants, soit qu'ils ne l'eussent pas entendu, soit qu'ils eussent fait la sourde oreille, couraient déjà sur l'herbe grasse (Genevoix).
5. Du reste, tout lui était bien égal, pourvu qu'elle retrouvât ses enfants (Hugo).
6. Ces moments me seront toujours présents, quand je vivrais cent mille ans (Rousseau).
7. Si je restais, si je me faisais paysan (Vallès)?

**211.** *Relevez les conditionnelles introduites par* si; *dites leur valeur : simple hypothèse, ou bien potentiel, irréel du présent ou du passé.*

1. Si tu veux la paix, prépare la guerre.
Si tu veux la paix, prépare la paix (proverbes).
2. La guerre serait un bienfait de Dieu si elle ne tuait que des professionnels (Prévert).
3. Le nez de Cléopâtre : s'il eût été plus court, toute la face de la terre aurait changé (Pascal).
4. Si je n'aimais pas cet homme-là, avouons que je serais bien ingrate (Marivaux).
5. Si l'on doit emboîter le pas aux imbéciles, mieux vaut encore les précéder (Rostand).
6. Si j'étais immortel, j'inventerais la mort pour avoir du plaisir à vivre (Richepin).
7. Personne ne vous en voudrait, vous savez, si vous songiez à vous remarier (Bazin).

**212.** *Même exercice.*

1. L'âne, s'il eût osé, se fût mis en colère (La Fontaine).
2. Je te suivrai partout et mourrai si tu meurs (Corneille).
3. J'aurais été soldat, si je n'étais poète (Hugo).
4. Si le notaire vient, qu'il m'attende un moment (Molière).
5. Si vous tombiez malade dans le pays où vous êtes, je ne m'en consolerais jamais (Rousseau).
6. Si le Ciel l'eût voulu, je serais le fils d'un prince (Beaumarchais).
7. Elle m'aimerait encore, si elle n'avait pas été mangée par un ours (Voltaire).

8. « S'il faisait cela, s'écriait Massin, je vendrais mon greffe, j'achèterais une belle propriété, je tâcherais de devenir juge à Fontainebleau, et je serais député. » (Balzac)

**213.** *Révisions.*
*Analyse logique des phrases ou extraits entre crochets.*
1. [Si je fuis, pense-t-il, le taureau sera sur moi avant que je ne sorte du pré]. Si, sans savoir nager, je plonge dans la rivière, je me noie. [Si je fais le mort par terre, le taureau, dit-on, me flairera et ne me touchera pas]. Est-ce bien sûr (Renard) ?
2. [Si cette enfant m'était confiée, je ferais d'elle, non pas une savante, car je lui veux du bien, mais une enfant brillante d'intelligence et de vie, et en laquelle toutes les belles choses de la nature et de l'art se refléteraient avec un doux éclat] (France).
3. [Que les gens s'y intéressent ou non, il faut dire où on va]. C'est une précaution, un bon usage, une courtoisie pour ceux qui restent (Perret).

**214.** *Même exercice.*
1. [Ce matin, soit que le grand Jars eût fourni une course plus molle, soit que lui-même se fût employé de plus grande ardeur, ils arrivèrent en même temps dans la cour]. [La fin de la lutte avait été suivie passionnément par les copains, et lorsque les deux coureurs débouchèrent du chemin de la haie, tout le monde se mit à crier] : « Ça y est, c'est le rouquin ! » (Aymé)
2. [S'il avait eu le Pérou dans sa poche, certainement il l'eût donné à la danseuse] ; mais Gringoire n'avait pas le Pérou, et d'ailleurs l'Amérique n'était pas encore découverte (Hugo).
3. [Que si le moi est haïssable, aimer son prochain comme soi-même devient une atroce ironie] (Valéry).

**215.** *Révisions.*
*Nature et fonction des mots ou groupes en gras.*
1. « C'est **l'élixir** du Père Gaucher, la joie et **la santé** de notre Provence (...). N'est-ce pas que **cela** vaut bien toutes les chartreuses **du monde ?** ... Et si vous saviez comme elle est **amusante, l'histoire** de cet élixir ! Écoutez plutôt... » (Daudet)
2. Si j'avais un fils, il serait beau, il serait **brave,** il devinerait **l'énigme,** il tuerait le Sphinx. Il reviendrait **vainqueur** (Cocteau).
3. Moi, si cette maison était **mienne,** je l'habiterais (Chamson).
4. « Si vous nous **photographiiez ?** supplièrent **les Câlines.**
**– Avec plaisir, mesdemoiselles,** ça y est ! » (Giraudoux)
5. Mais quoi ! si je vous querelle, vous ne **m'**écrirez plus du tout. Je **vous** pardonne donc, **crainte** de **pis** (Courier).

# G – LA COMPARATIVE

## a) Sa fonction, sa valeur

La subordonnée circonstancielle de comparaison (ou comparative) a, dans la phrase, le même rôle, la même fonction, qu'un **complément circonstanciel de comparaison** (nom ou équivalent) dans la proposition (voir p. 42) :

*Tu as parlé / **comme parlent les chefs** (= en chef, comme un chef).*

Elle exprime, avec la proposition dont elle dépend, un rapport :

- de **ressemblance,** avec : *comme, de même que, ainsi que :*

*Tu aimes ta mère / **comme elle t'aime.***

- d'**égalité,** avec *que* (annoncé par : *tel, de même, aussi, si, tant, autant*) :

*Il était aussi turbulent / **que sa sœur était calme.***

- de **différence,** avec *que* (annoncé par : *autre, meilleur, pire, plus, plutôt, moins*) :

*Tu travailles plus (moins) / **que ne le fait ton frère.***

- de **proportion,** avec *que* (annoncé par : *d'autant plus, d'autant moins, à mesure, au fur et à mesure, selon, suivant*) et *dans la mesure où :*

*Elle est d'autant plus irritable **qu'elle est malade.***

**Remarques**

**a)** Le sujet de la comparative est souvent **inversé :**

*Il a toujours vécu / comme vivent **les ermites.***

**b)** Pour exprimer la **différence,** on utilise souvent un *ne* explétif :

*Elle est plus (moins) sotte / qu'on **ne** le dit (que tu **ne** crois).*

## b) Son aspect

Elle est très souvent **elliptique,** et se confond alors :

- avec le **complément circonstanciel de comparaison** (voir p. 42) :

*Tu es malin / **comme un singe.** – Il est bête / **comme une oie.***

- ou avec le **complément du comparatif** (voir p. 50) :

*Elle est plus (aussi, moins) intelligente / **que son frère.***
*Tu t'es conduit(e) plus (aussi, moins) sagement / **que moi.***
*Elle est plus (aussi, moins) intelligente / **que belle.***

**Remarques**

**a)** Principale et comparative peuvent être toutes deux **elliptiques :**

***Rien de charmant / comme ce petit bois de pins.***

**b)** Le groupe *tel(le)(s) quel(le)(s)* est une **locution comparative :**

> *Je lui ai rendu sa marchandise / **telle quelle.***

**c)** Très elliptique, et réduite à **un seul mot** *(comme, que),* elle **fusionne** avec une **conditionnelle** *(comme si, que si);* avec une **temporelle** *(comme quand, que quand);* avec un **infinitif de but** *(comme pour, que pour) :*

> *Elle est inquiète / **comme si (aussi inquiète / que si) un malheur la guettait.** – Elle est nerveuse / **comme quand (aussi nerveuse / que quand)** l'orage gronde. – Elle s'est habillée / **comme pour se rendre à un mariage (aussi bien / que pour ...).***

**d)** Elle est parfois **seule exprimée** (dialogue : *comme si* exclamatif) :

> *« Je m'en vais – **Comme tu voudras ! »***
> ***Comme si je n'avais pas deviné ton manège !***

**e)** Complète ou elliptique, elle **précède, coupe** ou **suit** la principale :

> ***Comme sa mère,** Marine est musicienne. – Marine, / **comme sa mère,** / est musicienne. – Marine est musicienne, / **comme sa mère.***

**N.B. 1)** Dans les **parallèles oratoires** *(comme ..., ainsi ... ; de même que ..., de même ... ; autant que ..., autant ... ; tel que ..., tel ...),* la subordonnée comparative **précède toujours** la principale.

**2) Curiosité.** Le couple principale-comparative peut se présenter sous l'aspect de **deux indépendantes parallèles,** souvent elliptiques (la 1re ayant valeur de subordonnée, la 2e valeur de principale) :

> ***Tel père, tel fils** (= le fils est tel / que le père).*
> ***Autant d'hommes, autant d'avis** (= il y a autant d'avis / que d'hommes).*
> ***Plus on est de fous, plus on rit** (= on rit d'autant plus que ...).*

## c) Son verbe

Le verbe de la subordonnée comparative (lorsqu'il est exprimé !) est :

- à l'**indicatif,** quand il exprime un fait réel :

> *Ce film t'a-t-il plu / autant que je l'**ai aimé ?***

- au **conditionnel,** quand il exprime une éventualité :

> *Tu as réagi / comme je l'**aurais fait** (l'**eusse fait**) à ta place.*

- plus rarement au **subjonctif** (avec : *autant que, pour autant que,* et aussi avec le verbe *pouvoir*) :

> *Il est l'aîné / autant que je **sache** (qu'il m'en **souvienne**).*
> *Elle est rusée / autant qu'on **puisse** (ou qu'on peut) l'être.*

**N.B.** Pour éviter de **répéter** le verbe de la principale, ou bien on le **supprime,** ou bien on le **remplace** par le verbe *faire :*

> *J'aime les bonbons / **comme toi les chocolats.***
> *Il la souleva / comme il **aurait fait (eût fait)** d'un fétu.*

# EXERCICES

**216.** *Relevez toutes les subordonnées comparatives; dites si elles sont complètes ou elliptiques; précisez leur valeur (ressemblance, égalité, différence, proportion).*

1. Une rose d'automne est plus qu'une autre exquise (Agrippa d'Aubigné).
2. Vous soupirez, Seigneur, ainsi que je soupire (Corneille).
3. Votre nom est dans Rome aussi saint que le sien (Racine).
4. Comme on fait son lit on se couche.
Comme tu sèmeras, tu moissonneras (proverbes).
5. Elle sortit aussi secrètement qu'elle était entrée (Musset).
6. Mes promenades de cet automne-là furent d'autant plus agréables que je les faisais après de longues heures passées sur un livre (Proust).
7. Il est maintenant aussi grave qu'il était léger, aussi taciturne qu'il était bavard (France).
8. Il cria plus qu'il n'était nécessaire (Ch.-L. Philippe).

**217.** *Même exercice; de plus, faites toutes remarques sur leur aspect et sur le mode de leur verbe (lorsqu'il est exprimé!).*

1. L'onde était transparente ainsi qu'aux plus beaux jours (La Fontaine).
2. Mais je le poursuivrai d'autant plus qu'il m'évite (Racine).
3. Plus on aime quelqu'un, moins il faut qu'on le flatte (Molière).
4. Mon homme se montra plus causant que je ne l'avais espéré (Mérimée).
5. Il marchait vite et m'entraînait comme s'il eût été pressé par l'heure (Fromentin).
6. «Je ne suis jamais moins seul que quand je suis seul», disait un ancien (Rousseau).
7. M. Venet (...) allait d'un groupe à l'autre, avec un sourire, comme pour tout entendre (Zola).
8. Ah! la sacrée mâtine! lorsqu'elle s'est trompée, on la couperait en quatre, plutôt qu'elle avouât (Rolland).

**218.** *Même exercice.*

1. Un coup de langue est pire qu'un coup de lance.
Bonne renommée vaut mieux que ceinture dorée (proverbes).
2. Plus je vieillis et moins je pleure (Sully-Prudhomme).
3. J'avais le cœur serré comme quand on voyage (Larbaud).
4. Et il parut fouiller dans sa poche comme pour en tirer une lettre (Mérimée).
5. Et en même temps, il m'enlevait de terre comme il eût fait d'un lièvre (Sand).
6. Elle se remettait à son comptoir avec un sourire aussi pur, aussi calme et aussi religieux que si rien ne se fût passé (Vigny).
7. Il y a plus de fous que de sages, et dans le sage il y a plus de folie que de sagesse (Chamfort).

**219.** *Révisions.*
*Analyse logique des phrases ou extraits entre crochets.*
1. [J'ai plus de souvenirs que si j'avais mille ans] (Baudelaire).
2. Ils ne s'étaient pas vus depuis beaucoup d'années, mais leurs cœurs ne s'étaient pas quittés ; [ils se reconnurent comme s'ils s'étaient séparés la veille] (Hugo).
3. [Il courait comme le vent dans la plaine, bien plus vite que les chiens de la meute] (Genevoix).
4. « Peuple, je t'aime ! » dit Angelo à haute voix. [Mais tout de suite il eut scrupule et se demanda si en réalité il n'aimait pas le peuple comme on aime le poulet] (Giono).
5. [Les trois copains vibraient comme une maison de Paris quand passe un autobus] (Romains).

**220.** *Même exercice.*
1. « Fais A, disait-il de sa voix profonde.
– A », râlais-je, terrifié comme s'il avait été question de rendre mon dernier souffle.
[La petite lumière balayait le fond de ma gorge, comme la lampe des assassins éclaire les murs de la chambre de leur victime] (Chamson).
2. [Il avançait d'une démarche en crémaillère, passant d'un trottoir à l'autre, comme nous le faisions boulevard Saint-Germain pour éviter les magasins où nous avions des dettes] (Giraudoux).
3. [Depuis que son maître n'était plus là, elle hurlait souvent ainsi, comme si elle l'eût appelé, comme si son âme de bête, inconsolable, eût gardé le souvenir que rien n'efface] (Maupassant).

**221.** *Révisions.*
*Nature et fonction des mots ou groupes en gras.*
1. Le **roi** de France est le plus puissant **prince** de l'Europe. Il n'a point de mines d'or comme le **roi** d'Espagne son voisin ; mais il a plus de richesses que **lui,** parce qu'il les tire de la **vanité** de ses sujets, plus **inépuisables** que les mines (Montesquieu).
2. Il était le plus décoratif de tous les **papetiers.** Surtout quand il enfonçait les mains sous la bavette de son tablier blanc, comme un prélat enfoncerait **les siennes** dans ses manches (Pourrat).
3. « Je vois bien, Marie, que je te déplais... »
La petite Marie ne répondit pas. Germain se pencha vers elle : elle dormait ; elle **était tombée** vaincue et comme **foudroyée** par le **sommeil,** comme font les enfants qui dorment déjà lorsqu'ils babillent encore (Sand).

# 4 – LA PARTICIPIALE

## a) Son aspect, sa place

Comme la complétive infinitive, la subordonnée participiale n'est introduite par **aucun mot de subordination :**

> ***Le repas terminé,*** */ on se leva de table.*

• Elle se reconnaît à deux signes :
– son verbe est au **mode participe ;**
– et ce verbe a un **sujet propre** (sans autre fonction dans la phrase) ; à ne pas confondre donc avec le participe apposé (lequel n'a pas de sujet propre) ; comparons :

> ***Le corbeau (ayant été) trompé,*** */ le renard ricana.*
> *Le corbeau, /* ***trompé par le renard,*** */ s'envola piteusement.*

Dans la 1re phrase, il y a proposition participiale ; dans la 2e, un simple participe apposé (apposé au sujet du verbe principal).

• Elle **précède, suit** ou **coupe** la proposition dont elle dépend :

> ***Le rideau tombé,*** */ il se fit un grand silence* (Bosco).
> *= Il se fit un grand silence, /* ***le rideau tombé.***
> *= Il se fit, /* ***le rideau tombé,*** */ un grand silence.*

**N.B.** Si courte soit-elle généralement, elle peut être **elliptique :**

> *Paul préférant le théâtre /* ***et moi le cinéma,*** */ les discussions ne manquent pas entre nous. – La fillette dort, /* ***sa poupée entre les bras.***

## b) Son verbe, son sujet

• Le **verbe** de la subordonnée participiale est, forcément, au **participe :**
– **présent** (actif, passif ou pronominal) :

> *L'hiver* ***se retirant,*** */ le printemps* ***revenant,*** */ la nature renaît.*

– **passé** (actif, passif ou pronominal ; simple ou composé) :

> *L'hiver* ***s'étant retiré*** *(l'hiver* ***chassé, ayant été chassé****), / le printemps lui* ***ayant succédé,*** */ la nature ressuscita.*

• Son **sujet** peut être un nom (ou son groupe), un pronom (ou son groupe), un adverbe de quantité (ou son groupe) :

> ***Les vacances de Noël achevées,*** */ je repris le chemin de l'école.*
> ***Chacun (de nous)*** *s'étant démené, / le travail fut vite terminé.*
> ***Trop d'élèves*** *n'ayant pas compris, / le maître recommença.*

**N.B.** Le sujet (nom ou équivalent) peut être **inversé :**

> *Passé* ***le pont*** *(=* ***le pont*** *passé), / tu tourneras à gauche.*

## c) Son rôle, sa valeur

La subordonnée participiale joue le rôle d'une véritable **subordonnée circonstancielle,** qui serait pour ainsi dire **elliptique ;** mais elle n'a que quatre des sept nuances circonstancielles possibles :

- le **temps :**

> ***Les parts (ayant été) faites,*** */ le lion prit la parole.*
> *(=* ***Quand*** *les parts eurent été faites, ...).*

- la **cause :**

> ***Le départ de son fiancé approchant,*** */ elle devint triste.*
> *(=* ***Parce que*** *le départ de son fiancé approchait, ...).*

- la **concession :**

> ***Son mal ayant empiré,*** */ elle gardait bon espoir.*
> *(=* ***Bien que*** *son mal eût empiré, ...).*

- la **condition :**

> *Nous quitterons le port demain, /* ***le temps le permettant.***
> *(=* ***si*** *le temps le permet).*

**Remarques**

**a)** Les deux nuances de **temps** et de **cause** sont souvent intimement liées, donc **inséparables** (on le signale alors dans l'analyse) :

> ***Lui parti,*** *la maison retrouva le calme. (=* ***Quand*** *il fut parti +* ***parce qu'****il était parti :* temps + cause).
> ***Les vacances terminées,*** *nous reprîmes le chemin de l'école. (=* ***Quand ...*** et ***parce que ... :*** temps + cause).

**b)** La nuance **temporelle** peut s'accompagner d'un *une fois* explétif :

> *Les parts* ***une fois*** *faites, / ... – Le repas* ***une fois*** *terminé, / ...*

**c)** Une même participiale peut, selon le contexte, exprimer **les quatre nuances :**

> ***Le tyran tué,*** *le peuple pavoisa* (temps + cause).
> ***Le tyran tué,*** *rien n'alla mieux dans le pays* (concession).
> ***Le tyran tué,*** *tout irait sûrement mieux ici* (condition).

**d)** Certaines subordonnées participiales sont devenues des **expressions clichées,** où l'on ne sent plus guère de propositions :

> *Le cas échéant ; séance tenante ; toutes affaires cessantes ; cela dit (fait, étant) ; ce nonobstant ; moi vivant ; Dieu aidant ; dimanche excepté (excepté le dimanche) ; l'été durant (durant l'été) ; toute honte bue ; toutes choses égales d'ailleurs ...* Cf. : *Le cachet de la poste faisant foi.*

# EXERCICES

**222.** *Relevez toutes les subordonnées participiales ; dites leur valeur.*
1. La tanche rebutée, il trouva du goujon (La Fontaine).
2. Un pesant silence risquant de s'établir, le directeur prit le bras de Jubineau (Guimard).
3. La pluie ne cessant pas, tout Brest se promenait dans les rues (Mac Orlan).
4. L'averse ayant cessé, nous nous séparâmes (Bosco).
5. « À demain, disait une voix.
– Dieu voulant ! » répondait grand-mère (Chamson).
6. Autrefois le rossignol ne chantait pas la nuit. Il avait un gentil filet de voix et s'en servait avec adresse du matin au soir, le printemps venu (Colette).
7. La nuit est calme, j'ai congédié le timonier et je reste seul à la barre, le sommeil ne venant pas (Monfreid).

**223.** *Même exercice ; de plus, nature et place de leur sujet ; attention aux ellipses et aux mots explétifs.*
1. Eux repus, tout s'endort, les petits et la mère (La Fontaine).
2. Et nous allions tous deux, lui pensant, moi rêvant (Hugo).
3. Le maréchal et son ouvrier, l'un soufflant la forge, l'autre battant le fer, jetaient sur le mur de grandes ombres brusques (Alain-Fournier).
4. Daniel Bailleul était parti, oubliée l'heure, oubliés les murs (Genevoix).
5. Le vin blanc et le café bus, ils montèrent chez le père Biard (Vercel).
6. Il me tournait le dos, près de la fenêtre, sa longue silhouette mince en ombre chinoise sur la vitre (Vercors).
7. La porte une fois fermée, on resta là tous les trois à se regarder (Giono).

**224.** *Même exercice ; de plus, temps et voix de leur verbe (quand il est exprimé !).*
1. Cela dit, maître loup s'enfuit, et court encore (La Fontaine).
2. Mais que fera le roi, la belle une fois prise ? (Hugo).
3. Un bruit de sabots ayant retenti dans la cour, le médecin sortit (Balzac).
4. Le vent s'étant apaisé et la pluie tombant moins serrée, le cochon se remit en marche (Aymé).
5. La sieste faite, on se remet en promenade, la mère grattant et gloussant, les petits trottinant autour d'elle (Fabre).
6. Cette libation ayant consacré la bienvenue du nouvel officier, la conversation reprit sans plus de manières (Perret).
7. Mais aussitôt la nuit venue, je file droit vers la côte égyptienne, toutes voiles dehors (Monfreid).

**225.** *Révisions.*
*Analyse logique des phrases ou extraits entre crochets.*
1. [L'appareillage terminé, les ancres en place, la voilure équilibrée et le cap donné, je descendis dans la chambre de navigation noter les diverses phases de la manœuvre] (Peisson).
2. [Dans mon pays, venu le temps d'écaler et de presser les noix, pensez-vous que nous jetions les écales brisées ?] (Colette)
3. Tout étant prêt et le poulet dans sa casserole mijotant sur un petit feu, aucun télégramme nouveau n'étant venu démentir le premier, nous nous mîmes en route tous ensemble pour la gare (Guilloux).
4. [Je sentis brusquement que la faim, la curiosité une fois étanchée, me tenaillait et que je fumerais volontiers un cigare, après le moka] (Arnoux).

**226.** *Même exercice ; attention aux ellipses.*
1. [Et les voilà embarqués dans une querelle interminable sur les femmes, l'un prétendant qu'elles étaient bonnes, l'autre **méchantes :** et ils avaient tous deux raison ; **l'un** sottes, l'autre **pleines d'esprit :** et ils avaient tous deux raison] (Diderot).
2. Et la chasse allait, allait, claire étant **la journée,** par les monts et **les vaux,** par les champs et les bois, les varlets courant, les trompes fanfarant, les **chiens** aboyant, les faucons volant, et **les deux cousins** côte à côte chevauchant, et perçant **de leurs épieux** cerfs et **sangliers** dans la ramée, **de leurs arbalètes** hérons et **cigognes** dans les airs (A. Bertrand).
3. [Monsieur Olivier était là **devant moi, son chandail** montant jusqu'aux oreilles, tête **nue**] (Bernanos).

**227.** *Révisions.*
*Nature et fonction des mots ou groupes en gras.*
1. Nous mangions bien au-delà de notre faim, **personne** ce jour-là ne s'occupant de nos bonnes manières. **Le vin** étant à discrétion et les carafes **à notre portée,** nous buvions avec abondance (Pourtalès).
2. **L'anneau des mers** s'étant enfoncé dans l'eau et ayant été happé et avalé avant qu'il n'atteignît le fond **par un bar de belle taille,** Antonio disparut **de ma vie** (Peisson).
3. Justin porta une pièce de fer rouge **sur l'enclume.** Ils la travaillèrent ensemble, l'ouvrier maniant le lourd marteau à frapper devant, et **Jérôme** tournant la barre et faisant l'accompagnement avec un marteau **plus léger** (Troyat).

**228.** *Même exercice pour les mots ou groupes en gras du n° 226.*

# *Les trois équivalents de circonstancielles*

Dans l'analyse logique, il convient de faire une place à trois **équivalents** importants de subordonnées circonstancielles ; ce ne sont pas, à proprement parler, des **propositions,** mais on est en droit de les isoler, à condition d'utiliser, à propos de leur fonction, la formule *équivalent de* (de telle ou telle circonstancielle). Ce sont : l'infinitif prépositionnel, le participe apposé, le gérondif.

## 1 – L'INFINITIF PRÉPOSITIONNEL

C'est un **infinitif-verbe** sans sujet exprimé (son sujet, sous-entendu, est le même que celui du verbe dont il dépend).
Selon la préposition ou la locution prépositive qui l'introduit, il est l'équivalent parfait d'une **subordonnée circonstancielle de :**

- **temps** (temporelle), avec : *après, avant de :*

  *Je suis sorti / **après (avant d') avoir terminé mon travail.***

- **cause** (causale), avec : *de, pour, à force de, sous prétexte de :*

  *Elle a les yeux rouges / **d' (pour, à force d') avoir pleuré.***

- **conséquence** (consécutive), avec : *à, au point de, de manière à, jusqu'à, assez ... pour, trop ... pour :*

  *Il gèle / **à pierre fendre.** – Elle chantait / **à ravir.***
  *Je riais / **à (jusqu'à, au point d') en perdre le souffle.***
  *Tu es **assez** fin / **pour comprendre.***

- **but** (finale), avec : *pour, afin de, en vue de, de peur de,* et (familièrement) *histoire de :*

  *Il lutte / **pour (afin d', en vue d') assurer notre avenir.***
  *Elle se hâtait / **de peur d' (afin de ne pas) être en retard.***
  *Ils nous ont fait cette farce, / **histoire de rire.***

**N.B.** Après un verbe de **mouvement,** l'infinitif perd volontiers sa préposition :

*Sortons /* [pour] ***nous aérer.*** *– Viens /* [pour] ***jouer avec nous.***

- **concession** (concessive), avec : *pour, loin de, au lieu de :*

  ***Pour être très riche,** / il n'est guère généreux.*
  ***Loin d'être riche,** / elle est très généreuse.*
  *Réfléchis donc, / **au lieu de t'amuser.***

- **condition** (conditionnelle), avec : *à, de, à condition de, sans, à moins de :*

  ***À l'en croire,*** */ il peut gagner. – Tu aurais tort /* ***de partir.*** *– Tu réussiras /* ***à condition de t'appliquer.*** *– Tu ne réussiras pas /* ***sans travailler.*** *– Tu perdras /* ***à moins de t'accrocher.***

**N.B.** Seule la **comparative** n'a pas d'infinitif prépositionnel ; mais, réduite à *comme* ou *que,* elle peut se doubler d'un infinitif prépositionnel de but (voir p. 183) :

*Il se fit aimable /* ***comme pour se faire pardonner.***
*Je m'entraîne plus pour le plaisir /* ***que pour gagner.***

# 2 – LE PARTICIPE APPOSÉ

Le participe-verbe apposé peut être aussi considéré, dans l'analyse logique, comme un équivalent de subordonnée circonstancielle de :

- **temps :**

  ***S'étant reposé quelque temps,*** */ il reprit son travail.*

- **cause :**

  ***Ayant triché*** */* ***et menti,*** */ il fut sévèrement puni.*

- **concession :**

  ***Épuisé de fatigue et de maladie,*** */ il refusait tout repos.*

- **condition :**

  ***Bien conseillé par un bon maître,*** *tu progresserais vite.*

# 3 – LE GÉRONDIF

Comme l'infintif prépositionnel, comme le participe-verbe apposé, le **gérondif** est un parfait équivalent de subordonnée circonstancielle de :

- **temps :**

  *Je travaille toujours /* ***en écoutant de la grande musique.***

- **cause :**

  *Elle a provoqué un accident /* ***en brûlant un stop.***

- **concession :**

  *Il réussit bien /* ***en ne travaillant guère.***

- **condition :**

  *Tu réussirais mieux /* ***en rêvassant moins.***

**N.B.** Pour la valeur atténuée de **manière** ou de **moyen,** voir p. 90.

# EXERCICES

**229.** *Relevez tous les infinitifs prépositionnels équivalents de subordonnées circonstancielles, et précisez leur nuance.*

**1.** Il faut tourner sa langue sept fois dans sa bouche avant de parler.
On ne fait pas d'omelette sans casser d'œufs (proverbes).

**2.** Pour me tirer des pleurs, il faut que vous pleuriez (Boileau).

**3.** Ah! pour être dévot, je n'en suis pas moins homme (Molière).

**4.** Vous mériteriez tous deux les galères, toi pour avoir vendu la montre, toi pour l'avoir achetée (Diderot).

**5.** Et elle monta dans l'oranger pour cueillir une orange (Mérimée).

**6.** Le comte d'Ahlefeld aimait son fils sans le savoir (Hugo).

**7.** Il s'est alors levé après avoir bu un verre de vin (Camus).

**230.** *Même exercice.*

**1.** À vaincre sans péril, on triomphe sans gloire (Corneille).

**2.** J'embrasse mon rival, mais c'est pour l'étouffer (Racine).

**3.** Il faut manger pour vivre et non pas vivre pour manger (Molière).

**4.** Le sage quelquefois évite le monde, de peur d'être ennuyé (La Bruyère).

**5.** Les gardes vinrent chercher le monstre, pour l'emmener dans un cachot plus sûr (Hugo).

**6.** Il eut d'abord une crise d'orgueil à en perdre la tête (Maupassant).

**7.** Il est pauvre, sans être précisément dans la misère (Renan).

**8.** À en croire sa femme, d'ailleurs, il avait donné très jeune des signes de sa vocation (Camus).

**9.** Elle était venue des Carpathes s'embarquer à Hambourg (Giraudoux).

**231.** *Relevez tous les participes apposés et gérondifs équivalents de subordonnées circonstancielles; précisez leur nuance.*

**1.** Ayant parlé de cette sorte,
Le nouveau saint ferma sa porte (La Fontaine).

**2.** L'avarice perd tout en voulant tout gagner (La Fontaine).

**3.** Nous perdons tout, Madame, en perdant Rodogune (Corneille).

**4.** Ayant du temps devant moi, je marchais lentement (Musset).

**5.** Même en courant de toutes tes forces, tu ne les rejoindrais jamais (Vildrac).

**6.** Étouffant, la mère poussa les volets (Mauriac).

**7.** Que voulez-vous! on devient distrait en vieillissant (Daudet).

**8.** Il était immense et très mince. En levant le bras, il eût touché les solives (Vercors).

**232.** *Même exercice.*
1. Cependant, l'on se tromperait en croyant que Genestas fût parfait (Balzac).
2. Accoudé à la rampe du balcon, je regardais devant moi (Régnier).
3. J'avais perdu connaissance, tout en me maintenant encore debout (Fromentin).
4. Épuisé de fatigue et n'espérant plus rien, il se coucha sur le banc de pierre qui est à la porte de cette imprimerie (Hugo).
5. Zadig tira son épée, en saluant la reine (...), Itobad tira la sienne, en ne saluant personne (Voltaire).
6. Pouvant rester à Naples et me donner du bon temps, je suis venu ici (Courier).
7. « J'userai de mon autorité.
– Vous l'avez perdue, en en abusant. » (Beaumarchais)

**233.** *Révisions.*
*Analyse logique des phrases entre crochets.*
1. [En dansant, il coudoya un homme qui, ayant aussi perdu tout son argent, était de fort mauvaise humeur] (Mérimée).
2. [Tous deux se taisaient, parce qu'il y a des émotions qu'on ne saurait exprimer qu'en se taisant] (Hugo).
3. [« En courant bien fort, se dit-elle, je puis aller jusqu'au champ de la danse, où je n'ai pu entrer qu'une fois en ma vie, et être de retour à la maison avant le retour de ma tante. »] (Stendhal)
4. [Pensant que je m'ennuyais, le père Gonse me prêta un vieux fusil et me conseilla de me distraire en abattant du gibier, si j'en trouvais] (France).
5. Il marchait de long en large dans la chambre, regardant un objet, en soulevant un autre (Proust).
6. [Elle monta se coucher la dernière, après avoir rincé la vaisselle, récuré les casseroles et astiqué le fourneau] (Troyat).

**234.** *Révisions.*
*Nature et fonction des mots ou groupes en gras.*
1. **Arrivé** à Messine, il s'y embarqua **pour retourner** en terre ferme et terminer sa carrière dans son antique **manoir** (Mérimée).
2. À son avis, il était **impossible** que **deux êtres,** unis depuis tant d'**années,** continuassent à s'aimer, **tout en se disputant** (Troyat).
3. Un optimiste est **un homme** qui épouse sa secrétaire en s'imaginant qu'il pourra continuer à **lui** faire des réflexions **sur sa mauvaise orthographe** (T. Bernard).
4. Puis il se jeta sur le monstre. Il se sentait fort **à culbuter** une montagne, à broyer **des pierres** dans ses mains (Maupassant).
5. **En se tournant** du côté des terres de Randoulet et quand le vent venait de là, on recevait une odeur **d'herbe rouie,** épaisse comme une **odeur** de bergerie (Giono).

# RÉVISIONS

**235.** *Dans les deux extraits suivants du même ouvrage, et qu'on pourrait intituler :*

Un bien beau champion

**A.** Cependant, Trésor se penchait sur le lit et souriait à la malade. («**Maman,** lui dit-il **à mi-voix,** regarde comme je fais.»)
D'abord, il se prit le menton **à deux mains,** et fit mine de le tirer en avant, comme si c'eût été **un tiroir,** mais sans rien gagner à tous ses efforts. (Dans **sa poche,** il prit alors un bouton de culotte et l'ajusta à la pointe de son **menton** où il parut être vissé). Cette simple précaution lui permettait d'ouvrir le tiroir sans effort apparent.
Il n'eut qu'à saisir le bouton entre le pouce et **l'index** et à tirer. La mâchoire s'avança de près d'un **demi-pouce,** et il put **en** extraire : deux **cuillers** à café en **fer,** un bouchon de liège, une bobine de fil, une mèche de vilebrequin et deux clefs de boîtes à **sardines.** (Et le geste **dont** il referma sa mâchoire laissait encore à penser qu'il y restait **d'autres objets**).
(Marion, qui avait suivi toute sa mimique, riait avec précaution, et ses mains crispées sur la couverture se détendaient.)

**B.** En sortant de l'impasse de la Sourdine, Trésor s'approcha d'un vieillard mince et frileux qui prenait le soleil sur une chaise et dit **en se penchant** sur lui : («Regarde comme je fais.»)
(**Avec l'index,** il poussa son grand nez vers **la gauche** de telle sorte que la pointe **en** vint toucher la joue). (Alors, il ôta son doigt et le nez resta tordu comme si le cartilage **eût été brisé**). Le vieux demeura immobile et muet, mais son regard s'anima, une lueur de gaieté brilla au fond des orbites. Trésor tira la langue qu'il avait **longue** à merveille et en dirigea l'extrémité en l'air avec l'intention visible de **lécher** la pointe de son nez. Et c'est alors que le vieillard commença à s'agiter, quoique avec économie et toujours sans bruit. La langue paraissait **surprise** de ne pas rencontrer le nez **qu'**elle était allée chercher. (On **la** voyait hésiter, tâtonner, s'élancer encore, se reprendre, tantôt timide et méfiante, consternée aussi, tantôt **impatiente** et rageuse). Enfin, après avoir, à tout hasard, cherché le nez vers la droite, elle le rencontra vers la gauche, **dont** elle eut un frétillement **d'allégresse** ... (Trésor rentra sa langue, le nez demeurant tordu comme par miracle, et murmura) : «Regarde ça aussi.»
Entre le pouce et l'index, il pinça le lobe de son oreille droite et tira un coup sec ; il y eut comme **un tintement de clochette** et le nez, d'une **détente** souple et caoutchoutée, reprit sa place habituelle. Le vieillard se tortillait en laissant échapper un frêle et imperceptible éclat de rire, et, quand il fut apaisé, il articula d'une toute petite voix de flûte :
«Dans le temps, j'en savais aussi, moi.»

Marcel Aymé, *Le Moulin de la Sourdine,* Gallimard.

**a)** *Analysez grammaticalement les mots ou groupes en gras.*
**b)** *Faites l'analyse logique des phrases entre crochets.*

**236.** *Dans le texte suivant :*

Pour ou contre les distributions de prix ?

Y tenez-vous beaucoup, **jeunes élèves,** à ces prix ?
(Vous savez qu'il est question de les supprimer ; pas aujourd'hui, mais on **en** parle).
(On prétend qu'un prix ne signifie pas grand-chose, et que ça excite des passions dangereuses, que c'est **immoral !**)...

Dans un village voisin, un petit gars de l'école maternelle a obtenu le premier prix de **littérature.** On lui a donné, comme prix, un cheval de **carton.**
(Le petit gars paraissait **enchanté,** bien qu'il ne connût pas encore l'histoire de Pégase, ce **cheval** ailé qui, **d'un coup de pied,** fit jaillir une fontaine **où** les poètes allaient puiser leur inspiration). D'après la légende, ce cheval merveilleux portait lui-même sur son dos, à travers l'espace, les poètes à la fontaine.
Il devait être **très fort** en littérature et il méritait bien qu'un de ses **semblables,** en carton, **fût offert** un jour, comme prix de littérature, à un petit **gars** d'une école maternelle.

La première condition, pour qu'un prix fasse plaisir, c'est, naturellement, qu'on l'ait gagné sur des concurrents sérieux.
Une petite nièce à moi **m'**écrivait qu'elle venait d'avoir huit premiers prix.
(J'étais **tout fier,** et je l'ai félicitée par une longue **lettre** débordante, puis j'ai eu la curiosité de savoir combien il y avait **d'élèves** dans la classe de ma petite nièce).
Elles étaient **deux,** et l'une des deux **concurrentes,** pas ma petite nièce, l'autre, avait été absente **six mois** de l'année, pour cause de maladie.
Quelle bizarre aventure ! Par dignité, je n'ai pas repris mes félicitations, mais ma petite nièce ne m'y repincera plus.
Peut-on, afin qu'il n'y ait pas de **jaloux,** donner des prix à tout le monde ?
C'est grave ! Le peut-on ? Oui. (On ne le devrait pas, mais, tout bien pesé, ce n'est pas une grosse injustice.)
Quelques prix de plus ne ruineraient point une municipalité. Les élèves qui méritent leurs prix éprouvent une joie sans mélange ; les autres sont heureux aussi, mais avec une nuance : ils sentent, tout au fond du cœur, un léger remords salutaire, vite étouffé par la **résolution** de mieux travailler l'année prochaine...

Jules Renard, *L'Œil clair,* Gallimard.

**a)** *Analysez grammaticalement les mots ou groupes en gras.*
**b)** *Faites l'analyse logique des phrases entre crochets.*

**237.** *Dans le texte suivant :*

La création des animaux

Les animaux tombaient **du ciel** un à un sans se faire de mal. La plupart étaient parachevés. Certains devaient attendre encore un peu avant de posséder tous leurs attributs.

« Il paraît que j'aurai une trompe, dit l'éléphant, frais **arrivé.** Ça partira du front et traînera presque par terre.

– C'est beaucoup pour un nez, dit le renard.

– C'est exactement ce qu'il me faut », riposta l'éléphant.

[À peine avait-il achevé sa phrase que la trompe vint du fond du ciel, prendre la place qu'elle devait désormais occuper chez tous les éléphants].

« Faut-il aboyer ? se demanda le **chien** qui avait déjà toute sa voix. Non, je me tais, c'est dans l'ordre. »

Au **cheval** il ne manquait que les **oreilles** mais il n'en savait rien, tout occupé qu'il était à vouloir se débarrasser, au galop, de son ombre.

Les oreilles le rattrapèrent en pleine course ; elles ne sont pas encore revenues de leur étonnement et ne cessent de se tourner de tous côtés.

« Le bruit court, dit le cheval, que nul ne me rattrapera à la course : je ne sais pas encore très bien ce que ça veut dire mais je devine que j'en serai très fier. »

Tout d'un coup, chacun se sentit mal à l'aise. L'âne venait de braire. Il avait vomi son bruit devant tout le monde et en paraissait satisfait. Le Créateur allait d'une bête à l'autre, ajoutant ceci, cela, fignolant (...).

[L'ours se demandait s'il était vraiment achevé mais n'en disait rien à **personne**]. Il cherchait çà et là une espèce de confiture sauvage. Il la trouva et l'appela **miel.**

[La vipère dit que ses pattes ne **tarderaient** pas à lui être livrées, qu'elle les attendait d'un moment à l'autre].

« [Vous verrez un peu quand je pourrai faire galoper **mon venin** d'un bout à l'autre de la terre].

– Taisez-vous donc, dit la grosse voix de derrière les nuages. Et d'abord, **qui** vous dit que vous aurez des pattes ?

– La logique ! répondit témérairement un des serpents.

– Eh bien, vous serez privés de venin et vous vous appellerez **couleuvres.** Ce sera votre **châtiment.** »

Il dure encore.

Jules Supervielle, *Premiers pas de l'univers,* Gallimard.

**a)** *Analysez grammaticalement les mots ou groupes en gras.*

**b)** *Faites l'analyse logique des phrases entre crochets.*

# MÉMENTO
## Tableaux de synthèse

*Le nom, le pronom, l'adjectif*

*Le verbe*

*Les principales prépositions*

*Confusions graves à éviter*

*Bivalences*

*Usure de la langue*

*Tableau des subordonnées*

# *Le nom, le pronom, l'adjectif*

## Le nom et ses principales fonctions

■ **sujet :** ***Le vent*** *se lève.*
inversé : *Le long d'un clair ruisseau buvait* ***une colombe.***
réel : *Il court* ***des bruits fâcheux.*** *– Il y a* ***du bruit.***
d'infinitive : *Je sens /* ***mes honneurs*** *croître / et tomber* ***mon crédit.***
de participiale : ***La tanche*** *rebutée, il trouva du goujon.*

■ **complément**
d'objet direct (c.o.d.) : *J'aime* ***le son du cor.***
d'objet indirect (c.o.i.) : *Tu dois te souvenir* ***de nos jeunes années.***
d'agent : *La cigogne fut invitée à dîner* ***par le renard.***
d'attribution : *Ce qu'on donne* ***aux méchants*** *toujours on le regrette.*

■ **attribut**
du sujet : *Tout vous est* ***aquilon,*** *tout me semble* ***zéphyr.***
du complément d'objet direct : *Je le crois* ***honnête homme.***

■ **complément circonstanciel**
de lieu (d'où l'on vient) : *Un rat sortit* ***de terre.***
de temps (date) : *Le chêne* ***un jour*** *dit au roseau.*
de cause : *Tu seras châtié* ***de ta témérité.***
de but : *Le paysan prépare la terre* ***pour les semailles.***
de manière : *Elle allait* ***à grands pas.***
de moyen : *Je vis* ***de bonne soupe*** *et non* ***de beau langage.***
d'accompagnement : *Elle sort* ***avec ses parents.***
de comparaison : *Il parle* ***en maître.*** *Il agit* ***comme un goujat.***
de quantité (prix) : *Un tableau de maître se vend* ***plusieurs millions.***
de propos : *Que pensez-vous* ***de ce tableau ?***
de provenance : *J'ai reçu un cadeau* ***de mon oncle.***
de concession : *Il sort* ***malgré le mauvais temps.***
de condition : ***Avec du travail,*** *tu réussirais...*

■ **complément**
du nom : *Le roi* ***des animaux.*** *– Le héron* ***au long bec.***
du pronom : *Voilà ceux de* ***l'Escaut,*** *voilà ceux* ***de l'Adour.***
de l'adjectif numéral : *Trois* ***de mes amis.*** *– Le troisième* ***de mes fils.***
de l'adjectif qualificatif : *Ce vase plein* ***de lait,*** *ce panier plein* ***de fleurs.***
de l'adverbe : *Conformément* ***à la loi.*** *– Beaucoup* ***d'amis.***

■ **apostrophe :** ***Homme libre,*** *toujours tu chériras la mer.*

■ **apposition :** *Le lion,* ***terreur des forêts.*** *– La ville* ***de Paris.***

## Le groupe du nom

Le nom se présente rarement seul. Ses **compagnons** sont :
- l'**article** (défini, indéfini, partitif) : ***Le*** *pain,* ***un*** *pain,* ***du*** *pain.*
- l'**adjectif qualificatif :** *Le* ***beau*** *pain* ***appétissant.***
- les **autres adjectifs** (possessif, démonstratif, indéfini, interrogatif *ou* exclamatif, relatif, numéral) : ***Mon*** *pain,* ***ce*** *pain,* ***chaque*** *pain,* ***quel*** *pain ?* ***quel*** *pain !* ***lequel*** *pain,* ***trois*** *pains.*
- le **complément du nom :** *Le roi* ***des animaux.***
- l'**apposition :** *Le lion,* ***terreur des forêts.***
- la **subordonnée relative :** *J'aime les élèves* ***qui écoutent.***
- la **subordonnée complétive par *que* :** *La certitude* ***que tu réussiras*** *me soutient.*

## Le pronom

Il **remplace** le nom ; il en a toutes les **fonctions,** qu'il soit :
- **personnel :** *je, me, moi, nous ; tu, te toi, vous ; il, elle, le, la, lui, ils, eux, elles, les, leur, se, soi, en, y.*
- **possessif :** *le mien, le tien, le sien, le nôtre, le vôtre, le leur, la mienne, la tienne... ; les miens, les tiens... ; les miennes, les tiennes...*
- **démonstratif :** *celui, celle, ce (c'), ceux, celles ; celui-ci, celle-ci..., celui-là, celle-là..., ceci, cela (ça)...*
- **relatif :** *qui, que, quoi, dont, où, lequel..., auquel..., duquel...*
- **interrogatif :** *qui ? que ? quoi ? lequel ? auquel ? duquel ?... qui est-ce qui ?* (ou *que ?*), *qu'est-ce qui ?* (ou *que ?*).
- **indéfini :** *personne, rien, nul, aucun, chacun, tous, tout, on, quelqu'un, quelque chose, autrui, certains, plusieurs...*

## L'adjectif qualificatif

- **Ses 3 degrés :**
  - **positif :** *sage.*
  - **comparatif :** *plus sage* (supériorité), *aussi sage* (égalité), *moins sage* (infériorité) ;
  - **superlatif :** *le plus sage, très sage* (supériorité, relatif ou absolu), *le moins sage, très peu sage* (infériorité, relatif ou absolu).

**N.B.** *Trop sage* exprime une nuance de comparatif de supériorité (voir p. 61).

- **Ses 4 fonctions :**
  - **épithète :** *Une* ***jeune*** *fermière.*
  - **attribut du sujet :** *Petit poisson deviendra* ***grand.***
  - **attribut du complément d'objet direct :** *Je le crois* ***sincère.***
  - **apposition :** ***Jeune,*** *elle marchait d'un pas alerte.*

# *Le verbe*

C'est, nous l'avons dit, le mot-roi, qui commande tout (même quand il est omis !) ; il est indispensable de le maîtriser. Pour le détail de la conjugaison, nous renvoyons au *Guide de conjugaison* de Burney et Bénac, dans la même collection Hachette ; voir aussi notre *Grammaire pratique,* pp. 107-145 et pp. 274-308.
Bornons-nous ici à un tableau récapitulatif du verbe *laver* (1er groupe) aux 3 voix et aux 7 modes :

| | Actif | Passif | | Pronominal |
|---|---|---|---|---|
| **• Indicatif** | | | | |
| Présent | *je lave* | *je suis* | *lavé(e)* | *je me lave* |
| Imparfait | *je lavais* | *j'étais* | *lavé(e)* | *je me lavais* |
| Passé simple | *je lavai* | *je fus* | *lavé(e)* | *je me lavai* |
| P. composé | *j'ai lavé* | *j'ai été* | *lavé(e)* | *je me suis lavé(e)* |
| P. antérieur | *j'eus lavé* | *j'eus été* | *lavé(e)* | *je me fus lavé(e)* |
| Pl.-q.-parfait | *j'avais lavé* | *j'avais été* | *lavé(e)* | *je m'étais lavé(e)* |
| Futur simple | *je laverai* | *je serai* | *lavé(e)* | *je me laverai* |
| Fut. antérieur | *j'aurai lavé* | *j'aurai été* | *lavé(e)* | *je me serai lavé(e)* |
| Fut. du passé | *je laverais* | *je serais* | *lavé(e)* | *je me laverais* |
| F. a. du passé | *j'aurais lavé* | *j'aurais été* | *lavé(e)* | *je me serais lavé(e)* |
| **• Conditionnel** | | | | |
| Présent | *je laverais* | *je serais* | *lavé(e)* | *je me laverais* |
| Passé 1re forme | *j'aurais lavé* | *j'aurais été* | *lavé(e)* | *je me serais lavé(e)* |
| Passé 2e forme | *j'eusse lavé* | *j'eusse été* | *lavé(e)* | *je me fusse lavé(e)* |
| **• Impératif** | | | | |
| Présent | *lave* | *sois lavé(e)* | | *lave-toi* |
| Passé | *aie lavé* | (inusité) | | (inusité) |
| **• Subjonctif** | | | | |
| Présent | *que je lave* | *que je sois* | *lavé(e)* | *que je me lave* |
| Imparfait | *que je lavasse* | *que je fusse* | *lavé(e)* | *que je me lavasse* |
| Passé | *que j'aie lavé* | *que j'aie été* | *lavé(e)* | *que je me sois lavé(e)* |
| Pl.-q.-parfait | *que j'eusse lavé* | *que j'eusse été* | *lavé(e)* | *que je me fusse lavé(e)* |
| **• Infinitif** | | | | |
| Présent | *laver* | *être lavé(e)(s)* | | *se laver* |
| Passé | *avoir lavé* | *avoir été lavé(e)(s)* | | *s'être lavé(e)(s)* |
| **• Participe** | | | | |
| Présent | *lavant* | *étant lavé(e)(s)* | | *se lavant* |
| Passé | *ayant lavé* | *ayant été lavé(e)(s)* ou *lavé(e)(s)* | | *s'étant lavé(e)(s)* |
| **• Gérondif** | | | | |
| Présent | *en lavant* | *en étant lavé(e)(s)* | | *en se lavant* |

## Remarques sur les modes

**a)** L'**indicatif**
L'indicatif français est richissime.

- Officiellement, il a 8 temps, qui vont par deux : un temps **simple** et un temps **composé :**

> *je chante, j'ai chanté; je chantais, j'avais chanté;*
> *je chantai, j'eus chanté; je chanterai, j'aurai chanté.*

- En réalité il en a 10, avec le **futur** et le **futur antérieur du passé :**

> *je chanterai, je chanterais; j'aurai chanté, j'aurais chanté.*
> Cf. *je sais que tu* ***chanteras;*** *je savais que tu* ***chanterais.***
> (Voir notre *Grammaire pratique* p. 130).

- Il en a même 14 avec les **temps surcomposés,** et même 18 avec l'emploi des **semi-auxiliaires** *aller* et *venir :*

| | | | |
|---|---|---|---|
| Passé surc. | *j'ai eu lavé* | *j'ai eu été lavé(e)* | *je me suis eu lavé(e)* |
| Pl.-q.-pft. surc. | *j'avais eu lavé* | *j'avais eu été lavé(e)* | *je m'étais eu lavé(e)* |
| Fut. ant. surc. | *j'aurai eu lavé* | *j'aurai eu été lavé(e)* | *je me serai eu lavé(e)* |
| F. a. du pas. surc. | *j'aurais eu lavé* | *j'aurais eu été lavé(e)* | *je me serais eu lavé(e)* |
| Futur prochain | *je vais laver* | *je vais être lavé(e)* | *je vais me laver* |
| F. pr. du passé | *j'allais laver* | *j'allais être lavé(e)* | *j'allais me laver* |
| Passé récent | *je viens de laver* | *je viens d'être lavé(e)* | *je viens de me laver* |
| P. réc. du passé | *je venais de laver* | *je venais d'être lavé(e)* | *je venais de me laver* |

**b)** Le **conditionnel**
Le conditionnel est un tard venu (il date de l'époque romane), et un pillard ! Le conditionnel présent n'est autre qu'un emprunt au **futur du passé** de l'indicatif; le conditionnel passé 1^re^ forme, un emprunt au **futur antérieur du passé** de l'indicatif; le conditionnel passé 2^e^ forme, un emprunt (sans *que*) au **subjonctif plus-que-parfait :**

> *je chanterais; j'aurais chanté; j'eusse chanté.*

**N.B.** Pour la différence entre **conditionnel-temps** et **conditionnel-mode,** voire notre *Grammaire pratique,* pp. 130-132.

**c)** Le **gérondif**
Le gérondif n'est pas, comme on le dit trop souvent, le **participe présent** précédé de la **préposition** *en;* ce sont **deux modes différents,** que le français a rapprochés, mais que l'italien continue de bien distinguer :

> *chantant* (= ***cantante***); *en chantant* (= ***cantando***).

Saluons au passage les nombreux gérondifs musicaux pris à l'italien :

> *crescendo, descrescendo, accelerando, diminuendo, scherzando ...*

## Attention aux barbarismes verbaux

Pour éviter les barbarismes, trop fréquents, hélas! dans la conjugaison, il convient surtout de bien maîtriser :

a) Les **passés simples :**

| 1^er^ gr. | 2^e^ gr. | 3^e^ gr. | | |
|---|---|---|---|---|
| *-ai* | *-is* | *-is* | *-us* | *-ins* |
| *-as* | *-is* | *-is* | *-us* | *-ins* |
| *-a* | *-it* | *-it* | *-ut* | *-int* |
| *-âmes* | *-îmes* | *-îmes* | *-ûmes* | *-înmes* |
| *-âtes* | *-îtes* | *-îtes* | *-ûtes* | *-întes* |
| *-èrent* | *-irent* | *-irent* | *-urent* | *-inrent* |
| ***je chantai*** | ***je rougis*** | ***je servis*** | ***je connus*** | ***je (re)tins, je (re)vins*** |

**N.B. 1)** Éviter les horreurs comme :

> *ils *naissèrent, ils *vivèrent, ils *fuyèrent, *ils rièrent, *ils retenèrent ...* (pour *naquirent, vécurent, fuirent, rirent, retinrent ...*).

**2)** Attention! Certains verbes n'ont pas de passé simple :

> *braire, bruire, clore, frire, luire, paître, absoudre* et *dissoudre, traire, distraire, abstraire, extraire, soustraire.*

b) Les **futurs simples** (parfois capricieux); citons par exemple :

> *il payera* (ou *il paiera*); *il courra; il pourra;*
> *il verra* (mais *il pourvoira*); *il enverra; il cueillera;*
> *il acquerra; il conclura* (et non **concluera*); *il bouillira ...*

c) Les **subjonctifs imparfaits,** formés à partir de l'indicatif passé simple :

| 1^er^ groupe | | 2^e^ groupe | | 3^e^ groupe | | | | | |
|---|---|---|---|---|---|---|---|---|---|
| *-ai* | *-asse* | *-is* | *-isse* | *-is* | *-isse* | *-us* | *-usse* | *-ins* | *-insse* |
| *-as* | *-asses* | *-is* | *-isses* | *-is* | *-isses* | *-us* | *-usses* | *-ins* | *-insses* |
| *-a* | *-ât* | *-it* | *-ît* | *-it* | *-ît* | *-ut* | *-ût* | *-int* | *-înt* |
| *-âmes* | *-assions* | *-îmes* | *-issions* | *-îmes* | *-issions* | *-ûmes* | *-ussions* | *-înmes* | *-inssions* |
| *-âtes* | *-assiez* | *-îtes* | *-issiez* | *-îtes* | *-issiez* | *-ûtes* | *-ussiez* | *-întes* | *-inssiez* |
| *-èrent* | *-assent* | *-irent* | *-issent* | *-irent* | *-issent* | *-urent* | *-ussent* | *-inrent* | *-inssent* |

**N.B.** Les verbes sans passé simple ne peuvent donc pas avoir de subjonctif imparfait.

d) Les **participes passés,** parfois capricieux :

- Attention à la lettre finale (penser au féminin) :

> 1^er^ gr. ***-é :*** *aimé (aimée);*
> 2^e^ gr. ***-i :*** *fini (finie)* (exception : *maudit, maudite*);
> 3^e^ gr. ***-i, -u, -s, -t :*** *servi (servie); reçu (reçue); mis (mise); fait (faite)* (exception : *né, née*).

- Pour l'accord du participe passé, voir pp. 174-177.

## La concordance des temps au mode subjonctif

Dans une proposition subordonnée dont le verbe est au **subjonctif** (par exemple dans une **complétive par *que***), l'emploi de ses 4 temps obéit à la règle suivante :

- Lorsque le verbe principal est au **présent** ou au **futur** de l'**indicatif,** le verbe subordonné est au **subjonctif présent** (simultanéité) ou **passé** (antériorité) :

> *Je souhaite / qu'il **lise** (qu'il **ait lu**) ce livre.*

- Lorsque le verbe principal est à un **temps du passé de l'indicatif,** le verbe subordonné est au **subjonctif imparfait** (simultanéité) ou **plus-que-parfait** (antériorité).

> *Je souhaitai(s) / qu'il **lût** (qu'il **eût lu**) ce livre.*

**Remarques**

**a)** Cette règle, scrupuleusement respectée par les auteurs classiques (et par les puristes), s'appelle (scolairement parlant) **« la règle 1-3, 2-4 »,** le présent (1) faisant équipe avec le passé (3), et l'imparfait (2) avec le plus-que-parfait (4), selon le schéma suivant :

| | | |
|---|---|---|
| *Je souhaite* | *qu'il **lise*** | (présent : 1) |
| *Je souhaitais* | *qu'il **lût*** | (imparfait : 2) |
| | *qu'il **ait lu*** | (passé : 3) |
| | *qu'il **eût lu*** | (plus-que-parfait : 4) |

**b)** Cette règle vaut aussi, bien sûr, pour les subordonnées **relatives** et **circonstancielles** dont le verbe est au subjonctif :

> *Je cherche un élève / qui **comprenne** (ou **ait compris**)* 1-3.
> *Je cherchais un élève / qui **comprît** (ou **eût compris**)* 2-4.
> *Je te pardonne / bien que tu **mentes** (ou **aies menti**)* 1-3.
> *Je te pardonnai / bien que tu **mentisses** (ou **eusses menti**)* 2-4.

**c)** Mais cette belle règle n'est plus guère respectée, l'imparfait sombrant souvent dans le cocasse, le ridicule :

> *Il fallait / que nous **apprissions** et **sussions** nos leçons.*

(sauf à la 3ᵉ p. du singulier, phonétiquement proche du passé simple :

> *Je voulais / qu'il chantât, finît, servît, courût, revînt ...*).

L'imparfait, moribond, entraîne dans sa perte le plus-que-parfait ; et la seule « règle 1-3 » tend (hélas !) à se généraliser :

> *Il fallait / que nous **apprenions** et **sachions** nos leçons* (!).

On peut sauver la situation en disant, plus sobrement :

> *Il **nous** fallait **apprendre** et **savoir** nos leçons.*

**N.B.** Pour plus de détails, voir notre *Grammaire pratique,* pp. 233-234.

## Les verbes pronominaux

Le verbe pronominal a 4 sens possibles :

**a)** Le sens **réfléchi,** où le pronom complément représente le sujet :

*Je me lave; tu te blesses; il se trahit.*

**b)** Le sens **réciproque,** où le pronom complément représente 2 ou plusieurs êtres (dont le sujet); le verbe est au pluriel :

*Nous nous aimons; vous vous souriez; ils se détestent.*

**c)** Le sens **passif,** où le pronominal est plus élégant que le passif :

*Les fruits se vendent cher cette année (= sont vendus cher ...).*

**d)** Le sens **vague,** où l'on ne perçoit aucune des 3 nuances précédentes (faciles à cerner), et où l'on trouve 2 sortes de verbes :

- ceux qui n'existent plus (actuellement) qu'à la voix pronominale et qu'on peut appeler **« essentiellement pronominaux » :**

(1er gr.) *s'absenter, s'accouder, s'adonner, s'agenouiller, s'arroger, s'écrier, s'écrouler, s'esclaffer, s'exclamer, s'évader, s'extasier, s'immiscer, s'insurger, se méfier ...*
(2e gr.) *s'accroupir, se blottir, s'évanouir ...*
(3e gr.) *s'abstenir, se dédire, s'enfuir, s'enquérir, s'éprendre, se méprendre, se repentir, se souvenir ...*

- ceux qui existent aussi à la voix active, et dont le pronom complément a une valeur très atténuée; on peut les appeler **« non réfléchis » :**

*s'enfuir (= fuir); se mourir (= mourir) ...*

**N.B.** Ces pronominaux de sens vague sont de simples équivalents de verbes **actifs** ordinaires :

*s'apercevoir de = constater; s'emparer de = prendre; s'en aller = partir; se faire vieux = vieillir; se trouver là = être là; se servir de = utiliser ...*

**Remarques**

**a)** Un même verbe peut avoir les 4 nuances, les 4 sens :

*Il **s'aperçoit** dans la glace* (réfléchi).
*Ils **s'aperçoivent** dans la rue* (réciproque).
*Le clocher **s'aperçoit** de loin (= est aperçu :* passif).
*Je **m'aperçois** de mon erreur (= je constate :* vague).

**b)** Au pluriel, il peut y avoir **équivoque** entre sens réfléchi et réciproque :

*Ils se sont blessés (eux-mêmes?* ou *mutuellement?).*

**c)** Pour plus de détails, voir notre *Guide de grammaire,* pp. 188-189, ou notre *Grammaire pratique,* p. 281.

## Les verbes impersonnels

Les véritables verbes **impersonnels** (ou mieux **unipersonnels**) n'existent qu'à la 3e personne du singulier de la voix active (avec *avoir : il neige ; il a neigé*), à tous les modes et temps (sauf l'impératif, qui n'a pas de 3e personne).

**a)** Ils expriment des phénomènes de la nature :

*Neiger, venter, tonner, brumer, bruiner, geler, pleuvoir.*

**b)** Ils peuvent s'employer **personnellement,** mais avec un **sens figuré :**

*Les pétales **neigent** sur le tapis. – Les questions **pleuvaient.***

**c)** Certains verbes personnels peuvent s'employer impersonnellement :

- le verbe *être* et les verbes **d'état,** et le **gallicisme** *il y a :*

  *Il est (il existe, il y a) des méchants. – Il semble (paraît) que.*

- des verbes actifs **intransitifs** (avec l'auxiliaire qui convient) :

  *Il est arrivé un malheur. – Il a couru des bruits inquiétants.*

- des verbes **passifs** (surtout dans le style administratif) :

  *Il a été perdu (trouvé) un porte-monnaie. – Il est interdit de ...*

- des verbes **pronominaux :**

  *Il se peut (il se trouve, il s'ensuit) que ; il s'agit de ...*

- le verbe **faire** avec un **attribut** (adjectif ou nom) :

  *Il fait beau ; il fait soleil. – Il faisait sombre ; il faisait nuit.*

**Remarques**

**a)** *Falloir,* ancien doublet de *faillir* (au sens de *manquer, faire défaut,* d'où *être nécessaire*) est devenu impersonnel :

*Il faut, il fallait, il fallut, il faudra ...*

Avec *en,* il prend la voix **pronominale :**

*Il s'en faut, il s'en fallut... ; peu s'en fallut, peu s'en faut.*

**b)** *Cuire* (avec *en*) peut devenir impersonnel :

*Il t'en cuira ; il nous en cuisit ; (il pourrait vous en cuire) ;*

**c)** *Se souvenir,* devenu personnel, a d'abord été impersonnel :

*Il me (te, lui, nous, vous, leur) souvient (souvint, souviendra ...)*
*Autant qu'il m'en souvienne. – Faut-il qu'il m'en souvienne ?*

**d) Rappel.** Dans l'emploi des verbes impersonnels, *il* n'est que le sujet **apparent** (ou **grammatical**), le sujet **réel** (ou **logique**) se trouvant placé derrière le verbe (voir p. 23).

## L'accord du participe passé

### ■ Employé seul

**a)** Le participe passé employé seul, comme **verbe** ou comme **adjectif** (épithète, attribut ou apposé), s'accorde en **genre** et en **nombre** avec le nom :

> *Un ami dévoué* (m. s.), *des serviteurs dévoués* (m. pl.),
> *une mère dévouée* (f. s.), *des infirmières dévouées* (f. pl.).

**b)** Sont invariables :
- les **locutions figées** du style juridique :

> *Lu et approuvé ; vu.*

- les **participes** suivants, lorsqu'ils **précèdent** un nom : *approuvé, attendu, certifié, communiqué, entendu (ouï), étant donné, excepté, ôté, passé, lu, reçu, supposé, vu ;* et les locutions *y compris, mis à part :*

> ***Attendu (vu)*** *les conséquences. –* ***Entendu (ouï)*** *les témoins. –* ***Passé*** *la frontière. –* ***Étant donné*** *la situation. –* ***Y (non) compris*** *les femmes et les petits enfants. –* ***Mis à part*** *ces opinions ...*

**c)** Mais s'ils **suivent** le nom, ils redeviennent variables et s'accordent :

> *Les témoins entendus (ouïs). – La frontière passée. – La situation étant donnée. – Les femmes y (non) comprises. – Ces opinions mises à part ...*

**N.B.** Pour *ci-inclus, ci-joint, ci-annexé,* d'emploi délicat, voir notre *Guide de grammaire,* p. 160.

### ■ Avec l'auxiliaire *être*

Le participe passé des verbes conjugués avec *être* (verbes passifs, certains intransitifs) s'accorde en **genre** et en **nombre** avec le sujet :

> *Elles seront* ***punies*** (f. pl.) *pour ce mensonge.*
> *Elle était* ***partie*** (f. sg.) *depuis trois semaines.*

**Remarques**

**a)** Pour les verbes **pronominaux** (qui utilisent l'auxiliaire *être*), voir ci-après.

**b)** Pour les **impersonnels** à auxiliaire *être,* le participe reste invariable :

> *Il est* ***arrivé*** *une catastrophe. – Il était* ***tombé*** *des grêlons.*

**c)** Avec *nous* (**solennel** = *je*) et *vous* (pluriel de **politesse**), le participe reste au singulier :

> ***Nous*** *sommes convainc****u(e)*** *de son innocence.*
> ***Vous*** *êtes* ***prié(e)*** *de venir ... (Monsieur* ou *Madame).*

■ **Avec l'auxiliaire *avoir***

**a)** S'il n'y a pas de c.o.d., il n'y a pas d'accord :

*Elles ont **mangé.** – Elles avaient **rougi.** – Elles auront **déçu.***

**b)** S'il y a un c.o.d., mais placé **après** le verbe, pas d'accord non plus :

*Elles ont **mangé** des cerises. – Elles auront **déçu** nos espoirs.*

**c)** Si le c.o.d. est placé **avant** le verbe, il y a accord avec ledit c.o.d. :

*Quels fruits as-tu **achetés ?*** (*fruits :* m. pl.).
*Quelle belle exposition j'ai **vue*** (*exposition :* f. sg.).
*Ces framboises, je les ai **cueillies*** (*les = framboises :* f. pl.).
*Admire les truites que j'ai **attrapées*** (*que = truites :* f. pl.).
*Voyez les dégâts qu'a **provoqués** l'inondation* (*qu' = dégâts :* m. pl.).

■ **Cas particuliers**

**a)** Avec un nom **collectif** suivi d'un **complément au pluriel** et repris par un pronom **relatif,** l'accord se fait selon le sens :

*La foule de personnes que j'**ai fendue*** (*que = la foule :* f. sg.).
*La foule de personnes que j'**ai saluées*** (*que = personnes :* f. pl.).

**b)** Avec un **adverbe de quantité** suivi d'un nom complément au pluriel, l'accord se fait avec ce complément :

*Combien de cerises j'**ai mangées !** – Combien d'amis **as**-tu **vus ?***

**c)** Avec le pronom personnel ***en :***

- s'il est **seul** (avec nuance **partitive**), pas d'accord :

*Des cerises, j'en ai **mangé.** – Des nouvelles, j'en **ai reçu.***

- s'il est accompagné d'un adverbe de quantité, accord facultatif :

*Des romans policiers, combien il en a **dévorés*** (ou ***dévoré***).

**d)** Avec le pronom personnel *le :*

- s'il a le sens **neutre** de *cela,* pas d'accord :

*Elle a remporté la victoire, comme je l'avais **espéré** (l' = cela).*

- s'il remplace un nom, accord en genre et nombre avec ce nom :

*Cette victoire, je l'avais **espérée*** (*l' = cette victoire :* f. sg.).

**N.B.** Noter l'invariabilité dans les expressions **figées :**

*Nous l'avons **échappé** belle. – Il me l'a **baillé** belle.*

**e)** Avec un **infinitif** qui suit, pas d'accord (règle simplifiée) :

*Je les ai **envoyé** chercher* (*les* n'est pas c.o.d. de *ai envoyé* mais de *chercher = j'ai envoyé [quelqu'un] les chercher*). – Voilà la route qu'on m'a ***dit*** *être la plus courte* (*qu'* n'est pas c.o.d. de *a dit* mais sujet de *être*). – *Cette maison, je l'ai **vu** construire* (*l'* n'est pas c.o.d. de *ai vu* mais de *construire = j'ai vu [quelqu'un] la construire*).

Cependant, quand le pronom qui précède est le **sujet de l'infinitif** qui suit, mieux vaut faire l'accord, ce qui permet de distinguer :

> *Je les ai* ***vues*** *applaudir* (ce sont elles qui applaudissent).
> *Je les ai* ***vu*** *applaudir* (ce sont elles qu'on applaudit).

**N.B.** Avec ***fait*** **+ infinitif,** pas d'accord (quel que soit le sens : sujet ou objet) :

> *Je les ai* ***fait*** *venir. – Je les ai* ***fait*** *arrêter.*

**f)** Avec un verbe **impersonnel** à auxiliaire ***avoir,*** pas d'accord, puisqu'il n'y a pas de c.o.d., mais **sujet réel :**

> *Quelle patience il nous a* ***fallu !*** *– Quelle chaleur il* ***a fait !***

**g) Attention !** Certains verbes **intransitifs** (à auxiliaire ***avoir***) comme : *coûter, valoir, peser, marcher, courir, régner, durer, vivre...,* sont souvent accompagnés d'un c.c. de **quantité** ou de **durée,** à ne pas prendre pour des **c.o.d. ;** donc pas d'accord :

> *Les mille francs que m'****a coûté*** *cet achat. – Les longs mois qu'****a duré*** *sa maladie. – Les dix kilomètres qu'elle* ***a marché ...***

Mais ils peuvent prendre un sens **figuré** et devenir **transitifs,** avec un c.o.d., et l'accord se fait ; comparons en effet :

> *La demi-heure que j'ai* ***couru*** (sens ***propre :*** c.c. durée ; invar.).
> Les dangers que j'ai ***courus*** (sens ***figuré :*** c.o.d. ; var.).

**h) Attention !** Sont toujours invariables les participes passés des verbes **intransitifs** et **transitifs indirects** (puisqu'ils n'ont pas de c.o.d.), ainsi que ceux des **impersonnels** (voir ci-dessus, f), et celui du verbe ***être ;*** citons :

> *abondé, accédé, agi, bavardé, bondi, circulé, complu, dormi, été, failli, fallu, geint, gémi, menti, mugi, nagé, nui, péché, péri, plu (plaire), plu (pleuvoir), remédié, réagi, ri, rôdé, rougi, semblé, suffi, tonné, toussé, vivoté, voyagé...*

### ■ Avec un verbe pronominal (auxiliaire *être*)

**Rappel**

Il est nécessaire de distinguer les 4 nuances (voir p. 172).

**1)** Dans les pronominaux de sens **passif** et de sens **vague,** le participe passé s'accorde simplement en genre et en nombre avec le sujet :

> *Les légumes se sont* ***vendus*** *cher* (sens passif).
> *Elles se sont* ***écriées*** (sens vague, essentiellement pronominal).
> *Ils se sont* ***aperçus*** *de leur erreur* (sens vague, non réfléchi).

**2)** Dans les pronominaux de sens **réfléchi** et de sens **réciproque,** le pronom personnel complément est **un vrai c.o.d.,** et l'auxiliaire ***être*** a valeur d'auxiliaire ***avoir ;*** donc accord avec ce c.o.d. placé **devant** le verbe :

> *Elle s'est* ***blessée*** (réfléchi = *elle a blessé s'*).
> *Ils se sont* ***battus*** (réciproque = *ils ont battu se*).

### a) Le sens réfléchi

- Bien cerner le c.o.d. (et sa place!); bien distinguer :

> *Elle s'est* ***coupée*** *(elle a coupé s';* placé devant, accord).
> *Elle s'est* ***coupé*** *le doigt* (c.o.d. placé derrière, pas d'accord).
> *Ils se sont* ***assurés*** *contre le vol.*
> *Ils se sont* ***assuré*** *les services d'un gardien.*

- Avec un **infinitif qui suit,** accord ou non :

> *Elle s'est* ***vue*** *gronder (son fils). – Elle s'est* ***vu*** *gronder (par son fils).*

**N.B. 1)** Avec ***fait*** **+ infinitif,** pas d'accord :

> *Elle s'est* ***fait*** *teindre. – Elle s'est* ***fait*** *teindre les cheveux.*

**2)** Avec un **attribut du c.o.d.,** il y a accord :

> *Elle s'était* ***crue*** *malade. – Ils se sont* ***faits*** *les champions de cette cause.*

### b) Le sens réciproque

- Bien cerner le c.o.d. (et sa place!); bien distinguer :

> *Elles se sont* ***disputées.*** *– Elle se sont* ***disputé*** *la victoire.*

- Bien distinguer le vrai c.o.d. (*se* = ***l'un l'autre, les uns les autres***) et le faux c.o.d. ***(l'un à l'autre, les uns aux autres)*** :

> *Ils (elles) se sont* ***aimé(e)s.*** *– Ils (elles) se sont* ***plu*** *(déplu).*
> *Ils (elles) se sont* ***salué(e)s.*** *– Ils (elles) se sont* ***souri.***

**N.B.** Attention à ***se suivre*** et ***se succéder*** qui sont de faux réciproques :

> *Les ennuis se sont* ***suivis*** *(les uns les autres :* vrai c.o.d.).
> *Les ennuis se sont* ***succédé*** *(les uns aux autres :* faux c.o.d.).

### c) Le sens vague

- Le verbe ***s'arroger*** (= *s'attribuer,* essentiellement pronominal) se conduit comme s'il avait l'auxiliaire ***avoir;*** son participe passé s'accorde donc avec le c.o.d., si celui-ci précède le verbe :

> *Elles se sont* ***arrogé*** *des droits exorbitants.*
> *Tels sont les droits qu'elles se sont* ***arrogés.***

- Le verbe ***se rire de*** (non réfléchi) a un participe invariable :

> *Ils (elles) se sont* ***ri*** *de mon chagrin.*

- Le verbe ***plaire*** (non réfléchi) a plusieurs sens : *trouver du plaisir à, se trouver bien,* et même le sens réciproque; son participe est invariable (de même pour ***se complaire*** et ***se déplaire***) :

> *Elle s'est* ***plu*** *(complu) à me taquiner. – Elle s'est* ***plu*** *(déplu) là et y est restée. – Elles se sont* ***plu*** *(déplu) dès le premier contact, et sont restées amies (ennemies).*

## ■ Conclusion

Pour plus de détails, voir notre *Guide de grammaire* (pp. 200-205) ou notre *Grammaire pratique* (pp. 311-315).

# *Les principales prépositions*

■ ***à***

complément du nom : *Un vase* ***à*** *long col.*
compl. d'adjectif : *Agréable* ***à*** *la vue.*
compl. d'attribution : *Donner* ***à*** *un camarade.*
compl. circ. de lieu (où l'on est) : *Vivre* ***à*** *la campagne.*
compl. circ. de lieu (où l'on va) : *Aller* ***à*** *la ville.*
compl. circ. de temps : *Arriver* ***à*** *l'heure.*
compl. circ. de manière : *Aller* ***à*** *grands pas.*
compl. circ. de moyen : *Pêcher* ***à*** *l'épuisette.*
compl. circ. de provenance : *Acheter du blé* ***à*** *un voisin.*
compl. circ. de but : *Viser* ***à*** *la réussite.*
attribut du c.o.d. : *Prendre quelqu'un* ***à*** *témoin.* Etc.

■ ***de***

sujet réel : *Il est laid* ***de*** *bâiller en société.*
compl. de nom : La maison ***de*** *Claudine; le pot* ***de*** *fer.*
compl. d'adjectif : *Ce vase plein* ***de*** *lait.*
compl. d'adverbe : *Beaucoup* ***de*** *pluie.*
compl. de pronom : *Certains* ***de*** *nos voisins.*
compl. d'adjectif numéral : *Trois* ***de*** *mes concurrents.*
compl. d'objet (partitif) : *Manger* ***de*** *la viande.*
compl. d'agent : *Être aimé* ***de*** *ses amis.*
compl. circ. de lieu (d'où l'on vient) : *Partir* ***de*** *la maison.*
compl. circ. de temps : *Partir* ***de*** *bon matin.*
compl. circ. de manière : *Rire* ***de*** *bon cœur.*
compl. circ. de moyen : *Vivre* ***de*** *bonne soupe.*
compl. circ. de cause : *Grelotter* ***de*** *fièvre.*
compl. circ. de propos : *Parler* ***de*** *la pluie et* ***du*** *beau temps.*
apposition : *La ville* ***de*** *Paris.*
attribut du c.o.d. : *Traiter quelqu'un* ***de*** *chenapan.* Etc.

■ ***en***

compl. de nom : *Une montre* ***en*** *or.*
compl. d'adjectif : *Riche* ***en*** *blé.*
compl. circ. de lieu (où l'on est) : *Séjourner* ***en*** *montagne.*
compl. circ. de lieu (où l'on va) : *Aller* ***en*** *Italie.*
compl. circ. de temps : *Se baigner* ***en*** *été.*
compl. circ. de manière : *Avancer* ***en*** *ordre.*
compl. circ. de comparaison : *Agir* ***en*** *chef.*
compl. circ. de point de vue : *L'emporter* ***en*** *intelligence.*
gérondif : *Siffler* ***en*** *travaillant.* Etc.

- **dans** compl. circ. de lieu (où l'on est) : *Être* ***dans*** *la lune.*
compl. circ. de lieu (où l'on va) : *Entrer* ***dans*** *l'eau.*
compl. circ. de temps : *Partir* ***dans*** *la soirée.*
compl. circ. de but : *Agir* ***dans*** *l'intérêt commun.* Etc.

- **par** compl. de nom : *Un voyage* ***par*** *mer.*
compl. d'agent : *Être puni* ***par*** *le maître.*
compl. circ. de lieu (par où l'on passe) : *Passer* ***par*** *la forêt.*
compl. circ. de temps : *Sortir* ***par*** *un froid glacial.*
compl. circ. de moyen : *Partir* ***par*** *le train.*
compl. circ. de manière : *Prendre* ***par*** *surprise.*
compl. circ. de cause : *Punir* ***par*** *erreur.*
compl. circ. de la partie : *Saisir le loup* ***par*** *les oreilles.* Etc.

- **pour** compl. de nom : *Un coiffeur* ***pour*** *dames.*
compl. d'adjectif : *Bon* ***pour*** *les animaux.*
compl. d'attribution : *Cueillir des fleurs* ***pour*** *sa mère.*
compl. circ. de lieu (où l'on va) : *Partir* ***pour*** *l'Amérique.*
compl. circ. de temps : *Partir* ***pour*** *trois mois.*
compl. circ. de but : *Lutter* ***pour*** *le succès.*
compl. circ. d'échange : *Œil* ***pour*** *œil, dent* ***pour*** *dent.*
compl. circ. de cause : *Être condamné* ***pour*** *vol.*
compl. circ. de proportion : *Grand* ***pour*** *son âge.*
attribut du sujet : *Il passe* ***pour*** *avare.*
attribut du c.o.d. : *Je le tiens* ***pour*** *intelligent.* Etc.

- **avec** compl. circ. de manière : *Travailler* ***avec*** *ardeur.*
compl. circ. de moyen : *Travailler* ***avec*** *un tracteur.*
compl. circ. d'accompagnement : *Travailler* ***avec*** *un ami.*
compl. circ. d'opposition : *Lutter* ***avec*** *un camarade.*
compl. circ. de cause : ***Avec*** *son talent, il réussira.*
compl. circ. de concession : ***Avec*** *tous ses dons, il végète.*
compl. circ. de condition : ***Avec*** *du travail, tu réussirais.* Etc.

**Remarques**

- Parfois, le sens de la préposition est très atténué :

  *aimer* ***à*** *rire = aimer rire.*

- Parfois, des prépositions ont des valeurs voisines :

  *rêver* ***à...;*** *rêver* ***de...;*** *rêver* ***sur...***

- La préposition ***sans*** fait écho à ***avec*** (et ses diverses nuances ; cf. ci-dessus) :

  ***sans*** *ardeur,* ***sans*** *tracteur,* ***sans*** *ami,* ***sans*** *travail.*

- Veiller à l'emploi correct des prépositions ; on dit :

  *Parler* ***à*** *quelqu'un,* mais *causer* ***avec*** *quelqu'un.*
  *Aller* ***à*** *la boucherie, mais aller* ***chez*** *le coiffeur.*
  *Il ressort* ***de*** *la maison,* mais *cette affaire ressortit* ***à*** *un tribunal de grande instance.*

# Confusions graves à éviter

## ■ *qui*

**a) pronom relatif :** *Fuyez les camarades **qui** mentent.*

**b) pronom interrogatif :**

- en interrogation directe : ***Qui** a téléphoné ? **Qui** hantes-tu ?*
- en interrogation indirecte : *Dis-moi **qui** a téléphoné ; **qui** tu hantes.*

**N.B.** *Qui = si on* (archaïsme) :

> *Tout vient à point **qui** sait attendre. – Comme **qui** dirait...*
> *Il faut avoir de la santé, **qui** peut* (Montaigne).

## ■ *que*

**a) pronom relatif :** *Le monsieur **que** j'ai salué est mon maître. – C'était l'année **que** je fus si malade.*

**b) pronom interrogatif :**

- dans l'interrogation directe : ***Que** fais-tu là ?*
- dans l'interrogation indirecte : *Il ne sait **que** faire.*

**c) adverbe de quantité** (exclamatif) : ***Que** tu es sage ! – **Que** d'eau ! **Que** d'eau !*

**d) adverbe d'interrogation :** ***Que** (= pourquoi) n'étiez-vous présent hier ?*

**e) conjonction-particule du subjonctif :** ***Qu'**il entre ! – **Qu'**elles se taisent !*

**f) conjonction de subordination :**

- dans la complétive : *J'espère **que** vous viendrez.*
- dans la circonstancielle :
  - de but : *Viens, **que** je te félicite.*
  - de cause : *Qu'a-t-il donc **qu'**il est si triste ?*
  - de temps : *Je ne te lâcherai pas **que** tu n'aies avoué.*
  - de conséquence : *Il est timide **que** c'en est une maladie.*
  - de comparaison : *Il est plus timide **que** tu ne crois.*

**N.B.** Dans une 2^e^ circonstancielle, *que* permet d'éviter la répétition de la 1^re^ conjonction de subordination :

> ***Comme** il fait froid et **que...** – **Si** tu m'appelles et **que...***
> ***Quand** je travaille et **que...** – **Bien** qu'il fasse chaud et **que...***

**Attention !** Ne pas confondre *ce qui* et *ce que* pronoms **relatifs** avec *ce qui* et *ce que* pronoms **interrogatifs :**

> ***Ce qui** m'arrive est grave* (relatif).
> ***Ce que** tu dis est incroyable* (relatif).
> *Dis-moi / **ce qui** t'est arrivé* (interrogatif).
> *Dis-moi / **ce que** tu en penses* (interrogatif).

## ■ *où*

**a) adverbe de lieu,** devenu, par glissement, pronom **relatif :** *Voici la maison **où** je suis né.*

**b) adverbe interrogatif :**
- dans l'interrogation directe : ***Où** es-tu né ?*
- dans l'interrogation indirecte : *Dis-moi **où** tu es né.*

**N.B.** *Ou* (sans accent) = *ou bien,* **conjonction de coordination :**

> *Quelle saison préfères-tu ? l'été **ou** l'hiver ?*

## ■ *quand*

**a) conjonction de subordination** marquant :
- le temps : *Tu peux venir **quand** tu voudras.*
- la supposition : ***Quand** tu y consacrerais tes nuits, tu ne trouverais pas la solution de ce problème (quand = même si).*

**b) adverbe interrogatif :**
- dans l'interrogation directe : ***Quand** viendras-tu ?*
- dans l'interrogation indirecte : *Dis-moi **quand** tu viendras.*

**N.B.** ***Quant à*** (avec un ***-t***) est une locution prépositive :

> ***Quant à** nous, nous préférons cette solution.*

## ■ *comme*

**a) conjonction de la subordination** marquant :
- la cause : ***Comme** tu insistes, je te suivrai.*
- le temps : *Il arriva, **comme** je sortais.*
- la comparaison : *Il parle **comme** un livre.*

**b) adverbe exclamatif** (quantité) : ***Comme** tu as grandi !*

**c) adverbe interrogatif** (manière) : *Regarde **comme (= comment)** je fais. – Voici **comme** il conta l'aventure à sa mère* (La Fontaine).

**d) adverbe de manière** (conjonction atténuée = *pour ainsi dire*) : *J'entends **comme** une plainte. – Il était **comme** mort.*

**e) conjonction explétive** (devant attribut ou apposition) : *Je le considère **comme** fou. – **Comme** chef, il est fort.*

## ■ si

**a) conjonction de subordination** marquant :
- la condition : ***Si*** *j'avais un avion, je serais heureux.*
- la concession (l'opposition) : ***Si*** *Paul se dit robuste, il est souvent malade.*
- la cause : *Comment l'aurais-je fait,* ***si*** *je n'étais pas né* (La Fontaine)?
- le temps : ***Si*** *je disais blanc, elle disait noir.*

**b) adverbe interrogatif** dans l'interrogation indirecte *(= est-ce que) : Dis-moi* ***si*** *tu viendras.*

**c) adverbe** interrogatif à valeur **exclamative :** *Regarde* ***si*** *nous sommes contents!*

**d) adverbe de quantité :** *Je suis* ***si*** *content!*

**e) adverbe d'affirmation** (dans le dialogue) : *« Ne viendras-tu pas? –* ***Si.*** *»*

**N.B.** Ne pas confondre avec *s'y : Il* ***s'y*** *rendit. Elle* ***s'y*** *connaît.*

## ■ en

**a) préposition** (pour les nuances, les valeurs, voir p. 178) : *Une montre* ***en*** *or. – Riche* ***en*** *blé. – Vivre* ***en*** *ville. – Aller* ***en*** *Grèce. – Se baigner* ***en été.*** *– Agir* ***en chef.***

**b) adverbe de lieu** (= de là, nuance d'où l'on vient; cf. p. 72 et p. 92) : *« Connais-tu la Grèce? – J'****en*** *reviens à l'instant, enchanté(e). »*

**c) pronom personnel** (atténuation de l'adverbe de lieu; cf. p. 72) : *Il a visité Rome et il* ***en*** *connaît tous les monuments* (c. de nom). – *Tu triompheras, j'****en*** *suis sûr* (c. d'adjectif). – *Ces pommes, j'****en*** *ai pris beaucoup (j'****en*** *ai mangé cinq; j'****en*** *ai gardé quelques-unes :* c. d'adverbe, de numéral, de pronom). – *De la soupe, j'****en*** *mange souvent* (c.o.d.). – *Cette blessure, j'****en*** *souffre* (c. circ. de cause). – *Il a un grand fouet et* ***en*** *menace ses bêtes* (c. circ. de moyen).

## ■ y

**a) adverbe de lieu** (où l'on est; où l'on va; cf. p. 92) : *J'****y*** *suis, j'****y*** *reste. – Mon village natal, j'****y*** *retourne souvent.*

**b) pronom personnel** (par glissement de sens; cf. p. 72) : *Cette lettre, je vais* ***y*** *répondre sur-le-champ. – Qui s'****y*** *frotte, s'****y*** *pique.*

# Bivalences

## En analyse logique

**a)** Une subordonnée **circonstancielle** peut lier deux nuances.

- ***comme si*** marque à la fois la **comparaison** et la **condition :**

  *Il agit / **comme s'il** était le maître de la maison.*

- ***comme quand*** marque à la fois la **comparaison** et le **temps :**

  *Elle est nerveuse / **comme quand** le tonnerre gronde.*

- ***comme pour*** marque à la fois la **comparaison** et le **but :**

  *Il se montra aimable / **comme pour** se faire pardonner.*

- ***même si*** marque à la fois la **condition** et la **concession :**

  *Je ne céderai pas, / **même si*** tu me supplies à genoux.

- ***quand (quand bien même)*** marque à la fois la **supposition** et l'**opposition :**

  *Car, / **quand** tu serais sac, / je n'approcherais pas* (La Fontaine).

- ***alors que (tandis que)*** marque à la fois le **temps** et l'**opposition :**

  *Elle travaille / **alors que (tandis que)** tu te prélasses.*

**b)** Une subordonnée **participiale** peut marquer à la fois **temps** et **cause :**

*__Les vacances finies,__ nous reprîmes le chemin de l'école.*

**c)** Un **gérondif** peut être bivalent (et même polyvalent) :

*C'est / **en forgeant** / qu'on devient forgeron* (temps + cause + condition + moyen).

## En analyse grammaticale

Bivalence aussi, et même polyvalence, dans, par exemple :

*Terrain **à vendre*** (verbe de valeur active si on pense au vendeur ; de valeur passive, si on pense au terrain).
*Être grondé **pour un accroc** à son pantalon* (cause + propos).
*On s'instruit **à la lecture des bons auteurs*** (moyen + temps + cause + condition ; = *à lire, en lisant les bons auteurs*).

**N.B. 1)** Un certain nombre de conjonctions de subordination, les unes seulement homonymes, les autres vraiment bivalentes, peuvent donner lieu à de graves confusions :

- ***Parce que*** (cause) et ***par ce que*** (relatif avec antécédent).
- ***Quoique*** (concession) et ***quoi que*** (relatif indéfini, voir p. 143).
- **Si ... que** (concessif), où les deux mots sont dans la même proposition, et ***si ... que*** (consécutif), où ils ne le sont pas (voir p. 143).
- ***Sans que*** (concessif = *bien que ... ne ... pas*) et ***sans que*** (consécutif = *de telle façon que ... ne ... pas*, voir p. 142).
- ***Pour que*** (final) et ***pour que*** (consécutif, voir p. 135).

**2)** Pour ***tout, même, tel, quelque,*** qui ont diverses valeurs, divers emplois, voir notre *Grammaire pratique*, pp. 325-328, ou notre *Guide de grammaire*, pp. 222-225.

# *Usure de la langue*

La langue est un **outil** qui sert beaucoup, et **qui s'use ;** c'est ainsi que certains mots, certaines locutions, ont, au cours des siècles, perdu de leur valeur initiale, se sont atténués, au point que, **grammaticalement,** il ne saurait être question d'analyser isolément des mots tels que :

- ***y*** dans : *Il **y** a. – Je m'**y** connais. – Tu n'**y** es pas.*
- ***en*** dans : *Je m'**en*** vais. *– Je m'**en** tiens là. – Je n'**en** peux mais.*
- ***ce (c')*** dans : Vouloir ***c'****est pouvoir. – Qu'est-**ce** que tu dis ? – **C'**est lui qui a parlé. – Jusqu'à **ce** que...*

Nous avons là des emplois **usés** de mots ou de locutions propres à la langue française (de *gallicus* = gaulois, d'où français), sans équivalents exacts dans les autres langues, pratiquement **intraduisibles,** et qu'on appelle des *gallicismes.* On y distingue ceux **d'expression** d'une part, ceux **de syntaxe** d'autre part.

## ▪ Gallicismes d'expression

On appelle *gallicismes d'expression, de vocabulaire,* des mots ou des groupes éloignés de leur sens premier, comme :

> *Un beau jour. – De bon matin. – Dans une bonne heure. – Monter sur ses grands chevaux. – S'en laver les mains. – Se mettre en quatre. – Être sur les dents. – Jouer des coudes. – Faire long feu. – Avoir beau. – Avoir le bras long. – Se faire de la bile.* Etc.

## ▪ Gallicismes de syntaxe

On appelle *gallicismes de syntaxe ou de construction* des mots ou des tours qui relèvent plus de la grammaire que du vocabulaire.
Sont considérés comme gallicismes de syntaxe :
**a)** des **mots** ou **locutions** dont la valeur initiale s'est atténuée :

- ***il*** neutre, sujet **apparent** (ou **grammatical**) :

> ***Il*** *y a du soleil. –* ***Il*** *est urgent de réagir.*

- ***en, y,*** atténués :

> *Tu t'**y** connais. – Elle nous **en** veut. – Il s'**en** va. – Il **y** va de ton avenir.*

- ***c'est, ce sont,*** avec ou sans subordonnée **relative :**

> ***C'est*** *Paul. –* ***C'est*** *Paul* ***qui*** *arrive. –* ***C'est*** *Paul* ***que*** *j'attends. –* ***Ce sont*** *mes amis. –* ***Ce sont*** *mes amis* ***qui ... (que ...).*** *–* ***C'est*** *demain* ***que*** *je pars (= je pars demain). –* ***C'est*** *quand la tempête souffle* ***que*** *j'aime le plus marcher sur la falaise.*

• ***voici, voilà, il y a,*** avec un complément de temps, avec ou sans ***que :***

> ***Voici (voilà, il y a)*** *deux heures* ***que*** *je t'attends.*
> *Elle est partie* ***il y a (voici, voilà)*** *trois ans.*

• les locutions interrogatives renforcées ***est-ce que ? qui est-ce qui ?*** (ou ***que ?***), ***qu'est-ce qui ?*** (ou ***que ?***) :

> ***Est-ce que*** *tu viens ? (= viens-tu ?).* – ***Qui est-ce qui*** *parle ? (= qui parle ?).* – ***Qu'est-ce que*** *tu dis ? (= que dis-tu ?).*

• les locutions verbales et les semi-auxiliaires :

> *Rendre compte, tenir tête, avoir l'air, prendre garde...*
> *Il va sortir, il vient de sortir, il doit rentrer bientôt...*

• les locutions indéfinies ***n'importe qui (quoi, quel, où, quand...), je ne sais qui (quoi, quel, où, quand...) :***

> *Tu dis* ***n'importe quoi.*** – *Vous pouvez venir* ***n'importe quand.***
> *Il est parti* ***je ne sais où;*** *il reviendra* ***je ne sais quand.***

**b)** de nombreuses expressions issues d'**ellipses** de toutes sortes :

> *Faire des siennes ; y mettre du sien ; à la (bonne) vôtre !*
> *Nous l'avons échappé belle ; vous me la baillez belle.*
> *S'habiller à la diable (à la va-vite) ; cuisiner à la chinoise.*
> *Il fait [un temps] beau, bon, froid, chaud, sec...*

## ▪ Explétifs

Contrairement aux ellipses (où l'on sent qu'il manque un ou plusieurs mots), il existe des mots dits *explétifs* (où l'on sent comme des mots en trop), pratiquement vidés de leur sens et inutiles, donc sans aucun rôle grammatical. Nous les avons rencontrés et salués chemin faisant ; ce sont :

• le **pronom,** personnel, démonstratif :

> *Paul viendra-t-**il ?*** – *Chassez-**moi** donc ce chien.* – *Il **l**'emporte sur toi.* – *Partir **c**'est mourir un peu.* – *Vouloir **c**'est pouvoir...*

• la **préposition :**

> *La ville* ***de*** *Paris.* – *Passer* ***pour*** *sot.* – *Quoi* ***de*** *neuf ?* – *Aimer* ***à*** *rire.*

• l'**adverbe *ne*** et la **locution adverbiale** restrictive ***ne ... que :***

> *Je crains qu'elle* ***ne*** *parte.* – *Tu nies de peur qu'on* ***ne*** *te gronde.*
> *Il est plus fin que tu* ***ne*** *crois.* – *Partons avant qu'il* ***ne*** *rentre.*
> *Il **n**'aime* ***que*** *la peinture ; elle* ***ne*** *fait* ***que*** *lire.*

• les **conjonctions *que*** et ***comme :***

> ***Que*** *si !* – *Bêtise* ***que*** *cela !* – *On le considère* ***comme*** *fou.*

• **tout,** devant un gérondif ; **une fois,** dans une participiale :

> *Elle rêve* ***tout*** *en marchant.* – *Paul* ***une fois*** *parti, elle resta seule.*

• l'**article élidé** devant ***on,*** et le ***t*** **euphonique :**

> *Ici **l**'on danse.* – *Viendra-**t**-il ? pense-**t**-elle.* – *Mais, dira-**t**-on.*

# *Tableau résumé des...*

## Leur nature

**a) Relatives.** Elles se rattachent à l'antécédent :

> *Cadet Rousselle a trois maisons / **Qui n'ont ni poutres ni chevrons.***

**b) Complétives.** Elles répondent à la question « quoi ? » :

- Les complétives par *« que » :*

> *Je veux* (quoi ?) / ***qu'on soit sincère.***

- Les infinitives :

> *Je vois* (quoi ?) / ***mes honneurs croître*** / *et **tomber mon crédit.***

- Les interrogatives indirectes :

> *Dis-moi* (quoi ?) / ***qui tu hantes,*** *je te dirai* (quoi ?) / ***qui tu es.***

**c) Circonstancielles.** Elles précisent les circonstances de l'action. On distingue les temporelles, les causales, les finales, les consécutives, les concessives, les conditionnelles, les comparatives :

> ***Quand le chat n'est pas là*** / *les souris dansent.*
> *J'aime l'araignée et j'aime l'ortie* / ***parce qu'on les hait.***
> *Donnez* / ***afin qu'on dise :*** *il a pitié de nous.*
> *Il pleut tant* / ***qu'on ne peut faire les semailles.***
> *Il était généreux* / ***quoiqu'il fût économe.***
> *Je le ferais encor,* / ***si j'avais à le faire.***
> *Leur amitié fut courte* / ***autant qu'elle était rare.***

**N.B.** Il n'y a pas de subordonnée circonstancielle de **lieu :**

> *Je connais la ville* / ***où tu habites*** (relative).
> *Dis-moi* / ***où tu habites*** (complétive interrogative).

**d) Participiales.** Elles équivalent à des circonstancielles de :

- temps : *La tanche rebutée,* ***il trouva du goujon.***
- cause : *Le froid persistant,* ***nous allumâmes le feu.***
- concession : *Le remède absorbé,* ***le malade ne guérit pas.***
- condition : ***Nous irons vous voir,*** *le temps le permettant.*

**N.B. 1)** Ne pas oublier, dans l'analyse, les 3 équivalents (voir pp. 158-159) : l'**infinitif-verbe,** le **participe-verbe,** le **gérondif.**

**2)** Attention aux divers ***qui, que, où ...*** (voir p. 180 et suiv.).

# ... *propositions subordonnées*

## ■ Leur fonction

**a)** Aucune difficulté pour la fonction des **circonstancielles :** elles sont respectivement complément circonstanciel de temps, de cause, de but, de conséquence, de concession (d'opposition), de condition, de comparaison :

> *Nous irons vous voir* (quand?) / ***dès que nous le pourrons.***
> ***Il garde le lit*** (pourquoi?) / ***parce qu'il a un gros rhume.***
> ***Je m'efforce*** (pour quoi?) / ***pour que tu comprennes.***
> ***Il est si las*** (quelle conséquence?) / ***qu'il a dû se coucher.***
> ***Je veux bien te pardonner, / bien que tu ne le mérites guère.***
> ***Je serais heureux*** (à quelle condition?) / ***si je pouvais partir.***
> ***Il a fait ce voyage*** (comment?) / ***comme on dispute une course.***

**N.B.** Même remarque pour les **propositions participiales** qui ont 4 valeurs circonstancielles possibles : temps, cause, concession, condition.

**b)** Les subordonnées **relatives** ont plusieurs fonctions possibles :

• l'adjective est épithète :

> *J'aime les élèves* / ***qui écoutent*** (= *attentifs*).

• la substantive peut être sujet, c.o.d., attribut :

> ***Qui aime bien*** *châtie bien* – ***Qui vivra*** *verra.*
> *Vous devez aimez* / ***qui vous aime.***
> *Je ne suis pas* / ***qui vous croyez.***

• la circonstancielle est complément de cause, de concession :

> *J'adore mon parrain,* / ***qui me gâte*** (= *parce que...*)
> *Cet homme,* / ***qui est mon voisin,*** / *m'ignore* (= *bien que...*).

**c) Les complétives :**

• l'infinitive est c.o.d. : *Je regarde* (quoi?) / ***l'ouvrier travailler.***

• l'interrogative indirecte est c.o.d. ou sujet réel :

> *Dis-moi* (quoi?) / ***si tu m'aimes.***
> *Il m'a été révélé* / ***comment tu avais agi.***

• la complétive par *« que »* peut être, c.o.d., sujet inversé, sujet réel, complément de nom, complément d'adjectif, apposée :

> *Je sais* / ***que tu réussiras.***
> *L'ennui est* / ***qu'il ment souvent*** (*l'ennui :* attribut).
> *Il est bon* / ***que tu viennes*** (*il :* sujet apparent).
> *L'espoir* / ***qu'il reviendra*** / *la soutient* (= *de son retour*).
> *Je pars, sûr* / ***que tu guériras*** (= *de ta guérison*).
> *Je constate un fait,* / ***que tu es paresseux.***

# CORRIGÉS DES EXERCICES

# Conseils à l'utilisateur

Dans ce travail, nous vous avons proposé de nombreux exercices, chacun riche de plusieurs extraits, de plusieurs exemples ; nul n'est, évidemment, tenu de répondre à toutes les questions, et chacun peut tester ses connaissances en se contentant de glaner ici et là. Quoi qu'il en soit, nous donnons ci-après toutes les réponses : réponses au style rapide, elliptique ; en cas de besoin, consulter, p. 194, le tableau « Abréviations et signes ».

## A - À PROPOS DE L'ANALYSE GRAMMATICALE

### a) Distinction entre :

- « nature et fonction » (d'un mot ou d'un groupe de mots) et
- « analyse grammaticale » (d'un mot ou d'un groupe de mots).

La première formulation appelle une réponse plus elliptique, la seconde une réponse plus complète.

Nous renvoyons simplement à quelques « modèles » :

- analyse de sujets : p. 23 ;
- analyse de déterminants du nom : p. 58 ;
- analyse d'un pronom : p. 70, remarque c ;
- analyse d'une forme verbale : p. 85.

#### Rappels

**a)** Pour la « fonction » d'un nom (ou d'un pronom), bien préciser « de quoi » (de quel mot ou groupe) il est sujet (ou attribut, ou c.o.d., etc.).

**b)** Même remarque pour la « fonction » de l'adjectif qualificatif ; dire « de quoi » (de quel mot ou groupe) il est épithète, attribut du sujet, attribut du c.o.d., ou « à quoi » il est apposé.

**c)** Dans l'analyse d'un pronom, rappelons les formules « mis pour » et (pour le relatif) « ayant pour antécédent » (p. 70).

**d)** Pour le genre (à côté de m. et f.), ne pas oublier le neutre, fréquent dans le pronom (et ce qui s'y rapporte, comme l'adjectif) :

> *Rien de pis* (et non **pire*). – *Quelque chose de bon.*

**e)** Dans l'analyse d'une forme verbale, attention au conditionnel (voir p. 169, paragraphe b), tantôt « mode », tantôt « temps » (de l'indicatif : futur du passé) :

> *Je sais qu'il viendra ; je savais qu'il* ***viendrait*** (« temps »).
> *Il* ***viendrait*** (« mode »), *s'il pouvait.*

**f)** Attention au délicat problème du sujet et de l'attribut du sujet. Le schéma normal :
sujet + verbe *être* (ou v. d'état) + attribut du sujet
peut souvent s'inverser :
attribut (lancé en tête) + verbe (*être* ou d'état) + sujet inversé :

*Paul est mon meilleur ami = Mon meilleur ami est Paul*
*Qu'elle guérisse est mon espoir = Mon espoir est qu'elle guérisse.*

En cas d'hésitation, faire appel à la « recette » traditionnelle : (question) *Qui est-ce qui?, Qu'est-ce qui?,* pour trouver le sujet (en réponse) :

*Qui est-ce qui est mon meilleur ami?* Réponse : *Paul* (sujet et non **Qui est-ce qui est Paul?...*)
*Qu'est-ce qui est mon espoir?* Réponse : *qu'elle guérisse* (sujet et non **Qu'est-ce qui est qu'elle guérisse?...*)

Rappelons l'exemple célèbre de Hugo (*Châtiments*), avec le gallicisme *c'est, ce sont* :

*Ceux qui vivent, ce sont ceux qui luttent* (= *les vivants sont les lutteurs*).

Quel est le sujet? la première relative? ou la deuxième? Le sens est clair :

*Les (vrais) vivants sont (bien) les lutteurs = Les lutteurs sont (bien) ceux qui vivent :*

et le schéma de notre exemple est le suivant :

attribut (lancé en tête) + verbe *être* (avec un *ce* explétif) + sujet inversé.

## b) Nuances

Dans une bonne analyse, on peut être amené à préciser la « nuance » qu'on discerne dans le contexte; rappelons, par exemple :

- les nuances :
  - du complément de lieu (p. 36);
  - du complément de quantité (p. 42);
  - du complément de nom (p. 46);
  - du complément de l'adjectif (p. 50);
- les nuances, les « degrés » de l'adjectif qualificatif (p. 61);
- les 4 nuances du verbe pronominal (p. 84 et 172).

**N.B.** Cette précision n'est pas obligatoirement réclamée (surtout pour le complément du nom et pour le complément de l'adjectif).

## c) Bivalences

Dans telle ou telle fonction grammaticale, on peut sentir deux (ou plusieurs) valeurs (voir p. 183); ne pas hésiter à justifier sa réponse.
Prenons cet exemple de Maupassant :

*Voici un parapluie à recouvrir en soie, en très bonne soie.*

Le verbe *recouvrir* a une valeur passive si l'on pense au parapluie, une valeur active si l'on pense à l'artisan chargé de l'opération.

### d) Possibilité de réponses différentes

Telle question peut entraîner des réponses différentes, qu'il convient de justifier; comme par exemple :
- le complément de comparaison (voir p. 42) :

> *Il est malin comme un singe.*
> (*singe :* c.c. de comparaison ou sujet d'un verbe sous-entendu);

- l'apposition; soit, par ex. cette phrase de Genevoix :

> *C'était un brave homme, ce vaguemestre.*
> (*ce vaguemestre :* sujet de *était,* avec pronom d'annonce [voir p. 23] ou apposé au sujet *c'* = *il*).

**N.B.** Même problème (où est l'apposition?) dans les groupes :

> *Hugo le poète, le poète Hugo; Marine sa fille, sa fille Marine.*

### e) Attention aux équivoques

Nous en avons rencontré et signalé (p. 42, 46, 58, 66, 73) :

> *Elle aime les chocolats* ***comme sa maman.***
> *La crainte* ***de l'ennemi.***
> *Il aime* ***son*** *chat. – Il marche* ***droit.*** *– Il ne pense qu'à* ***lui.***

Notons le triple sens possible d'une phrase comme :

> *Il lui tend son assiette.*
> *L'assiette* de qui? du sujet *il? du destinataire lui,* m. ou f.? ou d'une tierce personne?

### f) Gallicismes et explétifs

Dans l'analyse grammaticale, on peut rencontrer des gallicismes et des mots explétifs, et il convient d'en tenir compte; voir pp. 184-185.

## B – À PROPOS DE L'ANALYSE LOGIQUE

### a) Distinction entre :

- « nature et fonction » (de telle ou telle proposition) et
- « analyse logique » (de telle phrase).

La première formulation est plus succincte, la deuxième plus complète.

**Rappels**

**a)** Pour la « fonction » de la subordonnée relative, dont il est parfois difficile de cerner la valeur (adjective, substantive, circonstancielle; voir p. 112), on peut toujours se contenter de la formule traditionnelle (vague et sans danger) : « complément de son antécédent » (exprimé ou omis!).

**b)** Pour la subordonnée interrogative dite « indirecte » (voir p. 122), le qualificatif « indirecte » est grammaticalement vide de sens ; on peut se contenter de la formule « complétive interrogative ».

## b) Bivalences

Une subordonnée (circonstancielle, participiale) ou un gérondif peuvent avoir double valeur, qu'il convient de signaler dans l'analyse (voir p. 183, a, b, c).

## c) Équivoques

Nous en avons rencontré et signalé (p. 120, p. 176) :

> *Laissez / **gronder** les méchants.*
> *Je les ai **vues** applaudir. – Je les ai **vu** applaudir.*

## d) Anacoluthe

Nous avons signalé (p. 107) l'anacoluthe (ou rupture de construction), assez fréquente avec une subordonnée temporelle dépendant d'une (fausse) indépendante « incise » ; en voici un autre exemple :

> ***Quand il voyait** / passer quelque pauvre glaneuse :*
> *« Laissez / tomber exprès des épis », **disait-il*** (Hugo).
> = *Quand il voyait* (sub. circ. de temps) / *passer ... glaneuse* (complétive infinitive, avec sujet inversé) / *il disait* (pple) / *« Laissez* (pple) / *tomber ... des épis »* (complét. infin., avec sujet inversé).

## e) Gallicismes

Dans l'analyse logique (comme dans l'analyse grammaticale), on peut rencontrer des gallicismes qui font qu'une phrase contient plus de verbes que de propositions ! (voir pp. 184-185) :

> *Il a rencontré **je ne sais qui** (= quelqu'un).*
> (2 verbes, mais une seule proposition.)
> ***C'est** Paul **qui** arrive. – **C'est** Jean **que** j'attendais.*
> (Dans chacune des deux phrases, 2 verbes, mais une seule proposition = *Paul arrive. J'attendais Jean.*)
> ***C'est** quand la tempête fait rage **que** j'aime le plus les courses sur la falaise.*
> (3 verbes, mais 2 propositions = *J'aime le plus les courses sur la falaise / quand la tempête fait rage.*)

# Abréviations et signes

* = astérisque : « petite étoile » signalant un mot ou une expression d'emploi incorrect
**abs.** : absolu
**accomp.** : accompagnement
**act.** : actif/active
**adj.** : adjectif
**adj. qual.** : adjectif qualificatif
**adject.** : adjectivé
**adv.** : adverbe
**ann.** : annoncé
**antéc.** : antécédent
**appar.** : apparent
**apostr.** : apostrophe
**appos.** : apposé/apposition
**art.** : article
**attr.** : attribut
**attrib.** : attribution
**auxil.** : auxiliaire
**card.** : cardinal
**c.** : complément
**c. c.** : complément circonstanciel
**cf.** (latin *confer*) : comparez
**circ.** : circonstanciel(le)
**c. o.** : complément d'objet
**c. o. d.** : complément d'objet direct
**c. o. i.** : complément d'objet indirect
**compar.** : comparatif/comparaison
**complét.** : complétive
**condit.** : condition/conditionnel[le]
**conj.** : conjonction
**conséc.** : consécutive
**conséq.** : conséquence
**coord.** : coordonnée
**déf.** : défini
**dém.** : démonstratif
**dét.** : détermine
**différ.** : différence
**égal.** : égalité
**ellipt.** : elliptique
**équiv.** : équivaut à/équivalent de
**ex.** : exemple
**f.** : féminin
**fin.** : finale
**fut.** : futur
**gérond.** : gérondif
**gr.** : groupe
**gr. du n.** : groupe du nom
**id.** (latin *idem*) : la même chose
**impér.** : impératif
**impers.** : impersonnel
**impft** : imparfait
**indéf.** : indéfini
**indép.** : indépendante
**indic.** : indicatif
**infér.** : infériorité
**infin.** : infinitif/infinitive
**infin. prépos.** : infinitif prépositionnel
**interc.** : intercalée
**interj.** : interjection
**interr.** : interrogatif
**intr.** : intransitif
**juxtap.** : juxtaposée
**m.** : masculin
**man.** : manière
**n.** : nom/neutre
**n. c.** : nom commun
**n. pr.** : nom propre
**num.** : numéral
**opin.** : opinion
**oppos.** : opposition
**ord.** : ordinal
**p. p.** : participe passé
**p. p. p.** : participe passé passif
**p. pr.** : participe présent
**p. pr. p.** : participe présent passif
**partic.** : participiale
**p. c.** : passé composé
**p. 1e f.** : passé 1e forme
**p. 2e f.** : passé 2e forme
**pass.** : passive
**pl.** : pluriel
**pl.q.pft.** : plus-que-parfait
**polit.** : politesse
**pos.** : positif
**poss.** : possessif
**pple** : principale
**prép.** : préposition
**prépos.** : prépositionnel
**prés.** : présent
**pron.** : pronom/pronominal
**pron. pers.** : pronom personnel
**pron. relat.** : pronom relatif
**prop.** : proposition
**quant.** : quantité
**réfl.** : réfléchi
**rel.** : relative
**relat.** : relatif
**ressembl.** : ressemblance
**s.** : sujet
**s. e.** : sous-entendu
**sg.** : singulier
**sqq.** : et suivant(e)s
**subj.** : subjonctif
**sub.** : subordonnée
**substant.** : substantivé
**supér.** : supériorité
**sup.** : superlatif
**trans.** : transitif
**v.** : verbe
**vx** : voix

---

N.B. L'abréviation de *Monsieur* est M. et non Mr. (Mr. est l'abréviation anglaise de *Mister*). Pour l'emploi de l'*astérisque* (*), voir notre *Guide de grammaire*, p. 17 et N.B.

---

# *Corrigés*

## PRÉLIMINAIRES

**1.** **1 :** *lion* (n.) ; *sain* (adj.) ; *corps* (n.) ; *gouvernait* (v.) ; *autorité* (n.) – **2 :** *yeux* (n.) ; *beaux* (adj.) ; *veloutaient* (v.) ; *un* (art.) – **3 :** *des* (art.) ; *fut* (v.) ; *chacun* (pron.) ; *la sienne* (pron.) ; *celle* (pron.) – **4 :** *voudrais* (v.) ; *fût* (v.) ; *vrai* (adj.) – **5 :** *passa* (v.) ; *meilleure* (adj.).

**2.** **1.** *leurs* (adj.) ; *bœufs* (n.) ; *l'un* (pron.) ; *blanc* (adj.) ; *les* (art.) ; *paire* (n.) – **2 :** *les* (art.) ; *aimez* (v.) ; *gourmandise* (n.) ; *qui* (pron.) ; *même* (adj.).

**3.** **1 :** *maintenant* (adv.) ; *tout à fait* (adv.) – **2 :** *eh bien* (interj.) ; *voyons* (interj.) – **3 :** *et* (conj. de coord.) ; *soudain* (adv.) ; *rageusement* (adv.) ; *sur* (prép.) ; *vers* (prép.) ; *à* (prép.) – **4 :** *que* (conj. de sub.) ; *bien* (adv.) ; *aussi* (adv.) ; *moins* (adv.) – **5 :** *sous prétexte que* (conj. de sub.) ; *parce que* (conj. de sub.).

**4.** **1 :** *déjà* (adv.) ; *pour* (prép.) ; *plus* (adv.) ; *car* (conj. de coord.) ; *parce que* (conj. de sub.) – **2 :** *contrairement* (adv.) ; *plus* (adv.) ; *que* (conj. de sub.) ; *aussi* (adv.) ; *pour* (prép.) ; *en* (prép.) – **3 :** *très fort* (adv.) ; *alors* (adv.) – 4 : *oh ! là ! là !* (interj.).

**5.** **1 :** *bien fin* (pple ellipt.) ; *qui ... l'attraper* (sub.) – **2 :** *à qui ... prix* (indép.) ; *au cœur* (pple ellipt.) ; *si ... croit* (sub.) – **3 :** *la fée ... du fleuve* (pple) ; *où ... ans* (sub.) ; *le beau ... lune* (indép. ellipt.) ; *dit-elle* (indép. incise) ; *et ... respirer* (indép.) ; *j'en ... privée* (indép.) – **4 :** *un poète ... une table* (pple) ; *pour ... un conte* (infin. prépos. équival. de sub. ; cf. p. 158) ; *aucune ... venait* (indép.) ; *mais ... joyeux* (pple) ; *parce que ... croisée* (sub.) ; *et qu'... volait* (sub.).

**6.** **1 :** *mon cigare allumé* (partic.) ; *qui me restaient* (rel.) ; *s'il fumait* (complét. interr.) – **2 :** *que ... sincère* (complét. par *que*) ; *quand ... snobs* (circ.) – **3 :** *qu'elle ... effrayante* (circ.) – **4 :** *si ... sage* (circ.) ; *et que ... pas* (circ. coord.) – **5 :** *que je connaisse* (rel.).

**7.** N.B. Apprécier l'humour de ces deux petits textes A et B.

**8.** N.B. Apprécier le « suspense » et le trait final de ce petit texte.

# PREMIÈRE PARTIE

**9.** **1 :** ***roue;*** *la* (art.) ; *plus* (adv.) ; *mauvaise* (adj.) ; *d'* (prép.) ; *un* (art.) ; *chariot* (n.) – **2 :** ***homme;*** *un* (art.) ; *grand* (adj.) ; *et* (conj.) ; *gros* (adj.) ; *d'* (prép.) ; *une* (art.) ; *soixantaine* (n.) ; *d'* (prép.) ; *années* (n.) – **3 :** ***baron;*** *le* (art.) ; *vieux* (adj.) ; *des* (art. contracté) ; *Ravots* (n. pr.) ; ***ans;*** *pendant* (prép.) ; *quarante* (adj. numér.) ; ***roi;*** *le* (art.) ; *des* (art. contracté) ; *chasseurs* (n.) ; *de* (prép.) ; *sa* (adj. poss.) ; *province* (n.) ; ***années;*** *depuis* (prép.) ; *cinq* (adj. num.) ; *à* (prép.) ; *six* (adj. num.) ; ***paralysie;*** *une* (art.) ; *des* (art. contracté) ; *jambes* (n.) – **4 :** ***drap;*** *d'* (prép.) ; *un* (art.) ; *de* (prép.) ; *lit* (n.) ; *usé* (p. adject.) ; *au* (art. contracté) ; *milieu* (n.) ; ***blouses;*** *trois* (adj. num.) ; *d'* (prép.) ; *été* (n.) ; *pure* (adj.) ; *toile* (n.) ; *de* (prép.) ; *lin* (n.) ; ***lot;*** *un* (art.) ; *de* (prép.) ; *petite* (adj.) ; *essuie-verres, essuie-mains, essuie-tout* (n. composés).

**10.** **1 :** ***araignée;*** *l'* (art. élidé) ; *au* (art. contracté) ; *ventre* (n.) ; *blanc* (adj.) ; *au* (art. contracté) ; *ventre* (n.) ; *rond* (adj.) ; *comme* (conj.) ; *une* (art.) ; *perle* (n.) ; ***abeille;*** *d'* (prép.) ; *une* (art.) ; *innocente* (adj.) – **2 :** ***bord;*** *au* (art. contracté) ; *d'* (prép.) ; *une* (art.) ; *rivière* (n.) ; ***pierre;*** *une* (art.) ; *grosse* (adj.) ; *qui* (pron.) ; *se* (pron.) ; *chauffait* (v.) ; *au* (art. contracté) ; *soleil* (n.) ; ***araignée;*** *une* (art.) ; *toute* (adv.) ; *petite* (adj.) ; *qui* (pron.) ; *tenait* (v.) ; *au* (art. contr.) ; *frais* (adj. substant.) – **3 :** ***cabanons;*** *dans* (prép.) ; *les* (art.) ; *qui* (pron.) ; *bordaient* (v.) ; *le* (art.) ; *plateau* (n.) ; *et* (conj.) ; *qui* (pron.) ; *surplombaient* (v.) ; *la* (art.) ; *mer* (n.) ; *des* (art.) ; ***bruits;*** *d'* (prép.) ; *assiettes* (n.) ; *et* (conj.) ; *de* (prép.) ; *couverts* (n.) – **4 :** ***jours;*** *les* (art.) ; *suivants* (p. adject.) ; ***habitude ;*** *l'* (art. élidé) ; *de* (prép.) ; *retourner* (v.) ; *aux* (art. contracté) ; *Romarins* (n. pr.) ; ***clartés;*** *aux* (art. contracté) ; *premières* (adj. num.) ; *de* (prép.) ; *aube* (n.).

**11.** **1 :** *qui ne dit mot* (pron. + adv. + v. + n.) – **2 :** *semer* (infin.) ; *pour récolter* (prép. + infin.) – **3 :** *le trop d'expédients* (art. + adv. + prép. + n.) – **4 :** *en frémissant* (gérond.) – **5 :** *va-nu-pieds* (v. + adj. + n.) ; *sans-le-sou* (prép. + art. + n.) ; *couche-dehors* (v. + adv.) ; *crève-la-faim* (v. + art. + n.) – **6 :** *oui* (adv.) ; *non* (adv.) ; *ha! ha!* (interj.) – **7 :** *manger* (infin.) ; *boire* (infin.).

**12.** **1 :** *je-ne-sais-quoi* (pron. + adv. + v. + pron.) ; *je-ne-sais-où* (pron. + adv. + v. + adv.) ; *je-ne-sais-quand* (id.) – **2 :** *lequel de vous deux* (pron. + prép. + pron. + adj. num.) ; *sans passer ... hiérarchique* (prép. + infin. + prép. + art. + n. c. + adj.) – **3 :** *tu* (pron.) ; *je* (pron.) *ça* (pron.) ; *beaucoup d'argent* (adv. + prép. + n. c.) – **4 :** *nous* (pron.) ; *trop de choses* (adv. + prép. + n. c.).

**13.** **1 :** *un peu de fiel* (gr. de l'adv.) ; *beaucoup de miel* (id.) – **2 :** *du beau* (adj.) ; *l'utile* (id.) – **3 :** *les rires* (infin.) ; *un brouhaha* (onomatopée) – **4 :** *vous* (pron.) ; *celle d'un camarade* (gr. du pron.) – **5 :** *que d'amis* (gr. de l'adv.) – **6 :** *où* (adv.) ; *machinalement* (id.).

**14.** **1 :** *elle* (pron.) ; *d'où* (adv., et pron. relat., par glissement) ; *premier* (adj. num., devenu pron.) ; *second* (id.) – **2 :** *cela* (pron.) ; *tout* (pron.) ; *absurde* (adj.) ; *mesquin* (id.) – **3 :** *une des ... Paris* (gr. de l'adj. num., ou du pron. indéf. ; *une = l'une*) ; *en* (pron.) – **4 :** *arrivants* (p. pr.) ; *beaucoup de gentillesse* (gr. de l'adv. de quant.).

**15.** **1 :** *si* (adv.) ; *craignant* (v., p. pr.) ; *qu'* (conj. de sub.) ; *fût élevée* (v.) ; *sans* (prép.) – **2 :** *qui* (pron. relat.) ; *deux* (adj. num.) ; *l'un* (pron. indéf.) ; *l'autre* (id.) ; *qu'* (pron. relat.) ; *ces* (adj. dém.).

**16.** **1 :** *parce que ... d'hier* (circ. ; cause) ; *pendant ... rasais* (circ. ; temps) ; *ce que ... faire* (complét., interrog.) – **2 :** *Amélie ... mer* (partic.) ; *qu'elle ... soleil* (complét., par *que*) – **3 :** *lorsque ... guerre* (circ. ; temps) ; *qu'il ... précieusement* (rel.) ; *pour que ... à vous* (circ. ; but) ; *que vous ... jamais* (complét., par *que*).

**17.** **1 :** *Mercier, Louise* (n. pr.), *son frère* (gr. du n.), tous 3 s. partiels ; *Lecouvreur* (n. pr. ; s. commun de *passait, trinquait, cherchait, regardait*) – **2 :** *des maisons d'amis* (gr. du n. ; s. inversé) ; *l'orientation ... dormeur* (gr. du n. ; s. inversé) – **3 :** *une odeur ... aubergine* (gr. du n. ; s. inversé) ; *on* (pron.) – **4 :** *il* (pron. ; s. appar.) ; *un petit orage* (gr. du n. ; s. réel) – **5 :** *il* (pron. ; s. appar.) ; *viandes, entremets, discours* (3 gr. du n. ; chacun s. réel et partiel).

**18.** **1 :** *il* (pron. ; s. appar. de *faut*) ; *jurer* (infin. ; s. réel de *faut*) – **2 :** *qui vole un œuf* (sub. rel. ; s. de *vole [un bœuf]*) – **3 :** *il* (pron. ; s. appar. de *se sera vu*) ; *un réveillon pareil* (gr. du n. ; s. réel de *se sera vu*) – **4 :** *que Tchen ... lui* (sub. complét., par *que* ; s. de *étonnait*) – **5 :** *Delphine* (n. pr. ; s. de *avait*) ; *Julie* (n. pr. ; s. d'un v. omis) – **6 :** *Odette* (n. pr. ; s. de *regrettait*) ; *elle* (pron. de reprise du s. *Odette*) – **7 :** *il* (pron. ; s. appar. de *y avait eu*) ; *des orages* (gr. du n. ; s. réel et partiel de *y avait eu*) ; *une forte mer* (gr. du n. ; s. réel et partiel de *y avait eu*) – **8 :** *ses faux cols* (gr. du n. ; s. de *étaient*) ; *encolure* (gr. du n. ; s. d'un v. omis) – **9 :** *il* (pron. ; s. appar. de *est*) ; *qu'une montagne ... place* (sub. complét., par *que ;* s. réel de *est*) – **10 :** *avril* (n. c. ; au départ, adj. substant. ; s. de *passa*) ; *le mois de mai* (gr. du n. ; s. inversé de *vint*).

**19.** **1 :** *Samuel Chapdelaine* (n. pr. ; s. partiel de *avaient fait*) ; *Maria* (id.) ; *un jeune homme* (gr. du n. ; s. de *aborda*) – **2 :** il (pron. ; s. appar. de *était*) ; *une ... jolie* (gr. du n. *fille ;* s. réel de *était*) ; *on* (pron. ; s. de *eût pu*) – **3 :** *généraux* (gr. du n. ; s. de *sont*) ; *ceux des républicains* (gr. du pron. ; s. d'un v. omis) ; *Castelnau* (n. pr. ; s. d'un v. omis) – **4 :** *il* (pron. ; s. appar. de *avait été convenu*) ; *qu' ... après-midi* (complét., par *que ;* s. réel de *avait été convenu*) ; *il* (pron. ; s. de *reviendrait*) – **5 :** il (pron. ; s. appar. de *fallait*) ; *que ... malade* (complét., par *que ;* s. réel de *fallait*) ; *héron* (n. ; s. de *tombât*) ; *bœuf* (n. ; s. de *sentît*) ; *il* (pron. ; s. de *était*) – **6 :** *vous* (pron. ; s. inversé de *voyez*) ; *chacun* (pron. ; s. d'un v. omis) – **7 :** *asphodèles* (n. ; s. inversé de *croissaient*).

**20.** **1 :** *gratter* (s. de *cuit*) ; *parler* (s. de *nuit*) – **2 :** *parler* (s. réel de *est*) ; *se taire* (id., avec v. omis) – **3 :** *prévenir* (s. réel de *vaut,* avec s. appar. omis) ; *prêter* (id.) – **4 :** *lancer* (s. inversé de *était*) – **5 :** *cesser* (s. réel de *vaut,* avec s. appar. omis) ; *rester* (s. réel de *vaut,* avec s. appar. omis) – **6 :** *trouver* (s. inversé de *était*).

**21.** **1 :** *il* (pron. ; s. appar. de *était*) ; *un pauvre ... affaires mal* (s. réel de *était,* enrichi d'une sub. rel.) ; *chemises* (n. ; s. de *allaient*) ; *affaires* (n. ; s. d'un v. omis) ; *il* (pron. n. ; s. appar. de *avait été*) ; *il* (pron. m. ; s. de *possédait*) ; *il* (id. ; s. de *habitait*) ; *il* (id. ; s. commun de *mangeait* et *s'achetait*) ; *sa clientèle* (gr. du n. ; s. de *se clairsema*) ; *ses cheveux* (id. ; s. de *firent*).

**22.** **1 :** *qu'il ... Jules* (sub. complét., par *que* ; s. inversé de *est,* avec un *c'* explétif) ; *Thomas* (n. pr. ; s. inversé de *était*) ; *l'oncle Jules* (gr. du n. ; s. de *était né*) ; *tant de gens* (gr. de l'adv. ; s. de *roulent*) ; *il* (pron. ; s. de *avait laissé*) ; *il* (id. ; s. de *était devenu*) ; *il* (id. ; s. de *avait fait*) ; *il* (id. ; s. de *était resté*) ; *sa langue* (gr. du n. ; s. de *roulait*) ; *un ruisseau* (gr. du n. ; s. de *roule*).

**23.** **a) 1 :** *On* (pron.) ; *il* (pron.) *lorsque* (conj. de sub.) ; *ainsi* (adv.) – **2 :** *que* (conj. de sub.) ; *parce que* (conj. de sub.) ; *personne* (pron.) ; *pourquoi* (adv.) – **3 :** *jeune* (adj.) ; *salle à manger* (n. composé) ; *qui* (pron.) *résolument* (adv.) ; *portrait* (n.) ; *son* (adj.).
**b) 1 :** *qu'il ... Meaulnes* (complét., par *que*) ; *lorsqu'... ainsi* (circ.) – **2 :** *que ... peur* (complét., par *que*) ; *peur ... mendiant* (id., ellipt.) ; *peur* (id.) ; *parce que ... personne* (circ.) ; *et surtout peur* (complét., ellipt.) ; *parce que ... pas* (circ.) ; *pourquoi j'ai peur* (complét., interrog.) – **3 :** *quand ... à manger* (circ.) ; *qui ... mari* (rel.).

**24.** **1 :** *femme* (n. c. ; précède) – **2 :** *bon loyer* (gr. du n. ; précède) – **3 :** *son nez* (gr. du n. ; précède) ; *sa face* (id.) – **4 :** *la mer* (n. c.) – **5 :** *les Champs-Élysées ... Grenelle* (4 gr. du n. ; partiels) – **6 :** *un grand soupir* (gr. du n.) ; *la tête* (id.) ; *ses larmes* (id.) ; *ses poils* (id.) ; *un pas* (id.) ; *toute ... surprise* (gr. du n., enrichi d'une sub. rel.) ; *que* (pron. relat. ; précède).

**25.** **1 :** *un naturel ... bien* (gr. du n. ; partiel) ; *beaucoup ... droiture* (gr. de l'adv. ; partiel) ; *et de bon sens* (gr. de l'adv. ellipt. ; partiel) – **2 :** *beaucoup ... esprit* (2 gr. de l'adv. ; partiels) – **3 :** *trop d'honneur* (gr. de l'adv.) – **4 :** *sa chair* (gr. du n.) ; *son sang* (id. ; v. omis) – **5 :** *quelle joie* (gr. du n. ; précède) ; *les planètes, les constellations, la voie lactée* (3 gr. du n. ; partiels) – **6 :** *le* (pron. pers. ; précède) ; *qu'* (pron. relat. ; précède) – **7 :** *la sécurité* (n. c.) ; *l'aventure* (n. c. ; v. omis) ; *la rêverie* (n. c. ; v. omis).

**26.** **1 :** *cheval* (n. c. ; s. de *est* avec pron. d'annonce : *il*) ; *trop de nœuds* (gr. de l'adv. ; c.o.d. partiel de *a*) ; *incisives* (gr. du n. ; c.o.d. partiel de *a*) ; *m'* (pron. pers. ; c.o.d. de *attendrit ;* précède le v.) – **2 :** *maisons* (n. c. ; s. réel de *se trouve*) ; *mélancolie* (n. c. ; c.o.d. de *inspire*) ; *que* (pron. relat. ; c.o.d. de *provoquent*) ; landes (n. c. ; s. partiel de *provoquent*) – **3 :** *ce chef ... quinqua-*

*génaire* (gr. du n. ; c.o.d. partiel de *écarterait,* avec un pron. de reprise : *les*) – **4 :** *poêle* (n. c. ; s. de *était allumé*) ; *ses lunettes* (gr. du n. ; c.o.d. de *en soulevant*) ; *Messieurs du fond* (gr. du n. ; s. de *auront fait*) ; *un silence total* (gr. du n. ; s. réel de *se fit*).

**27.** **1 :** *par ta mère* (gr. du n.) ; *par moi* (pron.) – **2 :** *paysans et cochers* (2 gr. du n.) – **3 :** *clameurs* (gr. du n.) – **4 :** *fil* (gr. du n.) ; *tribut* (gr. du n.) – **5 :** *société* (n. c.) ; *Amélie* (n. pr.) – **6 :** *mère, père* (2 gr. du n. ; partiels) ; *l'ennemi* (n. c.).

**28.** **1 :** *de qui?* (pron. interr.) ; *d'un chacun* (pron. indéf. substant.) – **2 :** *Achille* (n. pr.) – **3 :** *aux vers* (n. c.) – **4 :** *poètes* (n. c.) ; *arbres* (gr. du n. ; v. omis) – **5 :** *fontaines* (gr. du n.) ; *vents* (gr. du n.) – **6 :** *misère* (gr. du n.) – **7 :** *grand-mère* (gr. du n. ; partiel, et précède le v.) ; *Marie* (n. pr. ; id.).

**29.** **1 :** *le pêcheur ... volante* (gr. du n. ; s. commun de *marche* et *fait*) ; *au bord de l'Yonne* (gr. du n. ; c. c. de lieu de *marche*) ; *les mouches vertes* (gr. du n. ; c.o.d., lancé en tête, de *attrape,* avec pron. de reprise : *les*) ; *frottement* (gr. du n. ; c. d'agent du p. p. p. *polis*) – **2 :** *fils* (gr. du n. ; c. d'agent du p. p. p. *suivi*) ; *ressemblance* (gr. du n. ; s. réel, partiel de *y avait ;* cf. *quarante ... âge*) ; *Méhoul* (n. pr. ; s. commun de *secoua* et *annonça*) ; *casquette* (gr. du n. ; c.o.d. de *secoua*) ; *pluie* (n. c. ; c. d'agent du p. p. p. *trempée*) ; *jours* (gr. du n. ; c.o.d. de *annonça*) – **3 :** yeux (gr. du n. ; s. de *scintillent*) ; *colère* (n. c. ; c. c. de cause de *scintillent,* partiel) – **4 :** *vieillard* (n. c. ; c. d'agent du p. p. p. *conduite*) ; *domestiques* (gr. du n. ; c. d'agent du p. p. p. *escortée*) – **5 :** *éclat* (n. c. ; s. éloigné de *parvenait*) ; *abat-jour* (n. composé ; c. d'agent du p. p. p. *ramené*) ; *mains* (gr. du n. ; c. d'agent du p. p. p. *recueilli*) ; *domaine* (gr. du n. ; c.o.d. de *pénétrer*) – **6 :** *quinquet* (n. c. ; c. d'agent du p. p. p. *éclairé*) ; *journaux* (n. c. ; c. d'agent du p. p. p. *pavoisé*).

**30.** **1 :** *à bon chat* (lancé en tête ; v. omis) – **2 :** *à cœur vaillant* (id.) – **3 :** *aux méchants* (adj. substant.) – **4 :** *faisans et coqs* (partiels) ; *chevaux* (v. omis dans 2e proposition) – **5 :** *facteur, marchand, porteur* (3 gr. du n. ; partiels) – **6 :** *jardins, vergers* (destination, intérêt ; partiels) – **7 :** *commères* (gr. du n. ; c.o.d. omis) ; *passants* (p. substant.) – **8 :** *intimes* (adj. substant.) ; *tout le village* (gr. du n.).

**31.** **1 :** *pour tout le monde* (intérêt) – **2 :** *aux princes* (appartenance) – **3 :** *pour elle* (intérêt) ; *pour nous* (id.) – **4 :** *à qui* (attribution) ; *terre, animaux, poissons, arbres, herbes, racines, ruisseaux* (id. ; partiels) – **5 :** *à son père* (attribution ; c.o.d. omis) – **6 :** *à un gros bourgeois ...* (provenance) – **7 :** *à mes parents, à mon ami* (attribution ; c.o.d. omis) – **8 :** *remous, courants, eau, eau* (provenance ; partiels).

**32.** **1 :** *aux grands maux* (gr. du n. ; c. d'attrib., lancé en tête, v. omis) – **2 :** *à moi* (pron. pers. ; c. d'appartenance de *est*) ; *à personne* (pron. indéf. ; c. d'appartenance de *est*) ; *à Dieu* (n. pr. ; id. de *est*) – **3 :** *l'étendue ...* (gr. du n. ;

c.o.d. de *montrent*) ; *les réponses* (n. c. ; s. d'un v. omis) – **4 :** *me* (pron. pers. ; c. d'attrib., d'appartenance de *croyez*) ; *plus de qualités* (gr. de l'adv. de quant. ; c.o.d. de *croyez*) – **5 :** *des jours* (n. c. ; s. réel de *y a*) ; *chance* (n. c. ; c.o.d. de *a*) ; *vous* (pron. pers. ; c. d'attrib. de *arrive*) ; *série* (gr. du n. ; s. réel de *arrive*) ; *son café* (gr. du n. ; c.o.d. du gérond. *en prenant*) – **6 :** *pierres* (n. c. ; c. d'agent du v. passif *était meurtri*) ; *m'* (pron. pers. ; c. d'attrib. de *avait lancées,* avec nuance d'hostilité).

**33.** **1 :** *mensonges* (n. c.) – **2 :** *de l'argent* (id.) – **3 :** *or* (id.) – **4 :** *mourir un peu* (avec *c'* explétif) – **5 :** *toi* (pron. pers.) ; *ton frère* (gr. du n.) – **6 :** *aquilon* (n. c.) ; *zéphyr* (id.) – **7 :** *une douce chose* (gr. du n.) – **8 :** *l'huissier* (n. c.) ; *le commissaire* (id. : *faire* a le sens figuré) – **9 :** *Persan* (n. pr.) ; *une chose bien extraordinaire* (gr. du n.) ; *Persan* (n. pr.) – **10 :** *marin ... cours* (gr. du n. ; partiel) ; *mousse* (n. c. ; id.) ; *pilotin* (id.) ; *capitaine marin* (gr. du n. ; id.).

**34.** **1 :** *mère ... vices* (gr. du n.) – **2 :** *la difficulté* (n. c. ; antéposé) – **3 :** *quel dommage* (gr. du n. ; antéposé) – **4 :** *qui* (pron. interrog. ; antéposé) – **5 :** *l'opinion générale* (gr. du n. ; antéposé) – **6 :** *sourcier, sorcier* (2 n. c., coord.) – **7 :** *mon avis* (gr. du n. ; antéposé) – **8 :** *la locomotive, les voyageurs* (n. c.) ; *chef de train, chef de gare* (gr. du n.).

**35.** **1 :** *le miroir de l'âme* (gr. du n. ; attr. du s. *les yeux*) – **2 :** *le bonhomme* (n. c. ; s. de *disait*) ; *jeux de princes* (gr. du n. ; attr. du s. *ce*) – **3 :** *la canonnade* (n. c. ; c.o.d. de *entendit*) ; *les ... Waterloo* (gr. du n. ; attr. du s. *c'*) – **4 :** *moi* (pron. pers. ; attr. du s. *je*) ; *ce que je suis* (sub. rel. ; attr. du s. *je*) – **5 :** *l'un* (pron. indéf. ; s. de *était*) ; *secrétaire de mairie* (gr. du n. ; attr. du s. *l'autre ;* v. omis) – **6 :** *une ... lingère* (gr. du n. ; attr. du s. *je*) – **7 :** *qu'* (pron. relat. ; c.o.d. de *unissait*) ; *appartement* (gr. du n. ; c. d'attrib. de *unissait*) ; *sonnerie* (n. c. ; c. d'agent de *fut rappelé*) – **8 :** *son nom* (gr. du n. ; attr. du s. *Alexandre*) ; *chiens* (n. c. ; c. d'agent du p. p. p. *connu*) – **9 :** *la plus ... journées* (gr. du n. ; attr. antéposé du s. *celle ... ri*) ; *celle ... ri* (sub. rel. ; s. inversé de *est*).

**36.** **1 :** *roi* (n. c. ; attr. du c.o.d. *m'*) – **2 :** *pour femme* (n. c. ; *Henriette*) – **3 :** *pour gendre* (n. c. ; *l'*) – **4 :** *comtesse* (n. c. ; partiel ; *la*) ; *dame d'honneur* (gr. du n. ; partiel ; *la*) – **5 :** *comme otage* (n. c. ; *ta nièce)* – **6 :** *faussaire, félon, parjure* (adj. substant. ; partiels ; *me*) – **7 :** *gouverneur ... Castille* (gr. du n. ; *vous*) – **8 :** *pour juge* (n. c. ; *le*) – **9 :** *comme ... céleste* (gr. du n. ; *la*) – **10 :** *nom* (= *pour nom* ; n. c. ; précède le c.o.d. *Ursule*).

**37.** **1 :** *en reine* (n. c. ; attr. du c.o.d. *la*) ; *comme ennemis* (n. c. ; *nous*) – **2 :** *orphelins* (n. c. ; pron. relat. *qu'*) – **3 :** *pour loi* (n. c. ; *son vœu*) ; *pour foi* (n. c. ; précède le c.o.d. *renommée*) – **4 :** *général* (n. c. ; *Gauvain*) – **5 :** *grand capitaine* (gr. du n. ; *Gauvain*) – **6 :** *pour jardin* (n. c. ; *un potager*) ; *pour parc* (n. c. ; précède le c.o.d. *un ... verger*) – **7 :** *le Vieillard* (n. pr. ; *le*) ; *le Chanteur* (id.) – **8 :** *d'enfant mal élevée* (gr. du n. ; *Claude*) ; *petite imbécile* (id. ; *l'*) – **9 :** *pour nom* (n. c. ; précède le c.o.d. *Poisson*) ; *pour prénom* (id. ; *Jean*).

**38.** **1 :** *Gribouille* (n. pr. ; attr. du s. *fils*) ; *le père* (n. c. ; s. d'un v. omis) – **2 :** *lui* (pron. pers. ; apposé au s. *il*) ; *journaux* (n. c. ; c.o.d. de *criait*) ; *camelots* (n. c. ; s. de *appelaient*) ; *Jacques* (n. pr. ; attr. du c.o.d. *l'*) ; *le Poulet* (id. ; c.o.d. omis) ; *son ... nom* (gr. du n. ; attr. du s. *Jacques*) ; *sergents de ville* (gr. du n. ; c. d'attrib. de *répondait*) – **3 :** *un ... Arabes* (gr. du num. ; attr. du s. *seigneur*) ; *voleurs* (n. c. ; attr. du c.o.d. *qu'*) ; *actions* (gr. du n. ; c.o.d. de *faisait*) ; *lui* (pron. pers. ; c. d'attrib. de *plut*) – **4 :** *chaque enfant* (gr. du n. ; s. de *eût*) ; *pour compagnon* (gr. du n. ; attr. du c.o.d. *âne*) ; *son maître* (gr. du n. ; attr. du s. *Abdallah*) ; *à son âne* (gr. du n. ; c. d'attrib., de destination de *acheter*).

**39.** **1 :** *four, moulin* (n. c. ; où l'on est ; partiels) – **2 :** *peau* (gr. du n. ; où l'on est ; antéposé) – **3 :** *pots* (gr. du n. ; v. omis ; antéposé ; où l'on est) – **4 :** *au loin* (adv.), *entrée* (gr. du n. ; tous 2 antéposés ; où l'on est) ; *eau* (gr. du n. ; où l'on est) – **5 :** *boutique* (gr. du n. ; où l'on va) ; *l'Escaut* (n. pr. ; id.) – **6 :** *poitrine* (gr. du n. ; d'où l'on vient) ; *gorge* (id. ; où l'on va) ; *gorge* (id. ; d'où l'on vient) ; *yeux* (id. ; où l'on va) – **7 :** *eux* (pron. pers. ; où l'on est) – **8 :** *bauge* (gr. du n. ; d'où l'on vient) ; *herbe* (n. c. ; où l'on va).

**40.** **1 :** *moi* (pron. pers. ; où l'on est) ; *la mienne* (pron. poss. ; où l'on va) – **2 :** *rue du Havre* (gr. du n. ; où l'on est ; sans prép. ; antéposé) ; *creux* (id.) – **3 :** *château* (gr. du n. ; où l'on va) ; *milieu* (gr. du n. ; où l'on est) ; *lac* (id.) ; *province* (id.) – **4 :** *trottoir, crachin* (n. c. ; où l'on est) – **5 :** *rue* (gr. du n. ; où l'on va) ; *marches* (id.) ; *poche* (gr. du n. ; d'où l'on vient) ; *poussière* (n. c. ; où l'on est) ; *dos, creux* (gr. du n. ; où l'on va).

**41.** *de là* (adv. de lieu ; d'où l'on vient ; dét. *écris*) ; *soleil* (gr. du n. ; c. c. de lieu de *écris ;* où l'on est) ; *bois* (gr. du n. ; s. de *dégringole*) ; *moi* (pron. pers. ; c. c. de lieu de *dégringole ;* où l'on est) ; *Paris* (gr. du n. pr. ; c.o.d. de *regrette,* avec pron. d'annonce) ; *moulin* (gr. du n. ; c. c. de lieu de *suis ;* où l'on est) ; *lieues* (id. ; d'un v. omis) ; *fiacres* (n. c. ; c. du n. *lieues ;* partiel) ; *moi* (pron. pers. ; c. c. de lieu ; où l'on est ; d'un v. omis).

**42.** **1 :** *avril, mai* (n. c. ; antéposé ; date) – **2 :** *nuit* (n. c. ; sans prép. ; antéposé ; date) – **3 :** *hier, hui* (adv. ; antéposé ; date ; v. omis) – **4 :** *matin* (n. c. ; antéposé ; sans prép. ; date ; partiel) ; *déjeuner* (gr. du n. ; antéposé ; date ; partiel) ; *après-midi* (gr. du n. ; antéposé ; sans prép. ; date ; partiel) ; *heures* (id.) – **5 :** *partie* (gr. du n. ; sans prép. ; durée) – **6 :** *ans* (gr. du n. durée ; gallicisme *voilà ... que*) – **7 :** *jours* (id. ; gallicisme *il y a ... que*) – **8 :** *heures* (gr. du n. ; date ; antéposé) ; *heures* (gr. du n. ; date) – **9 :** *semaines* (gr. du n. ; durée).

**43.** **1 :** *tristesse* (n. c.) – **2 :** *froid* (n. c.) ; *crainte ... dehors* (gr. du n.) – **3 :** *vieillesse* (gr. du n.) ; *fortune* (id. ; partiels) – **4 :** *peur, désœuvrement, besoin, rancune ... maître* (n. c. et gr. du n. ; antéposés ; partiels) – **5 :** *colère, émotion* (n. c. ; partiels).

**44.** **1 :** *lendemain* (n. c. ; c. c. de temps de *a questionné ;* date ; sans prép. ; antéposé) ; *l'* (pron. pers. ; c.o.d. de *a questionné ;* antéposé) ; *lui* (pron. pers. ; c. d'attrib. de *a dit*) ; *Orléans* (n. pr. ; c. c. de lieu de *avait été ;* où l'on

d'attrib. de *a dit*) ; *Orléans* (n. pr. ; c. c. de lieu de *avait été ;* où l'on va) ; *ce jour-là* (gr. du n. ; c. c. de temps de *a reparlé ;* date ; sans prép. ; partiel) ; *ceux ... suivi* (gr. du pron. dém. ; id. ; partiel) – **2 :** *âge* (gr. du n. ; c. c. de temps de *vivait ;* date ; antéposé) ; *fille* (gr. du n. ; s. inversé de *vivait*) ; *Améthyste* (n. pr. ; attr. du s. *qui*) ; *yeux* (gr. du n. ; c. c. de cause de *s'appelait*) ; *temps* (gr. du n. ; c. c. de temps de *appelait ;* date ; antéposé) ; *filles* (gr. du n. ; c.o.d. de *appelait*) ; *Louisette* (n. pr. ; attr. partiel du c.o.d. *petites filles*) ; *les* (pron. pers., f. pl. ; c.o.d. de *appelait*) ; *Clair de Lune* (gr. du n. pr. ; attr. partiel du c.o.d. *les*) – **3 :** *bergerie* (n. c. ; c. c. de lieu de *logeait ;* où l'on est) ; *y* (adv. devenu pron. pers. ; c. c. de lieu de *disparaissait ;* où l'on va) ; *ombres* (gr. du n. ; c. c. de temps de *disparaissait ;* date) ; *été* (n. c. ; c. c. de temps de *entendait ;* date ; antéposé ; partiel) ; *qui* (pron. rélat. ; sujet de *sifflait*) ; *cour* (n. c. ; c. c. de lieu de *sifflait ;* où l'on est) ; *pointes* (gr. du n. ; c. c. de temps de *sifflait ;* date).

**45.** **1 :** *coups de couteau* (gr. du n. ; moyen) ; *hache* (n. c. ; id.) *épieu* (id.) – **2 :** *beaucoup de dignité* (gr. de l'adv. de quant/ ; man.) ; *geste* (gr. du n. ; id.) – **3 :** *enfants, femme* (gr. du n. ; accomp. ; partiels) – **4 :** *plaisir, curiosité* (n. c. ; man.) – **5 :** *oiseau* (gr. du n. ; accomp.) – **6 :** *monocle* (gr. du n. ; moyen) – **7 :** *savon* (gr. du n. ; moyen) ; *polisson, rôdeur, vaurien* (n. c. ; accomp. ; partiels) – **8 :** *à reculons* (adv. de man.) ; *coups* (gr. du n. ; man.) ; *yeux ... Pène* (gr. du n. ; man. sans prép.).

**46.** **1 :** *chenapans* (gr. du n. ; accomp.) ; *loups, serpents* (n. c. ; id.) – **2 :** *joie* (n. c. ; man.) ; *remords* (id.) – **3 :** *nez baissé, dos voûté, tête nue, mains ... smoking* (gr. du n. ; sans prép. ; man.) – **4 :** *jouets, sachets* (n. c. et gr. du n. ; moyen) – **5 :** *en rechignant* (gérond. ; man.) – **6 :** *bouger, bouger, parler* (infin. prépos. ; man.) – **7 :** *haut, sec* (adj. adverbialisés ; man.).

**47.** **1 :** *air* (n. c. ; s. de *joue*) ; *aigle* (n. c. ; c. c. d'accomp. ; v. omis) – **2 :** *gaminerie* (n. c. ; c. c. de man. + cause de *s'était avancée* et de *inventoriait*) ; *plateau* (n. c. ; c. c. de lieu de *s'était avancé ;* où l'on va) ; *moue* (gr. du n. ; c. c. de man. de *inventoriait*) – **3 :** *bout* (gr. du n. ; c. c. de moyen de *frappe*) ; *rêveusement* (adv. de man. ; dét. *frappe*) – **4 :** *lequel* (pron. relat. ; c. c. d'accomp. de *s'était entretenu*) ; *cabinet* (gr. du n. ; c. c. de lieu de *s'était entretenu ;* où l'on est) – **5 :** *jour* (n. c. ; c. c. de temps de *devinrent ;* date) ; *feu* (n. c. ; c. c. partiel de moyen de *devinrent*) – **6 :** *femme de chambre* (gr. du n. composé ; c. c. d'accomp. de *est repartie ;* partiel) ; *hier soir* (gr. de l'adv. circ. de temps ; date ; dét. *est repartie*) – **7 :** *jours* (gr. du n. avec sub. rel. ; s. de *passèrent*) ; *caresse* (gr. du n. ; c. c. de lieu de *s'étirait,* où l'on est + temps, date) ; *bâillements* (gr. du n. ; c. c. de man. de *s'étirait*).

**48.** **1 :** *reine, héros* (n. c.) – **2 :** *reptile* (gr. du n., enrichi de 2 sub. rel.) – **3 :** *pensée, souris* (n. c. ; coord. ; partiels) – **4 :** *portes* (gr. du n.) – **5 :** *voile* (gr. du n.) – **6 :** *coureurs, aviateurs* (gr. du n. ; coord. ; partiels) – **7 :** *stores* (n. c.) – **8 :** *le mien* (pron. poss.).

**49.** **1 :** *mètre* (gr. du n. ; taille) ; *ans* (gr. du n. ; âge) – **2 :** *dix francs, quinze francs, vingt francs* (gr. du n. ; prix) – **3 :** *mètre* (gr. du n. ; taille) ; *kilos* (id. ; poids) – **4 :** *ans* (gr. du n. ; âge) ; *soixante et un* (id. ; ellipt.) – **5 :** *mètres* (gr. du n. ; distance) – **6 :** *mètres* (gr. du n. ; distance) ; *trente* (id. ; ellipt.) – **7 :** *francs* (gr. du n. ; prix).

**50.** **1 :** *mule* (n. c. ; c. c. de compar. d'un v. omis ; ou s. d'un v. s.-e.) ; *pareil* (adj. substant. ; c.o.d. de *avait*) ; *pas* (gr. du n. ; c. c. de lieu de *casser* + distance) ; *mode* (gr. du n. ; s. inversé de *fût*) ; *fronde* (gr. du n. ; c. c. de moyen d'un v. omis) ; *corps à corps* (gr. du n. ; c. c. de lieu de *était ;* où l'on est) ; *adversaire* (gr. du n. ; attr. du s. *il*) ; *tours* (gr. du n. ; c.o.d. de *avait joué*) ; *maître* (gr. du n. ; c. d'attrib. partiel de *avait joué*) – **2 :** *nom [= pour nom]* (n. c. ; attr. du c.o.d. *E.L.J. Ménétrier*) ; *père* (gr. du n. ; s. de *était*) ; *rôtisseur* (n. c. ; attr. du s. *père*) ; *enseigne* (gr. du n. ; c. c. de lieu de *était ;* où l'on est) ; *oies* (n. c. ; c. c. partiel de compar. de *avait ;* ou s. partiel d'un v. s.-e.).

**51.** **1 :** *essuyer* (gr. de l'infin. prépos.) – **2 :** *être :* (id.) – **3 :** *regarder* (id. mais non prépos.) – **4 :** *baiser* (gr. du n.) – **5 :** *soins* (gr. du n.) ; *retourner* (gr. de l'infin. prépos.) – **6 :** *manger* (gr. de l'infin. prépos.) – **7 :** *réveiller* (gr. de l'infin. prépos.) ; *faire chauffer* (id.) ; *travailler* (gr. de l'infin. non prépos.).

**52.** **1 :** *arbres* (concession) – **2 :** *grimace* (condition) – **3 :** *serpents* (propos) ; *étoiles* (id.) ; *bridge* (id.) ; *cravates* (id.) – **4 :** *ans* (quantité ; âge) ; *taille* (point de vue) ; *visage* (id.) – **5 :** *joie* (conséquence).

**53.** **1 :** *pipes* (gr. du n. ; c.o.d. de *fumer*) ; *chevaux* (n. c. ; c. c. partiel de propos de *en causant,* sans prép.) ; *moutons* (id., partiel) – **2.** *pièce* (n. c. ; s. commun de *fut jouée, fut chantée* et *fut exécutée ;* les 2 derniers ellipt.) ; *acteurs* (n. c. ; c. c. de point de vue de *fut jouée*) ; *musique* (id. ; de *fut chantée* et *fut exécutée*) – **3 :** *manteau* (gr. du n. ; c. c. de lieu de *sortit ;* d'où l'on vient) ; *lequel* (pron. relat. ; c. c. de lieu de *mordit ;* où l'on va) ; *tranche* (gr. du n. ; c.o.d. de *découvrant*) ; *langue* (n. c. ; c. c. de compar. d'un v. omis ; ou s. d'un v. s.-e. : *est rouge*) – **4 :** *elle* (pron. pers. ; s. commun des 3 v. *avait, paraissait, s'appelait*) ; *ans* (gr. du n. ; c. c. de quant. de *avait,* âge) ; *dix-huit* (id. ; de *paraissait ;* ellipt.) ; *Joséphine* (n. pr. ; attr. du s. commun *elle*) – **5 :** *Han* (gr. du n. pr. ; c. c. de condit. de *aurais été* ) ; *ici* (adv. de lieu ; où l'on est ; dét. *aurais été*) ; *cri* (gr. du n. ; c. c. de temps de *aurais été,* date).

**54.** **1 :** *des rois ; des vins* – **2 :** *au long bec* - **3 :** *des dieux* – **4 :** *de la cour ; d'une église* – **5 :** *en bâtiments ; en couleurs ; en formes ; en phrases ; en batailles* – **6 :** *sans arbres ; d'indigence végétale ; d'une bruyère jamais fleurie ; de joncs ; des mares* – **7 :** *d'aujourd'hui ; d'hier.*

**55.** **1 :** *de ville ; des champs* (lieu) – **2 :** *de terre* (matière) ; *de fer* – **3 :** *des Fables* (sujet) – **4 :** *de Digne* (lieu) ; *d'environ ... ans* (quantité : âge) – **5 :** *joues* (qualité) – **6 :** *heures* (temps : date) – **7 :** *joie* (cause) – **8 :** *peintures ; tulipes* (point de vue ; partiels) – **9 :** *bêtes ; arrosage* (destination ; partiels).

**56.** **1 :** *d'ici-bas* (adv., équiv. de n. ; c. du n. *choses,* nuance : lieu, où l'on est) ; *me* (pron. pers. ; c.o.d. de *regardent*) – **2 :** *Le Londres* (n. pr. avec art. ; s. commun des 2 v. *ressemblait* et *était*) ; *d'à présent* (adv., équiv. de n. ; c. du n. *Londres,* nuance : temps, date) ; *ville* (gr. du n. ; attr. du s. *le Londres*) – **3 :** *de se montrer ...* (gr. de l'infin. ; c. du n. *peur,* nuance : objet) ; *soin* (n. c. ; c.o.d. partiel de *égalait*) ; *mesures* (n. c. ; c. du n. *sens,* nuance : objet) – **4 :** *fleuriste* (n. c. ; s. commun de *prit* et *tendit*) ; *dix francs* (gr. du n. ; c. du n. *pièce,* nuance : quantité, prix) ; *qu'* (pron. relat., antéc. *billet ;* c.o.d. de *mit*) – **5 :** *file* (gr. du n. ; c. c. de man. de *nous nous retirons* s.-e.) ; *d'un mètre ...* (gr. du n. ; c. du n. *taille,* nuance : quantité, taille) ; *taches* (gr. du n. ; c. c. partiel de man. + accomp. de *nous nous retirons* s.-e.) ; *intention* (gr. du n. ; c. du n. *sourire,* nuance : destination) – **6 :** *lui* (pron. pers. ; c. d'attrib. de *était venu*) ; *soi-même* (pron. pers. ; c. du n. *admiration,* nuance : objet).

**57.** **1 :** *d'eux* (pron. pers. ; c. du pron. interr. *qui ;* nuance : partitive) – **2 :** *d'entre-eux* (pron. pers. ; c. du pron. indéf. *l'un ;* nuance : partitive) – **3 :** *de vous deux* (gr. du pron. pers. ; c. du pron. interr. *qui ;* nuance : partitive) – **4 :** *enfants* (gr. du n. ; c. du num. *quatre ;* nuance : partitive) – **5 :** *des hommes qui ...* (gr. du n. + sub. rel. ; c. du pron. dém. *ceux ;* nuance : partitive – **6 :** *étang* (n. c. ; c. du pron. dém. *celui ;* nuance : lieu) ; *mer* (id.) – **7 :** *pantoufles* (gr. du n. ; c. du num. *une* ou du pron. indéf. *une = l'une ;* nuance : partitive) – **8 :** *des hirondelles qui ...* (gr. du n. + sub. rel. ; c. du pron. dém. *celles ;* nuance : partitive).

**58.** **1 :** *la ligne de ...* (gr. du n. ; c. de l'adv. de man. *parallèlement*) – **2 :** *vous trois* (gr. du pron. pers. ; c. du pron. interr. *lequel*) – **3 :** *thé, café* (n. c. ; c. partiels du pron. dém. *celui*) ; *hommes* (gr. du n. ; c. de l'adv. de man. *contrairement*) – **4 :** *intelligence, passion, vigueur* (n. c. et gr. du n. ; c. partiels de l'adv. de quant. *beaucoup*) – **5 :** *argent* (n. c. ; c. de l'adv. de quant. *combien*) – **6 :** *principe* (gr. du n. ; c. de l'adv. de man. *conformément*) ; *au mien* (pron. poss. ; c. de l'adv. de man. *contrairement*) – **7 :** *d'autres* (pron. indéf. ; c. de l'adv. de quant. *beaucoup*).

**59.** **1 :** *nous* (pron. pers. ; c.o.d. de *créa*) ; *besaciers* (n. c. ; attr. du c.o.d. *nous*) ; *temps passé* (gr. du n. ; c. du pron. dém. *ceux*) ; *aujourd'hui* (adv. ; c. du n. *temps ;* nuance : temps, date) ; *défauts* (gr. du n. ; c. d'attrib. ou de destination de *fit*) ; *derrière* (adv. ; c. du n. *poche ;* nuance : lieu) ; *devant* (adv. ; c. du pron. dém. *celle ;* nuance : lieu) – **2 :** *d'entre vous qui ...* (gr. du pron. pers. + sub. rel. ; c. du pron. dém. *ceux ;* nuance : partitive) ; *sots* (gr. du n. ; attr. du s. *ceux d'entre ... vauriens*) – **3 :** *d'eux* (pron. pers. ; c. du pron. indéf. *aucun ;* nuance : partitive) ; *autres* (pron. indéf. ; c. du n. *terrain ;* nuance : possession) – **4 :** *enfants* (n. c. ; s. éloigné de *mêlent*) ; *voix* (gr. du n. ; c.o.d. de *mêlent*) ; *pigeons* (n. c. ; c. partiel du pron. dém. *celles ;* nuance :

possession) – **5 :** *remarques* (gr. du n. ; c. du num. *une ;* nuance : partitive) ; *lui* (pron. pers. ; c. d'attrib. de *faisaient*) ; *tort* (n. c. ; c. de l'adv. de quantité *tant*) – **6 :** *hommes* (gr. du n. ; c. du pron. interr. *lequel ;* nuance : partitive) ; *vous* (pron. pers. ; pl. ou pl. de polit., selon le contexte ; s. inversé de *estimez*).

**60.** **1 :** *blanc* (pos.) ; *très savant* (sup. de supér. abs.) ; *les plus difficiles* (sup. de supér. relat.) – **2 :** *brun* (pos.) ; *fin, provençal* (pos.) ; *noirs* (id.) ; *longs* (id.) – **3 :** *calme* (pos.) ; *très claire* (sup. de supér. abs.) – **4 :** *faible, pure, joyeuse* (compar. d'égal.) – **5 :** *maladroit, distrait, malchanceux* (sup. de supér. abs.) – **6 :** *défiante, hostile* (compar. d'infér.) – **7 :** *vieux* (sup. de supér. abs.) ; *unique* (pos.) ; *grand* (sup. de supér. relat.).

**61.** **1 :** *senteurs* (gr. du n. ; *pleines*) – **2 :** *soi* (pron. pers. ; partiel ; *content*) ; *siens* (pron. poss. ; partiel ; *content*) ; *fortune* (gr. du n. ; partiel ; *content*) – **3 :** *cour* (gr. du n. ; *semblable)* – **4 :** *allégresse* (gr. du n. ; *insensible*) ; *bonheur* (n. c. ; *inapte*) – **5 :** *qu'on le croie* (sub. complét. ; *indigne*) – **6 :** *muscles* (gr. du n. ; *fier*) ; *d'arriver* (infin. ; *sûr*) – **7 :** *crainte, méfiance, curiosité* (n. c. ; *libre*) – **8 :** *fumée* (n. c. ; *noires*) ; *poussières* (n. c. ; *gris*).

**62.** **1 :** *fond* (gr. du n. ; *plus dur*) – **2 :** *âme ... belle* (sub. circ. de compar. ; *moins doux*) – **3 :** *Alcide* (n. pr. ; *plus insouciant*) – **4 :** *possible* et *fièvre* (double c. ; *aussi étranger*) – **5 :** *femmes* (gr. du n. ; *supérieure*) – **6 :** *eux* (pron. pers. ; commun ; *ni plus ni moins abominable*) – **7 :** *un plus jeune* (compar. substant. ; *inférieurs*) – **8 :** *cœur et race* (double c. ; *aussi noble*).

**63.** **1 :** *que j'aie ... rencontré* (sub. rel. ; commun ; *le plus bizarre et le plus inquiétant*) – **2 :** *poissons* (n. c. ; commun ; *le plus vorace et le plus méfiant*) – **3 :** *ville* (gr. du n. ; au sg. : ellipse de *des endroits ; le plus vivant*) – **4 :** *qu'il eût ... vie* (sub. rel. ; *la plus précieuse*) – **5 :** *tous* (pron. indéf. ; *le plus rassurant*) – **6 :** *radicaux* (gr. du n. ; *le plus redouté*).

**64.** **1 :** *plus forte* (compar. de supér. ; c. : *que jamais*) – **2 :** *triste* (pos.) ; *moins joli* (compar. d'infér. ; c. : *brique*) ; *rose* (pos.) – **3 :** *aussi haut* (compar. d'égal. ; c. : *père*) ; *plus maigre* (compar. de supér.) ; *bon* (pos.) ; *docile* (id.) ; *content* (id. ; c. : *tout*) ; *plein* (id. ; c. : *admiration, respect* et *déférence*) – **4 :** *bon* (pos.) ; *fou* (id. ; c. : *bonté*) – **5 :** *aussi savant* (compar. d'égal. ; c. : *un autre*) ; *moins hardi* (compar. d'infér.) – **6 :** *grand* (pos.) ; *semblable* (id. ; c. : *tous ceux ...*).

**65.** **1 :** *jours* (gr. du n. ; s. inversé de *commencèrent*) ; *La Bastide Neuve* (n. pr. ; attr. du s. *maison*) ; *ferme* (gr. du n. ; attr. du s. *c'*) ; *ans* (gr. du n. ; c. c. de temps de *restaurée ;* date) ; *monsieur* (gr. du n. ; c. d'agent du p. p. *restaurée*) ; *toiles* (gr. du n. ; c.o.d. de *vendait ;* partiel) ; *balais* (n. c. ; c.o.d. de *vendait ;* partiel) – **2 :** *porte* (gr. du n. ; c. c. de lieu, commun aux 2 v. *s'étaient assemblées* et *traînaient*) ; *brebis* (n. c. ; s. commun aux 2 v. *s'étaient assemblées* et *traînaient*)) ; *veille* (n. c. ; c. c. de temps de *traire ;* date) ; *galets* (n. c. ; c. c. de lieu de *traînaient ;* où l'on est et où l'on va ; il y a mouvement) ; *les* (pron. pers. ; c.o.d. de *appela*) ; *nom* (gr. du n. ; c. c. de moyen, plus que de man., de *appela*) ; *berger* (n. c. ; c. du n. *office*) ; *lait* (gr. du n. ; c. c. de lieu de *tombaient ;* où l'on va) ; *jour* (gr. du n. ; c. c. de temps de *fit;* date) ; *fromages* (gr. du n. ; c. du sup. *le plus délicieux*).

**66.** **1 :** *bûcheron* (n. c.) – **2 :** *ô Mort* (n. c. personnifié ; interj. *ô*) ; *ô Mort* (id. ; noter la construction en chiasme : apostr. derrière, puis devant) – **3 :** *oiseaux, rameaux* (n. c. ; en chiasme) – **4 :** *rossignol* (gr. du n. ; interj. *ô*) – **5 :** *sous-préfet* (gr. du n.) – **6 :** *Pont-Neuf* (n. pr.) ; *franchisseur* (gr. du n.) ; *Pont-Neuf* (n. pr.) – **7 :** *gamins* (n. c. ; avec art.).

**67.** **1 :** *flots* (n. c. ; interj. *ô*) – **2 :** *Douleur* (gr. du n., personnifié ; interj. *ô*) – **3 :** *cœur* (gr. du n. ; interj. *ô*) – **4 :** *Suez, gardes-côtes, gardes-frontières* (n. pr. et n. c. ; flanquée de *adieu*) ; *vent* (gr. du n. ; id. ; interj. *ô*) – **5 :** *Annie* (n. pr. ; interj. *oh*) ; *Annie* (n. pr.) – **6 :** *Mado* (n. pr.) ; *Olivier* (id.) – **7 :** *Poil de Carotte* (n. pr. ; sobriquet) ; *maman* (n. c.).

**68.** **1 :** *insecte* (gr. du n. ; apostr.) – **2 :** *buffet* (gr. du n. ; apostr. ; interj. *ô*) ; *bien des histoires* (gr. de l'adv. de quant. ; c.o.d. de *sais*) – **3 :** *bois* (gr. du n. ; apostr.) ; *feuillages* (id.) ; *jours* (id.) – **4 :** *sot* (adj. substant. ; attr. du s. *vous*) ; *fils* (gr. du n. ; apostr.) – **5 :** *Madame Magloire* (gr. du n. pr. ; apostr.) ; *évêque* (n. c. ; s. inversé de *dit*) ; *couvert* (gr. du n. ; c.o.d. de *mettrez*) – **6 :** *M. Patience* (n. pr. ; apostr. ; interj. *oh*) ; *enfant* (n. c. ; s. inversé de *criait*) ; *mains* (n. c. ; c.o.d. du gérond. *en joignant*) ; *moi* (pron. pers. ; attr. du s. *ce*) – **7 :** *Cyclope* (n. pr. ; s. commun aux 2 v. *roula* et *s'assit*) ; *toi* (pron. pers. ; apostr.) ; *pithon* (gr. du n. ; c. c. de compar. de *as ;* ou s. d'un v. s.-e.) ; *nom* (gr. du n. ; s. inversé de *est*) ; *Personne* (n. pr. ; attr. du s. *je*) ; *Ulysse* (n. pr. ; s. inversé de *répondit*) ; *Cyclope* (n. pr. ; s. commun aux 2 v. *s'étendit* et *but*) ; *foin* (n. c. ; c. c. de lieu de *s'étendit ;* où l'on va) ; *vin* (n. c., c. du n. *tonneaux*) ; *précaution* (n. c. ; c. c. de cause et de man. de *avait jeté*).

**69.** **1 :** *brebis, chien, garçon* (n. c. ; appos. partielles au s. *chacun,* pron. indéf.) – **2 :** *air, prés, monts, bois* (id. ; appos. partielles au s. *tout,* pron. indéf.) – **3 :** *bêtes* (gr. du n. ; appos. éloignée au s. *troupeaux*) – **4 :** *oiseaux* (gr. du n. ; appos. au s. *nuages*) – **5 :** *histoire ... grammaire* (n. c. ; appos. partielles au c.o.d. *tout*) – **6 :** *achat* (gr. du n. ; appos. au c.o.d. *passion*) – **7 :** *bras, pied, doigts* (gr. du n. ; appos. partielles au s. *tout*) – **8 :** *système* (gr. du n. ; appos. au c.o.d. *cordon*).

**70.** **1 :** *ma meilleure amie* (gr. du n. ; appos. partielle au c.o.d. *amie*) ; *Mlle Tabaraud* (n. pr. ; id.) – **2 :** *provisions* (n. c. ; appos., avec *quant à* explétif, au c.o.d. *les*) – **3 :** *peau, œil, linge, âme* (n. c. ; appos. partielles au sujet *tout*) – **4 :** *Magavant* (gr. du n. pr.), *Sylvie* (n. pr.) *et moi* (pron. pers.) : appos. partielles au s. *nous* – **5 :** *fille* (gr. du n. ; appos. au s. *Mina*) ; *Émile* (n. pr. ; appos. au c.o.d. *l'*) ; *fils* (gr. du n. ; appos. à *Émile,* lui-même appos. au c.o.d. *l'*) – **6 :** *Paris* (n. pr. ; appos. à *ville,* c. du n. *fonctionnaires ;* avec un *de* explétif) – **7 :** *collaboratrice* (n. c. ; appos. partielle au s. *nous*) ; *moi* (pron. pers. ; id.).

**71.** **1 :** *Ma tante* (gr. du n. ; s. éloigné de *était*) ; *la mère d'André* (gr. du n. ; appos. partielle au s. *tante*) ; *tante* (gr. du n. ; attr. du s. *ma tante*) – **2 :** *automne* (gr. du n. ; appos. à *automne,* attr. du s. *ce*) ; *pluie* (n. c. ; c. de l'adj. *plein*) ; *forêt* (n. c. ; c. c. de lieu de *était allée ;* où l'on va) ; *averse* (n. c. ; c. d'agent du v. passif *fut surprise*) ; *froid* (n. c. ; c. c. de cause de *grelottait ;* partiel) ; *maladie* (gr. du n. ; appos. au s. *maladie*) ; *pleurésie* (n. c. ; attr. du c.o.d. *que*) – **3 :** *chef* (gr. du n. ; appos. à l'apostr. *toi*) ; *logis* (gr. du n. ; c. c. de lieu de *insultes ;* où l'on est) ; *Ulysse* (n. pr. ; s. inversé de *repartit*) – **4 :** *mioche* (n. c. ; appos. au c.o.d. *le,* pron. pers.) ; *moi* (pron. pers. ; c. c. de lieu de *portez ;* où l'on va).

**72.** **1 :** *la* (art. déf., f. sg. ; dét. *discorde*) ; *l'* (art. déf. élidé, m. sg. ; dét. *univers*) – **2 :** *du* (art. partitif, m. sg. ; dét. *café*) ; *au* (art. déf. contracté, m. sg. ; dét. *lait*) – **3 :** *ces* (adj. dém., m. pl. ; dét. *hommes*) ; *vingt-cinq* (adj. num. card., m. pl. ; dét. *ans*) ; *cinquante* (id.) – **4 :** *un* (art. indéf., m. sg. ; dét. *rire*) ; *quelques* (adj. indéf., m. pl. ; dét. *instants*) – **5 :** *quel* (adj. interr., m. sg. ; attr. du s. inversé *étranger*) ; *cet* (adj. dém., m. sg. ; dét. *étranger*) – **6 :** *auquel* (adj. relat., m. sg. ; dét. *cas*) ; *son* (adj. poss., m. sg. ; dét. *livre*) – **7 :** *chaque* (adj. indéf., m. sg. ; dét. *accusé*) ; *trois* (adj. num. card., f. pl. ; dét. *minutes*).

**73.** **1 :** *cette* (adj. dém., f. sg. ; dét. *leçon*) ; *un* (art. indéf., m. sg. ; dét. *fromage*) – **2 :** *mien* (adj. poss. tonique, m. sg. ; dét. *pré*) ; *certain* (adj. indéf., m. sg. ; dét. *ânon*) – **3 :** *tienne* (adj. poss. tonique f. sg. ; attr. du s. *je* omis) – **4 :** *quelle* (adj. exclam., f. sg. ; dét. *vérité*) ; *quelle* (id. ; dét. *expression*) – **5 :** *notre* (adj. poss., m. sg. ; dét. *régiment*) ; *trois* (adj. num. card., m. pl. ; dét. *bataillons*) ; *deuxième* (adj. num. ord. substant., m. sg. ; s. du v. *fut chargé*) ; *troisième* (adj. num. ord., m. sg. ; épithète de *bataillon*) – **6 :** *un* (art. indéf., m. sg. ; dét. *lien*) ; *ses* (adj. poss., m. pl. ; dét. *objets*).

**74.** **1 :** *Deux* (adj. num. ord., en emploi appar. de card. ; épith. de *Philippe*) ; *Mal* (n. c. personnifié ; attr. du s. *Philippe Deux*) ; *glaive* (n. c. ; c.o.d. de *tenant*) – **2 :** *francs* (gr. du n. ; c. c. de quant. de *vaut ;* prix) ; *sou* (id.) – **3 :** *quatre* (adj. num. card. ; dét. *ans ;* partiel) ; *onze* (adj. num. substant. ; attr. du s. *nous*) ; *trois* (id.) – **4 :** *demoiselle* (gr. du n. ; c.o.d. de *voyait*) ; *laquelle* (adj. relat. ; dét. *rivière*) ; *fleuve* (n. c. ; c. c. de lieu de *s'était jetée ;* où l'on va) ; *lequel* (pron. relat. ; sujet du v. de *avait conduit*) ; *mer* (n. c. ; c. c. de lieu de *avait conduit ;* où l'on va) – **5 :** *raisonneur* (gr. du n. ; apostr.) ; *me* (pron. pers. ; c. d'attrib. de *payer*) ; *cent* (adj. num. card. ; dét. *écus*) ; *intérêts* (n. c. ; c.o.d. partiel de *payer*) ; *probité* (gr. du n. ; c. c. de propos de *doutez*) ; *les* (pron. pers. ; c.o.d. de *devoir*) ; *vie* (gr. du n. ; c. c. de temps de *devoir ;* durée) ; *instant* (gr. du n. ; c. c. de temps de *nier ;* date).

**75.** **1 :** *charmant* (p. pr.) ; *unie* (p. p.) – **2 :** *plein* (gr.) ; *gras* (adj.) ; *nourris* (gr. sup. pl. ; nuance : partitive) – **3 :** *riche* (adj.) ; *heureux* (id.) ; *sans maître* (gr. du n. = *libre*) – **4 :** *imprudents* (adj.) ; *parlant* (gr. du p. pr.) – **5 :** *mieux que ...* (gr. de l'adv.) ; *charmante* (p. pr.) – **6 :** *fait* (gr. du p. p., au sup.) ; *d'une taille ...* (gr. du n.) – **7 :** *noir* (adj.) ; *or* (n. c.) – **8 :** *sans issue* (gr. du n.) – **9 :** *paisible* (adj.) ; *bien vêtu* (p. p.) ; *de bonne mine* (gr. du n.) ; *qui ... poche* (sub. rel.).

**76.** **1 :** *d'argent* (gr. du n.) ; *d'avril* (id. = *printanier*) – **2 :** *mignonne, belle, délicate* (adj.) ; *qui ... doux* (sub. rel.) – **3 :** *inoffensifs* (adj.) ; *colère, haine* (gr. du n.) ; *résignés* (p. p.) – **4 :** *bien* (adv.) ; *à ravir* (infin. prépos.) ; *à peindre* (id.) – **5 :** *jaune* (adj.) ; *sans race* (gr. du n.) ; *de beaucoup d'esprit* (gr. de l'adv. de quant.) – **6 :** *grand, blond* (adj.) ; *à moustaches ...* (gr. du n.) ; *pâle* (adj. au sup.) ; *à l'air ...* (gr. du n.).

**77.** **1 :** *les plus à craindre* (sup.) ; *les plus petits* (id.) – **2 :** *plus intrigué* (compar.) ; *de plus .... humeur* (id.) – **3 :** *bien singuliers* (sup.) ; *bien à plaindre* (id.) – **4 :** *de ... humeur* (sup.) ; *très humilié* (id.) – **5 :** *essouflés* (pos.) ; *tout en nage* (sup.) – **6 :** *des plus bizarres* (sup.) – **7 :** *de franche coquette* (pos.) ; *gauche* (pos.) ; *très médiocre* (sup.) ; *des plus communs* (sup.) – **8 :** *grotesque, touchant* (compar.).

**78.** **1 :** *plus vif* (compar. de supér.) ; *plus rare* (id.) ; *plus grandes* (id.) ; *plus précaire* (id.) – **2 :** *très vif* (sup. de supér. abs.) ; *les plus hauts* (sup. de supér. relat.) – **3 :** *trop méchant, trop misérable* (compar. de supér.) – **4 :** *moindre, pire* (compar. de supér.) – **5 :** *moindre* (= *le moindre ;* sup. de supér. relat.) – **6 :** *aussi laide* (compar. d'égal.).

**79.** **1 :** *le* (art. déf.) ; *plus nombreuses* (adj. qual. au compar. de supér.) ; *leur* (adj. poss.) – **2 :** *ce* (adj. dém.) ; *éclatante* (p. pr. adject.) ; *cette* (adj. dém.) – **3 :** *quels* (adj. interr.) ; *notre* (adj. poss.) – **4 :** *nul* (adj. indéf.) ; *mémorable* (adj. qual., pos.) – **5 :** *quelle* (adj. exclam.) – **6 :** *quel* (adj. interr.) ; *dix-neuf* (adj. num. card.).

**80.** **1 :** *mignonnes* (adj. substant. ; apostr.) ; *Marinette* (n. pr. ; attr. du s. *sœur ;* v. omis) ; *moi* (pron. pers. ; c. du compar. *aussi grande ;* ou s. d'un v. s.-e.) ; *yeux* (gr. du n. ; c.o.d. de *a*) ; *bien honnête* (adj. qual. au sup. de supér. abs. ; attr. du s. *vous,* pl. de politesse) ; *renard* (gr. du n. ; apostr.) – **2 :** *boucher* (n. c. ; appos. au s. *Boyaud*) ; *ville* (n. c. ; c. c. de lieu de *occupait ;* où l'on est) ; *volume* (gr. du n. ; c. c. de cause de *eût vu*) ; *couleur* (gr. du n. ; s. réel de *y avait*) ; *personnes* (gr. du n. ; c. du pron. dém. *ceux*).

**81.** **1 :** *puissant* (p. pr. adject. ; pos. ; attr. partiel du s. *vous*) ; *misérable* (adj. ; pos. ; attr. partiel du s. *vous*) ; *blanc, noir* (adj. ; pos. ; attr. partiels du c.o.d. *vous*) – **2 :** *pur* (adj. ; pos. ; attr. du s. *homme*) ; *obliques* (adj. ; pos. ; épith. de *sentiers*) – **3 :** *maigres* (gr. du sup. plur. ; nuance : partitive ; épith. de *terrains* s.-e.) – **4 :** *coquin* (mise en relief de l'épith. ; épith. de *patron ;* pos.) – **5 :** *grand* (adj. ; pos. ; épith. de *gaillard*) ; *rouge, ventru* (adj. ; pos. ; appos. partielles à *gaillard*) ; *qui ...* (sub. rel. coord. aux 2 adj. appos. ; appos. partielle) – **6 :** *très comme il faut* (sub. circ. compar. ; au sup. de supér. abs. ; épith. de *jeune homme*) – **7 :** *le premier* (adj. num. ord. ; attr. du s. *Rieux*) ; *froides* (adj. ; pos. ; appos. au s. *eaux*) ; *tièdes* (adj. ; pos. ; attr. du s. *eaux*) – **8 :** *trop savant* (p. pr. adject. ; compar. de supér. ; attr. du s. *vous ;* pl. de politesse).

**82.** **1 :** *des plus petits* (gr. du sup. ; m. pl. ; nuance : partitive ; épith. de *rats* s.-e.) ; *des plus gros* (id. ; épith. de *éléphants* s.-e. ; cf. p. 60) – **2 :** *plus purs* (adj. qual. ; compar. de supér. ; attr. du s. *astres*) ; *meilleure* (adj. qual. ; compar. de supér. ; attr. du s. *ombre*) – **3 :** *heureux, malheureux* (adj. qual. ; pos. ; attr. partiels du s. *je*) – **4 :** *moins laids* (adj. qual. ; compar. d'infér. ; attr. du c.o.d. *nous*) – **5 :** *fort brusque* (adj. qual. ; sup. de supér. abs. ; attr. du s. *il*) – **6 :** *très beau* (adj. qual. ; sup. de supér. abs. ; épith. du s. inversé *rêve*) ; *le plus beau* (adj. qual. ; sup. de supér. relat. ; appos. à *rêve*) – **7 :** *très grave* (adj. qual. ; sup. de supér. abs. ; appos. au s. *Marthe*).

**83.** **1 :** *beau* (adj. qual. ; pos. ; n. sg. ; attr. du c.o.d. *cela*) – **2 :** *jolie* (adj. qual. ; pos. ; f. sg. ; attr. du c.o.d. omis) – **3 :** *sans voix* (gr. du n. ; pos. ; f. pl. ; attr. du s. *chaumières ;* v. omis) – **4 :** *meilleurs* (= *les meilleurs ;* adj. qual. ; sup. de supér. relat. ; m. pl. ; épith. de *artisans*) – **5 :** *profond* (adj. qual. ; sup. de supér. relat. ; n. sg. ; employé comme n. ; c. c. de lieu, d'où l'on vient, d'un v. omis : *venait*) ; *du meilleur* (id.) – **6 :** *coquin* (adj. qual. ; pos. ; m. sg. ; mise en relief de l'épith. ; épith. de *Figaro*) – **7 :** *la plus belle* (adj. qual. ; sup. de supér. relat. ; f. sg. ; épith. d'un c.o.d. omis : *surprise ;* il a un c. partitif : *de toutes les surprises*) – **8 :** *le plus difficile* (adj. qual. ; sup. de supér. relat. ; n. sg. ; employé comme n. ; s. de *était fait*) – **9 :** *jolie* (adj. qual. ; pos. ; f. sg. ; attr. du s. *qui*) ; *véridique* (adj. qual. ; pos. ; f. sg. ; appos. au s. *dame*).

**84.** **1 :** *courts* (adj. qual. ; sup. de supér. relat. ; m. pl. ; épith. du s. *ouvrages*) ; *les meilleurs* (id. ; attr. du s. *ouvrages*) – **2 :** *faibles* (adj. qual. substant. ; pos. ; m. pl. ; s. de *veulent*) ; *méchants* (adj. qual. ; pos. ; m. pl. ; attr. du c.o.d. *les*) ; *bons* (adj. qual. ; pos. ; m. pl. ; attr. du s. *méchants*) – **3 :** *bon* (adj. qual. employé comme interj.) – **4 :** *bout* (gr. du n. adject. ; mise en relief de l'épith. ; épith. de *femme [= une petite femme]*) ; *haut* (adj. qual. ; employé comme adv. de man. ; modifie *parle*) – **5 :** *riches* (adj. qual. employé comme n. ; c. d'attrib. de *va*) ; *gras* (id. ; s. de *engraissent*) – **6 :** *très vexante* (adj. qual. ; sup. de supér. abs. ; f. sg. ; attr. du c.o.d. *attitude*) ; *pareille* (adj. qual. ; épith. de *attitude*) – **7 :** *vaurien* (n. c. adject. ; mise en relief de l'épith. ; épith. du s. *Tistet*) ; *vilains* (adj. qual. ; épith. du c.o.d. *tours*) – **8 :** *hâlé* (p. p. adject. ; appos. au s. *il*) ; *beaux* (adj. qual. ; sup. de supér. relat. ; m. pl. ; épith. de *jours*).

**85.** **1 :** *le plus ... maux* (gr. du sup. ; attr. du s. *absence*) – **2 :** *heureux* (adj. qual. ; pos. ; m. pl. ; attr. commun, lancé en tête, des 2 s. inversés *épis* et *blés ;* v. omis) ; *mûrs* (adj. qual. ; pos. ; m. pl. ; épith. de *épis*) ; *blés* (gr. du n. ; s. inversé et partiel d'un v. omis) – **3 :** *pâle* (adj. qual. ; sup. de supér. abs. ; f. sg. ; appos. au s. *elle*) ; *ferveur* (gr. du n. ; c. c. de man. de *fixait*) ; *plafond* (n. c. ; c. du n. *poutres*) ; *fumées* (gr. du n. ; s. inversé de *tournoyaient*) – **4 :** *Immortels* (adj. substant. personnifié ; apostr.) ; *prières* (n. c. ; s. inversé de *disaient*) ; *le plus humain ...* (gr. du sup. de supér. relat. ; c.o.d. de *respectez*) – **5 :** *argent* (n. c. ; c.o.d. de *ai*) ; *le plus cher ...* (gr. du sup. de supér. relat. ; s. réel de *reste*) ; *l'Ile Rose* (gr. du n. pr. ; appos. au gr. s. réel) – **6 :** *cochon* (n. c. adject. ; mise en relief de l'épith. ; épith. de *Morin*) ; *coup* (gr. du n. ; c. c. de compar. de *traversait ;* ou s. d'un v. omis) ; *l'* (pron. pers. ; c.o.d. de *entendait*).

**86.** **1 :** *fin* (n. c. ; c.o.d. de *attendons*) ; *mots* (gr. du n. ; c.o.d. de *disait*) ; *bout* (gr. du n. ; c. c. de lieu de *accourt ;* d'où l'on vient) ; *furie* (n. c. ; c. c. de man. de *accourt*) ; *terrible* (gr. du sup. de supér. relat. ; s. inversé de *accourt*) – **2 :** *étonné* (p. p. adject. ; sup. de supér. abs. ; épith. du s. *quelqu'un,* avec un *de* explétif) ; *premier* (adj. num. ord. substant. ; c. du n. *locataire*) ; *hibou* (gr. du n. ; appos. à *locataire*) ; *ans* (gr. du n. ; c. c. de temps de *habite ;* durée) ; *poussière* (n. c. ; c. de l'adj. *grises*) ; *diables* (n. c. adject. ; mise en relief de l'épith. ; épith. de *penseurs*) – **3 :** *large* (adj. qual. ; compar. d'égal. ; attr. du s. *mère Barbue*) ; *haute* (adj. qual. ; pos. ; c. du compar. *aussi large ;* ou attr. du s. dans une prop. ellipt.) ; *haute* (adj. qual. ; sup. de supér. abs. ; attr. du s. *elle*) ; *large* (id.).

**87.** **1 :** *chacun* (indéf. ; m. sg.) ; *où* (adv. ou pron. relat. ; n. sg.) ; *il* (3ᵉ pers. ; m. sg.) ; *le* (3ᵉ pers. ; m. sg.) – **2 :** *ce* (dém. ; n. sg.) ; *que* (relat. ; n. sg.) ; *le* (3ᵉ pers. ; n. sg.) – **3 :** *c'* (dém. ; n. sg.) ; *moi* (1ʳᵉ pers. ; m. sg.) ; *qui* (relat. ; m. sg.) – **4 :** *moi* (1ʳᵉ pers. ; m. sg.) ; *lui* (3ᵉ pers. ; m. ou f. sg., selon le contexte) – **5 :** *celle* (dém. ; f. sg.) ; *il* (3ᵉ pers. ; m. sg.) ; *la sienne* (poss. ; f. sg.) – **6 :** *celui* (dém. ; m. sg.) ; *qui* (relat. ; m. sg.) – **7 :** *quoi* (interr. ; n. sg.) ; *quoi* (id.) – **8 :** *nous* (1ʳᵉ pers. ; m. pl.) ; *tous* (indéf. ; m. pl.) ; *quelque chose* (indéf. ; n. sg.) ; *quelqu'un* (indéf. ; m. sg.) ; *quelque chose* (indéf. ; n. sg.).

**88.** **1 :** *qu'* (interr. ; n. sg.) ; *tu* (2ᵉ pers. ; m. ou f. sg., selon le contexte) ; *toi* (id.) ; *j'* (1ʳᵉ pers. ; m. ou f. sg., selon le contexte) ; *quelqu'un* (indéf. ; m. sg.) ; *quelqu'un* (id.) ; *qui* (interr. ; m. sg.) – **2 :** *je* (1ʳᵉ pers. ; m. ou f. sg.) ; *vous* (2ᵉ pers. ; m. ou f. sg. ; pl. de politesse) ; *celui* (dém. ; m. sg.) ; *auquel* (relat. ; m. sg.) ; *vous* (2ᵉ pers. ; m. ou f. sg. ; pl. de polit.) – **3 :** *elle* (3ᵉ pers. ; f. sg.) ; *moi, je* (1ʳᵉ pers. ; m. ou f. sg.) ; *la mienne* (poss. ; f. sg.) – **4 :** *c'* (dém. ; n. sg.) ; *ça* (dém. ; n. sg.) ; *moi, j'* (1ʳᵉ pers. ; m. ou f. sg.) ; *ça* (dém. ; n. sg.) – **5 :** *elle* (3ᵉ pers. ; f. sg.) ; *leur* (3ᵉ pers. ; m. pl.) ; *quelque chose* (indéf. ; n. sg.) ; *l'un, l'autre, tous, chacun* (indéf. ; m. sg., et pl. pour *tous*) – **6 :** *qui* (interr. ; m. ou f. sg.) ; *tu* (2ᵉ pers. ; m. ou f. sg.) ; *que* (interr. ; n. sg.) ; *tu* (2ᵉ pers. ; m. ou f. sg.) ; *lui* (3ᵉ pers. ; m. ou f. sg.) ; *il* (3ᵉ pers. ; m. sg.) ; *qui* (interr. ; m. ou f. sg.) ; *t'* (2ᵉ pers. ; m. ou f. sg.) – **7 :** *toi* (2ᵉ pers. ; m. ou f. sg.) ; *qui* (relat. ; m. ou f. sg.) ; *tout* (indéf. ; n. sg.) ; *moi* (1ʳᵉ pers. ; m. ou f. sg.).

**89.** **1 :** *lundi* (n. c. ; appos. au s. *lundi*) ; *qui* (pron. relat. ; s. de *s'excuse*) ; *lui* (pron. pers. ; 3ᵉ p. ; m. sg. ; c. c. de lieu de *en montrant ;* où l'on est) ; *innombrables* (adj. qual. ; épith. de *jours*) ; *le* (pron. pers. ; 3ᵉ p. ; m. sg. ; c.o.d. de *poussent*) – **2 :** *lutter* (infin. ; s. de *rendait*) ; *le* (pron. pers. ; 3ᵉ p. ; m. sg. ; c.o.d. de *rendait*) ; *joyeux* (adj. qual. ; pos. ; attr. du c.o.d. *le*) ; *accroupi* (p. p. adject. ; appos. au s. *il*) ; *lui* (pron. pers. ; 3ᵉ p. ; m. sg. ; c. d'agent du v. passif *être giflé*) – **3 :** *art* (n. c. ; attr. du s. *peinture*) ; *les autres* (pron. indéf. ; c. d'agent du v. passif *être exercé*) – **4 :** *regard* (gr. du n. ; c. c. de lieu de *avait vu ;* où l'on est) ; *quelque chose* (pron. indéf. ; c.o.d. de *avait vu*) ; *tendre* (adj. qual. ; épith. de *quelque chose,* avec *de* explétif) – **5 :** *quoi* (pron. interr. ; c. c. de cause de *souffrent*) ; *ceux* (pron. dém. ; s. inversé de *souffrent*) ; *rien* (pron. indéf. ; c.o.d. de *n'ont*) – **6 :** *saison* (n. c. ; s. inversé de *vint*) ; *où* (pron. relat. ; c. c. de temps de *hésite ;* date) ; *fraîcheur* (gr. du n. ; c. c. de concession de *hésite*) ;

*premier* (adj. num. ord. ; épith. de *feu*) ; *sort* (gr. du n. ; c. c. de lieu d'un v. omis ; où l'on est) – **7 :** *jour* (gr. du n. ; attr. du s. *c'*) ; *clair* (adj. qual. ; comp. de supér. ; épith. de *jour*) ; *ceux* (gr. du pron. dém. ; c. du compar. *plus clair ;* ou s. d'un v. omis).

**90.** **1 :** *moi* (1re p., m. ou f. sg. ; c. c. de lieu de *regardait ;* où l'on va) ; *moi* (id. ; tonique ; s. ou appos. à un s. *je* omis) ; *lui* (3e p. ; m. sg. ; c. c. de lieu d'un v. omis ; où l'on va) – **2 :** *se* (réfléchi ; 3e p. ; f. sg. ; c. d'attrib. de *joue*) ; *elle* (id.) – **3 :** *m'* (1re p. ; m. sg. ; c.o.d. de *enchantaient*) ; *y* (3e p. ; m. pl. ; mis pour *spectacles ;* c. de l'adj. *indifférent*) – **4 :** *elle* (3e p. ; f. sg. ; pron. de reprise du s. *perspective*) ; *en* (3e p. ; n. sg. ; mis pour toute une propos. ; c. de l'adj. *sûr*) – **5 :** *le* (3e p. ; n. sg. ; mis pour l'adj. *triste ;* attr. du s. *la plupart des chansons populaires*) – **6 :** *me* (1re p. ; m. sg. ; c. d'attrib. de *parlent*) ; *ils* (3e p. ; m. pl. ; s. de *parlent*) ; *moi* (1re p. ; m. sg. ; c. c. de *propos* de *parlent*) – **7 :** *le* (3e p. ; n. sg. ; c.o.d. de *saviez ;* pron. d'annonce de toute une prop.) ; *vous* (2e p. ; m. ou f. sg. ou pl. ; s. inversé de *saviez*) ; *elle* (3e p. ; f. sg. ; s. inversé de *dit*) – **8 :** *lui* (3e p. ; m. sg. ; tonique ; appos. au s. *il*).

**91.** **1 :** *te* (2e p. ; m. sg. ; c.o.d. de *chercher*) ; *toi* (2e p. ; m. sg. ; tonique ; appos. au c.o.d. *te*) ; *moi* (1re p. ; m. sg. ; c. c. d'accomp. de *viens*) ; *il* (3e p ; n. sg. ; s. appar. de *faut*) – **2 :** *t'* (2e p. ; m. ou f. sg. ; c.o.d. de *accompagne*) ; *lui* (3e p. ; m. ou f. sg. ; c. d'attrib. de *dit*) ; *il* (3e p. ; m. sg. ; s. inversé de *dit*) ; *toi* (2e p. ; m. ou f. sg. ; c. c. de lieu de *resterai ;* où l'on est) – **3 :** *il* (3e p. ; n. sg. ; s. appar. de *était*) ; *il* (3e p. ; m. sg. ; s. de *avait enlevé*) ; *nous* (1re p. ; m. pl. ; c. d'agent du v. passif *être reconnu*) – **4 :** *m'* (1re p. ; f. sg. ; c.o.d. de *afflige*) ; *le* (3e p. ; m. sg. ; mis pour l'adj. *contente*) ; *moi-même* (1re p. ; f. sg. ; c. de l'adj. *contente,* à travers *le*) – **5 :** *les* (3e p. ; m. pl. ; c.o.d. de *entend ;* et s. commun des 3 infin. *scier, clouer, raboter*) – **6 :** *il* (3e p. ; n. sg. ; s. appar. de *faut*) ; *elle* (3e p. ; f. sg. ; tonique ; apposé au s. *nièce*) – **7 :** *se* (3e p. ; m. sg. ; réfl. ; c. d'attrib. de *croyait*) – **8 :** *y* (3e p. ; f. pl., mis pour *odeurs ;* c. de l'adj. *sensible*).

**92.** **1 :** *les* (pron. pers. ; 3e p. ; f. pl. ; c.o.d. de *avoir saluées*) ; *nous* (pron. pers. ; 1re p., à valeur de 2e p. ; f. pl. ; s. de *avons fait*) ; *sourire* (gr. du n. ; c. c. de man. de *ajouta*) ; *tabliers* (n. c. ; c.o.d. de *tacher*) ; *curieux* (adj. qual. ; attr. du s. *parents*) ; *il* (pron. pers. ; 3e p. ; n. sg. ; s. appar. de *pousse*) ; *fraises* (n. c. ; s. réel de *pousse*) ; *école* (n. c. ; c. du n. *chemin*) – **2 :** *content* (adj. qual. ; sup. de supér. abs. ; attr. du s. *Messaoud*) ; *lui* (pron. pers. ; 3e p. ; m. sg. ; réfl. ; c. de l'adj. *très content*) ; *se* (pron. pers., 3e p. ; m. sg. ; réfl. ; c. d'attrib. de *disait*) ; *lui-même* (pron. pers. ; 3e p. ; m. sg. ; c. c. de lieu de *disait ;* où l'on est) ; *on* (pron. indéf. ou pers. ; m. sg. ; s. de *pense*) ; *gentil* (adj. qual. ; attr. du s. *qui*) ; *moi* (pron. pers. ; 1re p. ; m. sg. ; c. c. de lieu de *est ;* où l'on est) ; *moi* (id. ; c. c. de cause de *est*).

**93.** **1 :** *en* (mis pour *enveloppes,* 3e p. ; f. pl. ; c. du n. *papier*) ; *les* (mis pour *enveloppes ;* 3e p. ; f. pl. ; c.o.d. de *glissa*) ; *en* (id. ; c. du n. *adresses*) – **2 :** *vous* (2e p. ; f. sg., pl. de polit. ; s. de *serez*) ; *me* (1re p. ; m. ou f. sg. ; c. d'attrib. de *garder*) ; *vous* (id. ; c. d'attrib. de *montrerai*) ; *les* (mis pour *boîtes,* 3e p. ; f. pl. ; c.o.d. de *utilise*) – **3 :** *lui* (3e p. ; m. ou f. sg. ; c. d'attrib. de *dis*) ; *je* (1re p. ; m.

ou f. sg. ; s. inversé de *dis*) ; *elles* (mis pour bêtes, 3^e^ p. ; f. pl. ; c. c. d'accomp. de *vivre*) ; *elles* (id. ; c. c. de compar. de *vivre ;* ou s. d'un v. omis) ; *m'* (1^re^ p. ; m. ou f. sg. ; c.o.d. de *évalua*) ; *vous* (2^e^ p. ; m. ou f. sg., pl. de polit. ; s. de *aimez*) ; *me* (1^re^ p. ; m. ou f. sg. ; c. c. de provenance, plutôt que d'attrib., de *demanda*) ; *le* (mis pour toute la prop., 3^e^ p. ; n. sg. ; c.o.d. de *crois)* – **4 :** *le* (mis pour *poisson,* 3^e^ p. ; m. sg. ; c.o.d. de *vendait*) ; *il* (3^e^ p. ; m. sg. ; s. de *donnait*).

**94.** **1 :** *on* (pron. indéf. employé comme pers. ; 3^e^ p. ; m. sg., s. de *lia*) ; *vous* (2^e^ p. ; m. pl. ou pl. de polit. ; explétif) – **2 :** *Nous* (1^re^ p. ; m. pl. à valeur de sg. = *je ;* s. de *serions*) ; nous (id. ; c. de l'adj. *fier*) – **3 :** *vous* (2^e^ p. ; pl. de polit. ; c. c. d'oppos. de *lis*) ; *vous* (id. ; c. c. de compar. de *lis* ; ou s. d'un v. omis) – **4 :** *en* (mis pour *étable,* 3^e^ p. ; f. sg. ; c. du n. *porte*) ; *y* (id. ; c. c. de lieu de *entrer ;* où l'on va) – **5 :** *nous* (1^re^ p. ; m. ou f. pl. ; c. du n. *amour*) – **6 :** *m'* (1^re^ p. ; m. sg. ; c.o.d. de *a surnommé*) ; *le* (mis pour *le Juste,* 3^e^ p. ; n. sg. ; attr. du s. *je*) – **7 :** *elle* (mis pour *rivière,* 3^e^ p. ; f. sg. ; s. ou, mieux, pron. d'annonce du s. *rivière*) – **8 :** *eux-mêmes* (mis pour *tous,* 3^e^ p. ; m. pl. ; c. de l'adj. *sûrs*).

**95.** **1 :** *Pomme* (n. pr. ; attr. du s. *amie*) ; *huit ans* (gr. du n. ; c. c. de quant. de *a ;* âge) ; *notes* (gr. du n. ; s. inversé de *débutent*) ; *l'* (pron. pers. ; 3^e^ p. ; f. sg. ; c.o.d. de *ai vue*) ; *haute ...* (gr. de l'adj. ; attr. du c.o.d. *l'*) ; *la* (pron. pers. ; 3^e^ p. ; f. sg. ; c.o.d. de *connais*) ; *Pomme* (n. pr. ; appos. au c.o.d. *surnom,* avec *de* explétif) ; *forme* (gr. du n. ; c. c. de provenance de *tient*) ; *petite* (adj. qual. ; pos. ; attr. du s. *elle,* omis) – **2 :** *libre* (adj. qual. ; pos. ; attr. du s. *place*) ; *la* (pron. pers. ; 3^e^ p. ; f. sg. ; c.o.d. de *garder*) ; *me* (pron. pers. ; 1^re^ p. ; m. sg. ; s. de *arriver ;* et c.o.d. de *voit*) ; *se* (pron. pers. ; 3^e^ p. ; m. sg. réfl. ; c.o.d. intégré dans le v. pron.) ; *lenteur* (n. c. ; c. c. de man. de *se lève*) – **3 :** *vaniteux* (adj. substant. ; c. d'agent du v. passif *était habitée*) ; *admirateur* (n. c. ; c. du n. *visite*) ; *vaniteux* (adj. substant. ; s. inversé de *s'écria*) ; *admirateurs* (n. c. ; attr. du s. *hommes*) ; *prince* (gr. du n. ; s. inversé de *dit*) ; *drôle* (adj. qual. ; mis en relief ; épith. de *chapeau ; de* explétif) ; *lui* (pron. pers. ; 3^e^ p. ; m. sg. ; c. d'attrib. de *répondit*) ; *on* (pron. indéf. ou pers. ; s. de *acclame*) ; *il* (pron. pers. ; 3^e^ p. ; n. sg. ; s. appar. de *passe*).

**96.** **1 :** *la mienne* (pron. poss. ; mis pour *main,* 1^re^ p. ; f. sg. ; c. c. de lieu de *est ;* où l'on est) – **2 :** *celui* (pron. dém. ; m. sg. ; s. de *paiera*) ; *ça* (pron. dém. ; n. sg. ; c.o.d. de *a fait*) ; *il* (pron. pers. ; 3^e^ p. ; m. sg. ; s. inversé de *dit*) – **3 :** *quelqu'un* (pron. indéf. ; m. sg. ; s. de *frappa*) ; *personne* (pron. indéf. ; m. sg. ; s. de *osait*) ; *on* (pron. indéf. ou pers. ; m. sg. ; s. de *frappa*) – **4 :** *le sien* (pron. poss.; 3^e^ p. ; m. sg. ; c. c. de but de *raisonnait*) – **5 :** *il* (pron. pers. ; 3^e^p. ; n. sg. ; s. appar. de *se passait*) ; *quelque chose ...* (gr. du pron. indéf. ; n. sg. ; s. réel de *se passait*) – **6 :** *aucun* (gr. du pron. indéf. ; m. sg. ; s. de *avait caché*) ; *l'autre* (pron. indéf. ; m. sg. ; c. d'attrib. de *avait caché*) ; *chacun* (pron. indéf. ; m. sg. ; s. de *reconnut*) ; *en* (pron. pers. ; 3^e^ p. ; f. sg. ; mis pour *opinion ;* c. du n. *justesse*) – **7 :** *qui* (pron. interr. ; m. sg. ou pl. ; c.o.d. de *convertissez*) ; *de qui* (pron. interr. ; m. sg. ou pl. ; c. d'agent du v. passif *êtes compris*) – **8 :** *qu'est-ce qu'* (pron. interr. ; n. sg. ; c.o.d. de *a*) ; *qu'est-ce qui* (id. ; s. de *prend*).

**97.** **1 :** *on* (pron. indéf. ou pers. ; m. sg. ; s. de *trancha*) ; *de l'un* (pron. indéf. ; m. sg. ; c. partiel du n. *bouteille*) – **2 :** *cela* (pron. dém. ; n. sg. ; c. c. de condit. de *saurait*) ; *que* (pron. interr. ; n. sg. ; c.o.d. de *saurait*) ; *on* (pron. indéf. ou pers. ; m. sg. ; s. inversé de *saurait*) – **3 :** *qui* (pron. interr. ; m. pl. ; attr. du s. inversé *gens*) ; *qu'est-ce qu'* (pron. interr. ; n. sg. ; c.o.d. de *faisaient*) – **4 :** *rien* (pron. indéf. ; n. sg. ; c. du n. *air*) ; *tout* (pron. indéf. ; n. sg. ; c. de l'adj. *bon*) – **5 :** *elle* (pron. pers. ; 3ᵉ p. ; f. sg. ; s. de *sourit* et *retira*) ; *la mienne* (pron. poss. ; 1ʳᵉ p. ; f. sg. ; c. c. de lieu de *retira ;* d'où l'on vient) – **6 :** *qui* (pron. interr. ; m. sg. ; s. de *est*) ; *lui* (pron. pers. ; mis pour *Français,* 3ᵉ p. ; m. sg. ; c. c. de compar. de *va* ou s. d'un v. omis) – **7 :** *celui-là* (pron. dém. ; m. sg. ; s. de *avait*) ; *l'autre* (pron. indéf. ; m. sg. ; s. de *saluait*).

**98.** **1 :** *on* (pron. indéf. ou pers. ; s. de *est trahi*) ; *les siens* (pron. poss. ; c. d'agent de *est trahi*) – **2 :** *rien* (pron. indéf. ; c. c. de provenance de *fait*) – **3 :** *rien* (pron. indéf. ; c. c. de but ou d'échange de *fait*) – **4 :** *rien* (pron. indéf. substant. ; appos. partielle au s. *tout*) ; *tout* (pron. indéf. ; s. de *donnait*) ; *lui* (pron. pers. ; c. d'attrib. de *donnait*) – **5 :** *moi* (pron. pers. substant. ; s. de *est*) ; *il* (pron. pers. ; s. appar. de *s'agit*) ; *autres* (pron. indéf. ; c. du pron. dém. *celui*) – **6 :** *quelque chose* (pron. indéf. ; s. réel de *y avait*) ; *menaçant* (p. pr. adject. ; épith. de *quelque chose,* avec un *de* explétif) – **7 :** *d'autres* (pron. indéf. ; s. de *s'en vont*) ; *tout* (pron. indéf. ; c. c. de cause ou c.o.i. de *se lasse*) ; *autrui* (pron. indéf. ; c. du n. *malheur*) – **8 :** *ça* (pron. dém. ; s. de *a*) ; *veines* (n. c. ; c. c. de lieu de *a ;* où l'on est) ; *la moindre* (adj. qual. ; sup. de supér. relat. ; épith. de *émotion*) ; *leur* (pron. pers. ; c. d'attrib. de *saute*) – **9 :** *celui qui ...* (gr. du pron. dém. ; s. inversé de *est*) ; *un autre* (pron. indéf. ; c. c. de lieu de *s'inscrire ;* où l'on va) ; *converti* (p. p. p. substant. ; attr. antéposé du s. inversé *celui qui ... ;* v. omis) ; *au vôtre* (pron. poss. ; c. c. de lieu de *s'inscrire ;* où l'on va).

**99.** **1 :** *rien* (pron. indéf. ; n. sg. ; c.o.d. de *possédait*) ; *à l'autre* (pron. indéf. ; m. sg. ; c. d'attrib. de *appartînt*) – **2 :** *toi* (pron. pers. ; tonique ; 2ᵉ p. ; m. sg. ; apostr.) ; *que* (pron. interr. ; n. sg. ; c.o.d. de *veux*) ; *qu'est-ce qui* (pron. interr. ; n. sg. ; s. de *émeut*) – **3 :** *qui* (pron. interr. ; m. sg. ; s. de *dit*) ; *vous* (pron. pers. ; 2ᵉ p. ; m. sg. ; pl. de polit. ; c. de provenance, et non d'attrib., de *demande*) ; *rien* (pron. indéf. ; n. sg. ; c.o.d. de *demande* ) – **4 :** *les uns* (pron. indéf. ; m. pl. ; c. c. d'accomp. de *riait*) ; *en* (pron. pers. ; 3ᵉ p. ; n. sg., mis pour la prop. qui précède ; c. c. de cause de *mourir*) ; *on* (pron. indéf. ou pers. ; s. de *admirait*) ; *des autres* (pron. indéf. ; m. pl. ; c. commun des n. *sagesse* et *esprit*) – **5 :** *celle-là* (pron. dém. ; f. sg., mis pour *action ;* c. de l'adj. *pareille*) – **6 :** *Les miens* (pron. poss. substant. ; m. pl. ; s. de *souffraient*) ; *moi* (pron. pers. tonique ; 1ʳᵉ p. ; m. ou f. sg. ; appos. au s. omis, *je,* d'un v. omis) ; *eux-mêmes* (pron. pers. tonique ; 3ᵉ p. ; m. pl. ; appos. au c.o.d. *les*) – **7 :** *ça* (pron. dém. ; n. sg. ; mis pour *il,* m. sg. ; s. de *fait*) ; *c'* (id. ; s. de *est*) ; *vous* (pron. pers. ; 2ᵉ p. ; m. pl. ou pl. de polit. ; explétif).

**100.** **1 :** *qui d'eux* (gr. du pron. interr. ; m. sg. ; s. de *aimait*) ; *que* (pron. interr. ; n. sg. ; s. de *semble*) – **2 :** *on* (pron. indéf. ou pers. ; 3ᵉ p. à valeur de 2ᵉ p. = *tu ;* s. de *se rétracte*) ; *se* (pron. pers. réfl. ; 3ᵉ = 2ᵉ p. ; c.o.d. de *jette*) ;

*qui* (pron. interr. ; m. sg. ; s. d'un v. omis) – **3 :** *l'* (pron. pers. ; 3e p. ; n. sg., mis pour *jeune ;* attr. du s. *vous*) ; *vous* (pron. pers. tonique ; 2e p. ; m. sg., pl. de polit. ; appos. au s. *vous*) ; *ça* (pron. dém. ; n. sg. ; mis pour *riches ;* pron. de reprise du vrai s. *riches* ; s. de *a*) ; *ça* (id. ; s. de *mange*) – **4 :** *qu'est-ce que* (pron. interr. ; n. sg. ; c.o.d. du v. *allez dire*) ; *lui* (pron. pers. ; 3e p. ; m. ou f. sg. ; c. d'attrib. de *dire*) – **5 :** *nôtres* (pron. poss. ; 1re p. ; m. pl. ; c. du gr. du n. *soldats ;* nuance : partitive) ; *elle* (pron. pers. ; 3e p. ; f. sg. ; mis pour *vivandière ;* c. c. de lieu de *venaient ;* où l'on va).

**101.** **1 :** *nous* (pron. pers. ; c. c. d'accomp. de *vivaient*) ; *serviteurs* (gr. du n. ; s. inversé de *vivaient*) ; *en* (pron. pers. ; c.o.d. de *rencontre*) ; *Anselme* (gr. du n. pr. ; appos. partielle au s. inversé *serviteurs*) ; *la Péguinotte* (n. pr. ; attr. du c.o.d. *qu'*) ; *l'un* (pron. indéf. ; s. partiel de *étaient*) – **2 :** *tu* (pron. pers. ; s. inversé de *as*) ; *Lebrac* (n. pr. ; s. inversé de *fit*) ; *La Crique* (n. pr. ; c. d'attrib. de *fit*) ; *en* (pron. pers., mis pour *craie ;* c. du n. *bouts*) ; *bouts* (gr. du n. ; appos. au c.o.d. *bouts*) ; *un* (adj. num. card. employé comme n. ; c.o.d. de *garda*) ; *lui* (pron. pers. sens réfl. ; c. d'attrib., nuance : d'intérêt, de *garda*) ; *en* (pron. pers. ; c. du pron. indéf. *autre*) ; *chacun* (gr. du pron. indéf. ; c. d'attrib. de *remit*) ; *il* (pron. pers. ; n. sg. ; s. appar. de *arrivait*) ; *eux* (pron. pers. ; c. du pron. indéf. *l'un*) ; *y* (pron. pers. ; n. sg. ; c.o.i. de *remédier*) – **3 :** *me* (pron. pers. ; c. d'attrib. de *diras*) ; *l'on* (pron. indéf. ou pers., mis pour *elle ;* s. de *a eu*) ; *départ* (gr. du n. ; c.o.d. du gérond. *en apprenant*) ; *qui* (pron. interr. ; s. d'un v. omis) ; *commandant* (gr. du n. ; apostr.) ; *elle* (pron. pers. ; s. d'un v. omis) ; *Anita* (n. pr. ; appos. au s. *elle*).

**102.** **1 :** *qui* (antéc. *chien,* m. sg. ; s. de *aboie*) – **2. :** *qui* (antéc. *ce,* n. sg. ; s. de *est dit*) – **3 :** *qui* (antéc. commun *quelqu'un,* m. sg. ; s. de *chante*) ; – **4 :** *que* (antéc. *lieux,* m. pl. ; c.o.d. de *admire*) ; *qui* (antéc. commun *d'autres,* m. pl. ; s. de *touchent*) ; *où* (id. ; c. c. de lieu de *vivre ;* où l'on est) – **5 :** *qu'* (antéc. commun *femme,* f. sg. ; c.o.d. de *adorait*) ; *dont* (id. ; c. d'agent du v. pass. *était aimé*) – **6 :** *qui* (antéc. commun *dimanches,* m. pl. ; s. de *montent*) ; *lesquels* (id. ; c. c. de lieu de *s'amortissent ;* où l'on va) – **7 :** *lequel* (antéc. *silence,* m. sg. ; c. c. de temps de *entendit* + la sub. complét. infin. ; durée) – **8 :** *qui* (antéc. *moi,* m. ou f. sg. ; s. de *tendis*).

**103.** **1 :** *qui* (antéc. omis, m. sg. ; c.o.d. de *voudras*) – **2 :** où (antéc. *heure,* f. sg. ; c. c. de temps de *vont boire ;* date) – **3 :** *où* (antéc. omis *[là],* n. sg. ; c. c. de lieu de *appelle ;* où l'on va) – **4 :** *dont* (antéc. *ennui,* m. sg. ; c. de l'adj. *fière*) – **5 :** *que* (antéc. *impudente,* f. sg. ; attr. du s. *tu*) – **6 :** *duquel* (antéc. *hêtre,* m. sg. ; c. du n. *pied*) ; *où* (antéc. *banc,* m. sg. ; c. c. de lieu de *assit ;* où l'on va) – **7 :** *qui* (antéc. *lecteur,* m. sg., ou *vous,* s.-e. pl. de polit. ; s. de *voyez*) – **8 :** *que* (antéc. *ceux,* m. pl. ; c.o.d. de *fréquentez*) ; *qui* (antéc. *ceux,* m. pl. ; s. de *peuvent*).

**104.** **1 :** *silence* (n. c. ; s. réel de *y eut*) ; *lequel* (pron. relat. ; antéc. *silence,* m. sg. ; c. c. de temps de *regarda ;* durée) ; *auberge* (n. c. ; c. c. de compar. de *tapissée* ou s. d'un v. omis) ; *table* (n. c. ; c.o.d. partiel de *regarda*) ; *laquelle* (pron. relat. ; antéc. *table,* f. sg. ; c. c. de lieu de *était posé ;* où l'on est) ; *homme* (n. c. ; c. du n. *chapeau*) – **2 :** *Delphine* (n. pr. ; s. partiel de *avaient dessiné*) ; *l'une* (pron. indéf. ; s. d'un v. omis) ; *qui* (pron. relat. ; antéc. *pantin,* m. sg. ; s. de *tenait*) ; *brouillons* (n. c. ; c. du n. *cahier*) ; *maison* (n. c. ; c.o.d. partiel d'un v. omis) ; *où* (pron. relat. ; antéc. *mare,* f. sg. ; c. c. de lieu de *nageait ;* où l'on est) ; *canard* (n. c. ; s. inversé de *nageait*) ; *longue* (adj. qual., sup. de supér. abs. ; épith. du c.o.d. partiel *route*) ; *laquelle* (pron. relat. ; antéc. *route,* f. sg. ; c. du n. *bout*) ; *bicyclette* (n. c. ; c. c. de moyen de *arrivait*) – **3 :** *bohémien* (n. c. ; apostr.) ; *buisson* (n. c. ; c. c. de lieu de *joues ;* où l'on est) – **4 :** *quel* (adj. interr. ; attr. du s. inversé *secret*) ; *dont* (pron. relat. ; c. c. de cause de *[venait de] mourir*) – **5 :** *jours* (gr. du n. ; s. réel de *y eut*) ; *qu'* (pron. relat. ; c.o.d. de *trouva*) ; *pénibles* (adj. qual., sup. de supér. abs. ; attr. du c.o.d. *qu'*).

**105.** **1 :** *qui* (pron. relat. ; antéc. *plus sot,* m. sg. ; s. de *admire*) ; *un plus sot* (adj. substant. au compar. de supér. ; c.o.d. de *trouve*) – **2 :** *à qui* (pron. relat. ; antéc. *mère,* f. sg. ; c. d'attrib. de *parler*) ; *mère* (gr. du n. ; attr. du s. *c'*) – **3 :** *dont* (pron. relat. ; antéc. *salon,* m. sg. ; c. du n. *porte*) ; *salon* (n. c. ; c. c. de lieu de *venait d'entrer ;* où l'on va) – **4 :** *laquelle* (pron. relat. ; antéc. *balle,* f. sg. ; c. c. de lieu de *frappe ;* où l'on va) ; *balle* (n. c. ; c. c. de moyen de *joue*) – **5 :** *qui* (pron. relat. ; antéc. *nous,* m. pl. ; s. de *grandissions*) ; *nous* (pron. pers. ; 1re p. ; m. pl. ; c. c. de lieu de *grandissait ;* où l'on est) – **6 :** *que* (pron. relat. ; antéc. *troupe d'enfants,* f. sg. ; attr. du s. *nous*) ; *troupe* (gr. du n. ; c. d'attrib. de *inspirait*) – **7 :** *qui* (pron. relat. ; antéc. *élève,* m. sg. ; c. c. de lieu de *étais placé ;* où l'on est) ; *élève* (n. c. ; s. de *glissa*) – **8 :** *qui* (pron. relat. ; antéc. *nous,* m. pl. ; s. de *avons pris*) ; *nous* (pron. pers. ; 1re p. ; m. pl. ; attr. du s. *ce*).

**106.** **1 :** *dont* (pron. relat. ; antéc. *images,* f. pl. ; c. c. de moyen de *m'enchantais*) ; *images* (gr. du n. ; c. d'agent de *était farci*) – **2 :** *qui* (pron. relat. ; antéc. *graine,* f. sg. ; s. de *vole*) ; *graine* (n. c. ; s. de *porte*) ; *où* (pron. relat. ; antéc. omis : *là,* n. sg. ; c. c. de lieu de *pousse ;* où l'on est) – **3 :** *qui* (pron. relat. ; antéc. *voyageur,* m. sg. ; c. d'attrib. de *appartient*) ; *voyageur* (n. c. ; attr. du s. *vous,* pl. de polit.) – **4 :** *qui* (pron. relat. ; antéc. *artisan,* ou *toi* s.-e., m. sg. ; s. de *crois*) ; *artisan* (n. c. ; apostr. donc 2e p., m. sg.) – **5 :** *dont* (pron. relat. ; antéc. *ceux,* m. pl. ; c. c. de propos de *dit*) ; *ceux* (pron. dém. partitif, attr. du s. *il*) – **6 :** *qui* (pron. relat. ; antéc. *toi,* 2e p. ; m. sg. ; s. de *charmes*) ; *moi* (pron. pers. ; attr. du s. *ce*) – **7 :** *lequel* (pron. relat. ; antéc. *Bigua,* m. sg. ; s. de *prit*) ; *Bigua* (n. pr. ; c. c. de lieu de *tendit ;* où l'on va) – **8 :** *dont* (pron. relat. ; antéc. *foulard,* m. sg. ; c. c. de moyen de *s'enveloppa*) ; *foulard* (gr. du n. ; c.o.d. de *sortit*).

**107.** **1 :** *ceux* (pron. dém. partitif ; attr. du s. *je*) ; *rien* (pron. indéf. ; attr. du s. *ce*) ; *femme* (n. c. ; attrib. du s. *c'*) – **2 :** *maire* (n. c. ; s. de *avait fait*) ; *dont* (pron. relat. ; antéc. *maire,* m. sg. ; c. du n. *femme*) ; *grincements* (gr. du n. ; c. d'agent de *était gênée*) ; *mairie* (n. c. ; c. du n. *girouette*) ; *beau fixe* (gr. de l'adj. substant. ; c. c. de lieu de *clouer ;* où l'on est) – **3 :** *dont* (pron. relat. ; c.

du n. *comptes*) ; *camarade* (gr. du pron. ; appos. partielle à *jardinier Paulat*) ; *mètres* (gr. du n. ; c.o.d. de *courait*) ; *dont* (pron. relat. ; antéc. *malchanceux,* m. sg. ; c. du n. *laitues*) ; *escargots* (gr. du n. ; c. du n. *attention*) – **4 :** *que* (pron. relat. ; antéc. *temps,* m. sg. ; c. c. de temps de *s'assemblèrent ;* date) ; *réunion* (gr. du n. ; c. c. de man. et de but de *s'assemblèrent*) – **5 :** *abîme* (gr. du n. ; c. c. de propos de *épiloguera*).

**108.** **1 :** *mouraient* (3e ; act. ; indic.) ; *étaient frappés* (1er ; pass. ; indic.) – **2 :** *perdons* (3e ; act. ; impér.) ; *prends* (id.) – **3 :** *veux* (3e ; act. ; indic.) ; *batte* (3e ; act. ; subj.) ; *être battue* (3e ; pass. ; infin.) – **4 :** *eût cru* (3e ; act. ; condit.) ; *eût dit* (id.) – **5 :** *attende* (3e ; act. ; subj.) ; *se soit refroidie* (2e ; pron. ; subj.) – **6 :** *avoir fait* (3e ; act. ; infin.) ; *défendues* (3e ; pass. ; p. p.) ; *être grondée* (1er ; pass. ; infin.) – **7 :** *en voyant* (3e ; act. ; gérond.) ; *s'était senti* (3e ; pron. ; indic.) – **8 :** *doutait* (1er ; act. ; indic.) ; *eût été enlevée* (1er ; pass. ; subj.) – **9 :** *effrayez* (1er ; pron. ; impér.).

**109.** **1 :** *plut* (act. ; indic. ; p. s.) ; *s'attendait* (pron. ; indic. ; impft) – **2 :** *ordonna* (act. ; indic. ; p. s.) *laissât* (act. ; subj. impft) ; *fût venue* (act. [malgré l'auxil. *être*] ; subj. ; pl.q.pft) – **3 :** *aurait pris* (act. ; condit. ; p. 1re f.) ; *eût trouvés* (act. ; condit. ; p. 2e f.) – **4 :** *tiens-toi* (pron. ; impér. ; prés.) ; *ordonne* (act. ; impér. ; prés.) ; *s'éloigner* (pron. ; infin. ; prés.) – **5 :** *eusse préféré* (act. ; condit. ; p. 2e f.) ; *sentît* (act. ; subj. ; impft)– **6 :** *voudrais* (act. ; condit. ; prés.) ; *fût prise* (pass. ; subj. ; impft).

**110.** **1 :** *aide-toi* (pron. ; impér. ; prés. ; 2e sg.) ; *aidera* (act. ; indic. ; fut. ; 3e sg.) – **2 :** *chassez* (act. ; impér. ; prés. ; 2e pl. ou pl. de polit.) – **3 :** *eût appris* (act. ; condit. ; p. 2e f. ; 3e sg.) ; *eût voulu* (id.) ; *avait été allumée* (pass. ; indic. ; pl.q.pft ; 3e sg) – **4 :** *rions* (act. ; impér. ; prés. ; 1re pl. à valeur de 2e pl.) ; *dépêchons-nous* (pron. ; impér. ; prés. ; 1e pour 2e pl.) ; *se dépêchaient* (pron. ; indic. ; impft ; 3e pl.) ; *casser* (act. ; infin. ; prés. ; impers.) ; *se trouva* (pron. ; indic. ; p. s. ; 3e sg.) – **5 :** *entende* (act. ; subj. [avec *que* omis] ; prés. ; 3e sg.) – **6 :** *aimerait* (act. ; condit. ; prés. ; 3e sg.) ; *avait été mangée* (pass. ; indic. ; pl.q.pft ; 3e sg.) – **7 :** *se peut* (pron. ; indic. ; prés. ; 3e sg. ; impers.) ; *aie dit* (act. ; subj. ; passé ; 1re sg.) ; *ai souffert* (act. ; indic. ; p. c. ; 1re sg.) – **8 :** *vienne* (act. ; subj. [avec *que* omis] ; prés. ; 3e sg.).

**111.** **1 :** *me campe* (indic. ; prés. ; 1e sg. ; réfl.) ; *me regarde* (id.) – **2 :** *s'adorent* (indic. ; prés. ; 3e pl. ; réciproque) ; *se chamaillent* (id.) ; *s'embrassent* (id.) – **3 :** *s'empara* (indic. ; p. s. ; 3e sg. ; vague [= *saisit*]) – **4 :** *se voyait* (indic. ; impft ; 3e sg ; pass. [= *était vu*]) – **5 :** *s'adressaient* (indic. ; impft ; 3e pl. ; réciproque) – **6 :** *se sont faits* (indic. ; p. c. ; 3e pl. ; pass.) – **7 :** *se regardent* (indic. ; prés. ; 3e pl. ; réciproque) – **8 :** *s'enfuit* (indic. ; prés. ; 3e sg. ; vague) ; *s'en va* (id.).

**112.** **1 :** *ne m'avais-tu pas dit* (*dire,* 3e gr. ; act. ; transit. ; interro-nég. ; indic. ; pl.q.pft ; 2e sg.) – **2 :** *levez-vous* (*lever* ; pron. ; réfl. ; impér. ; prés. ; 2e pl. de polit.) – **3 :** *devinssions* (*devenir,* 3e gr. ; d'état ; subj. ; impft ; 1e pl.) – **4 :** *eût osé* (*oser,* 1er gr. ; act. ; interr. ; condit. ; p. 2e f. ; 3e sg.) ; *se fût mis* (*mettre,* 3e gr. ; pron. ; réfl. ; condit. ; p. 2e f. ; 3e sg.) – **5 :** *aimât* (*aimer,* 1er gr. ; act. ; trans. ; subj. ; impft ; 3e sg.) ; *fût aimée* (*aimer,* 1er gr. ; pass. ; subj. ; impft ; 3e sg.) – **6 :** *auraient inventé* (*inventer,* 1er gr. ; act. ; trans. ; condit. ; p. 1e f. ; 3e pl.) – **7 :** *aurait pu* (*pouvoir,* 3e gr. ; act. ; trans. ; condit. ; p. 1e f. ; 3e sg.) ; *n'auraient pas été désobéies* (*désobéir,* 2e gr. ; pass. ; nég. ; condit. ; p. 1e f. ; 3e pl.).

**113.** **1 :** *rapide* (adj. qual. ; attr. du s. *brouille*) ; *en* (pron. pers., mis pour *brouille ;* c. du n. *souvenir*) ; *souvenir* (n. c. ; c.o.d. de *perdirent*) ; *lesquelles* (pron. relat. ; antéc. *semaines,* f. pl. ; c. c. de temps de *s'étaient détestées ;* durée) – **2 :** *lieux* (gr. du n. ; c.o.d. de *aurais fui*) ; *envoûtement* (gr. du n. ; c. d'agent du v. pass. *eusse été attaché*) ; *qui* (pron. relat. ; antéc. *âne,* m. sg. ; s. commun de *marchait, s'arrêtait, se retournait*) – **3 :** *Guermantes* (n. pr. ; appos. à *nom,* avec un *de* explétif) ; *ami* (gr. du n. ; c. du n. *yeux*) ; *encoche* (gr. du n. ; s. inversé de *se ficher ;* donc prop. complét. infin.) ; *pointe* (gr. du n. ; c. d'agent du v. pass. *être percés*) ; *prunelle* (n. c. ; c. du n. *reste*) ; *flots* (gr. du n. ; c.o.d. du gérond. *en sécrétant*).

**114.** **1 :** *souffler* (act. ; prés. ; s. de *est*) ; *jouer* (act. ; prés. ; attr. du s. *souffler*) – **2 :** *tenir* (act. ; prés. ; s. partiel de *sont*) – **3 :** *se croire* (pron. ; prés. ; s. de *est*) – **4 :** *convaincre* (act. ; prés. ; c.o.d. partiel de *veux*) ; *être convaincu* (pass. prés. ; c.o.d. partiel de *veux*) – **5 :** *écrire* (act. ; prés. ; s. de *est,* avec pron. de reprise explétif *c'*) – **6 :** *écrire* (id.) ; *parler* (act. ; prés. ; c. du n. *façon*) ; *être interrompu* (pass. ; prés. ; c. c. de man. ou, mieux, de conséq. de *parler*) – **7 :** *avoir souffert* (act. ; passé ; c. du n. *sentiment*) – **8 :** *être aimé* (pass. ; prés. ; c. de l'adj. *digne*) – **9 :** *prévenir* (act. ; prés. ; s. inversé de *vaut*) ; *rendre* (act. ; prés. ; c. c. de compar. de *vaut ;* ou s. d'un v. omis) – **10 :** *s'élever* (pron. ; prés. ; s. réel de *faut*) – **11 :** *avoir chanté* (act. ; passé ; c. c. de cause d'un v. omis = *parce que...*).

**115.** **1 :** *plaindre, dire* (infin. de narration ; indép.) – **2 :** *penser, dire, faire* (infin. de délibération ; indép.) – **3 :** *se lécher* (infin. prépos. de but) – **4 :** *accrocher* (v. de sub. complét. infin. ; s. : *doigts*) – **5 :** *mettre, sortir* (infin. d'indignation ; indép.) – **6 :** *agiter* (infin. d'ordre, de conseil ; pple) ; *se servir* (infin. prépos. de temps) – **7 :** *économiser* (infin. prépos. de but) ; *reprendre* (infin. prépos. de temps) – **8 :** *se briser* (v. de sub. complét. infin. ; s. : *cœur*) ; *s'emplir* (id. ; s. : *gorge*) ; *vaciller* (id. ; s. : *raison*).

**116.** **1 :** *pensers* (infin. substant. ; c.o.d. de *ai hai*) ; *vulgaire* (adj. qual. substant. ; c. du n. *pensers*) – **2 :** *bâtir* (infin. n. ; s. inversé de *passe,* avec *de* explétif) ; *planter* (infin. n. ; s. d'un v. omis) – **3 :** *critique* (n. c. ; c. du n. *plaisir*) ; *celui* (pron. dém. ; c.o.d. de *ôte*) ; *être touchés* (infin. n. ; c. du pron. *celui*) ; *choses* (gr. du n. ; c. d'agent du v. pass. *être touchés*) – **4 :** *critiquer* (infin. n. ; s. réel de *est*) ; *difficile* (adj. qual. ; attr. du s. appar. *il,* ou, mieux, du s. réel *apprécier*) – **5 :** *avoir de l'argent* (gr. de l'infin. n. ; attr. du s. *être riche ; ce,* pron. explétif) ; *en* (pron. pers. ; c.o.d. de *dépenser*) – **6 :** *murs* (n. c. ; c. c.

de lieu de *se cogner ;* où l'on va) ; *bosses* (n. c. ; s. réel de *vient*) – **7 :** *heures* (n. c. ; c. c. de temps de *écoutais* ; durée) ; *orage* (n. c. ; s. commun des 4 v. *s'approcher, s'éloigner, se rapprocher, éclater ;* donc 4 prop. sub. complét. infin.) – **8 :** *lui* (pron. pers. ; c. d'attrib. de *parlai*) ; *projets* (gr. du n. ; c. c. de propos de *parlai*) ; *en* (pron. pers. ; c. c. de propos de *discutâmes*) ; *difficile* (adj. qual. ; attr. du s. *chose*) ; *partir* (infin. n. ; s. de *parut*) ; *moi* (pron. pers. ; c. c. d'accomp. de *partir*) ; *le* (pron. pers. ; c.o.d. de *tenter*).

**117.** **1 :** *remuant* (p. adject., compar. de supér. ; attr. partiel du s. *j'*) – **2 :** *parvenu* (p. p. actif, appos. au s. *Bénin* ; équiv. d'une sub. circ. de temps) – **3 :** *arrivants* (p. substant. ; c. c. de lieu de *se tournèrent* ; où l'on va) – **4 :** *s'étant apaisé* (p. p. pron. ; v. de sub. partic. ; s. : *vent*) ; *tombant* (p. pr. act. ; v. de sub. partic. ; s. : *pluie*) ; *serrée* (p. p. adject. ; compar. d'infér. ; attr. du s. *pluie*) – **5 :** *interloqué* (p.p.p. ; appos. partielle à *démocrate ;* équiv. d'une sub. circ. de cause) ; *roulant* (p. pr. act. ; appos. partielle à *démocrate* ; équiv. d'une sub. circ. de temps ; simultanéité) – **6 :** *étant catalogué* (p. pr. p. ; appos. au s. *j'* ; équiv. d'une sub. circ. de cause) – **7 :** *ayant parlé* (p. p. act. ; appos. au s. *Aignan* ; équiv. d'une sub. circ. de temps) – **8 :** *courant* (p. pr. act. ; épith. de *plumes ;* équiv. d'une sub. rel.).

**118.** **1 :** *en levant* (condit.) – **2 :** *en arrivant* (temps) – **3 :** *en jacassant* (oppos.) ; *en s'aimant* (id.) – **4 :** *en courant* (condit.) – **5 :** *en tournant* (oppos. ; et, par atténuation, man.) – **6 :** *en faisant exprès* (man.) – **7 :** *en corrigeant* (temps + cause + condit.) – **8 :** *en forgeant* (temps + cause + condit. + moyen).

**119.** **1 :** *fenêtre* (gr. du n. ; c. c. de lieu de *regardions* ; où l'on est) ; *attendris* (p.p. adject. ; appos. partielle au s. *nous*) ; *décidé* (p.p. adject. ; appos. au s. *Chamaille*) ; *en pinçant* (gérond. prés. act. ; équiv. d'une sub. circ. de temps) ; *vivre* (infin. prés. act. ; s. réel de *fait bon*) ; *mignon* (adj. qual., compar. de supér. ; épith. partielle du pron. *rien,* avec un *de* explétif) ; *touchant* (id.) – **2 :** *quelles* (adj. exclam. ; dét. *parties*) ; *chaleur* (gr. du n. ; c. c. de lieu d'un v. omis ; où l'on est) ; *levant* (p. pr. adject. ; épith. de *soleil* [N.B. *levant = se levant :* pron. d'aspect act.]) ; *heure* (gr. du n. ; c. c. de temps de *était* ; date) ; *étincelant* (p. pr. adject. ; attr. partiel du s. *tout*) – **3 :** *en croyant* (gérond. prés. act. ; équiv. d'une sub. circ. de condit.) ; *parfait* (adj. qual. ; attr. du s. *Genestas*) – **4 :** *débraillé* (p.p.p. ou, mieux, pron. [= *s'étant débraillé*] ; appos. au s. *M. le sous-préfet*) ; *bohème* (n. c. ; c. c. de compar. de *débraillé ;* ou s. d'un v. omis) ; *en mâchonnant* (gérond. prés. act. ; équiv. d'une sub. circ. de temps ; simultanéité) ; *vers* (n. c. ; c.o.d. de *faisait*).

**120.** **1 :** *probablement* (circ., man.) ; *peut-être* (opin., doute) – **2 :** *à reculons* (circ., man.) – **3 :** *trop* (circ., quant.) ; *assez* (id.) – **4 :** *où* (opin., interr.) ; *ici* (circ., lieu) ; *nulle part* (id.) – **5 :** *pourquoi* (opin., interr.) ; *prudemment* (circ., man.) ; *peut-être* (opin., doute) – **6 :** *comme* (circ., quant., exclam.) ; *comme* (id.) – **7 :** *tôt* (circ., temps ; sup. de supér. abs.) – **8 :** *incontinent* (circ., temps) – **9 :** *souvent* (circ., temps ; sup. de supér. relat.).

**121.** **1 :** *ici-bas* (circ., lieu) – **2 :** *longtemps* (circ., temps ; compar. de supér.) – **3 :** *ne ... que* (opin., restriction, et non nég.) – **4 :** *facilement* (circ., man. ; compar. d'égal.) – **5 :** *ne* (opin., nég.) – **6 :** *sec* (adj. adverb. ; circ., man.) ; *mal* (circ., man.) – **7 :** *combien* (circ., quant., exclam.) ; – **8 :** *ne .... que* (opin., restriction, et non nég.) – **9 :** *mal* (circ., man.) ; *peu* (circ., quant.) ; *peu* (adv. substant., s. commun de *faisait* et *empêchait*) – **10 :** *bas* (adj. adv. ; circ., man. ; compar. de supér.) ; *bas* (id. ; sup. de supér. abs.).

**122.** **1 :** *avril* (n. c. ; s. de *est*) ; *enfant* (n. c. ; attr. du s. *avril*) ; *pleurnicheur* (adj. qual. ; épith. partielle de *enfant*) – **2 :** *alors* (adv. circ. de temps ; modifie *y avait*) ; *collège* (gr. du n. ; c. c. de lieu de *y avait* ; où l'on est) ; *peu* (gr. de l'adv. de quantité au sup. de supér. abs. ; s. réel de *y avait*) – **3 :** *beaucoup* (gr. de l'adv. de quantité ; c.o.d. partiel de *a*) ; *peu* (id.) ; *sottises* (n. c. ; c.o.d. de *faire*) – **4 :** *doucement* (adv. circ. de man. ; modifie *parles*) ; *Jason* (n. pr. ; apostr.) ; *terribles* (adj. qual. ; épith. de *mots*) ; *comme* (adv. circ. de quantité exclam. ; modifie *sûr*) ; *toi* (pron. pers. ; c. de l'adj. *sûr*) ; *fort* (adj. qual. ; attr. du s. *tu*) – **5 :** *voiture* (gr. du n. ; c. c. de lieu de *mettent* ; où l'on va) ; *autant ...* (gr. de l'adv. de quantité ; c.o.d. de *mettent*) ; *essence* (n. c. ; c. c. de compar. de *mettent* ; ou c.o.d. d'un v. omis : *mettent*) – **6 :** *orage* (n. c. ; s. commun de *vient* et *cherche*) ; *peut-être* (adv. d'opin., doute ; modifie la proposition) ; *nous* (pron. pers. ; c.o.d. de *[va] épargner*) ; *nous* (pron. pers. ; c. d'attrib. de *faire grâce*) – **7 :** *onduleusement* (adv. circ. de man. ; modifie *traverse*) ; *bordé* (p. pr. p. ; appos. au s. *Loing*) ; *maisons* (gr. du n. ; c. d'agent partiel du p. pr. p. *bordé*) ; *dont* (pron. relat. ; c. du n. *aspect*) ; *là* (adv. circ. de lieu, où l'on est ; modifie *habiter*).

**123.** **1 :** *fleurs* (n. c. ; c. du n. *chemin*) ; *gloire* (n. c. ; c. c. de lieu, où l'on va, de *conduit*) – **2 :** *nuit* (n. c. ; c. c. de lieu de *dormait* ; où l'on est) ; *les siens* (pron. poss. ; c. c. de lieu de *dormait* ; où l'on est) – **3 :** *résolutions* (gr. du n. ; c. de l'adj. *fidèle*) ; *ici* (adv. circ. de lieu ; modifie *avait écouté*) ; *silence* (n. c. ; c. c. de man. de *avait écouté*) – **4 :** *grincement* (gr. du n. ; c. d'agent du p. p. p. *annoncé*) ; *courbes* (n. c. ; c. c. de lieu d'un v. omis ; où l'on est) ; *nuit* (n. c. ; c. c. de lieu de *surgit* ; d'où l'on vient) ; *nous* (pron. pers. ; c. c. de lieu de *s'arrêta* ; où l'on est) – **5 :** *bois* (n. c. ; c. du n. *baguettes ;* nuance : matière) ; *celles* (gr. du pron. dém. + sub. rel. ; c. de l'adj. *semblables*) ; *jouer* (infin. prépos. ; c. c. de but de *se servent*) ; *Champs-Elysées* (n. pr. ; c. c. de lieu de *se servent* ; où l'on est) – **6 :** *lit* (gr. du n. ; c. c. de lieu de *donnait* ; d'où l'on vient et aussi où l'on est) ; *heures* (gr. du n. ; c. c. de temps de *quittait* ; durée) ; *milieu* (gr. du n. ; c. c. de temps de *quittait* ; date) ; *Anaïs* (n. pr. ; c. partiel d'attrib. de *donnait*) ; *Aline* (gr. du n. pr. ; id.).

**124.** **1 :** *nœuds* (n. c. ; c. c. de moyen de *lia*) ; *fer* (n. c. ; c. du n. *nœuds* ; nuance : matière) – **2 :** *toile* (n. c. ; c. c. de lieu de *s'approcha* ; où l'on va) ; *complaisance* (n. c. ; c. c. de man. de *regarda*) – **3 :** *mère* (gr. du n. ; c. du n. *frère*) ; *mère* (id. ; c. c. d'accomp. de *vécut*) ; *mort* (n. c. ; c. c. de temps de *vécut,* date) ; *celle-ci* (pron. dém. ; c. du n. *mort*) ; *l'une* (gr. du pron. indéf. ; c. c. d'accomp. de *habiter*) – **4 :** *cousin* (gr. du n. ; appos. au c.o.d. *le*) ;

*particulier* (adj. qual. ; épith. du pron. *rien,* avec un *de* explétif) – **5 :** *rendre* (infin. prépos. ; c. c. de cause + moyen de *s'était enrichi*) ; *monde* (gr. du n. ; c. d'attrib. de *rendre service*) – **6 :** *beaucoup ...* (gr. de l'adv. de quantité ; c. c. de temps de *avait pris* ; date) ; *femme* (n. c. ; attr. du c.o.d. *demoiselle*) ; *lignage* (gr. du n. c. ; c. du n. *demoiselle*) – **7 :** *physique* (adj. substant. ; c. c. de *point de vue* de *a servi*) ; *effort* (n. c. ; c. c. de man. + oppos. de *vient*).

**125.** **1 :** *jour* (gr. du n. ; c. c. de temps de *avait posé* ; date) ; *colin* (gr. du n. ; c. c. de lieu de *évoquions* ; où l'on est) – **2 :** *heures* (gr. du n. ; c. c. de temps de *me trouvais* ; date) ; *pluie* (n. c. ; c. d'agent du p. p. p. *ravinée*) ; *seul* (adj. qual. ; attr. du s. *je*) ; *Meaulnes* (n. pr. ; c. c. d'accomp. de *me trouvais*) – **3 :** *avoir vécu* (infin. prép. ; s. de *rendait,* avec *de* explétif) ; *vantard* (adj. qual. ; attr. du c.o.d. *me*) – **4 :** *Leclerc* (n. pr. ; c. du n. *division* ; prépos. omise) ; *Saint-Antoine* (id. ; appos. à *rue*) ; *quai* (gr. du n. ; c. c. de lieu de *roulent* ; où l'on est) – **5 :** *Juliette* (n. pr. ; s. partiel de *étaient venus*) ; *passer* (infin. prés ; c. c. de but de *étaient venus,* prép. *pour* omise) ; *eux* (pron. pers. ; c. c. de lieu de *passer* ; où l'on va + où l'on est) ; *août* (n. c. ; appos. à *mois,* avec *de* explétif) – **6 :** *moi* (pron. pers. tonique ; s. commun des infin. de narration *me débattre, frapper, hurler, fondre*) ; *pieds* (n. c. ; c. c. partiel de moyen de *frapper*).

**126.** **1 :** *et* (coord. ; relie 2 indép.) – **2 :** *et* (coord. ; relie 2 propos.) ; *tandis que* (sub. ; introd. une circ. de temps) – **3 :** *et* (coord. ; relie 2 c. c. de cause) – **4 :** *ni* (coord. ; relie 2 s. partiels) ; *ni* (coord. ; relie 2 c.o.d. partiels) – **5 :** *pour que* (sub. ; introd. une circ. de but) ; *qu'* (sub. ; introd. une complét. par *que*) – **6 :** *et* (coord. ; relie 2 prop., une indép. et une pple) ; *qu'* (sub. ; introd. une circ. de conséq.) ; *comme* (sub. ; introd. une circ. de compar.).

**127.** **1 :** *ouf !* (interj. ; soulagement) ; *que* (sub. ; introd. une complét. par *que*) – **2 :** *afin que* (sub. ; introd. une circ. de but) ; *et* (coord. ; relie 2 c.o.d. partiels) – **3 :** *quoique* (sub. ; introd. une circ. de concession) ; *car* (coord. ; relie une pple et une indép.) – **4 :** *hourra !* (interj. : joie) ; *hourra !* (id.) – **5 :** *et, et, et,* (coord. ; relient 3 groupes s. partiels) ; *que* (sub. ; introd. une complét. par *que*) – **6 :** *brr !* (interj. ; frisson, désagrément) ; *et* (coord. ; relie 2 c. de n. partiels) – **7 :** *parbleu !* (interj. ; juron déformé) ; *courage !* (interj. ; exhortation).

**128.** **1 :** *fils* (gr. du n. ; apostr.) ; *jours* (gr. du n. ; c. du n. *honneur*) – **2 :** *morbleu* (interj. ; juron déformé) ; *complaisant* (p. pr. subst. ; apostr.) – **3 :** *en retard* (adv. circ. de temps ; sup. de supér. abs. ; modifie *serait arrivé*) ; *jour* (gr. du n. ; c. c. de temps ; date) ; *soleil* (n. c. ; c.o.d. commun des 2 v. *avait caché et immobilisé*) ; *heures* (gr. du n. ; c. c. de temps ; durée) – **4 :** *Euryloque* (n. pr. ; apostr.) ; *l'* (pron. pers. ; s. de *nuire* [N.B. sub. complét. infin., avec un *de* explétif = *qu'il nuise*]) ; *pronom* (gr. du n. ; c. du n. *inversion*) ; *rapides* (adj. qual. ; attr. du s. *mouvements*) – **5 :** *me* (pron. pers. ; c. d'attrib. de *dites*) ; *roses* (n. c. ; c.o.d. de *sentir*) ; *qui* (pron. relat. ; c. d'attrib. de *donne*) – **6 :** *madame Crest* (gr. du n. ; apostr.) ; *aurais voulu* (*vouloir* ; act. ; condit. ; p. 1re f. ; 1re sg.) ; *vissiez* (*voir* ; act. ; subj. ; impft ; 2e pl. de polit.).

**129.** **a) mots et groupes** – *l'* (pron. pers. ; 3$^{e}$ p. ; f. sg ; c.o.d. du v. *a livrée*) ; *en* (pron. pers. ; 3$^{e}$ p. ; f. sg. ; c. du n. *essai*) ; *fête* (gr. du n. c. ; c. c. de but, de destination de *ai invité*) ; *nerveuse* (adj. qual. ; attr. du s. *elle*) ; *ce* (gr. du pron. dém. ; c.o.d. de *avais oublié*) ; *pratique* (adj. substant. ; s. réel de *manquait*) ; *arrivé* (p.p. act. ; appos. au s. *je* ; valeur de circ. de temps) ; *arrêter* (infin. prép. ; c. c. de but de *faire*) ; *nerveux* (adj. qual. ; attr. du s. *père*), *sur la place* (gr. du n. ; c. c. de lieu de *ai fait ;* où l'on est) ; *l'inventeur* (n. c. ; appos. à *Serpollet*).

**b) indépendantes** – *on ... porte ; j'ai tenu ... sur-le-champ* (juxtap.) ; *j'ai invité ... fête* (coord.) ; *elle a ... gré* (juxtap.) ; *j'avais dû ... manette* (juxtap.) ; *le vendeur ... prévenu* (juxtap.) ; *elle ... nerveuse* (id.) ; *nous ... vite* (id.) ; *car ... pente* (coord.) ; *certes ... poche* (coord.) ; *mais ... pratique* (id.) ; *mon père ... nerveux* (juxtap.) ; *par bonheur ... tourner* (id.).

**130.** **a) mots et groupes** – *adjudant* (gr. du n. ; s. réel de *y avait*) ; *doux* (adj. qual., sup. de supér. abs. ; épith. partielle de *adjudant*) ; *l'adjudant* (gr. du n. ; attr. du s. *qui*) ; *impossible* (adj. qual. ; attr. du s. *ce,* n. sg.) ; *veiller* (infin. n. ; s. réel de *est,* avec de explétif [*c'* = s. appar.]) ; *laquelle* (pron. relat. ; c. c. de condit. de *y a* [= *si la discipline est absente*]) ; *armée* (n. c. ; s. réel de [*n'*]*y a* [*pas*]) ; *cavalier* (n. c. ; attr. partiel du s. *il*) ; *chacun* (pron. indéf. ; s. de *soit*).

**b) verbes au condit. et au subj.** – *aurait aimé* (v. *aimer ;* act. ; condit. ; p. 1$^{re}$ f. ; 3$^{e}$ sg.) ; *eût* (v. *avoir* ; act. ; subj. ; impft. ; 3$^{e}$ sg.) ; *prît* (v. *prendre ;* act. ; subj. ; impft ; 3$^{e}$ sg.) ; *s'endorme* (v. *s'endormir* ; pron. ; subj. ; prés. ; 3$^{e}$ sg.) ; *serait* (*être ;* act. ; condit. ; prés. ; 3$^{e}$ sg.) ; *irait* (v. *aller* ; act. ; condit. ; prés. ; 3$^{e}$ sg.) ; *soit* (v. *être* ; act. ; subj. ; prés. ; 3$^{e}$ sg.).

**c) subordonnées** – *que ... cheval* (complét. par *que ;* c.o.d. partiel de *aurait aimé*) ; *pour le porter* (infin. prépos. ; équiv. d'une circ. de but, c. de *eût*) ; *et prît ... lit* (2$^{e}$ complét. par *que,* ellipt. ; c.o.d. partiel de *aurait aimé*) ; *que ... impossible* (complét. par *que* ; c.o.d. de *comprenait*) ; *si ... cheval* (circ. ; c. c. de condit. de *serait*) ; *que chacun ... place* (complét. par *que ;* s. réel de *faut*).

**131.** **a) mots et groupes** – *Pluton* (n. pr. ; s. inversé de *pensait*) ; *sérieux* (adj. qual., sup. de supér. abs. ; épith. partielle de *chien*) ; *meute* (n. c. + sub. rel. ; c. c. de compar. de *aime mieux ;* ou c.o.d. d'un v. *avoir,* omis) ; *journée* (gr. du n. ; c. c. de temps de *aboyer ;* durée) ; *bête* (gr. du n. ; s. réel partiel de *faut*) ; *trois* (adj. num. card. substant. ; s. réel partiel de *faut*) ; *morts* (p. p. substant. ; c. d'attrib. de *ai eu*) ; *adulte* (adj. qual. substant. ; attr. du s. *Cerbère*) ; *naturel* (adj. qual. ; attr. du s. *ce qui,* n. sg.) ; *perte* (gr. du n. ; attr. du s. *enfance*) ; *fils* (n. c. ; appos. au s. *chien des Enfers*) ; *monstruosité* (gr. du n. ; c. c. partiel de lieu de *s'était trouvé ;* où l'on est) ; *la Chimère* (n. pr. ; c.o.d. partiel de *ai*).

**b) indépendantes** – *pensait Pluton* (interc. ou incise) ; *seulement ... puissante ; je tiens ... moi* (juxtap.) ; *j'ai toujours ... morts* (id.) ; *le monstre ... suite* (juxtap.) ; *l'enfance ... temps* (id.) ; *fils ... monstruosité* (juxtap.) ; *C'est une famille ... la nôtre* (id.) ; *songeait-il* (interc.) ; *j'ai ... Chimère* (juxtap.) ; *Elles ... mariées* (id.).

**132. a) mots et groupes -** *creux* (adj. qual. substant. ; c. c. de lieu de *se trouvait* ; où l'on est) ; *montagne* (n. c. ; s. inversé de *commençait*) ; *cirque* (gr. du n. ; c. du n. *parois*) ; *mètres* (gr. du n. ; c. de l'adj. *hauts ;* nuance : quant., mesure) ; *y* (pron. pers., mis pour *verger* ; c. c. de lieu de *entrâmes* ; où l'on va) ; *y* (id. ; c. c. de lieu de *poussaient* ; où l'on est) ; *feuillage* (gr. du n. ; s. inversé de *s'étendait*) ; *vigne* (n. c. ; c.o.d. de *avait accroché*) ; *banc* (n. c. ; c.o.d. partiel de *voyait*) ; *bois* (n. c. ; c. de n., commun, de *banc* et *table* ; nuance : matière) ; *oiseaux* (n. c. ; c. de l'adj. *plein ;* nuance : moyen) ; *quelques-uns* (pron. indéf. ; s. de *s'envolèrent*) ; *qui* (pron. relat., à valeur distributive [voir pp. 112-113] ; s. d'un v. omis : *restèrent*) ; *pruniers* (n. c. ; c. partiel du n. *branches*).
**b) propositions** – *il s'était blotti ... bise* (indép. juxtap. à la phrase précéd.) ; *et tous les amandiers ... fleur* (pple coord. à l'indép. précéd.) ; *quand ... entrâmes* (sub. circ. ; c. c. de temps de *étaient*) ; *quelques légumes ... arbres* (indép. juxtap.) ; *le long ... vigne* (indép. juxtap. à la phrase précéd.) ; *et dans le fond ... tonnelle* (indép. coord. à la précéd.) ; *quelques-uns ... approche* (indép. juxtap. à la phrase précéd.) ; *mais la plupart restèrent* (pple. coord. à l'indép. précéd.) ; *qui ... les allées* (sub. rel. ellipt. [voir p. 113]) ; *qui ... abricotiers-muscats* (id. ; juxtap. à la précéd.).

**133. a) mots et groupes** – *soir* (gr. du n. ; c. c. commun de temps des v. [très éloignés] *était assis* et *fumait ;* date) ; *soirs* (gr. du n. ; c. de l'adj. num. card. *un ;* nuance : partitive) ; *que ... jamais* (complét. par *que ;* s. réel de *semble*) ; *hirondelles* (gr. du n. ; s. commun inversé de *passent* et *repassent*) ; *père* (gr. du n. ; s. commun de *était assis* et de *fumait*) ; *marchand* (gr. du n. ; appos. au s. commun *le père Volcan*) ; *bois* (n. c. ; c. du n. *banc* ; nuance : matière) ; *lui* (pron. pers. ; c. d'agent du v. pass. *était fumée*) ; *pipe* (gr. du n. ; s. partiel inversé de *faisaient*) ; *considérable* (adj. qual., sup. de supér. relat. ; épith. de *personne*) ; *habitants* (gr. du n. ; c. d'agent du p. p. p. *surnommé*) ; *nuage* (gr. du n. ; c. c. de cause de *surnommé*) ; *dont* (pron. relat. ; c. d'agent du v. pass. *était enveloppé*) ; *pipe* (gr. du n. ; c. d'attrib. d'*appartenait)* ; *en* (pron. pers. ; c. du n. *serviteur*) ; *être* (gr. du n. ; attr. du c.o.d. *la,* avec un *comme* explétif).
**b) subordonnées** – *en disant* (gérond., équiv. d'une circ. de temps = *quand je dis*) ; *qu'il ... pipe* (complét. par *que* ; c.o.d. du gérond.) ; *la ... reluire ... manche* (complét. infin. ; c.o.d. de *faisait*) ; *quand elle ... bouche* (circ. ; c. c. de temps de *reposait*).

# DEUXIÈME PARTIE

**134.** **1 :** *Le pharmacien ... foins* (indép.) ; *sa face ... navrante* (pple) ; *qui ... chagrines* (sub.) – **2 :** *La classe terminée* (sub.) ; *ils ... jardin* (pple) ; *où ils ... fleurs* (sub.) ; *se promenant ... pas* (p. appos., équiv. de sub.) – **3 :** *À ... équipage ?* (indép.) ; *n'a-t-elle ... le mien* (pple) ; *dont ... dispose* (sub.) ; *quand ... plaît ?* (sub.) – **4 :** *Le lendemain ... brouillards* (pple) ; *qui ... si bien* (sub.) ; *que ... le temps* (sub.) – **5 :** *Nous nous regardions* (indép.) ; *et nous demeurions* (pple) ; *sans rien dire* (infin. prépos. équiv. de sub.) ; *bien que ... longtemps* (sub.).

**135.** **1 :** *Monsieur Nozière, j'écrirai ... père* (pple, coupée) ; *si vous passez ... M. Fontanet* (sub., coupée) ; *comme il me semble* (sub.) ; *pour qu'il copie* (sub. de sub.) – **2 :** *Bien que ... écrit* (sub.) ; *pour ... venue* (infin. prépos. équiv. de sub.) ; *j'étais ... ému* (pple) ; *en franchissant le seuil* (gérond. équiv. de sub.) – **3 :** *Je ... seulement* (pple) ; *de quelle ... lit* (sub.) ; *de quel pied* (id., juxtap. ellipt.) ; *et si ... silence* (sub. coord.) – **4 :** *Une ... lui* (indép.) ; *l'un d'eux ... si entendu* (pple) ; *que Meaulnes ne put ... sourire* (sub., coupée) ; *bien qu' ... paroles* (sub. de sub.).

**136.** **Propositions subordonnées** – *parce qu'il ... simplement* – *pour expliquer ... personnes* (infin. prépos. équiv. de sub.) – *que ce monsieur ... chapeaux gris* – *et que ... gris* (coord.) – et gris ses ... graphite (coord., ellipt.) – *paske* (= *parce que ;* très ellipt.).

**137.** **Mots et groupes du n° 136** – *industriel* (gr. du n. ; attr. du s. *Mine-de-Plomb*) ; *client* (gr. du n. ; appos. partielle à *un grand industriel*) ; *Mine-de-Plomb* (n. pr. ; attr. du c.o.d. *l'*) ; *crayons* (n. c. ; c. du gr. du n. *mine*) ; *personnes* (gr. du n. ; c. d'attrib. de *expliquer*) ; *cravates* (gr. du n. ; c.o.d. partiel de *a*) ; *gris* (adj. qual. ; attr. du s. *yeux*) ; *gris* (adj. qual. ; attr. pré-posé du s. inversé *cheveux,* avec v. omis) ; *luisant* (p. pr. adject. ; épith. partielle de l'adj. substant. *gris*) *autre chose* (pron. indéf. ; s. réel de *y a*) ; *Mine-de-Plomb* (n. pr. ; attr. du s. *Mine-de-Plomb*).

**138.** **Propositions subordonnées** – *qui tenez ... clef* (rel.) ; *si je ... curieux* (circ. de condit.) ; *combien ... paradis* (complét. interrog.) – *que d'arêtes ... dinde* (circ. de compar.) – *si vous croyez* (circ. de condit.) ; *que je plaisante* (complét. par *que*).

**139.** **Mots et groupes du n° 138** – *Beau saint Pierre* (gr. du n. pr. ; apostr.) ; *clef* (n. c. ; c.o.d. partiel de *tenez*) ; *curieux* (adj. qual., compar. de supér. ; attr. du s. *je*) ; *paradis* (n. c. ; c. c. de lieu de *avez ;* où l'on est) ; *monsieur Martin* (gr. du n. pr. ; apostr.) ; *saint Pierre* (gr. du n. pr. ; s. commun de *prit, ouvrit, mit*) ; *dinde* (n. c. ; c. c. de lieu d'un v. omis ; où l'on est).

**140. Propositions tronçonnées** – *et M. et Mme Santeuil /.../ décidèrent enfin la séparation* (pple) ; *que la sagesse ardente de Mme Santeuil /.../ réclamait depuis longtemps* (sub.) ; *mais que M. Santeuil /.../ avait retardée longtemps* (sub.).

**141. Mots et groupes du n° 140** – *Mme Santeuil* (n. pr. ; s. partiel, éloigné, de *décidèrent*) ; *surexcitation* (gr. du n. ; c. c. de cause et de propos de *s'inquiétaient*) ; *où* (pron. relat. ; c. c. de lieu de *vivait* ; où l'on est) ; *Jean* (n. pr. ; s. inversé de *vivait*) ; *que* (pron. relat. ; c.o.d. de *réclamait*) ; *M. Sandré* (n. pr. ; c. d'agent du p.p.p. *éperonnée*) ; *santé* (n. c. ; c.o.d. partiel de *rendre*) ; *fils* (gr. du n. ; c. d'attrib. de *rendre*) ; *que* (pron. relat. ; c.o.d. de *avait retardée*) ; *duquel* (pron. relat. ; c. du n. *cœur*) ; *repos* (gr. du n. ; c. du n. *amour*).

**142.** **1. :** indép. – **2 :** indép. ellipt. – **3 :** id. – **4 :** 2 indép. ; la 2e, ellipt. et coord. – **5 :** 2 indép. juxtap. ; la 1e, ellipt. – **6 :** 3 indép. interr. ellipt. + 1 indép. interc. ou incise – **7 :** 2 indép. juxtap. + 1 pple interc. (et tronçonnée *[gronda la Teuse /.../, le poing tendu]*) + 1 indép. coord. par *mais* – **8 :** 1 indép. + 2 indép. ellipt. juxtap.

**143.** **1 :** 3 indép. : 2 ellipt. juxtap. + 1 coord. – **2 :** 2 indép. coord. + 1 pple, coord. et tronçonnée, sous l'aspect d'une interc. (par anacoluthe) : *et /.../ dit Tsilla ... douce (= et Tsilla dit)* – **3 :** pple *(peu importe ... province)* – **4 :** 2 indép. juxtap., la 1e ellipt.

**144.** **1 :** *Aide-toi* (indép. ; aff. ; impér.) ; *le Ciel t'aidera* (indép. coord. ; aff. ; indic.) – **2 :** *Que chacun se retire* (indép. ; aff. ; subj.) ; *et qu'aucun ... ici* (indép. coord. ; nég. ; subj.) – **3 :** *J'aurais dû être heureux* (indép. ; aff. ; condit.) ; *je ne l'étais pas* (indép. juxtap. ; nég. ; indic.) – **4 :** *J'aurai besoin de vous* (indép. ; aff. ; indic.) ; *ne vous éloignez pas* (indép. ; nég. ; impér.) – **5 :** *Pensez donc* (indép. ; exclam. ; impér.) ; *venir ... plaisir* (indép. juxtap. ; exclam. ; infin.) – **6 :** *Leur fortune ... diminuée* (indép. ; aff. ; indic.) ; *que faire ?* (indép. ; interrog. ; infin. de délibération [cf. p. 88]) ; *et ... vivre ?* (id., coord.) – **7 :** *Ne ... père ?* (indép. ; interro-négat. ; indic.) ; *et ne ... respect ?* (id., coord.) – **8 :** *Cela ... unir* (indép. ; aff. ; condit.) ; *Eh bien ! pas du tout* (indép. ; nég. ; ellipt. de son v.) – **9 :** *Vive le Roi !* (indép. ; exclam. ; subj. sans *que*) ; *Vivent nos princes !* (id. ; juxtap.).

**145.** **1 :** *Comment ?* (indép. interr. très ellipt.) ; *battre un huissier !* (indép. ; infin. d'indignation [cf p. 88]) ; *mais voici la rebelle* (indép. exclam. ; coord.) – **2 :** *Il ... vie* (indép.) ; *et elle ... horrible* (indép. coord.) ; *son âme* (indép. très ellipt.) ; *et ... affreuse* (indép. coord.) – **3 :** *Et si vous ... élixir* (2 subord. sans pple ou plutôt avec une pple réduite à la seule conj. de coord. *et*) ; *écoutez plutôt* (indép. juxtap. à la pple précédente omise ou réduite à *et*) – **4 :** *Adieu ... enfants* (indép. ellipt.) ; *dit-il* (pple interc., incise) ; *allez-vous-en* (pple juxtap.) – **5 :** *Voici* (pple réduite à un mot) ; *je crois* (indép. interc.) – **6 :** *La situation ?* (indép. interrog. très ellipt.) ; *demanda Boussardel* (indép.

interc.) ; *complexe !* (indép. exclam. très ellipt.) ; *dit ... grimace* (indép. interc.) ; *tendue* (indép. très ellipt.) ; *pleine de dangers* (id.) – **7 :** 3 sub, sans pple exprimée.

**146.** **1 :** *froide* (adj. qual. ; épith. de *main*) ; *couteau* (n. c. ; c. du n. *lame*) ; *ans* (gr. du n. ; c. c. de quantité de *n'eût pas ;* âge) – **2 :** *saucisson* (n. c. ; c.o.d. partiel de *mangeaient*) ; *qui* (pron. relat. ; s. commun de *crût* et *poussa*) ; *y* (pron. pers. ; c. c. de lieu de *restait ;* où l'on est) ; *place* (n. c. ; s. réel de *restait*) – **3 :** *États-Unis* (n. pr. ; c. c. de lieu de *est ;* où l'on est) ; *soleil* (n. c. ; s. de *se couche*) ; *le* (pron. pers., mis pour toute une propos., n. sg. ; c.o.d. de *sait*) – **4 :** *grandes* (adj. qual. ; épith. partielle de *journées*) ; *immenses* (adj. qual. ; attr. du s. *qui*) ; *me* (pron. pers. ; c. d'attrib. de *parurent*) ; *l'heure* (gr. du n. ; s. inversé de *sonna*).

**147.** **1 :** *sourde* (adj. qual. ; attr. du s. *elle*) ; *se méprenant* (p. pr. pron. ; appos. au s. *elle* de la fausse indép. incise ; anacoluthe pour *elle dit*) ; *elle* (pron. pers. ; s. inversé de *dit* ; fausse incise) – **2 :** *mi-rieuse* (adj. qual. composé ; appos. partielle au s. inversé *Mlle Gentil*) ; *indispensable* (adj. qual. ; attr. du c.o.d. réfléchi *se*, donc, aussi, du s. *qui*) – **3 :** *campagne* (n. c. ; c. c. de lieu de *devraient être construites ;* où l'on est) ; *pur* (adj. qual. ; compar. de supér. ; attr. du s. *air*) – **4 :** *qu'* (pron. relat., antéc. *nuits blanches* ; c.o.d. de *appellent*) ; *eux* (pron. pers. tonique ; appos. au s. *ils*) ; *nuits* (gr. du n. ; attr. du c.o.d. *qu'*) – **5 :** *général* (n. c. ; apostr.) ; *la mienne* (pron. poss. ; c.o.d. de *tiens*) ; *arrière-grand-père* (gr. du n. ; c. c. de provenance de *tiens ;* d'origine).

**148.** **a) Propositions du n° 146 – 1 :** *des cheveux ... rares* (pple ellipt.) ; *bien que ... ans* (sub. circ. de concession) – **2 :** *elle eut ... démocratique* (pple) ; *qui ... peu*) (sub. rel. partielle) ; *et la poussa ... wagon-restaurant* (id., coord., ellipt. du pron. relat.) ; *mais ... place* (indép. coord.) – **4 :** *grandes ... journées* (pple ellipt.) ; *qui ... matin* (sub. rel. partielle) ; *mais qui ... courtes* (id., coord.) ; *quand ... départ* (sub. circ. de temps).

**b) propositions du n° 147 – 1 :** *elle était sourde* (indép.) ; *et /.../ dit-elle* (fausse indép. incise = *et elle dit :* pple coord. à l'indép.) ; *se méprenant ... interrogations* (p. appos., équiv. d'une sub. circ. de cause) ; *oui* (indép.) ; *c'est ... Diable* (indép. juxtap.) – **2 :** *voyez-vous ... Tifernand* (pple) ; *qui ... indispensable* (sub. rel.) – **5 :** *Général /.../ j'adore la loyauté* (indép.) ; *continua M. Grane* (indép. incise) ; *je tiens ... arrière-grand-père* (pple) ; *qui ... grec* (sub. rel.).

**149.** **1 :** *que le pauvre ... désespéré* (complét.) ; *qu'il jeta ... cri* (circ.) ; *lorsqu' ... cela* (id.) – **2 :** *où ... vie* (rel.) ; *et où ... mourir* (id., coord.) – **3 :** *si Gilberte /.../ ne l'avait soutenue* (circ.) ; *qui ... malaise* (rel.) – **4 :** *pour être ... clair* (infin. prépos., équiv. de circ.) ; *comment je travaille* (complét.) – **5 :** *leur mère étant morte* (partic.) – **6 :** *mourir la nuit* (complét., s. inversé) ; *arriver le matin* (id.).

**150.** **1 :** *comme ... insolite* (circ.) – **2 :** *rentré dans son cabinet* (p. appos., équiv. de circ.) ; *qu'il avait vu* (rel.) – **3 :** *bien qu' ... Allemagne* (circ.) ; *bien qu' ... temps* (id.) ; *pour diriger ... œuvres* (infin. prépos., équiv. de circ.) – **4 :** *que Suzanne ... yeux* (complét.) ; *ou que ... terreur* (id., coord.) ; *pour qu'... rire* (circ.) – **5 :** *qui vient de mourir* (rel.) ; *que nous aimions* (id., juxtap.) ; *que nous pleurons* (id.).

**151.** **1 :** *que ... aujourd'hui* (sub. complét. ; s. réel de *faut* ; v. au subj. prés. pron.) ; *port* (n. c. ; c. c. de lieu de *descends* ; où l'on va) ; *bureau* (n. c. ; c. c. de lieu de *laisserai* ; où l'on est) ; *soit réservé* (v. au subj. prés. passif, 3ᵉ sg. ; v. de la sub.) ; *place* (n. c. ; s. réel de *soit réservé*) ; *il* (s. appar.) – **2 :** *larmes* (n. c. ; c. c. de moyen, ou, mieux, c. d'agent : le v. pron. *se gonfler* a ici valeur de passif = *être gonflés par* ...) ; *cheveux* (n. c. ; s. de *tomber* : prop. complét. infin.) ; *flambants* (p. adject. ; appos. à *cheveux*) – **3 :** *élégante* (adj. qual. ; sup. de supér. abs. ; attr. du s. *elle*) ; *n'eût pas su* (v. *savoir,* act. ; négat. ; condit. ; p. 2ᵉ f. ; 3ᵉ sg.) ; *manteau* (n. c. ; s. de *était*) ; *loutre* (n. c. ; c. du n. *manteau,* nuance : matière) – **4 :** *eut quittée* (v. *quitter* ; 1ᵉʳ gr. ; act. ; indic. ; p. antér. ; 3ᵉ sg.) ; *pressentiments* (c. d'agent du p.p.p. *troublée*).

**152.** **1 :** *qui suis Guillot (qui* : s. de *suis)* – **2 :** *où le père a passé* (antéc. omis : *là* ; *où* : c. c. de lieu de *a passé*) – **3 :** *au fond de laquelle ... larmes* (*laquelle* : c. du n. *fond*) – **4 :** *à qui ... esprit* (*qui :* c. d'attrib. de *donner*) ; *dont ... jour* (*dont* : c. c. de provenance de *recevait*) – **5 :** *après quoi ... doux* (antéc. : toute la propos. précéd. ; *quoi* : c. c. de temps de *se mit à parler ;* date) – **6 :** *qu'on eût ... falaise* (rel. doublée d'une complét. infin. ; *qu' :* à la fois c.o.d. de *eût vu* et s. de *voler*).

**153.** **1 :** *qui m'aime* (subst. ; c.o.d. de *j'aime*) – **2 :** *qui sait lire et écrire* (circ. ; causale = *parce que* ...) – **3 :** *et qui a ... entier* (adject. épith. partielle de *homme ;* coord. à l'autre épith. partielle : *laborieux*) – **4 :** *qui n'a pas ... jours* (circ. ; causale = *parce que* ...) – **5 :** *qui rira le dernier* (subst. ; s. inversé de *rira*) – **6 :** *qui veuille ... moi* (circ. ; valeur de but + conséq.) – **7 :** *qui siffle et bourdonne* (2 rel. coord., la 2ᵉ ellipt. ; adject. ; épith. partielles de *après-midi*) – **8 :** *ce que femme veut* (substant. ; c.o.d. de *vent,* avec pron. de reprise : *le*).

**154.** **1 :** *qui /.../ a fait ... voyage* (rel. complète, mais tronçonnée ; gouvernée par une pple très ellipt. : *heureux = il est bien heureux celui*) – **2 :** *dont l'Imânus* (rel. ellipt. ; *dont* partitif) – **3 :** *qui son père / et qui sa mère, / qui sa grand-mère / et qui sa sœur* (4 rel. ellipt. coord. deux par deux ; *qui* distributif) – **4 :** *que voilà* (rel. ellipt., avec *voilà*) – **5 :** *heureux celui* (pple ellipt. gouvernant 2 rel. complètes, coord. : *qui entend... ; et sur qui...*) – **6 :** *qui... ; qui ... ; qui ...* (3 rel. ellipt. juxtap. entre elles ; *qui* distributif) – **7 :** *dont Marcel Boulenger* (rel. ellipt. ; *dont* partitif).

**155.** **1 :** *que voilà* (ellipt., avec *voilà*) – **2 :** *qui ... voyage* (dépend d'une pple ellipt. ; v. à l'indic. ; fait bloc avec l'antéc. *ceux* ; donc substant., s. inversé d'un

v. omis : *ceux qui ... / sont heureux*) – **3 :** *où me dissimuler* (v. à l'infin. ; c. circ. de but de *cherchai*) – **4 :** *qui ne saurait ... divertir* (v. au condit. ; c. circ. de conséq. de *est*) – **5 :** *dont ... roturiers* (v. à l'indic. ; pple ellipt. ; c. circ. d'oppos. d'un v. omis) – **6 :** *qui lui peignissent ... âme* (v. au subj. ; c. circ. de but + conséq. de *trouva*) – **7 :** *qui travaille* (v. à l'indic. ; substant. ; antéc. omis ; s. de *mange*) ; *qui mange* (id. ; s. de *pense*) – **8 :** *que ... entendu* (v. à l'indic. ; éloignée de l'antéc. ; adject., épith. de *écureuil [= discret]*).

**156.** **1 :** *où buvaient les troupeaux* (v. à l'indic. ; éloignée de l'antéc. ; adject., épith. de *source [= désaltérante]*) – **2 :** *après quoi ... nouveau* (v. à l'indic. ; antéc. : toute la prop. précéd.) – **3 :** *pour qui ... l'été* (v. à l'indic. ; antéc. omis ; substant. ; c. d'attrib. de *est ;* intérêt) – **4 :** *qui ... moins* (v. à l'indic. ; éloignée de l'antéc. ; c. circ. d'oppos. de *reçoivent*) – **5 :** *à travers lesquelles ... mouches* (v. à l'indic. ; partielle) ; *et où ... les petites* (id. ; coord. ; toutes deux adject., épith. de *toiles d'araignées [= franchissables et infranchissables]*) – **6 :** *qu'il avait vu passer* (v. à l'indic. ; doublée d'une complét. infin. ; *qu'* : c.o.d. de *avait vus* + s. de *passer*) – **7 :** *à qui parler ... journées* (v. à l'infin. ; dépend d'une pple très ellipt. ; c. circ. de but d'un v. omis) – **8 :** *qui ont été étonnés* (v. à l'indic. ; gallicisme *c'est ... qui, ce sont ... qui* ; donc 1 seule prop. *[= les lapins ont été étonnés]*).

**157.** **1 :** *qui* (pron. relat. ; s. commun de *hurle* et *veut* ; donc 2 sub.) – **2 :** *sévère* (adj. qual. ; compar. de supér. ; attr. du s. *quiconque*) ; *tyran* (n. c. ; attr. du s. : toute la relat. sans antéc. : *quiconque ...*) – **3 :** *homme* (n. c. ; attr. du s. *singe*) ; *n'a pas réussi* (v. du 2e gr. ; nég. ; indic. ; p. c. ; 3e sg.) – **4 :** *où* (pron. relat. ; antéc. *lieu* ; c. c. de lieu de *croisent* ; où l'on est) ; *gens* (n. c. ; s. de *croisent*) ; *ceux qui ... avance* (sub. rel. formant bloc avec l'antéc. *ceux* ; substant. ; c.o.d. de *croisent*) – **5 :** *noms* (gr. du n. ; c. du n. *mode*) ; *savetier* (n. c. ; c. c. de propos de *était*) ; *Cujus* (n. pr. ; attr. du c.o.d. *qu'*) ; *dont* (pron. relat. ; antéc. commun : *savetier* ; c. du n. *femme*) ; *Cujusdam* (n. pr. ; attr. du c.o.d. *femme*) – **6 :** *eût lu* (v. *lire,* 3e gr. ; act. ; condit. ; p. 2e f.) ; *où* (pron. relat. ; c. c. de lieu de *manquait* ; où l'on est) ; *étoile* (n. c. ; s. inversé de *manquait*) – **7 :** *trop vieux* (adj. qual. ; compar. de supér. ; attr. du s. *celui-là*) ; *vive* (v. *vivre,* 3e gr. ; act. ; subj. ; prés. ; 3e sg.) – **8 :** *duquel* (pron. relat. ; c. du n. *arbres*) ; *clocher* (n. c. ; s. inversé de *apparaissait*).

**158.** **1 :** *que mes vers ... bons* (c.o.d. de *soutiens*) – **2 :** *qu'il faut* (c.o.d. de *conclus*) ; *qu'on s'entraide* (s. réel de *faut*) – **3 :** *que nos ... périr* (s. réel de *est vrai*) – **4 :** *que le ciel soit bleu* (s. de *suffit,* avec pron. de reprise *cela* ; ou encore, appos., lancée en tête, au s. *cela*) – **5 :** *que nous ... moi* (s. inversé de *vaut*) – **6 :** *que le voici* (c.o.d. de *crois*) ; *qu'il ... entendu* (c.o.d. de *crains*) – **7 :** *que le mariage ... tôt* (s. réel de *serait désirable*) – **8 :** *que j'eusse ... différente* (c. partiel du n. *idée*) ; *ni que ... différemment* (id. ; coord. à la précédente).

**159.** **1 :** *que j'avais défendu* (s. réel de *semble*) ; *que vous ... personne* (c.o.d. de *avais défendu*) – **2 :** *que Gallus ... sage* (c.o.d. de *sais*) – **3 :** *que je le voie* (s. réel partiel de *faut*) ; *que je lui parle* (id. ; juxtap.) ; *qu'il me pardonne* (id. ; juxt.) ; *et que ... tout* (id. ; coord.) – **4 :** *que oui* (c.o.d. de *a dit ;* ellipt.) ; *et qu'elle me comprenait* (id. ; coord.) – **5 :** *qu'il y a des abus* (s. inversé de *est ;* l'attr. est lancé en tête : *le vrai*) – **6 :** *que Luce ... écran* (s. réel de *sembla*) – **7 :** *qu'on le croie* (c. de l'adj. *indigne*) – **8 :** *que tu te reposes* (c.o.d. de *veux*) ; *que nous déjeunions* (s. inversé partiel de *est ;* l'attr. est lancé en tête : *mon avis, à moi*) ; *et que nous partions* (id. ; coord.).

**160.** **1 :** *qu'il trouvassent un Bœuf* (s. réel de *n'était pas besoin ;* subj. impft) – **2 :** *qu'il n'aurait ... Rouen* (c.o.d. de *disait ;* condit. p.1[e] f.) – **3 :** *qu'il est difficile* (c.o.d. de *comprends ;* indic. prés.) ; *que vous l'oubliiez* (s. réel de *est difficile ;* subj. prés.) – **4 :** *que je devinsse professeur* (c.o.d. de *croyaient ;* subj. impft ; N.B. *tout convenu* est l'attr. de ce c.o.d.) – **5 :** *à ce que ... merveilleux* (c.o.i. de *s'attendait ;* subj. impft) – **6 :** *à ce que ... débarbouillées* (c.o.i. partiel de *veilla ;* subj. impft pass.) ; *et mes leçons repassées* (id. ; très ellipt. ; coord. à la précéd.) – **7 :** *que j'aie ... tard* (s. réel de *est possible ;* subj. passé pass.).

**161.** **1 :** *que son mari eût parlé* (c.o.d. partiel de *trouvait ;* N.B. *impossible* est l'attr. commun des 2 c.o.d. ; subj. pl.q.pft) ; *et qu'il n'eût pas parlé* (id. ; subj. pl.q.pft) – **2 :** *qu'il soit ... adolescence* (c.o.d. partiel de *nie,* lancé en tête, avec pron. de reprise : *le ;* subj. passé) ; *qu'il ... paix* (id., juxtap. ; subj. passé) ; *qu'il ... agir* (id., juxtap. ; subj. passé) ; – **3 :** *qu'elle ... journée* (s. inversé de *défendait ;* subj. impft) – **4 :** *qu'elle n'en voulait pas* (c.o.d. partiel de *dit ;* indic. impft) ; *et qu' ... salon* (id. ; subj. impft, nuance d'ordre) – **5 :** *qu'il était parti* (c. de l'adj. *certain ;* indic. pl.q.pft).

**162.** **1 :** *me* (pron. pers. ; c. d'attrib. de *semble*) ; *Lisette* (n. pr. ; apostr.) ; *soit survenu* (v. *survenir,* 3e gr. ; vx act. ; subj. passé, auxil. *être*) ; *affaire* (gr. du n. ; s. réel de *soit survenu*) – **2 :** *consolation* (gr. du n. ; attr., lancé en tête, du s. inversé, la complét. par *que* : *que maman ...*) ; *embrasser* (infin. de but, sans prép., après v. de mouvement *[= pour m'embrasser] ;* c. c. de but de *viendrait*) ; *lit* (gr. du n. ; c. c. de lieu de *serais ;* où l'on est) – **3 :** *s'était trouvé* (v. trouver, 1er gr. ; pron. ; indic. pl.q.pft) ; *déconcertante* (adj. qual. ; attr. du s. *idée*) – **4 :** *vous* (pron. pers., pl. de polit. ; c. d'attrib. de *dis*) ; *La Feuillade* (n. pr. ; apostr.) – **5 :** *cela* (pron. dém. ; s., ou, mieux, pron. d'annonce du vrai s., la complét. s. inversé : *qu'il s'amusât ainsi*) – **6 :** *en liberté* (n. c. ; c. c. de lieu de *remettrait ;* où l'on va).

**163.** **1 :** *sois parti* (v. *partir,* 3e gr. ; vx act. ; subj. passé, auxil. *être*) ; *minutes* (gr. du n. ; c. c. de temps de *soit parti ;* date) ; *Antoine* (n. pr. ; s. inversé de *s'empressa d'avouer*) – **2 :** *moi* (pron. pers. ; c. c. d'accomp. de *rire*) – **3 :** *persévérance* (gr. du n. ; c. c. de moyen partiel de *fit*) – **4 :** *argent* (n. c. ; c.o.d. de *aie*) ; *en* (pron. pers. ; c.o.d. de *acheter ;* nuance : partitive) –

**5 :** *pierre* (gr. du n.; c. du n. *bâtiments;* nuance : matière) – **6 :** *quelqu'un* (pron. indéf.; s. réel de *passe*) – **7 :** *en* (pron. pers.; c. c. de provenance de *tira*); *héroïque* (adj. qual.; épith. du c.o.d. *rien,* avec un *de* explétif).

**164.** **a) analyse logique du nº 162 – 1 :** *Il me semble, Lisette* (pple); *que M. Turcaret ... retour* (compl. par *que;* s. réel de *semble*); *il faut* (pple); *qu'il ... affaire* (complét. par *que;* s. réel de *faut*) – **2 :** *Ma seule consolation /.../ était* (pple); *quand ... me coucher* (circ. de temps; c. de *était*); *que maman ... m'embrasser* (complét. par *que;* s. inversé de *était*); *quand ... lit* (circ. de temps; c. de *viendrait*) – **4 :** *Je vous dis* (pple); *que si* (complét. par *que,* ellipt.; c.o.d. de *dis*); *Je vous dis* (pple); *que non* (complét. par *que,* ellipt.; c.o.d. de *dis*); *Taisez-vous, La Feuillade* (indép.) – **6 :** *Et ... vint* (pple, coord. à ce qui précède); *que ... en liberté* (complét. par *que;* c. du n. *espoir*).
**b) analyse logique du nº 163 – 2 :** *Que ... avec moi* (complét. par *que,* lancée en tête, avec pron. de reprise : *le;* c.o.d. de *comprends*) – **4 :** *Des cerises!* (indép. exclam. ellipt.); *s'écria Georges* (indép. incise); *quel malheur* (pple exclam. ellipt.); *que ... d'argent* (complét. par *que;* s. inversé d'un v. omis); *pour en acheter* (infin. prépos.; équival. d'une circ. de but; c. de *aie*).

**165.** **1 :** *parler le loup* (s. inversé); *et répondre l'agneau* (id.; coord.) – **2 :** *venir l'Infante* (s. inversé) – **3 :** *luire une flamme* (s. inversé) – **4 :** *la /.../ traverser ... éclairée* (s. commun : *la,* pron. pers.); *et disparaître dans l'ombre* (id., coord., ellipt. du sujet *la*); *retomber la porte* (s. inversé) – **5 :** *que j'avais vue grandir* (rel. doublée d'une infin.; *que :* c.o.d. de *avais vue* et s. de *grandir*) – **6 :** *la ... asseoir* (s. : *la,* pron. pers. placé devant le v. ppl) – **7 :** *qu'il ... ruche* (rel. doublée d'une infin.) – **8 :** *la ... évanouir* (s. pron. pers., devant le v. ppl; *évanouir = s'évanouir :* infin. act. au lieu de pron.).

**166.** **1 :** *dire les sots* (s. inversé) – **2 :** *venir la foudre* (s. inversé) – **3 :** *rire les femmes* (s. inversé) – **4 :** *la ... rire aux larmes* (s. : pron. pers. placé devant le v. ppl) – **5 :** *piaffer dans l'ombre* (s. omis : *quelqu'un,* ou *un cheval*) – **6 :** *coucher ses autres enfants* (s. inversé; v. act. au lieu de pron. : *se coucher*) – **7 :** *que je voyais défiler* (rel. doublée d'une infin.) – **8 :** *rire* (s. omis : *des gens*); *crier* (id., juxtap.); *gémir les chameaux* (juxtap.; s. inversé); *aboyer les chiens* (id.); *braire les ânes* (id.); *hennir les mulets* (id.) – **9 :** *parler haut* (s. omis : *des gens*); *rire* (id., juxtap.); *chanter* (id.).

**167.** **1 :** *nuit* (n. c.; c. c. de temps de *dormait;* date + durée); *l'* (pron. pers.; s. commun de *marmotter, sauter* et *marcher;* donc 3 prop. sub. complét. infin.); *pas* (gr. du n.; c. c. de moyen + man. de *marcher*); *chambre* (n. c.; c. c. de lieu de *marcher;* où l'on est) – **2 :** *pluies* (gr. du n.; c. d'agent du p. p. p. *trempée*); *fils* (gr. du n.; s. partiel inversé de *s'avancer;* donc prop. infin.) – **3 :** *en zigzag* (n. c.; c. c. de man. de *allait*); *l'autre* (pron. indéf.; c. c. de lieu de *allait;* où l'on va); *temps* (gr. du n.; c. de l'adj. *ivre*); *large* (adj. qual.; attr. du s. *rue*); *enveloppe* (gr. du n.; c.o.d. de *décacheter,* dont le s. est omis; donc prop. infin.); *nouvelle* (gr. du n.; s. de *passer;* donc prop. infin.);

*secret* (n. c. ; c. c. de lieu de *passer;* d'où l'on vient) – **4 :** *enfants* (n. c. ; s. commun des 4 v. à l'infin. *se précipiter, hisser, lever, cingler;* donc 4 prop. infin.) ; *voleurs* (n. c. ; c. du n. *poursuite*) ; *dont* (pron. relat. ; c. du n. *voile*).

**168.** **1 :** *qui fut cette personne* (c.o.d. de *a su ; qui :* pron. interr. ; indic.) – **2 :** *quel palais elle habitait* (c.o.d. partiel de *me demandais ; quel :* adj. interr. ; indic.) ; *dans quels ... se promenait* (id.) – **3 :** *où il est né* (c.o.d. partiel de *demande;* adv. interr. ; indic.) ; *s'il ... à l'étranger* (id., juxtap.) – **4 :** *par où commencer* (c.o.d. de *sachant;* adv. interr. ; infin. de délibération) – **5 :** *ce qu'on aurait ... déjeuner* (c.o.d. partiel de *demandait;* pron. n. = *quoi;* condit. à valeur de fut. du passé) ; *pour le dîner* (très ellipt. = *ce qu'on ... ;* c.o.d. partiel de *demandait;* id.) – **6 :** *comment on vous a nommé* (c.o.d. partiel de *demande ;* adv. interr. ; indic.) ; *ni ce que vous avez été* (id. ; pron. n. ; indic.) ; *comment on vous nomme* (c.o.d. partiel d'un v. omis : *mais [le tribunal vous demande] ;* adv. interr. ; indic.) ; *et ce que vous êtes* (id., coord. ; pron. n. ; indic.).

**169.** **1 :** *qui avait allumé le feu* (c.o.d. partiel de *sut;* pron. interr. ; indic.) ; *ni comment ... colline* (id., coord. ; adv. interr. ; indic.) – **2 :** *que faire* (c.o.d. partiel de *savait;* pron. n. interr. ; infin. de délibération) ; *ni où aller* (id., coord. ; adv. interr. ; infin. de délib.) – **3 :** *qui ... sommeil* (c.o.d. partiel de *sait;* pron. interr. ; indic.) ; *ni ... où il est* (id., coord. ; adv. interr. ; indic.) – **4 :** *si ... normale* (c.o.d. de *savoir;* adv. interr. ; condit. à valeur de fut. du passé) – **5 :** *d'où je venais* (c.o.d. partiel de *demanda ;* adv. interr. ; indic.) ; *où j'allais* (id., juxtap.) ; *et ce que je voulais* (id., coord. ; pron. n. interr. ; indic.) – **6 :** *quoi dire* (c.o.d. de *sûmes ;* pron. n. interr. ; infin. de délibération).

**170.** **1 :** *si vous m'aimez* (c.o.d. de *savoir*) ; *si je vous aime ?* (id. ; pple omise [*Vous me demandez*]) – **2 :** *quel émoi dans la maison* (c.o.d. de *voir;* ellipt. ; nuance : exclam.) – **3 :** *comment le théâtre se constitua* (c.o.d. partiel de *apprendrons;* lancée en tête, avec pron. de reprise *l'*) ; *quelle ... amis* (id., juxtap.) – **4 :** *qui l'on chassait* (c.o.d. partiel de *eut oublié*) ; *et pourquoi* (id., coord. ; ellipt.) – **5 :** *quand et comment je quittai la véranda* (2 prop. coord., c.o.d. partiels de *sais,* la 1re très ellipt., réduite à *quand;* lancées en tête, sans pron. de reprise) – **6 :** *comme il est bête* (c.o.d. partiel de *saviez;* nuance : exclam.) ; *comme ... froid* (id.) – **7 :** *sur quel ton* (c.o.d. de *penser;* ellipt. ; nuance : exclam.).

**171.** **1 :** *si je l'aime* (c.o.d. d'une pple omise [*Vous me demandez*] ; nuance : exclam.) – **2 :** *comment ils perdirent leur puissance* (c.o.d. partiel de *ignore ;* coord. à un gr. du n. : *la suite ... Didon*) – **3 :** *comment ... château* (c.o.d. partiel d'une pple omise ; titre de chapitre) ; *et comment ... d'icelui* (id. ; coord.) – **4 :** *quel fut ... querelle* (c.o.d., lancé en tête, de *sut;* avec pron. de reprise *le*) – **5 :** *pourquoi* (c.o.d. de *savais ;* très ellipt.) ; *pourquoi* (id.) – **6 :** *qui ... cerisier* (c.o.i., lancé en tête, de *s'en souvenait,* avec pron. de reprise *en*) – **7 :** *ni qui* (c.o.d. partiel de *savais ;* très ellipt.) ; *ni où j'étais* (id. ; coord.).

**172.** **1 :** *Je sais* (pple) ; *ce que je suis* (complét. interr. ; c.o.d. partiel de *sais*) ; *et que ... mort* (complét. par *que,* coord. à la complét. interr. ; c.o.d. partiel de *sais*) – **2 :** *Je veux être pendu* (pple) ; *si je sais* (circ. de condit. ; c. de *veux*) ; *que lui dire* (complét. interr. ; c.o.d. de *sais ;* infin. de délibération) – **5 :** *Je me rappelai* (pple) ; *qu'Olivier ... théâtre* (complét. par *que ;* c.o.d. de *me rappelais*) ; *je savais* (pple) ; *à quel théâtre* (complét. interr. ellipt. ; c.o.d. partiel de *savais*) ; *et dans quelle compagnie* (id. ; coord.) – **6 :** *J'avais l'impression* (pple) ; *qu'il ... m'annoncer* (complét. par *que ;* c.o.d. partiel de *avais l'impression*) ; *et ne trouvait pas* (id., ellipt. de *qu'il ;* coord.) ; *en quels termes le faire* (complét. interr. ; c.o.d. de *trouvait*).

**173.** **1 :** *Monsieur* (n. c. ; apostr.) ; *médecin* (n. c. ; s. inversé de *dit*) ; *qui* (pron. interr. ; c.o.d. de *avoir*) ; *hôte* (n. c. ; attr. du c.o.d. *qui*) – **2 :** *homme* (gr. du n. ; c.o.d. commun de *aimais* et *haïssais*) ; *savant* (adj. qual. ; appos. partielle à *homme*) – **3 :** *eût été* (v. *être ;* condit. p. 2$^{e}$ f.) ; *barbe* (n. c. ; c. c. de condit. de *eût été* [= *s'il n'avait pas eu ...*]) – **4 :** *idée* (n. c. ; s. éloigné de *est ... délicieuse*) ; *seul* (adj. qual. ; attr. du s. *je*) ; *polices* (gr. du n. ; s. inversé de *courir ;* donc complét. infin.) ; *délicieuse* (adj. qual. ; attr. du s. *idée*) – **5 :** *appareils* (gr. du n. ; s. commun de *atterrir* et *décoller ;* donc 2 complét. infin.) – **6 :** *façon* (gr. du n. ; c. c. de man. de *reçut*) ; *Tante Martine* (gr. du n. pr. ; s. inversé de *reçut*).

**174.** **1 :** *Monsieur /.../ puis-je savoir* (pple) ; *dit le médecin* (indép. incise) ; *qui ... hôte* (complét. interr. ; c.o.d. de *savoir*) – **2 :** *L'idée, par exemple, /.../ est purement délicieuse* (pple) ; *que je ... connaître* (complét. par *que ;* c. partiel du n. *idée*) ; *ce que ... cherche* (sub. rel. substant. ; c.o.d. de *connaître*) ; *et que ... objet* (2$^{e}$ complét. par *que ;* c.o.d. partiel de la valeur verbale contenue dans le n. *idée ;* coord.) ; *qui fait* (sub. rel. ; épith. de *objet*) ; *courir ... polices* (complét. infin.) – **3 :** *Désiré ... plus* (pple) ; *combien ... regardé* (complét. interr. ; c.o.d. de *se rappelait*) ; *les appareils ... atterrir* (complét. infin. ; c.o.d. partiel de *avait regardé*) ; *ou décoller* (id. ; ellipt. ; coord. à la précéd.) – **4 :** *Je ... penser* (pple) ; *de quelle ... Martine* (complét. interr. ; c.o.d. de *penser*).

**175.** **1 :** *quand le vin est tiré ; quand on parle du loup ; quand il pleut sur le curé ; quand le diable est vieux* – **2 :** *quand mes amis sont borgnes* – **3 :** *quand Paris est souffrant* – **4 :** *quand la paresse rend malheureux* – **5 :** *quand on ne ... repos* – **6 :** *quand quelqu'un dit.*

**176.** **1 :** *quand ils sont malheureux* (pple simult.) – **2 :** *quand elle marche* (pple simult.) – **3 :** *avant que je réponde* (pple antér.) – **4 :** *dès qu'elle était entrée* (pple postér.) – **5 :** *au moment où ... colline* (pple simult.) – **6 :** *avant* *que ... épuisé* (pple antér.) – **7 :** *au moment où ... se coucher* (pple simult.) – **8 :** *dès que ... sol* (pple postér.).

**177.** **1 :** *jusqu'à ce que nous eussions gagné le hameau* (act. ; subj. ; pl.q. pft) – **2 :** *Quand la jeune femme eut pénétré ... manger* (act. ; indic. ; p. antér.) – **3 :** *qu'elles furent arrêtées ... fraisiers* (pass. ; indic. ; p. simple) – **4 :** *que tu ne m'aies pardonné* (act. ; subj. ; passé) – **5 :** *avant même que ... eût poussé son cri* (act. ; subj. ; pl. q. pft) ; *juste après que ... eut traîné ses poubelles* (act. ; indic. ; p. antér.).

**178.** **1 :** *dès lors que ... alouette* (pple omise ; anacoluthe) – **2 :** *avant que je n'y eusse goûté* (v. au subj.) – **3 :** *quand je ramasse des coquillages* (sub. partielle) ; *et que ... perles* (id., coord. ; *que* remplace *quand*) – **4 :** *que tu ne m'aies conté les tiens* (v. au subj. ; *que = avant que*) – **5 :** *qu'il ne vous ait ruiné* (id.) – **6 :** *après que les chevaux se seraient reposés ... ferme* (v. au condit. p. 1re f. ; à valeur de fut. antér. du passé ; pron.) – **7 :** *quand ... pitre* (pple entièrement omise).

**179.** **1 :** *J'avais ... manger* (pple) ; *lorsqu'il ... femme* (sub. circ. de temps ; c. de *avais commencé*) ; *qui m'a demandé* (sub. rel. ; c. de l'antéc. *femme*) ; *si ... table* (sub. complét. interr. ; c.o.d. de *a demandé*) ; – **2 :** *Lorsqu'il faisait noir* (sub. circ. de temps ; partielle ; c. de *rentrais*) ; *que les chiens ... hurler* (id. ; juxtap. ; *que = lorsque*) ; *et que ... s'illuminait* (id. ; coord.) ; *je rentrais enfin* (pple) – **4 :** *Un raseur est un homme* (pple) ; *qui ... lui* (sub. rel. ; c. de l'antéc. *homme*) ; *quand ... moi* (sub. circ. de temps ; c. de *parle*).

**180.** **1 :** *J'écoutais ... mélancoliques* (pple) ; *qui me rappelaient* (sub. rel. ; c. de l'antéc. *chants*) ; *que dans ... triste* (sub. complét. par *que ;* c.o.d. de *rappelaient*) ; *lors même qu' ... bonheur* (sub. circ. de temps + oppos. ; c. de *est*) – **2 :** *Le jour se levait* (pple) ; *qu'Augustin /.../ parlait encore* (sub. circ. de temps ; c. de *se levait ; que = alors que*) ; *dont ... discours* (sub. rel. ; c. de l'antéc. *Augustin*) – **3 :** *malheureusement ... fenêtre* (indép.) ; *et à peine ... tourné* (pple coord. à l'indép. précéd.) ; *que la petite s'en alla* (sub. circ. de temps ; c. de *eut tourné*).

**181.** **1 :** *animal* (n. c. ; s. inversé de *est*) ; *le matin* (n. c. ; c. c. de temps de *marche ;* date) ; *pattes* (gr. du n. ; c. c. de lieu + de man. et de moyen de *marche*) ; *l'homme* (n. c. ; attr. d'un s. omis : *c'* [*c'est l'homme*]) ; *petit* (adj. qual. ; attr. du s. *il*) ; *patte* (gr. du n. ; c. c. partiel de moyen de *s'aide ;* cf. *bâton :* 2e c. c. de moyen) – **2 :** *homme* (gr. du n. ; c.o.d. de *évoque*) ; *gousset* (gr. du n. ; c. c. de lieu de *pendre ;* d'où l'on vient) ; *cordon* (gr. du n. ; s. inversé de *pendre ;* donc prop. complét. infin.) – **3 :** *eus pleuré* (v. *pleurer,* 1er gr. ; act. ; indic. ; p. antér. ; 1e sg.) ; *situation* (gr. du n. ; s. inversé de *était*) – **4 :** *ceci* (pron. dém. ; n. ; s. de *se passait*) ; *eût été appelée* (v. *appeler,* 1er gr. ; pass. ; subj. ; pl. q. pft ; 3e sg.) – **5 :** *haut* (adj. substant., sup. de supér. relat. ; n. [voir p. 67 N.B.] ; c. c. de lieu de *fût ;* où l'on est).

**182.** **1 :** *puisqu'on plaide* (partielle) ; *et qu'on meurt* (id., coord. ; *que = puisque*) ; *et qu'on devient malade* (id. ; N.B. : la 1re dépend de la 2e pple : *il faut des avocats ;* les 2e et 3e, de la 1re pple : *il faut des médecins*) – **2 :** *puisque je vois vos pleurs* (suit la pple) – **3 :** *Comme ... spectre* (précède la pple) – **4 :** *parce que ... d'ici* (suit la pple ; partielle) ; *que je ... vivre* (id. ; juxtap. ; *que = parce que*) ; *et qu'il ... finir* (id. ; coord.) – **5 :** *parce qu'elle a mauvais sommeil* (suit la pple) ; *parce qu'elle a peur* (id.) – **6 :** *comme la terre est ronde* (coupe la pple coord. : *et /.../ il se ... départ*) – **7 :** *du moment que ... environs* (suit la pple ; partielle) ; *et que ... cachée* (id. ; coord. ; *que = du moment que*).

**183.** **1 :** *puisque je fais l'huissier* (précède) – **2 :** *que je ne la vois pas* (suit) – **3 :** *parce que c'est défendu* (pple omise) – **4 :** *comme ... ensemble* (précède) – **5 :** *parce que je n'en avais plus* (suit ; partielle) ; *et que ... descendre* (id.) – **6 :** *puisque je pars ... Munich* (précède).

**184.** **1 :** *comme sa bougie allait mourir* (coupe la pple : *Enfin /.../ elle ... lit ;* partielle) ; *qu'elle ... lasse* (id. ; juxtap. ; *que = comme*) ; *et qu' ... froid* (id. ; coord. ; *que = comme*) – **2 :** *sous prétexte qu'ils étaient mûrs* (suit ; fausse raison) – **3 :** *du moment que ... bénéfices* (précède) – **4 :** *parce que déserte* (suit ; ellipt.) – **5 :** *puisque je vous dis* (pple omise) – **6 :** *parce que, ma fille* (ellipt. ; pple omise) – **7 :** *attendu que ... rares* (suit).

**185.** **1 :** *parce que ... ils m'auraient posé des questions* (v. *poser,* act. ; condit. ; p. 1re f.) – **2 :** *(non) qu'il aimât madame de Rênal* (v. *aimer,* act. ; subj. ; impft) – **3 :** *que j'eusse oublié mon adolescence* (v. *oublier,* act. ; subj. ; pl. q. pft) – **4 :** *parce que la sienne était dérangée par la secousse* (v. *déranger,* pass. ; indic. ; impft) – **5 :** *que Pierre Gringoire craignît ... cardinal* (v. *craindre,* act. ; subj. ; impft) ; *ou le dédaignât* (ellipt. ; coord. à la précéd. ; v. *dédaigner ;* act. ; subj. ; impft).

**186.** **1 :** *Les océans ne débordent pas* (pple) ; *parce que ... catastrophe* (sub. circ. de cause, partielle ; c. de *débordent*) ; *et mis des éponges dedans* (id. ; coord. à la précéd. ; ellipt.) – **3 :** *Comme il savait bien* (sub. circ. de cause ; c. de *se pressait*) ; *qu'il la mangerait* (sub. complét. par *que ;* c.o.d. de *savait*) ; *le loup ne se pressait pas* (pple) ; *seulement /.../ il se mit ... méchamment* (pple) ; *quand elle se retourna* (sub. circ. de temps ; c. de *se mit*) – **5 :** *Puisque je vous dis* (sub. circ. de cause ; pple entièrement omise) ; *que je suis ... son père* (sub. complét. par *que ;* c.o.d. de *dis*).

**187.** **1 :** *Aucune ... venait* (indép.) ; *mais il était joyeux* (pple, coord. à l'indép.) ; *parce que ... croisée* (sub. circ. de cause, partielle) ; *et qu' ... volait* (id. ; coord. à la précéd.) – **2 :** *Mon père exigeait* (pple) ; *que je restasse ... le 14* (sub. complét. par *que ;* c.o.d. de *exigeait*) ; *d'abord* (pple, très ellipt.) ; *parce qu'il était républicain* (sub. circ. de cause, partielle ; c. de *exigeait*) ; *et que ... Français* (id. ; coord. à la précéd.).

**188.** **1 :** *Germain* (n. pr. ; s. inversé de *dit*) ; *humeur* (n. c. ; c. c. de man. de *dit*) ; *méfiant* (adj. qual. ; sup. de supér. abs. ; attr. du s. *on*) ; *prochain* (adj. substant. ; c. d'attrib. de *ouvre*) – **2 :** *ont été prédites* (v. *prédire,* 3e gr. ; pass. indic. ; p. c. ; 3e pl.) ; *bulletins* (gr. du n. ; c. du n. *lecture*) ; *balayeur* (gr. du n. ; c. du pron. dém. *celle*) ; *se réalisât* (v. *réaliser,* 1er gr. ; pronom. ; subj. ; impft ; 3e sg.) ; *tôt* (adv. circ. de temps, date, au sup. de supér. relat. ; ici en emploi substant. ; s. de *eût été*) – **3 :** *fût maltraité* (v. *maltraiter,* 1er gr. ; pass. ; subj. ; impft ; 3e sg.) ; *Jérôme* (n. pr. ; s. partiel de *perdaient*) ; *femme* (n. c. ; appos. au s. partiel *Martine*) ; *juste* (adj. qual. ; attr. du c.o.d. : la sub. complét. par *que* [*qu'à bouche ... vide*] ; donc *juste* est n., et non m.) ; *estomac* (n. c. ; s. inversé de *correspondît*) – **4 :** *aquarelles* (n. c. ; c. c. de propos de *complimentais*) ; *me* (pron. pers. ; c. d'attrib. de *répondit*) ; *études* (n. c. ; attr. du s. *c'*).

**189.** **1 :** *qu'il n'insista pas* (ann. par *si*) – **2 :** *pour qu'on pût ... visages* (ann. par *trop*) – **3 :** *que le soir ... infinie* (ann. par *si*) – **4 :** *de sorte que ... vendus* – **5 :** *qu'il ... noms* (ann. par *tant* et *si ;* partielle) ; *et qu'il ... poche* (id. ; coord. à la précéd.).

**190.** **1 :** *qu'à la fin elle se casse* (*que,* ann. par *tant*) – **2 :** *pour que ... reconnaissance* (*pour que,* ann. par *trop ;* donc conséc. et non fin.) – **3 :** *que /.../ il l'était moins* (*que,* ann. par *si ;* coupée par une autre sub.) – **4 :** *que tout le monde eut froid de peur* (*que,* ann. par quatre *si :* cette conséc. est donc c. c. commun de 4 pples, dont 3 ellipt.) – **5 :** *pour qu'on s'y tînt debout* (ann. par *assez ;* donc conséc. et non fin.) ; *pour qu'on pût s'y coucher* (id.) – **6 :** *sans que chez nous on en sût rien (= si discrètement que ...).*

**191.** **1 :** *qu'on aurait cru* (*que,* ann. par *si ;* v. *croire,* 3e gr. ; act. ; condit. ; p. 1re f.) – **2 :** *pour que ... mal* (*pour que,* ann. par une pple interr. ; v. *donner,* 1er gr. ; act. ; subj. ; prés.) ; *que Gilbert se prit à rire* (*que,* ann. par *tant ;* v. *prendre,* 3e gr. ; pron. ; indic. ; p. s.) – **3 :** *que l'Ingénu ne les entendît* (*que,* ann. par *si ;* pple nég. ; v. *entendre,* 3e gr. ; act. ; tour nég. ; subj. ; impft) – **4 :** *que je ne saurais ... rire* (*que,* ann. par *si ;* v. *savoir,* 3e gr. ; act. ; tour nég. ; condit. ; prés.) – **5 :** *pour qu'il pût passer* (*pour que,* ann. par *assez ;* donc conséc. et non fin. ; v. *pouvoir,* 3e gr. ; act. ; subj. ; impft) – **6 :** *que nous en fûmes tous épouvantés* (*que,* ann. par *tel ;* v. *épouvanter,* 1er gr. ; pass. ; indic. ; p. simple).

**192.** **1 :** *qu'on lui parle latin* (*que,* ann. par *si ;* v. *parler,* 1er gr. ; act. ; indic. ; prés.) – **2 :** *pour que ... adversaire* (*pour que,* ann. par *trop ;* donc. conséc. et non fin. ; v. *pouvoir,* 3e gr. ; act. ; subj. ; impft) – **3 :** *qu'on n'y sente* + complét. infin. avec 3 s. partiels inversés (*que,* ann. par *si* et prop. nég. ; v. *sentir,* 3e gr. ; tour nég. ; act. ; subj. ; prés.) – **4 :** *que tout l'or ... prix* (*que,* ann. par *si ;* v. *suffire,* 3e gr. ; act. ; condit. ; prés.) – **5 :** *que les étrangers en étaient éblouis* (*que,* ann. par 2 *si ;* v. *éblouir,* 2e gr. ; pass. ; indic. ; impft) – **6 :** *que c'était une bénédiction* (*que = au point que ;* v. *être ;* act. ; indic. ; impft).

**193.** **1 :** *Les parents étaient si en colère à l'idée* (pple) ; *que le problème ... le soir* (sub. complét. par *que ;* c. du n. *idée*) ; *qu'ils ... cuisine* (sub. circ. de conséq. ; c. de *étaient*) – **2 :** *Mais sa rêverie était trop aiguë* (pple coord. à la phrase précéd.) ; *pour qu'il ... dehors* (sub. circ. de conséq. et non de but, ann. par *trop ;* c. de *était*) – **3 :** *J'ai vécu ... Bretagne* (pple) ; *que je ne sais plus très bien* (sub. circ. de conséq. ; c. de *ai vécu*) ; *où commence la vie* (sub. complét. interr. ; c.o.d. partiel de *ne sais plus*) ; *et où finit la mort* (id. ; coord. à la précéd.) – **4 :** *La maison était si vieille* (pple partielle) ; *elle avait ... modifications* (2e pple partielle, juxtap.) ; *qu'il n'était ... de voir* (sub. circ. de conséq. commune ; c. de *était* et *avait subi*) ; *que ... on eût pesé ... fenêtre* (sub. complét. par *que ;* c.o.d. de *voir*).

**194.** **1 :** *Sire rat accourut* (indép.) ; *et fit tant par ses dents* (pple, coord. à l'indép. ; ellipt. de son s.) ; *qu'une maille ... ouvrage* (sub. circ. de conséq. ; c. de *fit*) – **2 :** *Les clochers ... éloignés* (pple partielle) ; *et nous ... d'eux* (2e pple partielle ; coord.) ; *que je fus étonné* (sub. circ. de conséq. commune ; c. de *paraissaient* et *avions l'air*) ; *quand ... Martinville* (sub. circ. de temps ; c. de *fus*) – **4 :** *Je me sentais si seul* (pple partielle) ; *j'étais si malheureux* (2e pple partielle) ; *que je ne savais plus* (sub. circ. de conséq. commune ; c. de *me sentais* et *étais*) ; *que faire* (sub. complét. interr. ; c.o.d. de *ne savais plus*) – **5 :** *Les maisons y sont si hautes* (pple) ; *qu'on jurerait* (sub. circ. de conséq. ; c. de *sont*) ; *qu'elles ... astrologues* (sub. complét. par *que ;* c.o.d. de *jurerait*).

**195.** **1 :** *ville* (gr. du n. ; c. c. de lieu de *y avait ;* où l'on est) ; *huissier* (n. c. ; s. réel de *y avait*) ; *Malicorne* (n. pr. ; attr. du s. *qui*) ; *ministère* (gr. du n. ; c. du n. *accomplissement*) ; *n'eût pas hésité* (v. *hésiter,* 1er gr. ; act. ; tour nég. ; condit. ; p. 2e f.) ; *huissier* (n. c. ; c. d'attrib. de *permet*) – **2 :** *taille* (gr. du n. ; équival. d'adj. ; attr. du s. *Laurent Pasquier*) ; *col* (n. c. ; c.o.d. partiel de *avait*) ; *musclées* (part. adject. ; attr. du c.o.d. partiel *épaules*) ; *résistance* (n. c. ; c.o.d. partiel de *exprimait*).

**196.** **1 :** *que je t'embrasse* (*que = pour que ;* c. de *descends*) – **2 :** *Afin qu'il ... débit* (précède les 2 pples ; c. commun de *lia* et *suspendit*) – **3 :** *afin que Dieu /.../ donne ... filles* (partielle ; c. de *donnez*) ; *afin que ... fruit* (id. ; juxtap.) ; *afin qu'un blé ... fasse* + complét. infin. à s. inversé : *plier vos granges* (id. ; juxtap.) ; *afin d'être meilleurs* (infin. prépos. équiv. d'une fin. ; partielle ; juxtap.) ; *afin de voir* + complét. infin. : *les anges ... la nuit* (infin. prépos. équiv. d'une fin. ; partielle ; juxtap.) ; *afin qu'on dise* (juxtap. ; c. de *donnez*).

**197.** **1 :** *afin qu'il ait plus chaud (afin que)* – **2 :** *afin que je m'en aille (afin que) ; et que je disparaisse* (coord. ; *que = afin que*) – **3 :** *afin que ... bien placées (afin que)* – **4 :** *pour que ... tranquilles (pour que)* – **5 :** *pour que vous montiez (pour que) ; pour que vous parliez (pour que)* – **6 :** *pour que ça ne se voie pas (pour que).*

**198.** **1 :** *pour qu'aucune ... possible (pour que); de façon que rien ne pût passer au travers* (*de façon que* + subj. ; donc fin. et non conséc.) – **2 :** *que je ... tantôt (que = pour que); et règle ... emploi* (= *et que je règle ...;* ellipt. ; coord.) – **3 :** *que je meure ... elle (que = pour que)* – **4 :** *afin qu'on ne les voie pas (afin que)* – **5 :** *pour qu'on y fît* + complét. infin. à s. inversé *(pour que).*

**199.** **1 :** *afin qu'on te croie* (*afin que ;* v. *croire,* 3ᵉ gr. ; act. ; subj. ; prés. ; c. de *dis*) – **2 :** *afin qu'on ne m'entendît pas d'en bas* (*afin que ;* v. *entendre,* 3ᵉ gr. ; act. ; nég. ; subj. ; impft ; c. de *faisais*) – **3 :** *pour qu'elles fussent convenablement cultivées* (*pour que ;* v. *cultiver,* 1ᵉʳ gr. ; pass. ; subj. ; impft ; c. de *décida*) ; *et entretenues* (très ellipt. = *et pour qu'elles fussent convenablement entretenues ;* mêmes vx, mode et temps ; coord.) – **4 :** *pour le boire* (infin. prépos., équival. d'une fin. ; c. de *ouvre*) ; *pour qu'il ... la poitrine* (*pour que ;* v. *battre,* 3ᵉ gr. ; act. ; subj. ; prés. ; c. de *écarte*) – **5 :** *de peur qu'on ne déviât* (*de peur que ;* v. *dévier,* 1ᵉʳ gr. ; act. ; subj. ; impft ; c. de *quittais*) ; *et que mes calculs fussent faussés* (*que = de peur que ;* v. *fausser,* 1ᵉʳ gr. ; pass. ; subj. ; impft ; id.) – **6 :** *pour que je n'entendisse pas* (*pour que ;* v. *entendre,* 3ᵉ gr. ; act. ; nég. ; subj. ; impft ; c. de *parlait*).

**200.** **1 :** *Il me montra ... livres* (pple) ; *qu'on lui a achetés* (sub. rel. ; c. de l'antéc. *livres*) ; *pour qu'il ne s'ennuie pas trop* (sub. circ. de but ; c. de *a achetés*) – **2 :** *Christophe ... souffle* (pple) ; *pour que ... encore* (sub. circ. de but ; c. de *retient*) ; *et aussi parce qu'il est un peu ému* (sub. circ. de cause, coord. à la fin. ; id. ; N.B. : 2 circ. de nuance différente peuvent coexister) – **3 :** *Pourtant ... noirs* (pple) ; *afin de ... entouraient* (infin. prépos., équival. d'une sub. circ. de but ; c. de *quitta* + une rel. faisant bloc avec son antéc. *ceux,* donc c. du n. *joie*) ; *et pour qu'on ... présence* (sub. circ. de but, coord. à l'infin. prépos. de même nuance fin.).

**201.** **1 :** *Il donna ... cidre* (pple) ; *afin qu'elle ... brillant* (sub. circ. de but ; c. de *donna*) – **2 :** *Des roulottes ........ accotement* (pple) ; *pour que le cheval /.../ se croie dans une prairie* (sub. circ. de but, partielle ; c. de *se traînent*) ; *qui est borgne à gauche* (sub. rel. à valeur circ. de cause ; c. de l'antéc. *cheval*) ; *et avance avec plaisir* (sub. circ. de but, ellipt., coord. ; c. de *se traînent*) – **3 :** *Monsieur ... nom* (pple) ; *afin que je sache* (sub. circ. de but ; c. de *faut*) ; *à qui je parle* (complét. interr. ; c.o.d. de *sache*).

**202.** **1 :** *ville* (n. c. ; c. c. de lieu de *montrer ;* où l'on va) ; *à moi* (pron. pers. tonique ; c. d'attrib. de *êtes,* valeur d'appartenance, ou attr. du s. *vous : vous êtes à moi = vous êtes miens*) – **2 :** *ans* (gr. du n. ; c. c. de temps de *avait économisé ;* durée) ; *francs* (gr. du n. ; c. c. de quantité de *avait économisé ;* prix) ; *Ursule* (gr. du n. pr. ; c. d'attrib. de *léguer*) – **3 :** *nuits* (gr. du n. ; c. c. de temps de *restait ;* durée) ; *éblouissant* (adj. qual., compar. de supér. ; attr. du c.o.d. *le*) ; *neige* (n. c. ; c. du compar. *plus éblouissant,* ou s. d'un v. omis) – **4 :** *magasin* (gr. du n. ; c. c. de lieu de *emmena ;* où l'on va) ; *choisît* (v. *choisir,* 2ᵉ gr. ; act. ; subj. ; impft ; N.B. : dans les v. du 2ᵉ gr., les subj. prés. et impft ne diffèrent qu'à la 3ᵉ p. du sg.).

**203.** **1 :** *quoiqu'il fût économe* – **2 :** *quoique riche* (ellipt.) – **3 :** *à quelque prix que ce soit* – **4 :** *quoique traduits* (ellipt.) – **5 :** *alors qu'ils ... la quarantaine* (oppos., plus que concession) – **6 :** *à quelque heure qu'on les prenne* – **7 :** *quoi qu'ils fassent* (*quoi que :* en 2 mots).

**204.** **1 :** *Pour grands que soient les rois (pour ... que = quelque ... que)* – **2 :** *quoique des plus madrés* (ellipt. ; *quoique :* 1 seul mot) – **3 :** *quelque pénible qu'elle lui parût (quelque ... que)* – **4 :** *qui que vous soyez* (*qui que :* relat. indéf.) – **5 :** *Tout prisonnier que j'étais* (*tout que* + indic.) – **6 :** *quoique sans bien* (*quoique ;* ellipt.).

**205.** **1 :** *au lieu qu'à chaque instant on aperçoit* (*au lieu que* + indic.) – **2 :** *qui que ce soit des deux (qui que)* – **3 :** *Tout périssable que vous soyez* (*tout ... que* + subj.) – **4 :** *Tout rôtisseur que je suis* (*tout ... que* + indic.) – **5 :** *encore que je fusse sain et sauf (encore que)* – **6 :** *Si loin que ... souvenirs (si ... que)* – **7 :** *Bien que fort laid* (*bien que ;* ellipt.).

**206.** **1 :** *Si légèrement que ... feutre* (*si ... que ;* v. *glisser ;* act. ; subj. ; impft) – **2 :** *pour peu que le renard ... arrivée* (*pour ... que ;* v. *avertir ;* pass. ; subj. ; prés.) – **3 :** *Quand même Pippo ... patrie* (*quand même :* oppos. plus que concession ; v. *soucier :* pron. ; subj. ; pl. q. pft) – **4 :** *Bien que ses artères ... restrictions* (*bien que ;* v. *devoir :* act. ; subj. ; pl. q. pft) – **5 :** *sans que je m'en aperçusse* (*sans que ;* v. *apercevoir :* pron. ; subj. ; impft).

**207.** **1 :** *Cette mélancolique ... plus* (pple) ; *lorsqu'un chant bizarre /.../ vint ... arracher* (sub. circ. de temps, avec un infin. de but sans prép. ; c. de *absorbait*) ; *quoique plein de douceur* (sub. circ. de concession, ellipt. ; c. de *était* s.-e. [*qui était bizarre*]) – **2 :** *L'émotion /.../ avait son ... regard* (pple tronçonnée) ; *qu'elle faisait naître* (sub. rel., doublée d'une complét. infin. ; c. de l'antéc. *émotion ; qu' :* c.o.d. de *faisait* et s. de *naître*) ; *pour complexe qu'elle fût* (sub. circ. de concession ; c. de *avait*) – **3 :** *Pourtant Jonas travaillait moins* (pple) ; *sans qu'il pût savoir* (sub. circ. de concession ; c. de *travaillait*) ; *pourquoi* (sub. complét. interr. très ellipt. ; c.o.d. de *savoir*) – **4 :** *et /.../ il nous ... d'œil* (pple, coord. à une 1^re^ pple : *mais il riait*) ; *tout épuisé qu'il était* (sub. circ. de concession ; c. de *adressait*) – **5 :** *Mais ... affirmer* (pple, coord. à l'indép. précéd.) ; *que ... points* (sub. complét. par *que ;* c.o.d. de *affirmer*) ; *quelque ... paraisse* (sub. circ. de concession ; c. de *est*).

**208.** **1 :** *Une touffeur ... juillet* (pple) ; *où ... gris* (sub. rel. ; c. de l'antéc. *Paris ;* val. de conséq.) ; *sans que ... démêler* (sub. circ. de concession + conséq. ; c. de *devient*) ; *si c'est de la buée* (sub. complét. interr. partielle ; c.o.d. de *démêler*) ; *ou de la poussière* (id. ; ellipt.) – **2 :** *Je ne vous dirai pas* (pple) ; *quelles ... musique* (complét. interr. ; c.o.d. de *dirai*) ; *bien que j'en sois fort tenté* (sub. circ. de concession ; c. de *dirai*) – **3 :** *Brigitte ... moi* (pple) ; *quoiqu'elle sût bien* (sub. circ. de concession ; c. de *se joignit*) ; *que cette ... plaisanterie* (sub. complét. par *que ;* c.o.d. de *sût ;* N.B. : *ne ... que* restrictif ne compte pas en analyse logique) – **4 :** *S'expliquer c'est mentir* (indép.) ; *fit* *l'oncle ... très dure* (pple interc. ou incise) ; *encore que ... fromage* (sub. circ. de concession ; ellipt. ; c. de *était* s.-e. [*d'une voix qui était très dure*]).

**209.** **1 :** *chaude* (adj. qual. ; attr. du s. *campagne*) ; *soleil* (gr. du n. ; c. de l'adj. *chaude ;* nuance : cause) ; *Argol* (n. pr. ; c. c. de lieu de *conduisait ;* où l'on va) – **2 :** *petit* (adj. qual. ; attr. d'un s. omis ou s. d'un v. omis) ; *âgés* (adj. qual. ; sup. de supér. relat. ; c. du pron. indéf. *l'un ;* nuance : partitive) ; *jaloux* (adj. qual. ; sup. de supér. abs. ; attr. du s. *il*) ; *ami* (n. c. ; attr. du c.o.d. réfl. *se,* donc, aussi, du s. *il*) – **3 :** *eût pu* (v. *pouvoir,* 3^e^ gr. ; act. ; condit. ; p. 2^e^ f.) ; *tomates* (n. c. ; c. c. de but ou de cause de *faisions*) ; *macadam* (n. c. ; c. c. de lieu de *piétiner ;* où l'on est) ; *malaisé* (adj. qual. ; attr. du s. apparent *il,* ou, mieux, du s. réel *trouver*) ; *arrivant* (p. pr. substant. ; c. d'attrib. de *était*) ; *en* (pron. pers., mis pour *queue ;* c. du n. *bout*).

**210.** **1 :** *à moins que l'on ne songe* (*à moins que* + subj. prés.) – **2 :** *si l'entreprise est sue* (*si* + indic. prés. pass. à valeur de fut.) – **3 :** *que je souffre / ou non* (v. au subj. prés. ; 2^e^ terme de l'alternative ellipt.) – **4 :** *soit que .../, soit que ...* (alternative ; les 2 v. au subj. pl. q. pft) – **5 :** *pourvu qu' ... enfants* (*pourvu que* + subj. impft) – **6 :** *quand je ... ans* (*quand = même si ;* + condit. prés.) – **7 :** *si .../, si ...* (2 juxtap. ; pple entièrement omise ; les 2 v. à l'indic. impft).

**211.** **1 :** *Si tu veux la paix* (hypothèse) ; *Si tu veux la paix* (id.) – **2 :** *si elle ... professionnels* (irréel du prés.) – **3 :** *s'il eût été plus court* (irréel du passé) – **4 :** *si je ... cet homme-là* (irréel du prés.) – **5 :** *si l'on ... imbéciles* (hypothèse) – **6 :** *si j'étais immortel* (irréel du prés.) – **7 :** *si vous ... remarier* (potentiel).

**212.** **1 :** *s'il eût osé* (irréel du passé) – **2 :** *si tu meurs* (hypothèse) – **3 :** *si je n'étais poète* (irréel du prés.) – **4 :** *si le notaire vient* (hypothèse) – **5 :** *si vous ... pays* (potentiel) – **6 :** *si le Ciel l'eût voulu* (irréel du passé) – **7 :** *si elle ... un ours* (irréel du passé) – **8 :** *s'il faisait cela* (potentiel).

**213.** **1 :** *Si je fuis* (sub. circ. de condit. ; c. de *sera ;* hypothèse) ; *pense-t-il* (indép. incise) ; *le taureau sera sur moi* (pple) ; *avant que je ne sorte du pré* (sub. circ. de temps ; c. de *sera*) ; *si je fais le mort par terre* (sub. circ. de condit. ; c. commun de *flairera* et *touchera ;* hypothèse) ; *le taureau /.../ me flairera* (pple partielle) ; *dit-on* (indép. incise) ; *et ne me touchera pas* (pple partielle, coord., ellipt. de son s.) – **2 :** *Si cette ... confiée* (sub. circ. de condit. ; c. de *ferais ;* potentiel) ; *je ferais ... savante* (pple) ; *car .... bien* (indép. coord. à la pple) ; *mais une enfant ... vie* (2^e^ pple, ellipt.) ; *et en laquelle ... éclat* (sub. rel. coord. à l'adj. épith. *brillante ;* donc rel. adject.) – **3 :** *Que les gens ... / ou non* (double sub. circ. de condit., le 2^e^ terme de l'alternative étant ellipt. ; c. de *faut*) ; *il faut dire* (pple) ; *où on va* (sub. complét. interr. ; c.o.d. de *dire*).

**214.** **1 :** *Ce matin /.../ ils arrivèrent ... cour* (pple) ; *soit que ... molle / soit que ... ardeur* (double sub. circ. de condit., en alternative ; c. de *arrivèrent*) ; *la fin ... copains* (indép.) ; *et /.../ tout le monde se mit à crier* (pple, coord. à l'indép. précéd.) ; *lorsque ... haie* (sub. circ. de temps ; c. de *se mit*) – **2 :** *S'il avait eu ... poche* (sub. circ. de condit. ; c. de *eût donné,* irréel du passé) ; *certainement ... danseuse* (pple) – **3 :** *Que si le moi est haïssable* (sub. circ. de condit. ; c. de *devient ;* hypothèse ; *que* explétif) ; *aimer son prochain /.../ devient une atroce ironie* (pple) ; *comme soi-même* (sub. circ. de compar. ellipt. ; c. de *aimer*).

**215.** **1 :** *élixir* (gr. du n. ; attr. du s. *c'*) ; *santé* (gr. du n. ; appos. partielle à *élixir*) ; *cela* (pron. dém., n. sg. ; s. de *vaut*) ; *monde* (n. c. ; c. du n. *chartreuses*) ; *amusante* (adj. qual. ; attr. du s. *elle*) ; *histoire* (gr. du n. ; s. de *est,* le pron. *elle* n'étant qu'un pron. d'annonce) – **2 :** *brave* (adj. qual. ; attr. du s. *il*) ; *énigme* (n. c. ; c.o.d. de *devinerait*) ; *vainqueur* (adj. substant. ou n. c. ; attr. du s. *il*) – **3 :** *Moi* (pron. pers. tonique ; appos. au s. *je*) ; *mienne* (adj. poss. tonique ; attr. du s. *maison*) – **4 :** *photographiiez* (v. *photographier :* act. ; indic. ; impft ; valeur de potentiel) ; *Câlines* (n. pr. ; s. inversé de *supplièrent*) ; *plaisir* (n. c. ; c. c. de man. d'un v. omis) ; *mesdemoiselle* (n. c. ; apostr.) – **5 :** *m'* (pron. pers. ; c. d'attrib. de *écrirez*) ; *vous* (pron. pers., pl. de polit. ; c.o.i. ou c. d'attrib. de *pardonne*) ; *crainte* (n. c. ; c. c. de cause de *pardonne ;* prép. omise) ; *pis* (adj. substant. ; compar. de supér. ; n. ; c. du n. *crainte*).

**216.** **1 :** *plus qu'une autre* (ellipt. ; différ.) – **2 :** *ainsi que je soupire* (ressembl.) – **3 :** *que le sien* (ellipt. ; égal.) – **4 :** *comme on fait son lit* (ressembl.) ; comme tu sèmeras (id.) – **5 :** *qu'elle était entrée* (égal.) – **6 :** *que je les ... livre* (proport.) – **7 :** *qu'il était léger* (égal.) ; *qu'il était bavard* (id.) – **8 :** *qu'il n'était nécessaire* (différ. ; *ne* explétif).

**217.** **1 :** *ainsi qu'aux plus beaux jours* (ellipt. = *ainsi qu'elle l'est ... ; jours* c. c. de temps de *est* s.-e. ; date) – **2 :** *d'autant plus qu'il m'évite* (proport. ; v. à l'indic.) – **3 :** *Plus ... quelqu'un, / moins il faut* (aspect d'une indép. et d'une pple juxtap., la 1re à valeur de sub.) – **4 :** *que je ne l'avais espéré* (différ. ; *ne* explétif, v. à l'indic.) – **5 :** *comme s'il eût été pressé par l'heure* (compar. + condit. ; v. au condit. p. 2e f. ; vx pass.) – **6 :** *que quand je suis seul* (compar. + tempor. ; v. à l'indic.) – **7 :** *comme pour tout entendre* (compar. + infin. prépos. de but) – **8 :** *plutôt qu'elle avouât* (différ. ; v. au subj. impft).

**218.** **1 :** *qu'un coup de lance* (différ. ; = c. du compar. *pire ;* ellipt.) ; *que ceinture dorée* (différ. ; = c. du compar. *mieux ;* ellipt.) – **2 :** *Plus je vieillis / et moins je pleure* (aspect de 2 indép. coord. ; la 1re avec valeur de sub. ; v. à l'indic.) – **3 :** *comme quand on voyage* (compar. + tempor.) – **4 :** *comme pour en tirer une lettre* (compar. + infin. prépos. de but) – **5 :** *comme il eût fait d'un lièvre* (v. *faire,* pour éviter la répétition du v. ppl. ; v. au condit. p. 2e f.) – **6 :** *que si rien ne s'était passé* (compar. + condit. ; v. au condit. p. 2e f., vx pron.) – **7 :** *que de sages* (différ. ; ellipt) ; *que de sagesse* (id.).

**219.** **1 :** *J'ai plus de souvenirs* (pple) ; *que si j'avais mille ans* (sub. circ. de compar. + condit. ; c. de *ai*) – **2 :** *ils se reconnurent* (pple) ; *comme s' ... la veille* (sub. circ. de compar. + condit. ; c. de *se reconnurent*)– **3 :** *Il courait* (pple) ; *comme ... plaine* (sub. compar. ellipt. ; ressembl. ; c. de *courait*) ; *bien plus vite* (pple juxtap. à la 1re, ellipt.) ; *que les chiens de la meute* (sub. circ. de compar. ellipt ; différ. ; c. de *plus vite*) – **4 :** *Mais ... scrupule* (indép. coord. à la précéd.) ; *et se demanda* (pple ellipt. de son s. ; coord.) ; *si ... le peuple* (sub. complét. interr. ; c.o.d. de *se demanda*) ; *comme ... poulet* (sub. circ. de compar. ; ressembl. ; c. de *aimait*) – **5 :** *Les ... vibraient* (pple) ; *comme ... Paris* (sub. circ. de compar., ellipt. ; ressembl. ; c. de *vibraient*) ; *quand ... autobus* (sub. circ. de temps ; simult. ; c. c. d'un v. omis).

**220.** **1 :** *La petite ... gorge* (pple) ; *comme ... victime* (sub. circ. de compar. ; ressembl. ; c. de *balayait*) – **2 :** *Il ... crémaillère* (pple) ; *passant ... l'autre* (partic. ; équiv. d'une circ. de temps ; simult. ; appos. à *il*) ; *comme ... Saint-Germain* (sub. circ. de compar. ; ressembl. ; c. de *passant*) ; *pour éviter les magasins* (infin. prépos. ; équiv. d'une circ. de but ; c. de *faisions*) ; *où ... dettes* (sub. rel. adject. [= *créanciers*] ; ou, traditionnellement, c. de l'antéc. *magasins*) – **3 :** *Depuis que ... là* (sub. circ. de temps ; c. de *hurlait*) ; *elle ... ainsi* (pple) ; *comme si elle l'eût appelé* (sub. circ. de compar. + condit. ; c. de *hurlait*) ; *comme si ... souvenir* (id. ; juxtap. ; c. de *hurlait ;* N.B. : on peut isoler *inconsolable,* adj. appos. à valeur de circ. de cause) ; *que rien n'efface* (sub. rel. adject. [= *ineffaçable*] ; c. de l'antéc. *souvenir*).

**221.** **1 :** *roi* (gr. du n. ; s. de *est*) ; *prince* (gr. du n. ; attr. du s. *roi*) ; *roi* (gr. du n. ; c. c. de compar. de *a,* ou s. d'un v. omis) ; *lui* (pron. pers. tonique ; c. c. de compar. de *a,* ou s. d'un v. omis) ; *vanité* (gr. du n. ; c. c. de provenance de *tire*) ; *inépuisable* (adj. qual. ; compar. de supér. ; appos. à *vanité*) – **2 :** *papetiers* (gr. du n. ; c. du sup. *le plus décoratif*) ; *les siennes* (pron. poss. ; c.o.d. de *enfoncerait*) – **3 :** *était tombée* (v. *tomber ;* 1er gr. ; act. malgré l'auxil. *être ;* indic. ; pl. q. pft) ; *foudroyée* (p. p. p. ; attr. partiel du s. *elle,* avec un *comme* atténué et explét.) ; *sommeil* (n. c. ; c. d'agent du p. p. p. *froudroyée*).

**222.** **1 :** *La tanche rebutée* (temps) – **2 :** *Un pesant silence risquant de s'établir* (cause) – **3 :** *La pluie ne cessant pas* (concession) – **4 :** *L'averse ayant cessé* (temps + cause) – **5 :** *Dieu voulant* (condit. = *si Dieu le veut*) – **6 :** *le printemps venu* (temps) – **7 :** *le sommeil ne venant pas* (cause).

**223.** **1 :** *Eux repus* (temps + cause ; s. pron. pers., devant le v.) – **2 :** *lui pensant* (temps, simult. ; s. pron. pers., devant le v.) ; *moi rêvant* (id. ; en parallèle d'oppos. avec la précéd.) – **3 :** *l'un soufflant la forge* (temps, simult. ; s. pron. indéf., devant le v.) ; *l'autre battant le fer* (id. ; en parallèle d'oppos. avec la précéd.) – **4 :** *oubliée l'heure* (temps, antér. + oppos. ; s. n. c., inversé) ; *oubliés les murs* (id. ; juxtap. à la précéd.) – **5 :** *Le vin blanc et le café bus* (temps, antér. ; 2 s. partiels : n. c.) – **6 :** *sa longue silhouette mince en ombre chinoise sur la vitre* (s. : gr. du n. *silhouette ;* v. omis : *se profilant ;* d'où l'aspect d'un c. c. de man. sans prép. [voir p. 40, cf. *cheveux au vent ; mains* *dans les poches ; l'œil aux aguets...*]) – **7 :** *La porte une fois fermée* (temps, antér. ; *une fois* = explét.).

**224.** **1 :** *Cela dit* (temps, antér. ; s. : pron. dém. : v. : p. p. p., de forme simple [cf. *ayant été dit,* forme composée]) – **2 :** *la belle une fois prise* (temps, antér. ; s. : adj. substant. ; *une fois :* explét. ; v. : p. p. p., de forme simple [= *ayant été prise*]) – **3 :** *Un bruit de sabots ayant retenti dans la cour* (cause ; s. : gr. du n. ; v. : passé act.) – **4 :** *Le vent s'étant apaisé* (temps + cause ; s. : n. c. ; v. : passé pron.) ; *et la pluie tombant moins serrée* (temps + cause ; s. : n. c. ; v. : prés. act. ; coord. à la précéd.) – **5 :** *La sieste faite* (temps, antér. ; s. : n. c. ; v. : passé pass., de forme simple [= *ayant été faite*]) ; *la mère grattant et gloussant* (temps, simult. ; s. commun de 2 prop. partic. coord. : *la mère,* n. c. ; *grattant* et *gloussant :* v. au prés. act.) ; *les petits trottinant autour d'elle* (temps, simult. ; s. : adj. substant. ; v. : prés. act. ; juxtap. à la précéd.) – **6 :** *Cette libation ayant consacré ... officier* (temps + cause ; s. : gr. du n. ; v. : passé act.) – **7 :** *aussitôt la nuit venue* (temps, antér. ; *aussitôt* explétif ; s. : n. c. ; v. : passé act., de forme simple = *étant venue ;* act. malgré l'auxil. *être*) ; *toutes voiles dehors* (ellipt. du verbe, *étant ;* d'où l'aspect d'un groupe c. c. de man. sans prép.).

**225.** **1 :** *L'appareillage terminé* (sub. partic., nuance : temps, antér.) ; *les ancres en place* (id. ; ellipt. du v. ; juxtap. à la précéd.) ; *la voilure équilibrée* (id. ; juxtap.) ; *et le cap donné* (id. ; coord.) ; *je descendis ... navigation* (pple) ; *noter ... manœuvre* (infin. non prépos., équiv. d'une sub. circ. de but = *pour noter*) – **2 :** *Dans mon pays /.../ pensez-vous* (pple coupée) ; *venu le temps ... noix* (sub. partic., nuance : temps ; s. inversé : *le temps ... noix*) ; *que nous jetions ... brisées* (sub. complét. par *que ;* c.o.d. de *pensez*) – **4 :** *Je sentis brusquement* (pple) ; *que la faim /.../ me tenaillait* (sub. complét. par *que,* coupée ; c.o.d. partiel de *sentis*) ; *la curiosité une fois étanchée* (sub. partic., nuance : temps, antér. ; *une fois* explétif) ; *et que je ... moka* (2^e^ complét. par *que,* coord. à la 1^re^ ; c.o.d. partiel de *sentis*).

**226.** **1 :** *Et les voilà ... sur les femmes* (pple coord. à ce qui précède ; avec le gallicisme *voilà*) ; *l'un prétendant* (sub. partic., nuance : temps) ; *qu'elles étaient bonnes* (sub. complét. par *que ;* c.o.d. de *prétendant*) ; *l'autre* (2^e^ sub. partic., ellipt. de son v. ; juxtap. à la 1^re^) ; *méchantes* (sub. complét. par *que,* très ellipt. = *qu'elles étaient méchantes*) ; *et ils ... raison* (indép. coord.) ; *l'un* (sub. partic., ellipt. de son verbe) ; *sottes* (sub. complét. par *que,* ellipt. ; c.o.d. d'un v. omis) ; *l'autre* (sub. partic., ellipt de son v.) ; *pleines d'esprit* (sub. complét. par *que,* ellipt. ; c.o.d. d'un v. omis) ; *et ils ... raison* (indép. coord.) – **3 :** *Monsieur ... moi* (pple) ; *son chandail ... oreilles* (sub. partic. ; nuance : temps, simult.) ; *tête nue* (sub. partic. juxtap., ellipt. de son v. = *sa tête étant nue ;* aspect d'un c. c. de man. sans prép.).

**227.** **1 :** *personne* (pron. indéf. ; s. de *s'occupant ;* donc sub. partic.) ; *vin* (n. c. ; s. de *étant ;* donc sub. partic.) ; *portée* (gr. du n. ; c. c. de lieu d'un v. omis : *étant ;* donc encore sub. partic.) – **2 :** *anneau* (gr. du n. ; s. commun de *s'étant enfoncé, ayant été happé* et *[ayant été] avalé;* donc, encore, 3 sub. partic.) ; *bar* (gr. du n. ; c. d'agent commun de *ayant été happé* et *[ayant été] avalé*) ; *vie* (gr. du n. ; c. c. de provenance, d'éloignement, de *disparut*) – **3 :** *enclume* (n. c. ; c. c. de lieu de *porta;* où l'on va) ; *Jérôme* (n. pr. ; s. commun de *tournant* et de *faisant,* donc 2 sub. partic. coord.) ; *léger* (adj. qual. ; compar. de supér. ; épith. de *marteau*).

**228.** **1 :** *méchantes* (adj. qual. ; attr. d'un s. omis : *elles,* d'un v. omis : *étaient*) ; *l'un* (pron. indéf. ; s. d'un v. omis : *prétendant*) ; *pleines d'esprit* (gr. de l'adj. qual. ; attr. d'un s. omis d'un v. omis) – **2 :** *journée* (n. c. ; s. inversé de *étant;* donc sub. partic.) ; *vaux* (n. c. ; c. c. partiel de lieu de *allait;* par où l'on passe) ; *chiens* (n. c. ; s. de *aboyant;* donc sub. partic.) ; *cousins* (gr. du n. ; s. commun de *chevauchant* et de *perçant;* donc 2 sub. partic.) ; *épieux* (gr. du n. ; c. c. partiel de moyen de *perçant*) ; *sangliers* (n. c. ; c.o.d. partiel de *perçant*) ; *arbalètes* (gr. du n. ; c. c. partiel de moyen de *perçant*) ; *cigognes* (n. c. ; c.o.d. partiel de *perçant*) – **3 :** *moi* (pron. pers. tonique ; c. c. de lieu de *était;* où l'on est) ; *chandail* (gr. du n. ; s. de *montant;* donc sub. partic.) ; *nue* (adj. qual. ; attr. du s. *tête,* d'un v. omis [voir *supra,* n° 226, fin]).

**229.** **1 :** *avant de parler* (temps) ; *sans casser d'œuf* (condit.) – **2 :** *pour me tirer des pleurs* (conséq. ; avec *il faut* [voir p. 135]) – **3 :** *pour être dévôt* (oppos., concession) – **4 :** *pour avoir vendu la montre* (cause) ; *pour l'avoir achetée* (id.) – **5 :** *pour cueillir une orange* (but) – **6 :** *sans le savoir* (concession) – **7 :** *après avoir bu un verre de vin* (temps).

**230.** **1 :** *À vaincre sans péril* (temps [= *quand on* ...] + condit. [= *si on* ...]) – **2 :** *pour l'étouffer* (but) – **3 :** *pour vivre* (conséq. ; avec *il faut*) ; *pour manger* (id.) – **4 :** *de peur d'être ennuyé* (but) – **5 :** *chercher le monstre* (*pour* omis ; but) ; *pour l'emmener ... sûr* (but) – **6 :** *à en perdre la tête* (conséq.) – **7 :** *sans être précisément dans la misère* (concession, oppos.) – **8 :** *à en croire sa femme* (condit.) – **9 :** *s'embarquer à Hambourg* (*pour* omis, après v. de mouvement ; but).

**231.** **1 :** *ayant parlé de cette sorte* (part. appos. ; temps, antér.) – **2 :** *en voulant tout gagner* (gérond. ; oppos. [= *alors que ...;* voir p. 142]) – **3 :** *en perdant Rodogune* (gérond. ; temps + condit. [= *si* ...]) – **4 :** *ayant du temps devant moi* (part. appos. ; cause) – **5 :** *même en courant de toutes tes forces* (gérond. ; condit., supposition) – **6 :** *étouffant* (part. appos. ; cause) – **7 :** *en vieillissant* (gérond. ; temps, simult.) – **8 :** *en levant les bras* (gérond. ; condit.).

**232.** **1 :** *en croyant* (gérond. ; condit.) – **2 :** *Accoudé à la rampe du balcon* (part. appos. ; temps, simult.) – **3 :** *tout en me maintenant encore debout* (gérond. ; oppos., concession) – **4 :** *épuisé de fatigue* (part. appos. ; cause) ; *et n'espérant plus rien* (id., coord.) – **5 :** *en saluant la reine* (gérond. ; temps, simult.) ; *en ne saluant personne* (gérond. ; oppos., concession) – **6 :** *pouvant rester ... du bon temps* (part. appos. ; oppos., concession [= *alors que* ...]) – **7 :** *en en abusant* (gérond. ; cause [= *parce que* ...]).

**233.** **1 :** *En dansant* (gérond., équiv. d'une circ. de temps + cause ; c. de *coudoya*) ; *il coudoya un homme* (pple) ; *qui /.../ était de fort mauvaise humeur* (sub. rel. ; épith. de son antéc. *homme* [= *irrité, en colère*]) ; *ayant aussi perdu tout son argent* (part. appos., équiv. d'une circ. de cause ; c. de *était*) – **2 :** *Tous deux se taisaient* (pple) ; *parce qu'il y a des émotions* (sub. circ. de cause ; c. de *se taisaient*) ; *qu'on ne saurait exprimer qu'* (sub. rel. ; épith. de son antéc. *émotions* [= *difficiles à exprimer*] ; avec un *ne ... que* restrictif) ; *en se taisant* (gérond. équiv. d'une circ. de condit. [= *si on se tait*] ou, par atténuation, d'un c. c. de moyen [= *par le silence*] de *saurait exprimer*) – **3 :** *En courant bien fort* (gérond., équiv. d'une circ. de condit., de supposition ; c. de *puis*) ; *se dit-elle* (indép. incise) ; *je puis ... danse* (pple) ; *où je n'ai pu ... ma vie* (sub. rel. adject. [= *difficile d'accès*] ; épith. de son antéc. *champ de la danse*) ; *et être ... ma tante* (indép. ellipt de *je puis ;* coord. à la pple) – **4 :** *Pensant* (partic. appos., équival. d'une circ. de cause ; c. de *prêta* et *conseilla*) ; *que je m'ennuyais* (sub. complét. par *que ;* c.o.d. de *pensant*) ; *le père ... fusil* (pple) ; *et me conseilla de me distraire* (2$^{e}$ pple coord., ellipt. de son s.) ; *en abattant du gibier* (gérond. ; valeur atténuée de c. c. de moyen de *me distraire* [voir p. 90]) ; *si j'en trouvais* (sub. circ. de condit. ; c. du gérond. *en abattant*) – **6 :** *Elle monta* (pple) ; *se coucher la dernière* (infin. de but non prépos. ; c. de *monta*) ; *après avoir rincé la vaisselle* (infin. prépos., équiv. d'une circ. de temps ; c. de *monta*) ; *récuré les casseroles* (id. ; ellipt. ; juxtap.) ; *et astiqué le fourneau* (id. ; ellipt. ; coord.).

**234.** **1 :** *Arrivé* (p. p. act., forme simple [= *étant arrivé*] ; auxil. *être ;* appos. au s. *il ;* équiv. d'une circ. de temps) ; *pour retourner* (infin. prépos. ; équiv. d'une circ. de but ; c. de *s'embarqua*) ; *manoir* (n. c. ; c. c. de lieu de *terminer ;* où l'on va + où l'on est) – **2 :** *impossible* (adj. qual. ; attr. du s. apparent *il,* ou, mieux, du s. réel : la complét. par *que* qui suit : *que deux êtres continuassent à s'aimer*) ; *êtres* (gr. du n. ; s. de *continuassent*) ; *années* (n. c. ; c. de l'adv. de quant. *tant*) ; *tout en se disputant* (gérond. pron., sens réciproque ; avec un *tout* explétif [voir p. 90 et 185] ; équiv. d'une circ. de temps, simult. + oppos. ; c. c. de *continuassent*) – **3 :** *homme* (n. c. ; attr. du s. *optimiste ;* ou, mieux : gr. du n. *un homme qui ... orthographe ;* s. inversé de *est* [c'est *un optimiste* qui est l'attr., lancé en tête : *un tel homme est un optimiste*]) ; *lui* (pron. pers., mis pour *secrétaire,* f. sg. ; c. d'attrib. de *faire*) ; *orthographe* (gr. du n. ; c. c. de propos de *faire des réflexions*) – **4 :** *culbuter* (infin. prépos. ; équiv. d'une circ. de conséq. partielle ; c. de *se sentait*) ; *pierres* (n. c. ; c.o.d. de l'infin. prépos. *broyer*) – **5 :** *En se tournant* (gérond. pron. réfl. ; équiv. d'une sub. circ. de temps + condit. ; c. de *recevait*) ; *là* (adv. de lieu, d'où l'on vient ; modifie le v. *venait*) ; *herbe* (gr. du n. ; c. du n. *odeur*) ; *odeur* (gr. du n. ; c. c. de compar. de *était* s.-e. [*qui était épaisse*], ou s. d'un v. omis).

**235.**

**A. a)** *Maman* (n. c. ; apostr.) ; *à mi-voix* (gr. du n. ; c. c. de man. de *dit*) ; *à deux mains* (gr. du n. ; c. c. de moyen + man. de *prit*) ; *tiroir* (n. c. ; attr. du s. *c'*) ; *poche* (gr. du n. ; c. c. de lieu de *prit ;* où l'on est + d'où l'on vient) ; *menton* (n. c. ; c. du n. *pointe*) ; *index* (n. c. ; c. c. de lieu + man. de *saisir*) ;

*demi-pouce* (n. c. composé ; c. de l'adv. de quant. *près*) ; *en* (pron. pers., mis pour *mâchoire,* 3$^{e}$ p. du f. sg. ; c. c. de lieu de *extraire ;* d'où l'on vient) ; *cuillers* (gr. du n. ; c.o.d. partiel de *extraire*) ; *fer* (n. c. ; c. du n. *cuillers ;* nuance : matière) ; *sardines* (n. c. ; c. du n. *boîtes ;* nuance : destination) ; *dont* (pron. relat., ayant pour antéc. *geste,* m. sg. ; c. c. de moyen + man. de *referma*) ; *objets* (gr. du n. ; s. réel de *restait*).

**b)** *Maman, /.../ regarde* (pple coupée) ; *lui ... à mi-voix* (indép. incise) ; *comme je fais* (complét. interr. ; c.o.d. de *regarde ;* [*comme = comment*]) – *Dans sa poche ... culotte* (indép.) ; *et l'ajusta ... menton* (pple ellipt. de son s. ; coord. à l'indép. qui précède) ; *où il ... vissé* (sub. rel. ; c. de l'antéc. *pointe,* ou, mieux, à valeur circ. de conséq. : *il l'ajusta si bien que ... il parut vissé*) – *Et le geste [...] laissait encore à penser* (pple coupée, coord. à ce qui précède) ; *dont il referma sa mâchoire* (sub. rel. ; c. de l'antéc. *geste,* ou, mieux, épith. de l'antéc. [= *le geste utilisé*]) ; *qu'il ... objets* (sub. complét. par *que ;* c.o.d. de [*laissait à*] *penser*) – *Marion [...] riait avec précaution* (pple coupée) ; *qui ... mimique* (sub. rel. ; c. de l'antéc. *Marion*) ; *et ... se détendaient* (indép., coord.).

**B. a)** *en se penchant* (gérond. ; c. c. de man. de *dit*) ; index (n. c. ; c. c. de moyen de *poussa*) ; *gauche* (adj. substant. ; c. c. de lieu de *poussa ;* où l'on va) ; *en* (pron. pers., mis pour *nez,* m. sg. ; c. du n. *pointe*) ; *eût été brisé* (v. briser, 1$^{er}$ gr. ; pass. ; condit. ; p. 2$^{e}$ f. ; 3$^{e}$ sg.) ; *longue* (adj. qual. ; attr. du c.o.d. *qu',* mis pour *langue*) ; *lécher* (infin. n., c. du n. *intention*) ; *surprise* (part. adject. ; attr. du s. *langue,* f. sg.) ; *qu'* (pron. relat., ayant pour antéc. *nez,* m. sg. ; c.o.d. de *chercher*) ; *la* (pron. pers., mis pour *langue,* 3$^{e}$ p. du f. sg. ; s. commun de *hésiter, tâtonner, s'élancer* et *se reprendre ;* donc 4 complét. infin.) ; *impatiente* (adj. qual. ; appos. partielle à *la ;* f. sg.) ; *dont* (pron. relat., ayant pour antéc. toute la propos. précéd. ; c. c. de cause de *eut*) ; *allégresse* (n. c. ; c. du n. *frétillement ;* nuance : cause) ; *tintement* (gr. du n. ; s. réel de *y eut,* avec un *comme* explétif) ; *détente* (n. c. ; c. c. de moyen + man. de *reprit*).

**b)** *Regarde* (pple) ; *comme je fais* (sub. complét. interr. ; c.o.d. de *regarde* [*comme = comment*]) – *Avec l'index ... gauche* (pple) ; *de telle sorte que ... joue* (sub. circ. de conséq. ; c. de *poussa*) – *Alors, il ôta son doigt* (indép.) ; *et le nez resta tordu* (pple coord. à l'indép.) ; *comme si ... brisé* (sub. circ. de compar. + condit. ; c. de *resta*) – *On [...] voyait* (pple, coupée par un mot : *la*) ; *la [...] hésiter* (sub. complét. infin. ; c.o.d. partiel de *voyait*) ; *tâtonner* (id. ; ellipt. du s. *la ;* juxtap.) ; *s'élancer encore* (id. ; juxtap.) ; *se reprendre* (id. ; juxtap.) ; *tantôt ... rageuse* (gr. de plusieurs adj. qual. ; appos. au s. commun *la,* et communs aux 4 subordonnées) – *Trésor rentra sa langue* (pple) ; *le nez demeurant tordu* (sub. partic. ; nuance : oppos., concession) ; *comme par miracle* (sub. circ. de compar. ; ellipt. ; c. de *demeurant tordu*) ; *et murmura* (indép. coord. à la pple, ellipt. de son s.).

**236. a)** *élèves* (gr. du n. ; apostr.) ; *en* (pron. pers., mis pour la phrase qui précède : *vous savez ... supprimer ;* donc n. sg. ; c. c. de propos de *parle*) ;

*immoral* (adj. ; attr. du s. *c',* donc n. sg.) ; *littérature* (n. c. ; c. du n. *prix ;* nuance : propos [voir p. 46]) ; *carton* (n. c. ; c. du n. *cheval ;* nuance : matière [voir p. 46]) ; *enchanté* (part. adject. ; attr. du s. *gars,* m. sg.) ; *cheval* (gr. du n. ; appos. à *Pégase*) ; *coup* (gr. du n. ; c. c. de moyen de *fit jaillir*) ; *où* (pron. relat., ayant pour antéc. *fontaine,* f. sg. ; c. c. de lieu de *allaient puiser ;* où l'on va) ; *fort* (adj. qual. ; sup. de supér. abs. ; attr. du s. *il,* m. sg.) ; *semblables* (adj. substant. ; c. du num. *un ;* nuance : partitive) ; *fût offert* (v. *offrir,* 3$^e$ gr. ; pass. ; subj. ; impft ; 3$^e$ sg.) ; *gars* (gr. du n. ; c. d'attrib. de *fût offert*) ; *m'* (pron. pers., mis pour *l'auteur,* 1$^{re}$ p., m. sg. ; c. d'attrib. de *écrivait*) ; *fier* (adj. qual. ; sup. de supér. abs. ; attr. du s. *j',* m. sg.) ; *lettre* (gr. du n. ; c. c. de moyen de *ai félicitée*) ; *élèves* (n. c. ; c. de l'adv. de quant. *combien*) ; *deux* (adj. num. employé comme pron. ; attr. du s. *elles*) ; *mois* (gr. du n. ; c. c. de temps de *avait été absente ;* durée) ; *jaloux* (adj. substant. ; s. réel de *n'y ait*) ; *résolution* (n. c. ; c. d'agent de *étouffé*).

**b)** *Vous savez* (pple) ; *qu'il ... supprimer* (sub. complét. par *que ;* c.o.d. de *savez*) ; *pas aujourd'hui* (indép. très ellipt.) ; *mais on en parle* (indép. coord.) – *On prétend* (pple) ; *qu'un prix ... grand-chose* (sub. complét. par *que ;* c.o.d. de *prétend*) ; *et que ... dangereuses* (id. ; coord.) ; *que c'est immoral* (id. ; juxtap.) – *Le petit ... enchanté* (pple) ; *bien qu'il ... ailé* (sub. circ. de concession ; c. de *paraissait*) ; *qui ... fit* (sub. rel. ; c. de l'antéc. *cheval*) ; *jaillir une fontaine* (sub. complét. infin. ; c.o.d. de *fit ;* s. inversé) ; *où ... inspiration* (sub. rel. ; c. de l'antéc. *fontaine*) – *J'étais tout fier* (indép.) ; *et je ... débordante* (indép. coord.) ; *puis ... savoir* (pple, coord. par *puis* aux 2 indép.) ; *combien ... nièce* (sub. complét. interr. ; c.o.d. de *savoir*) – *On ... pas* (indép.) ; *mais /.../ injustice* (pple) ; *tout bien pesé* (partic. à valeur de condit., c. de *n'est pas*).

**237.** **a)** *ciel* (n. c., m. sg. ; c. c. de lieu de *tombaient ;* d'où l'on vient) ; *arrivé* (p. p. adject. ; appos. au s. inversé *éléphant*) ; *chien* (n. c., m. sg. ; s. inversé de *se demanda*) ; *cheval* (n. c., m. sg. ; c. d'attrib. de *manquait*) ; *oreilles* (n. c., f. pl. ; s. réel de *manquait*) ; *personne* (pron. indéf., m. sg. ; c. d'attrib. de *disait*) ; *miel* (n. c., m. sg. ; attr. du c.o.d. *l'*) ; *tarderaient* (v. *tarder ;* 1$^{er}$ gr. ; act. ; condit. ; prés. ; ou, mieux, indic. fut. du passé ; 3$^e$ pl.) ; *venin* (gr. du n., m. sg. ; s. inversé de *galoper*) ; *qui* (pron. interr., m. sg. ; s. de *dit*) ; *serpents* (n. c., m. pl. ; c. du num. *un ;* nuance : partitive) ; *couleuvres* (n. c., f. pl. ; attr. du c.o.d. réfléchi *vous,* donc aussi attr. du s. *vous*) ; *châtiment* (n. c., m. sg. ; attr. du s. *ce*).

**b)** *À peine ... sa phrase* (pple) ; *que ... ciel* (sub. circ. de temps, postér. à l'action pple) ; *prendre la place* (infin. non prépos. après v. de mouvement ; équiv. d'une circ. de but) ; *qu'elle ... éléphants* (sub. rel. ; c. de l'antéc. *place ;* ou, ici, épithète [= *définitive*]) – *L'ours se demandait* (pple) ; s'il ... achevé (sub. complét. interr. ; c.o.d. de *se demandait*) ; *mais ... personne* (indép. coord. à la pple, ellipt de son s.) – *La vipère dit* (pple) ; *que ses ... livrées* (sub. complét. par *que ;* c.o.d. partiel de *dit*) ; *qu'elle ... l'autre* (id. ; juxtap. à la précéd.) – *Vous verrez un peu* (pple) ; *quand je pourrai faire* (sub. circ. de temps ; c. de *verrez*) ; *galoper mon venin ... terre* (sub. complét. infin., à s. inversé ; c.o.d. de *faire*).

# GRAMMAIRE ET PUBLICITÉ

*Comme nous vous l'annoncions dans la* Préface *(p. 3), nous vous proposons de terminer ce parcours d'analyse grammaticale et logique par un rapprochement, peut-être inattendu mais riche d'enseignements, entre grammaire et publicité.*

*En effet, l'une des caractéristiques frappantes de cette fin du* XX*e* *siècle est le prodigieux essor du secteur de la communication et de toutes les activités qui s'y rattachent : journalisme – qu'il soit écrit avec la presse, oral avec la radio ou audio-visuel avec la télévision –, « marketing », et, bien sûr, publicité.*

*Cet essor peut prendre, aux yeux de certains, des allures d'envahissement, voire d'invasion : toujours est-il qu'il se traduit par un rôle sans cesse accru des slogans, formules destinées à attirer et retenir l'attention de chacun d'entre nous, afin de nous faire mémoriser telle marque de produit, et même tel candidat de parti politique !*

*Cette omniprésence des slogans publicitaires nous offre une occasion assez originale de vérifier les principes d'analyse grammaticale et logique rappelés précédemment : c'est à une telle vérification que nous vous convions pour finir, dans le souci de joindre, en somme, l'utile à l'agréable ! Peut-être découvrirez-vous ainsi que la grammaire peut même être amusante !*

# EXERCICES

**N.B.** Dans les exercices qui suivent, nous avons pris soin de ne retenir que des slogans « anonymes », notre propos n'étant pas de faire de la... publicité à telle ou telle publicité, mais de montrer que grammaire et publicité sont non seulement parfaitement compatibles, mais même complémentaires !

**I.** *Analyser les mots ou groupes de mots en gras.*
1. [Il y a les **amateurs** d'exploits. Et les professionnels de l'exploit.]
2. [Ce serait vraiment trop **bête** de **grossir** parce que l'on aime le blanc de poulet.]
3. J'entends la **beauté.**
4. Roulez **tranquille !**
5. Vous trouvez **normal** de faire de la gymnastique **pour décharger** un piano ?
6. Cette envie est **en vous.**
7. J'ai mis un homme **à mes pieds.**
8. Ce parking traverse la Manche **en 35 minutes.**

**II.** *Faites l'analyse logique des phrases entre crochets du n° I.*

**III.** *Analyser les mots ou groupes de mots en gras.*
1. Nous avons la douceur des Antilles, la **saveur** des Antilles, la chaleur **des Antilles.**
2. Les bonnes liaisons font les bonnes **affaires.**
3. À consommer **avec modération.**
4. Les cheveux sont exigeants **de nature.**
5. [**L'automobile** comme vous l'entendez.]
6. [On peut **acquérir** un **objet** de valeur **pour moins de 125 000 F.**]
7. Notre sucre naît **des fruits.**

**IV.** *Faites l'analyse logique des phrases entre crochets du n° III.*

**V.** *Analyser les mots ou groupes de mots en gras.*
1. L'art du **sport.**
2. L'abus d'alcool est dangereux **pour la santé.**
3. Mes dents étaient **sensibles** au chaud et **au froid.**
4. [Tous les hommes aiment le confort, mais certains sont **plus libres** que **d'autres !**]
5. Il y a **des nocturnes** bien plus belles que certaines soirées télé.
6. Eh **maman,** t'as vu mes dents ?
7. [Les voyages, c'est comme **les plaisanteries,** les plus courts sont **les meilleurs.**]

**VI.** *Faites l'analyse logique des phrases entre crochets du n° V.*

**VII.** *Analysez les mots ou groupes de mots en gras.*
1. **En culottes courtes,** les maris ont tout de suite l'air **plus jeunes.**
2. [La voiture des villes qui sait aussi **en** sortir.]
3. Tout vouloir. Tout avoir. **Tout de suite.**
4. L'heure qui **se montre !**
5. [Une compagnie connaît bien ses clients quand elle a mis tous **leurs** tics sur des puces.]
6. Vivre, c'est mieux que **survivre.**
7. Vous pouvez choisir un turbo-diesel **sans renoncer** à **la ronce de noyer.**
8. La vie commence **avec un a.**

**VIII.** *Faites l'analyse logique des phrases entre crochets du n° VII.*

**IX.** *Analysez les mots ou groupes de mots en gras.*
1. **Passionnément** féminin.
2. [Le vol ne durant qu'1 h 30, **ne vous étonnez pas** si certains de nos passagers gardent leurs cuissardes et leur ciré.]
3. **À Parme,** tout concourt à **une parfaite maturation,** même **l'air.**
4. On est une nouvelle **sorte** d'**espèce** de **genre** de **filles.**
5. **Esprits rétrécis,** s'abstenir.

**X.** *Faites l'analyse logique des phrases entre crochets du n° IX.*

**XI.** *Analysez les mots ou groupes de mots en gras.*
1. Nos PC **ont été conçus** pour satisfaire tout le monde.
2. (Il savait qu'**au prochain baobab** à droite, il le **sèmerait.**)
3. Entre la course au **look** et la course, nous avons choisi la course.
4. Notre secret **se lit** sur vos lèvres.
5. Quand le parfum se fait **caresse.**
6. Venez **apprendre** la minceur.
7. (Nous avons tout fait pour que nos passagers **ne soient pas dérangés.**)
8. (À bord d'un véhicule **solide,** on peut espérer traverser l'histoire.)
9. (Parce que le monde change **tous les mois.**)

**XII.** *Faites l'analyse logique des phrases entre crochets du n° XI.*

# CORRIGÉS DES EXERCICES

**I.** **1 :** *amateurs* (gr. du n., m. pl. ; s. réel de *il y a*) – **2 :** *bête* (adj. qual., n. sg., compar. de supér. [voir p. 61, remarque e] ; attr. du s. réel *grossir*) ; *grossir* (infin. prés. ; s. réel de *serait*) – **3 :** *beauté* (n. c., f. sg. ; c.o.d. de *entends*) – **4 :** *tranquille* (adj. qual., m. ou f. sg. ; attr. du s. *vous* s.-e. dans l'impér. prés. *roulez ;* ou en emploi adverbial) – **5 :** *normal* (adj. qual., n. sg. ; attr. du c.o.d. *de faire ... piano,* avec *de* explétif) ; *décharger* (infin. prés. prépos. ; c. c. de but de *faire de la gymnastique*) – **6 :** *vous* (pron. pers. ; 2$^{e}$ pl. de polit., m. ou f. sg. ; c. c. de lieu de *est ;* où l'on est) – **7 :** *pieds* (n. c., m. pl. ; c. c. de lieu de *ai mis ;* où l'on va → où l'on est) – **8 :** *minutes* (n. c., f. pl. ; c. c. de temps de *traverse ;* durée).

**II.** **1 :** *Il y a ... d'exploits* (indép.) ; *Et ... l'exploit* (indép. ellipt. coord.) – **2 :** *Ce ... grossir* (pple [= *grossir/.../ serait vraiment trop bête*]) ; *parce que ... poulet* (sub. circ. de cause ; c. de *grossir*).

**III.** **1 :** *saveur* (gr. du n., f. sg. ; c.o.d. partiel de *avons*) ; *Antilles* (n. pr., f. pl. ; c. du n. *chaleur*) – **2 :** *bonnes* (adj. qual., f. pl. ; épith. de *affaires* [N.B. : *bonnes* serait attr. du c.o.d. et non pas épith. si le verbe était *rendent* au lieu de *font,* mais avec déplacement de l'article : *rendent bonnes les affaires* ou *rendent les affaires bonnes*]) – **3 :** *modération* (n. c., f. sg. ; c. c. de man. de *consommer)* – **4 :** *nature* (n. c., f. sg. ; c. c. de man. et de cause de *sont*) – **5 :** *automobile* (n. c., f. sg. ; s. ou c.o.d. d'un v. omis) – **6 :** *acquérir* (infin. prés. act. ; c.o.d. de *peut*) ; *objet* (n. c., m. sg. ; c.o.d. de *acquérir*) ; *125 000 francs* (gr. du n., m. pl. ; c. c. de quantité, nuance : prix et d'échange de *acquérir*) – **7 :** *fruits* (n. c., m. pl. ; c. c. d'origine, de provenance de *naît*).

**IV.** **5 :** *L'automobile* (pple très ellipt.) ; *comme ... entendez* (sub. circ. de compar. ; c. du v. omis de la pple) – **6 :** *On ... 125 000 F.* (indép.).

**V.** **1 :** *sport* (n. c., m. sg. ; c. du n. *art*) – **2 :** *santé* (gr. du n., f. sg. ; c. de l'adj. *dangereux*) – **3 :** *sensibles* (adj. qual., f. pl. ; attr. du s. *dents*) ; *froid* (adj. substant., m. sg. ; c. partiel de l'adj. *sensibles*) – **4 :** *libres* (adj. qual., m. pl. ; compar. de supér. ; attr. du s. *certains*) ; *d'autres* (pron. indéf., m. pl. ; c. du compar. *plus libres ;* ou s. d'un v. s.-e.) – **5 :** *nocturnes* (adj. substant., f. pl. ; s. réel de *il y a*) – **6 :** *maman* (n. c., f. sg. ; apostr.) – **7 :** *plaisanteries* (n. c., f. pl. ; c. c. de compar. de *est*) ; *les meilleurs* (adj. qual., m. pl. ; sup. de supér. relat. ; attr. du s. [*les voyages*] *les plus courts* ou s. inversé de *sont* [cf. *supra* p. 191]).

**VI.** **4 :** *Tous ... confort* (indép.) ; *mais ... d'autres* (indép. coord.) ; ou *mais... libres* (pple) ; *que d'autres* (sub. circ. de compar. ellipt. ; c. de *sont*) – **7 :** *Les voyages ... plaisanteries* (indép.) ou *Les voyages, c'est* (pple) ; *comme les plaisanteries* (sub. circ. de compar. ellipt. ; c. de *c'est*) *; les plus ... les meilleurs* (indép. juxtap.).

**VII.** **1 :** *culottes* (gr. du n., f. pl. ; appos. au s. *les maris* [= *culottés court :* cf. *court vêtus*]) ; *jeunes* (adj. qual., m. pl., compar. de supér. ; attr. du s. *les maris*) – **2 :** *en* (pron. pers., mis pour *des villes ;* c. c. de lieu de *sortir ;* d'où l'on vient) – **3 :** *tout de suite* (loc. adv. ; modifie *tout vouloir* et *tout avoir*) – **4 :** *se montre* (v. *montrer ;* 1^er gr. ; vx pron. ; sens réfléchi ou sens pass. ; indic. ; prés. ; 3^e sg.) – **5 :** *leurs* (adj. poss., m. pl. ; épith. de *tics*) – **6 :** *survivre* (infin. prés. ; c. du compar. *mieux ;* ou s. d'un v. omis) – **7 :** *renoncer* (infin. prés. prépos. ; c. c. de conséq. [= *de sorte que vous ne renonciez pas*] ou de concession [= *sans que vous renonciez, bien que vous ne renonciez pas*] de *pouvez choisir*) ; *ronce de noyer* (gr. du n., f. sg. ; c.o.i. de *renoncer à*) – **8 :** *a* (n. c., m. sg. ; c. c. de moyen ou d'accomp. de *commence*).

**VIII.** **2 :** *La voiture des villes* (pple très ellipt.) ; *qui ... sortir* (sub. rel. ; c. de l'antéc. *voiture*) – **5 :** *Une ... clients* (pple) ; *quand ... puces* (sub. circ. de temps ; c. de *connaît bien*).

**IX.** **1 :** *passionnément* (adv. de man. ; modifie l'adj. qual. *féminin*) – **2 :** *ne vous étonnez pas* (v. *étonner ;* 1^er gr. ; vx pron. ; sens vague ou sens passif ; tournure nég. ; impér. ; prés. ; 2^e pl. de polit.) – **3 :** *Parme* (n. pr. ; c. c. de lieu de *concourt ;* où l'on est) ; *maturation* (gr. du n., f. sg. ; c.o.i. de *concourt à*) *air* (gr. du n., m. sg. ; appos. au s. *tout*) – **4 :** *sorte* (n. c., f. sg. ; attr. du s. *on*) ; *espèce* (n. c., f. sg. ; c. du n. *sorte*) ; *genre* (n. c., m. sg. ; c. du n. *espèce*) ; *filles* (n. c., f. pl. ; c. du n. *genre*) – **5 :** *esprits* (gr. du n., m. pl. ; apostr.).

**X.** **2 :** *Le vol ... 1 h 30* (sub. partic. ; c. c. de cause de *ne vous étonnez pas*) ; *ne vous étonnez pas* (pple) ; *si ... ciré* (sub. circ. de condit. ; c. de *ne vous étonnez pas*).

**XI.** **1 :** *ont été conçus* (v. *concevoir ;* 3^e gr. ; vx pass. ; indic. ; p. c. ; 3^e pl. [N.B. : pas de c. d'agent exprimé]) – **2 :** *baobab* (gr. du n., m. sg. ; c. c. de lieu de *sèmerait ;* où l'on est) ; *sèmerait* (*semer ;* 1^er gr. ; vx act. ; condit. ; prés. ; ou, mieux, indic. fut. du passé ; 3^e sg.) – **3 :** *look* (n. c., m. sg. ; c. du n. *course*) – **4 :** *se lit* (v. *lire ;* 3^e gr. ; vx pron. à valeur pass. [= *est lu*] ; indic. ; prés. ; 3^e sg.) – **5 :** *caresse* (n. c., f. sg. ; attr. du c.o.d. réfl. *se,* donc aussi du s. *parfum* ) – **6 :** *apprendre* (infin. prés. non prépos. ; c. c. de but de *venez*) – **7 :** *ne soient pas dérangés* (v. *déranger ;* 1^er gr. ; vx pass. ; subj. ; prés. ; 3^e pl.) – **8 :** *solide* (adj. qual., m. sg. ; épith. de *véhicule*) – **9 :** *mois* (gr. du n., m. pl. ; c. c. de temps de *change ;* nuance : date).

**XII.** **2 :** *Il savait* (pple) ; *qu'au ... sèmerait* (sub. complét. par *que ;* c.o.d. de *savait*) – **7 :** *Nous avons tout fait* (pple) ; *pour que ... dérangés* (sub. circ. de but ; c. de *avons tout fait*) – **8 :** *À bord ... l'histoire* (indép.) – **9 :** *Parce que .... mois* (sub. circ. de cause ; c. du v. d'une pple omise).

# TABLE DES MATIÈRES

Achevé d'imprimer sur les presses de Maury-Eurolivres S.A. à Manchecourt
Collection 09 - Edition 02
16/6573/6
Dépôt légal : 718-05/94 - N° d'impression : 94/04/F3736